高等院校互联网+新形态教材·经管系列(二维码版)

投资银行经营学
理论、实务与案例(微课版)

黄 莉 主 编
曹 明 段忠东 副主编

清华大学出版社
北京

内 容 简 介

在开放性大学的发展背景下，线上、线下混合式授课模式蔚然成风，但与之配套的线下教材与线上授课视频却比较缺乏。本书配合课程视频(随书附)并结合大量通俗易懂的实务与案例来编写投资银行学的基础知识与基本理论，重点展现《中华人民共和国证券法》(2019年修订)背景下投资银行业变化与投资银行数字化转型的内容。本书的特点可概括为"实用、有趣、新颖"。除了8个章节的投资银行基本理论与知识点外，本书还涵盖通俗易懂的实务案例、知识窗、财商小剧场等内容。其中，部分实务案例还融入了课程思政内容。作者将自己近十年投资银行学授课中所积累的教学与实践经验汇聚成书，也是本课程教育实验的一个成果。

本书不仅可以作为应用型本科院校金融投资相关专业及经济管理类专业的教材，而且对金融经济"小白"的社会人士来说，也能轻松掌握投资银行学的基础知识与基本理论，熟悉现代投资银行的主要业务，把握投资银行的最新发展趋势，并形成一定的投资银行财商思维，以有效服务于当下及未来的理财与工作、生活与实践。

本书封面贴有清华大学出版社防伪标签，无标签者不得销售。
版权所有，侵权必究。举报：010-62782989，beiqinquan@tup.tsinghua.edu.cn。

图书在版编目(CIP)数据

投资银行经营学：理论、实务与案例：微课版/黄莉主编. —北京：清华大学出版社，2024.2
高等院校互联网+新形态教材. 经管系列：二维码版
ISBN 978-7-302-64321-0

Ⅰ.①投… Ⅱ.①黄… Ⅲ.①投资银行—经营管理—中国—高等学校—教材 Ⅳ.①F832.332

中国国家版本馆 CIP 数据核字(2023)第143124号

责任编辑：	梁媛媛
封面设计：	李　坤
责任校对：	徐彩虹
责任印制：	丛怀宇

出版发行：	清华大学出版社			
	网　　址：https://www.tup.com.cn, https://www.wqxuetang.com			
	地　　址：北京清华大学学研大厦A座		邮　编：100084
	社 总 机：010-83470000		邮　购：010-62786544
	投稿与读者服务：010-62776969, c-service@tup.tsinghua.edu.cn			
	质量反馈：010-62772015, zhiliang@tup.tsinghua.edu.cn			
	课件下载：https://www.tup.com.cn, 010-62791865			
印 装 者：	大厂回族自治县彩虹印刷有限公司			
经　　销：	全国新华书店			
开　　本：	185mm×260mm	印　张：15		字　数：362千字
版　　次：	2024年2月第1版	印　次：2024年2月第1次印刷		
定　　价：	49.00元			

产品编号：095038-01

前 言

2019年，习近平总书记再次强调，金融活，经济活；金融稳，经济稳。投资银行是一个国家经济发展的标志，无论是对货币市场还是资本市场，都具有非常重要的影响力，它将资本市场和市场上的参与者紧紧地联系在一起。因此，在我国结构转型攻坚时期，投资银行面临着转型带来的新现象与新问题，这使本书在投资银行实务案例的补充方面具有一定的挑战性。

本书共分8章，在基本理论框架下，重点展现了2019年年底《中华人民共和国证券法》修订背景下投资银行业变化与投资银行数字化转型的内容。本书的特点可概括为"实用、有趣、新颖"。实用主要表现为本书在传统的商业银行经营管理教材体系的基础上做了一定的调整，尽量删减纯理论的内容，同时强化与现实社会经济的密切联系。有趣则体现在本书各章均设置实务案例、知识窗栏目与财商小剧场，一方面可以拓宽学生的知识面；另一方面可以增强本书的知识性、趣味性与生动性。新颖主要是本书对原有学科体系中部分已经发生较大变化的内容及时予以更新。此外，为方便教学，本书各章均设有本章提要、学习目标、开篇阅读与思考、财商小剧场、本章小结、练习与思考等板块，以帮助学生加深对内容的理解、消化与吸收。

本书由厦门理工学院的黄莉担任主编，拟定写作提纲并负责全书的总撰、统稿及润色；由厦门理工学院投资学与金融工程专业负责人曹明和段忠东担任副主编，并参与各章节的统稿。同时，本书是践行本课程教育实验的一个成果。即本书最初各章节的资料搜集与基本内容采编由黄莉老师授课班级部分学生参与，尽管受限于专业基础与写作经验，但学生团队在辅助本书前期编写的过程中付出了巨大的努力，体现了应有的专业素养。他们分别是邱月、吴泽华、苏银涓、董曦婷、余小燕、莫成圆、王琳华、林春盈、江颖、张砻、周文杰、李婧雯。

本书在编写期间得到厦门理工学院领导、教研室同人及清华大学出版社的大力支持与帮助，在此表示衷心感谢！作者将自己近十年投资银行经营学授课中所积累的教学与实践经验汇聚成书，希望不仅能帮助应用型本科院校金融投资或相关经济管理专业的本科生，而且能帮助金融经济"小白"的社会人士轻松掌握投资银行基础知识与基本理论，熟悉现代投资银行的主要业务，把握银行的最新发展趋势，并形成一定的投资银行财商思维，以有效服务于当下及未来的理财与工作、生活实践。

由于编者水平有限，加之行业发展较快，书中难免有疏漏之处，恳请各位专家及广大读者批评、指正。

编 者

目录

第一章　导言 ... 1

第一节　投资银行的发展历程 ... 2
　　一、投资银行的起源与发展 ... 2
　　二、投资银行与商业银行的分合历程 ... 6
第二节　投资银行概述 ... 8
　　一、投资银行的内涵与功能 ... 8
　　二、投资银行和商业银行的联系与区别 ... 9
第三节　投资银行的组织结构与发展模式 ... 11
　　一、投资银行的组织结构 ... 11
　　二、投资银行的模式演变 ... 14
第四节　投资银行与金融科技 ... 15
财商小剧场 ... 17
本章小结 ... 18
练习与思考 ... 19

第二章　投资银行核心业务：证券的发行与承销 ... 21

第一节　证券的发行与承销 ... 23
　　一、证券发行 ... 23
　　二、证券承销 ... 28
第二节　股票的发行与承销 ... 31
　　一、股票发行 ... 31
　　二、股票承销 ... 33
第三节　债券的发行与承销 ... 40
　　一、债券发行 ... 40
　　二、债券承销 ... 41
第四节　金融科技在证券发行与承销中的应用 ... 45
财商小剧场 ... 47
本章小结 ... 48
练习与思考 ... 49

第三章　投资银行核心业务：企业并购 ... 51

第一节　企业并购概述 ... 52
　　一、并购的内涵与分类 ... 52
　　二、并购的经济学理论 ... 55
第二节　企业并购运作 ... 58
　　一、企业并购运作流程 ... 60
　　二、企业并购效应分析 ... 64
第三节　反收购、杠杆收购与管理层收购 ... 65
　　一、反收购措施的动因及措施 ... 65
　　二、杠杆收购概述 ... 71
　　三、管理层收购概述 ... 73
第四节　金融科技在企业并购中的应用 ... 76
财商小剧场 ... 78
本章小结 ... 79
练习与思考 ... 80

第四章　投资银行核心业务：资产证券化 ... 83

第一节　资产证券化概述 ... 85
　　一、资产证券化的内涵与特征 ... 85
　　二、资产证券化的类型 ... 86
第二节　资产证券化运作 ... 89
第三节　资产证券化的风险与控制 ... 95
　　一、资产证券化的风险 ... 95
　　二、资产证券化的风险控制 ... 95
第四节　金融科技在资产证券化中的应用 ... 99
财商小剧场 ... 100
本章小结 ... 102
练习与思考 ... 103

第五章　投资银行零售经纪业务 ... 105

第一节　证券经纪业务 ... 106

一、证券经纪业务概述 107
　　二、证券经纪业务运作 108
第二节　证券投资基金业务 112
　　一、证券投资基金的含义 113
　　二、证券投资基金的特征 114
　　三、证券投资基金的分类 114
　　四、证券投资基金的运作流程 116
第三节　金融科技助力证券经纪业务 ... 119
财商小剧场 121
本章小结 124
练习与思考 125

第六章　投资银行直接投资业务 128

第一节　直接投资业务概述 129
　　一、直接投资业务的内涵与原则 129
　　二、直接投资业务的类型与
　　　　退出机制 131
第二节　直接投资业务运作 134
　　一、风险投资业务运作 134
　　二、私募股权投资业务运作 142
第三节　金融科技在直接投资业务中的
　　　　应用 145
财商小剧场 146
本章小结 147
练习与思考 148

第七章　投资银行金融衍生工具业务 ... 151

第一节　金融衍生工具业务概述 152
　　一、金融衍生工具类型 153
　　二、金融衍生工具业务功能 156
第二节　金融衍生工具定价 162
　　一、供需定价与无套利定价的差别 ... 162
　　二、利用无套利定价理论定价衍生
　　　　工具 163
第三节　金融科技的应用 165
财商小剧场 169
本章小结 171
练习与思考 173

第八章　投资银行内部、外部监管 175

第一节　投资银行内部监管：风险管理 176
　　一、投资银行的风险管理 176
　　二、投资银行的风险价值 177
第二节　投资银行内部监管：内部控制 ... 181
　　一、投资银行的内部控制 181
　　二、投资银行的自律组织 182
第三节　投资银行的外部监管 184
　　一、投资银行外部监管的含义及
　　　　原则 184
　　二、投资银行的监管内容 194
第四节　金融科技在投资银行监管中的
　　　　应用 200
财商小剧场 203
本章小结 205
练习与思考 207

附录　练习与思考答案 210

参考文献 232

第一章 导言

【本章提要】

投资银行是一个国家经济发展的标志,无论是在货币市场还是资本市场都具有非常重要的地位,它将资本市场和市场上的参与者紧紧地联系在一起。随着大数据、人工智能、区块链、云计算等金融科技的快速发展,人类经济正在走向数字经济时代,数字化转型正成为金融机构增强核心竞争力的重要突破口,为投资银行创新发展带来了重大发展机遇。因此,投资银行在激烈的市场竞争格局下,应该积极运用金融科技的技术优势,推动数字化转型,引领证券行业高质量发展,为实体经济发展提供优质、高效的金融服务。本章在着重阐述投资银行的发展历程、内涵与功能、组织结构的基础上,详细介绍了金融科技在投资银行经营场景中的应用。

【学习目标】

1. 熟悉并掌握投资银行的发展历程、内涵及功能。
2. 了解投资银行组织结构及模式演变。
3. 了解金融科技在投资银行经营场景中的应用。
4. 构建逻辑、辩证与批判等科学思维。理解金融科技的哲学基础与金融科技为民要义,树立与时俱进、终身学习的理念。

开篇阅读与思考

金融的学科体系——现代金融系统中的投资银行学

金融的学科体系如表 1-1 所示。

表 1-1 金融的学科体系

宏观金融分析	微观金融分析
重点讨论:货币供求均衡、金融经济关系、通货膨胀与通货紧缩、金融危机、金融体系与金融制度、货币政策与金融宏观调控、国际金融体系等问题	金融决策分析:主要研究金融主体投融资决策行为及其规律; 金融中介分析:主要研究金融中介机构的组织、管理和经营

续表

宏观金融分析	微观金融分析
主要的分支学科包括：中央银行学、货币政策分析、金融监管学、国际金融学等	主要的分支学科包括：金融市场学、证券投资学、公司财务学、金融工程学、金融风险管理、金融资产定价、投资银行学、商业银行经营学、保险学、微观银行学等

(资料来源：周莉. 投资银行学[M]. 7版. 北京：高等教育出版社，2020.)

问题分析：投资银行与商业银行是什么关系？

第一节 投资银行的发展历程

投资银行的起源是什么？投资银行的发展趋势是怎样的？

一、投资银行的起源与发展

投资银行是商品经济发展到一定阶段的必然产物。商品经济条件下商品生产者是各自独立并有着不同经济利益的个体所有者。但随着商品生产规模的迅速扩大，仅依靠商品生产者个人资本已无法适应商品生产和流通扩大的需要，客观上需要采用新的信用方式在社会范围内筹集资金，这促进了股份制的出现与发展及股票、债券等信用工具的产生。信用工具广泛发行与流通后形成了证券市场。证券市场的运作客观上促进了证券发行与证券交易的迅速发展，这是投资银行迅速发展的催化剂，并为其提供了广阔的发展天地。投资银行作为证券承销商、经纪商、自营商与做市商逐步奠定了其在证券市场中的核心地位。现代意义上的投资银行起源于 15 世纪的欧洲。早在商业银行发展前，部分欧洲商人通过承兑贸易商人的汇票为其短期债务进行融资。18 世纪欧洲经济中心转移到英国伦敦，伴随着贸易范围与金额的扩大，客观上需要以信用为基础的融资，于是信誉良好的大商人便利用其积累的财富成为商人银行家，专门从事融资，这些早期开展投资银行业务的商人家族被称为"商人银行"，这是投资银行产生的根本原因。19 世纪投资银行又在美国得到了迅速发展与壮大。特别是 18、19 世纪欧美掀起基础设施建设的投资高潮，这一筹资与融资过程无疑促进了投资银行的迅猛发展。总之，投资银行早期发展得益于贸易活动的日趋活跃、证券业的兴起与发展、股份公司制度的发展与基础设施建设的高潮等四个方面的因素。

在经济全球化与竞争日益激烈的市场环境下，投资银行完全跳出了早期发展阶段传统证券承销与证券经纪狭窄的业务框架，开始呈现国际化、混业化、专业化与集中化的发展趋势。具体表现为以下几点。其一是业务的混业化趋势，即投资银行业务全面化。20 世纪六七十年代以来，西方发达国家逐渐放松金融管制，允许不同金融机构在业务上适当交叉，这为投资银行业务的多样化发展创造了条件，形成证券承销与经纪、私募发行、兼并收购、项目融资、公司理财、基金管理、投资咨询、资产证券化、风险投资等多元化业务结构。其二是业务的国际化趋势。它是指市场全球化，分支机构全球化和业务全球化。20世纪60年代投资银行采用与国外代理行合作的方式帮助本国公司在海外推销证券或作为投资者中介进入国外市场；70年代为了更加有效地参与国际市场竞争，各大投资银行纷纷在海外建立自己的分支机构；80年代后，随着世界经济、资本市场的一体化与信息通信产业的飞速发展，业务全球化已经成为投资银行能否在激烈的市场竞争中占领制高点的重要问题。其三是业务的专业化趋势。这是社会化大生产的必然要求，各大投资银行在业务拓展多样化的同时也各有所长。如美林在基础设施融资与证券管理方面享有盛誉，高盛以研究能力与承销而闻名，所罗门兄弟以商业票据发行与公司并购见长，而第一波士顿则在组织辛迪加与安排私募方面处于领先地位。其四是业务的集中化趋势。20世纪五六十年代随着第二次世界大战后经济与金融的复苏与成长，各大财团的竞争与合作会促使金融资本集中，投资银行也不例外。这几年，受到商业银行、保险公司与其他金融机构的业务竞争，如收益债券的承销、欧洲美元辛迪加等加剧了投资银行业的集中。各大投资银行纷纷通过购并、重组、上市等手段扩大规模。如美林与怀特威尔德公司的合并、瑞士银行公司收购英国的华宝等。

投资银行又称为证券公司，它的产生与发展和我国经济体制改革及证券市场的成长密不可分，其分为四个阶段。第一阶段是1981—1990年的起步阶段。由计划经济逐步向市场经济过渡，这个阶段是证券公司发展的起步期，整体结构呈多元化特征，既有专营证券业务的证券公司，又有兼营证券业务的信托投资公司。证券公司的主要业务是一级市场发行与承销及二级市场证券经纪与自营，以债券为主要经营对象，以柜台交易为主要经营方式。这个时期证券公司的数量增长速度较快但其规模较小，注册资本大多为1000万～5000万元，1990年年底专业性证券公司有44家，兼营证券业务的信托投资公司有300多家，总资产仅50多亿元。第二阶段是1990—1993年的快速成长阶段。1990年11月26日上海证券交易所正式成立，1990年12月1日深圳证券交易所正式成立。之后，国务院成立国务院证券委员会(以下简称证券委)与中国证券监督管理委员会(以下简称证监会)，全国性证券市场初步发展及专门监督管理机构成立标志着中国资本市场开始逐步纳入全国统一监管框架。1996年年底专业证券公司达96家，兼营证券业务的信托投资公司达321家，其下设证券营业部2420家，总资产达832亿元。这时期的证券公司业务不再局限于承销经纪，还包括保荐、代客理财、基金管理与资本运营等。同时，证券公司注册资本达到原来的2～50倍，出现了增资扩股高潮。第三阶段是1993—2001年的规范发展阶段。1998年年底出台的《中华人民共和国证券法》(以下简称《证券法》)标志着中国金融业分业经营、分业管理格局正式形成，国务院决定由证监会集中监督管理全国证券市场，原属于中国人民银行的证券机构监管职责全部移交给证监会。证监会将证券公司分为综合类证券公司与经纪类证券公司进行分类管理。为引导证券公司规范经营、完善证券公司内部管控机制、增强证券公司自我约束能力、推动证券公司现代企业制度建设及防范与化解金融风险，2001年证监会发布《证券公司内部控制指引》。但处于成长期的我国证券业仍然存在大量经营不规范、系统性风险高的情况。第四阶段是2001年至今的稳定发展阶段。为了从根本上解决证券机构违规经营，特别是挪用客户资金的问题，2003年8月，证监会提出"三大铁律"——严禁挪用客户交易结算资金、严禁挪用客户委托管理的资产、严禁挪用客户托管的债券，开始了长达数年的"券商综合治理"。从2003—2005年，多家证券公司因严重违规行为被托管或关闭。在规范发展指引下，地方性中小证券公司积极增资扩股发展为全国性综合类证券经营机构，大型证券经营机构在保持国内领先的基础上开始拓展国际业务,向真正的国际性投资银行发展。其中,《证券法》的改革历程经年累月,自2015年第一部草案修订到2019年年底第四部草案审议通过,具有新时代价值的《证券法》最终定型。证券市场制度改革具有必要性、必然性与可行性,但实现制度落地则是更加重要的问题,具体涵盖了从核准制到注册制的变革、信息披露义务的加强、投资者保护制度的完善等制度的落地问题。

课中案例

百年华尔街

百年华尔街实际上是由摩根与高盛这些长盛不衰的企业所主宰。这些历史悠久的权势集团见证了金融帝国的起伏跌宕,他们的一举一动操控着价值上百亿美元的大宗并购,影响着商业巨头、企业财团的重大商业决策。尤其是自20世纪下半叶以来,随着全球化与金融市场一体化的浪潮,这些金融巨擘的手更是时不时掀起资本市场的惊涛骇浪。这些群体都有共同的名字:"投资银行家"。想要理解现代金融资本市场,就要从理解华尔街的投资银行开始。

首先,投资银行业务始于有价证券的承销。独立战争结束时美国联邦政府面对的是一个债务缠身的烂摊子,33岁的财政部部长汉密尔顿设计出一个大胆的方案:以美国政府的信用为担保,统一发行新的国债来偿还各种旧债。这种现代司空见惯的"以旧换新"的债券融资在300多年前被视作是超前妄为。为了使债券的发行筹资能够顺利进行,大量"掮客"充当了发行人(政府)与投资者之间的桥梁,在债券发行的条件甚至定价方面都起到重要的作用。债券市场的发展为新生的美国提供了强大的资金支持,美国第一代"投资银行家"的雏形开始形成。接着,J.P.摩根带来企业并购重组。铁路发展产生第一批现代股份制企业,但在缺乏有效公司治理与法律监管的情况下,铁路股票的发行成为一夜暴富的投机工具。J.P.摩根改变了这一切。进入华尔街后,J.P.摩根开始着手一项整合美国铁路系统的计划。通过并购重组,效益低下的小公司以合理的价格被收购,而大铁路公司实力则大大增强。美国铁路行业进入前所未有的良性有序经营时代。1900年,J.P.摩根再次出面组织巨型财团,对美国钢铁行业进行并购重组。1年后资本金达14亿美元的美国钢铁公司成立,而当年美国全国的财政预算也不过5亿美元左右。得益于规模经济与专业分工的巨大优势,美国钢铁公司迅速成为国际钢铁业垄断者,一度控制着美国65%的钢产量,并且左右着全球钢铁的生产和价格。资本对于实体经济的作用日益显著。作为金融市场与产业发展间最重要的媒介,投资银行家在美国经济生活中的分量举足轻重,企业资产并购重组,从此也成为投资银行业务的重头戏之一。而1933年则是个分水岭:投资银行和商业银行分离。1929年10月,经济危机导致大规模股市崩盘与银行倒闭。美国国会于1933年6月1日出台《格拉斯-斯蒂格尔法》(Glass-Steagall Act),这意味着商业银行被证券发行承销拒之门外,而投资银行不再被允许吸收储户存款。为了生存,投资银行家们甚至只得屈尊进入"不上流"的证券零售经纪业务。在此期间,以零售经纪业务为主的美林证券迅速崛起。随着二战后美国工业化与城镇化掀起高潮,20世纪60年代华尔街迎来又一个黄金时代,承销与并购业务源源不断。与此同时,社会财富急速累积,催生了大量共同基金。随着养老保险制度的建立,养老基金开始大量进入市场。人寿保险公司的资金实力在同一时期快速发展。机构投资者在市场上开始形成巨大的买方力量。随着资金量的增长,买方渐渐不再满足投资银行所提供的单调权益证券与固定收益证券。不同风格的机构投资者对风险敞口、风险收益与投资组合提出更多的不同要求，投资银行家们必须适应趋势以开发新金融产品。

直到20世纪70年代，证券承销(尤其是IPO)仍是投资银行的主营业务。不过客户导向型的投资银行开始向交易导向型的金融服务商转变。如为保证承销证券的流动性，投资银行要在二级市场"造市"。另外，投资银行大客户(包括企业与各种机构投资者)常要求投资银行帮助他们买入或者出售大宗证券。此外，投资银行资本金的大幅提高催生了自营账户的资产管理需要。随着财富的积累，客户也对投资银行提出资产管理的业务要求。曾经独领风骚的承销和佣金收入在20世纪90年代中期已下降到美国整个投资银行业收入的25%左右，而以各种有价证券交易为主的自营业务与资产管理业务收入上升到50%以上。同时，由于金融产品日渐增多、投资者结构日渐复杂，市场的波动性成为华尔街最大的困扰。保守型养老基金与保险公司是债券市场的最大客户，他们对于债权人的财务状况日益谨慎，对资金的安全提出了更高的要求。利率掉期被运用在债券市场上来对抗利率风险。接着，货币掉期也开始被运用在跨国债券交易中来抵御汇率风险。另一项影响更为深远的金融创新则是资产证券化。任何债券、项目、应收账款、收费类资产，甚至是版税收入，都可以通过证券化的形式获得融资。在华尔街有一句谚语"如果你有一个稳定的现金流，就将它证券化"。总之，个人魅力主宰的投资银行渐渐从历史舞台隐退，更为专业化、技术化、数量化的全球金融自由化与投资银行的狂欢时代来临了。罗纳德·里根规定利率上限Q条款被取消，利率彻底市场化，415条款的实施加快了证券发行程序，银行跨州经营限制被打破，有条件的储蓄机构被允许进行全能银行业务。美国国内市场上"垃圾债券"与杠杆收购给了传统投资银行大展宏图的机会。投资银行家迈克尔·密尔肯意识到看上去一文不值的债券收益率已远超风险补偿所需要的回报率。更重要的是，对缺乏现金流的新技术公司(通信、信息、生物医药等)来说，可通过发行垃圾债券向风险偏好的投资者融资。在资本助力下新兴产业快速发展，创新成为美国公司的标志。管理层收购热潮中垃圾债券充当着管理层最好的朋友。通过发行垃圾债券融资然后收购公司股权，公司成为高负债的非上市企业。投资银行家们大显身手，他们收取普通债券两倍以上的高额承销费用并抽取巨额佣金。基于此，投资银行文化与MBA兴起。高盛与摩根士丹利将触角伸到世界的每个角落，他们所代表的投资银行精英文化随之为世界熟悉。高盛在60年代首开招收MBA学生的先例，哈佛、沃顿、芝加哥、哥伦比亚、斯坦福等顶尖名校最优秀学生被招募进投资银行。当投资银行开始主宰华尔街金融业时商业银行却饱受"金融脱媒"煎熬。直接融资市场的发达造成大量银行客户流失。1999年在克林顿政府的主导下《现代金融服务法》通过，长达半个世纪的分业经营落下帷幕。在这之后，银行开始通过金融控股公司从事不同类型的金融业务。

21世纪初，华尔街遭遇冷冬。首先"硅谷"与"华尔街"联合出品的高科技狂潮在世纪之交时退去，纳斯达克指数狂泻将全国股市拖入深渊。经济疲软还没到尽头，2001年"9·11"恐怖袭击再次重创美国。1914年，纽约证券交易所第一次关闭，长达4天之久。安然公司与世通公司先后爆出财务丑闻，最终宣布破产。这些被投资银行家们誉为"最安全可靠"的公司财务报表基本上全是谎言。市场对华尔街的信心降到了冰点，美国经济也经历着二战后最萧条的时期。为尽快走出经济衰退，小布什政府进行强势经济干预：调整税收制度、美联储大幅降息、出台系列政策鼓励提高美国家庭住房拥有率。2004年名义利率从3.5%降至1%且低于通货膨胀水平。历史罕见的"负利率时代"激发了投资者的欲望。而同期《美国梦首付法案》为中低收入家庭敞开住房贷款的大门。20世纪70年代创造的"抵押贷款证券化"在这个时期大显身手,投资银行将住房抵押贷款分割成不同等级,担保债券在市场上大量出售,源源不断地为抵押贷款提供充足的资金。担保债券不断攀升的回报率吸引善于利用杠杆的对冲基金与其他金融组织。在这场次贷的狂欢中,成立于 1923 年的华尔街投资银行贝尔斯登格外引人注目。与高盛及摩根士丹利注重学历与血统传统不一样,贝尔斯登奉行 PSD 的文化:P 指贫穷(poor)、S 指聪明(smart)、D 指有强烈的赚钱欲望(deep)。基于此企业文化,贝尔斯登在次贷抵押贷款的承销与以次贷相关衍生品的对冲交易中格外激进,在住房抵押贷款的复杂信用衍生产品上,基金经理人频繁使用几十倍超高杠杆率以获得更高收益。然而越来越大的泡沫终于破灭了。2006 年夏天,房产价格突然回落。2008 年贝尔斯登被迫接受摩根大通 2 美元一股的报价,一个多月前,这个价格是 93 美元。经过 90 年代金融业的兼并收购潮,华尔街专业型投资银行失去了在传统业务(承销、并购、经纪业务等)上的垄断性优势,由于不能开展储蓄业务,为了获得和商业银行转型后的全能银行同样的净资产收益率,投资银行只能借助于两大法宝:一是没有监管没有上限的杠杆率;二是实施高杠杆率的自营业务。这种趋势使得投资银行从金融顾问中介机构渐渐转型为对冲基金与私募股权基金。贝尔斯登正是在这种趋势下激进策略的牺牲品。不幸的是,其他的投资银行也面临着与贝尔斯登相似的困境。从某种意义上说,现代企业的一切投融资活动背后都有投资银行的推动和设计。

(资料来源:知乎,https://zhuanlan.zhihu.com/p/24163821。)

问题分析:结合百年华尔街案例解释为什么现代企业投融资活动背后都有投资银行的推动和设计。

二、投资银行与商业银行的分合历程

从美国视角来看投资银行与商业银行的分合历程。20 世纪 30 年代前,政府信用扩张,工业大规模筹资,西方经济持续繁荣,投机活动空前高涨,商业银行掌握着当时投资银行业务的重心,凭借其雄厚的资金实力频频涉足证券市场,把资金大肆投入高风险、高收益领域,同时进行一级与二级市场业务,各国却没有出台有效的管理政策以规范市场。1837 年美国发生金融恐慌。1864 年《美国银行法》禁止国民银行进入证券市场,随后到 1929 年银行不能直接从事证券发行与承销,这种业务只能通过银行控股的证券业附属机构来进行。这阶段投资银行的运营模式本质上还是混业经营。1929—1933 年爆发的世界经济危机,使美国银行界遭受了巨大冲击,其间共有 7000 多家银行倒闭。经济危机让各国清醒地认识到银行信用的盲目扩张与银行直接或间接卷入风险很大的证券市场是经济的严重隐患。1933 年,美国国会通过《格拉斯-斯蒂格尔法》,对金融业分业经营模式以法律条文加以明确规范,其中主要包括:严格实行分业经营、严厉禁止商业银行和投资银行交叉业务或跨业经营;限制银行活期存款利率(化解银行支付危机);对银行存款给予保险。投资银行与商业银行开始分业经营。如摩根银行便分裂为摩根·士丹利和 J.P 摩根。有些银行则根据自身的情况选择经营方向,如花旗银行与美洲银行成为专门的商业银行。而所罗门兄弟公司、美里尔·林奇与高盛等则成为专门的投资银行。

20 世纪 80 年代以来两业又趋于融合。80 年代,美国先后颁布了一系列法律和法规,放松了对市场和机构的管制,这使投资银行业取得长足进步,催生出大量金融创新产品,特别是大量垃圾债券的发行给投资银行提供了巨大商机。90年代信息技术发展、金融领域创新与金融管制放开，在金融自由化的浪潮下国际间金融竞争压力加大，分业型金融体制无法满足国际市场竞争的需要，反而限制了投资银行的发展。1999年11月，美国国会通过《金融服务业现代化法案》，该法案允许银行、证券及保险业之间互相跨业经营，同时撤销《格拉斯-斯蒂格尔法》。这意味着投资银行与商业银行重新融合，如花旗银行与旅行家集团合并。此外，伴随着资讯科技的快速发展，跨国交易无须通过外国分支机构即可完成，而资讯普及化结果使客户可以像投资银行一样利用相同的渠道获得市场信息，许多大企业不再经由投资银行来进行传统的投资银行业务，而在公司内部设立投资银行业务部门办理本身的业务，如IBM、杜邦等，但一些专业性交易仍须依靠投资银行。资讯的变革使投资银行的业务逐渐转向风险管理，即金融产品与交易技术的创新领域。在经过10年巨大的混业经营后又于2007年发生次贷危机，受金融危机影响，美国政府又开始决定加强监管，对比20世纪30年代经济大萧条，商业银行与投资银行混业的状态还是得到保持。但监管层意识到投资银行这种创新业务的巨大能量就开始对创新业务采取更加严格的监管。

1933—2008年，历时75年，投资银行、商业银行一直是分分合合。但是在这75年中，监管不是一成不变的，投资银行的业务创新与监管的变化，正好是一个相互博弈与相互促进的动态过程。如20世纪70年代美联储取消Q条例即取消大额存款的利率上限，但维持着小额存款利率上限。为应对监管，美国投资银行推出货币市场基金，导致金融脱媒，使得利率市场化加速，商业银行开始向混业经营状态转型。最后，我们可以看到投资银行未来演化的两个趋势：第一由于受到更多监管，投资银行演化的速度可能会变慢。但那些受监管较少的业务部门，如私募类业务可能会获得更大发展。第二，只要不发生大规模的战争，全球资金富余的格局不会改变，所以投资银行的业务会继续在资产管理方向上发展下去。

课后案例

资金从稀缺到富余，投资银行业务从"融资"到"投资"

大半个世纪以来，资金面主要经历从稀缺到富余的过程，投资银行的业务从以融资为主变成了以投资为主。投资与融资其实是硬币的两面，但此消彼长的资金状况会让投资银行业务模式发生变化。

18—19世纪世界很穷，资金也很稀缺，像钢铁与铁路行业都是资金密集型行业，投资银行的主要任务是替企业募资。投资银行的传统核心业务是通过帮助企业、政府发行承销、兼并收购赚钱。投资银行的传统业务是卖方业务。但现在投资银行业务重心逐步转向新兴的募集资金，进行资产管理、代客理财，这一部分叫买方业务。如美国整个资产管理市场的规模大概是33.4万亿美元，那投资银行管理的资产有多少呢？9.6万亿美元，即投资银行占据整个美国资产管理市场的1/4。同时投资银行收入结构发生重大改变，60年代佣金、承销收入大概占总收入的70%左右。2010年后这两项主要业务的占比下降到30%以下，而像资产管理的相关业务的利润占比超过50%。为什么会发生变化呢？这是因为第二次世界大战（以下简称"二战"）后的70年里，各国的资金越来越充裕，投资银行业务中心从为项目找钱，即融资，转向找项目，即投资。二战后的70年是人类的黄金时代，这期间没有爆发过大规模战争，英国、美国、日本等国家相继崛起，除非洲以外，全球进入人类历史上最长的政治和平、经济高速增长的年代。这70年全球财富增长速度年均超过10%，全球中产阶级迅速崛起。据世界银行保守估计,全球中产人数已高达20亿人。60年代全球高收入国家平均年收入是1500美元左右,现在则是4万多美元,这个增长速度是令人非常震撼的。

数字背后意味着财富总量在积累,财富分布更广,投资银行业务自然从"替富人服务"转向"替中产阶级服务"。如零售经纪就是重要的分水岭,投资银行开始从"少数富人的私人银行"慢慢地转变为"公众的投资经纪人",后来垃圾债券、杠杆收购的兴起使中小企业可以进行融资、收购,说明"资金不再是大企业的专利",再接着,杠杆收购变身私募股权基金,创投、风投、量化交易兴起,投资银行开始激进变身为"私募基金管理人",把大量人力、财力、物力都投入到资产管理部门。未来,只要不发生大规模战争,这个基本格局会延续下去。目前我国正处在从中等收入国家向高收入国家迈进的过程中,整个社会正在转型成为一个中产社会,所以财富的保值与增值会变得越来越重要。

(资料来源:知乎,https://zhuanlan.zhihu.com/p/610363782.)

问题分析:从融资到投资的角色转变,投资银行相应的业务发生了哪些变化?

第二节 投资银行概述

投资银行和商业银行最主要的区别是什么?

一、投资银行的内涵与功能

投资银行是美国和欧洲部分国家所用的名词,而在英国、澳大利亚等英联邦国家称此类公司为商人银行。在中国和日本则称为证券公司。其本质是提供多种服务的金融中介机构,在现代社会经济发展中起到润滑剂的作用,其主要功能是把资金使用者与资金供应方直接联系起来。美国著名金融专家罗伯特·劳伦斯·库恩(Robert Lawrence Kuhn)在其所著的《投资银行学》中根据投资银行业务的发展与趋势,曾对投资银行业务按范围大小次序提出从最广义到最狭义的四种描述。其中,"较广义的定义"被普遍接受,即经营包括资本市场一切活动的投资银行业务的金融机构是投资银行。在国民经济中,投资银行有四个基本功能,即媒介资金供需、构造证券市场、优化资源配置、促进产业整合。具体内容如下。

(1) 媒介资金供需。一方面,投资银行可以帮助投资方降低投资风险、增强投资信心、促进资金获取收益;另一方面,投资银行可以帮助投资方开通融资渠道、降低融资成本、保持金融稳定。

(2) 构造证券市场。一方面,一级市场上投资银行通过咨询、分析、承销、代销等方式辅助构建证券发行市场,承担必要时买入剩余未发行完的证券,以降低发行风险的义务,并为投资者寻找合适的投资机会,以起到辅助构造发行市场的作用;另一方面,二级市场上投资银行以自营商、做市商、经纪商等不同身份参与大量交易,维护交易市场价格稳定、连续、发挥价格发现职能、降低投资者投资成本、提高证券交易市场的运营效率、维护市场秩序,起到灵活并稳定市场的作用。其中,做市商与自营商都是通过自有资金低买高卖,但自营商是以盈利为目的,而做市商以维护证券价格稳定、市场安定、执行价格发现为目的。

(3) 优化资源配置。投资银行主要是通过证券承销、基金管理、企业并购与风险投资这四项业务来进行社会资源的优化配置。

(4) 促进产业整合。随着资本的不断进入,从启动阶段到达成长阶段,最终由于产能过剩等问题进入优胜劣汰的阶段,优势企业在激烈竞争中继续壮大,而劣势企业在巨大压力下不堪重负,最后投资银行凭借其专业优势与信息网络广泛,帮助优势企业并购劣势企业,这种资源移动导致产业资源的集中与经济效率的提高。

课中案例

中金公司并购业务

入围中国已公布交易财务顾问排行榜前20名的中资券商或合资券商有中金公司、中信证券、高盛公司、中信建投、海通证券、华泰证券、国金证券和招商证券等公司。其中,中金公司的市场份额占10.3%,成交量达323.7亿美元,交易数达19单,位列第一。对此,中金公司并购业务执行负责人在接受《证券日报》记者采访时表示:"中金公司历来重视并购业务,很早就组建了专职的并购团队,业务类型涉及国内A股重组、港股并购、海外收购、卖方交易等多种类型,积累了丰富的相关项目经验。目前,中金公司已完成在中国香港、纽约、旧金山、伦敦和新加坡等国际主要金融中心的布局。未来中金公司还将继续拓展海外网络,以便为客户提供国际一流的并购服务。"作为并购重组独立财务顾问业务中的佼佼者,中金公司并购业务执行负责人表示:"综观国际资本市场,产业并购是并购市场发展的最重要推动力,也是A股并购重组市场的发展方向。券商在产业并购中可以起到关键的作用,包括标的撮合、方案设计、谈判沟通等环节。这对于券商本身也提出很高的要求,有深入行业积累、广泛客户网络、丰富并购经验、境内外布局的券商将在产业并购大潮中脱颖而出。"从整体情况来看,并购重组仍是我国促进经济转型升级、服务实体经济的一大重要形式。中金公司并购业务执行负责人曾建议,中小企业可以考虑把并购重组这一证券化路径纳入资本规划的选项当中。

(资料来源: 新华网, https://baijiahao.baidu.com.)

问题分析:结合案例,分析并购如何实现投资银行的四个基本功能(媒介资金供需、证券市场构造、资源配置优化、产业整合促进)?

二、投资银行和商业银行的联系与区别

20世纪30年代前,世界上没有投资银行这么一个专业术语,那时都叫银行。如大家很熟悉的美国大银行家J.P.摩根,他当时控制着摩根财团,摩根财团就是一个既吸收存款发放贷款,又做证券承销业务的金融寡头。如伊利运河债券,一方面美国铁路股票、债券由它承销,另一方面它的分支机构很多,在美国到处吸收存款。当时,还有很多金融寡头,如洛克菲勒、第一花旗银行财团,对美国的政治、经济都有很大的影响力。20世纪初的前20年是证券业加银行业混业经营的金融寡头的黄金时代。一方面,因为美国经济高速增长,另一方面,因为对金融监管没有概念,这就产生了许多问题。储户存款与证券市场间没有防火墙,

会产生很大风险,因为储户存款要求固定回报:我的钱要投到安全的地方。而股票是利益共享、风险共担的风险投资。但当时没有人注意到风险,所以很多储户的存款流入了股市,助长了股市泡沫的滋生。紧接着美国的股市崩盘并发生经济大萧条。美国政府反思自己的政策走向,1933年罗斯福政府颁布《格拉斯-斯蒂格尔法》,奠定了下半个世纪全球金融监管的制度。其中最著名的一条就是商业银行业务与证券业务要严格分开,实施分业经营。摩根财团把自己的业务一分为二,我们现在所熟知的摩根士丹利就开始专门做投资银行业务,另外一家叫J. P.摩根,主要做商业银行业务。还有像花旗银行选择更擅长的商业银行业务,放弃了自己下属的证券业务。从那时起,商业银行业务和投资银行业务开始正式分离。所以"投资银行"这个名词实际上是指从银行体系分离出来而专门做证券投资业务。这是投资银行与商业银行的联系。而投资银行与商业银行的主要区别如表1-2所示。

表1-2 投资银行与商业银行的主要区别

不同点	投资银行	商业银行
业务	证券承销发行、证券交易、兼并收购、资金管理、风险投资、资产证券化	资产业务、负债业务、中间业务
融资体系	直接融资	间接融资
利润构成	佣金、资金运营收入、利差收入	存贷款利差、资金运营收入、中间业务、表外收入
经营重心	控制风险、强调开拓	稳健管理、安全优先
监管体系	证监会	银监会
保险制度	证监会颁布的投资银行保险制度	存款保险制度

其中,融资体系不同,表现在投资银行行使的是直接融资职能,而商业银行行使的是间接融资职能。

投资银行在资本市场上充当金融中介,作为媒介人,为资金需求方和资金供应方寻找合适的另一方,使前者融资需求与后者投资需求均得到满足,然后投资银行只收取手续费,不介入融资双方的债权、债务关系,所以融资双方是直接融资关系。最常见的例子是投资者去购买企业股票而投资于企业,于是企业与投资者就直接构成了债权、债务关系,这种方式叫作直接融资,如图1-1所示。

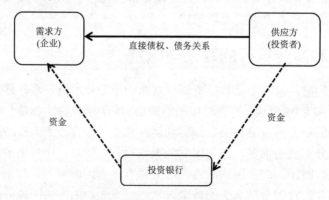

图1-1 直接债权、债务关系(直接融资)

商业银行在市场上则是同时充当资金需求方与资金供应方的角色,一方面作为资金需求方吸收外界资金供应方存款;另一方面作为资金供应方向外界资金需求方输送货币。融资双方并不直接发生债权、债务关系,而是通过商业银行间接发生债权、债务关系,这种方式叫作间接融资,如图1-2所示。

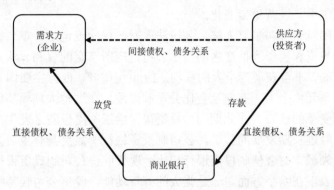

图1-2 间接债权、债务关系(间接融资)

第三节 投资银行的组织结构与发展模式

什么是投资银行组织结构?什么是投资银行制度?

一、投资银行的组织结构

在投资银行300年的发展历程中,其组织形式经历了长期演变,由早期的合伙制演变为混合公司制、现代股份公司制、金融控股公司制。不同组织形式具有不同的特点,不同组织形式的选择由当时的经济发展、法律制度、经营特点所决定。

合伙制企业是指两个或两个以上合伙人拥有公司并分享公司利润,合伙人即为企业主人或股东的组织形式。其主要特点是合伙人共享企业经营所得,并对经营亏损共同承担无限责任;它可由所有合伙人共同参与经营,也可由部分合伙人经营而其他合伙人仅出资并自负盈亏;合伙人的组成规模可大可小。如1862年成立J.P.摩根,1869年成立高盛公司,1914年成立美林公司,1923年成立贝尔斯登公司,它们都是合伙制企业。起初这些公司都采用普通合伙制,但随着机构扩张、业务规模的扩大,有限合伙制成为新选择。有限合伙制中普通合伙人主导公司的经营,对公司损失承担无限责任,而其他投资者则以有限合伙人的身份提供资金但是不参与管理。有限合伙制因其所有权与管理权合二为一,能充分调动管理者积极性的同时也能保障投资银行经营的稳定性与连续性,因此被认为是投资银行最理想的组织形式。

混合公司是指由在职能上没有联系的资本或公司合并而成的规模很大的公司,其本质是现代公司,但又具备自己的特点:规模庞大,同时涉足多个没有直接联系的业务领域。比较普遍的混合公司制投资银行基本上是通过收购或联合兼并而形成的。混合公司制的主要形式有：股份有限公司、有限责任公司和股份合作公司三种。1987年，美国经济滑坡后投资银行业合并之风盛行，1300多家(约占总数的20%)小型投资银行倒闭或被合并。2007年美国次贷危机使雷曼兄弟公司、贝尔斯登公司破产，摩根士丹利、美林等大投资银行被更大的金融集团并购成金融控股公司。总之，世界上几乎所有大的投资银行都经历过重组合并，其结果是使投资银行变得更集中，经营更专业化。

现代股份公司制赋予公司独立人格，公司法人财产权的确定是其重要标志。法人财产权是公司法人对包括投资和投资增值在内的全部公司财产所享有的权利。法人财产权的存在显示了法人团体的权利，不再表现为个人的权利。19世纪中叶，西方主要国家公司法立法逐步完善，使社会经济单元由个人所有向社会化公司制过渡。在这种大规模的经济制度变革中，公司法人制度是其变革的核心。在此期间，投资银行组织制度也随之发生变化，出现了众多公司制投资银行。经过长期发展的验证，公司制投资银行明显更具有生命力，这一制度被广泛应用于投资银行领域。与合伙制投资银行相比，现代股份公司制投资银行具有更强大的功能与优越性，主要表现在六个方面。一是强大的筹资功能。股份公司较易吸引公众投资，因为其风险有限、所持股权流动性高、财务状况较透明。二是科学的企业管理。从决策方面看，产权组织机构确立分权与民主化的决策机制。从信息方面来看，组织系统层次相对较少，具有较少信息空间与较短传递渠道，从而降低了人们在搜集、处理有关信息方面的成本，提高了决策的时效性与准确性。从制度本身来看，实现管理活动专业化与利益制衡规范化。三是完善的公司治理。其包括组织管理制度、信息披露制度，要求有较好的营利性。投资银行上市后能避免合伙制中所有权与管理权不分所带来的各种弊端，使投资银行更具稳定性。四是合理的资源配置。经过多轮投资银行的兼并与收购，借助市场竞争优胜劣汰机制，实现投资银行资源的优化配置。五是高效的运作效率。随着现代股份制投资银行资本规模的扩大与高级管理人才的加盟，其整体运作效率得到进一步提高。具体表现在组织决策效率与监督约束效率两个方面。六是独立的法人地位。投资银行采用公司法人制度，在法律上明确了投资银行具有独立的法人地位，其确立是以法人的财产权为核心和重要标志。投资银行法人不仅拥有对财产占有权、使用权和收益权，同时还有处置权，这构成了完整的权利体系。投资银行法人对财产权利的行使具有永续性。

金融控股公司制是指现代金融混业经营趋势下，以控股公司形式组建的金融控股集团，它是金融业实现全能化的一种组织制度。1999年2月，国际三大金融监管部门即巴塞尔银行监管委员会、国际证监会组织、国际保险监管协会联合发布《对金融控股公司的监管原则》，金融控股公司指"在同一控制权下，所属受监管实体至少明显地在从事两种以上的银行、证券与保险业务，同时每类业务资本要求不同"。金融控股公司制本质上属于现代公司制范畴。作为多元化经营金融企业集团具有"集团控股联合经营"与"法人分业，规避风险"的特点。

课前案例

案例一：

近年来多家投资银行开始调整组织架构，打造以客户为中心的服务模式

摩根士丹利：其组织架构自2000年之后开始形成以客户为中心的服务模式，可按业务的不同划分为机构证券部、全球财富管理部、投资管理部和研究部。机构证券部负责投资银行和股票做市业务等；全球财富管理部和投资管理部以客户为中心，根据客户类型有针对性

地提供不同服务,并通过研究进行辅助。高盛公司于 2019 年改变了组织架构,取消了投资与借贷板块,新设了财富管理板块。将机构客户板块改名为全球市场,并进行了业务新化;将投资管理板块改名为资产管理板块,并进行了业务新化。同时推出 One Goldman Sachs (一个高盛)的计划,即以综合的方式加强客户与高盛的互动,简化客户接触点。通过组织结构的调整可以明显地看出,高盛的各项业务开始围绕"客需"进行优化,未来将进一步缩减自有资金投资方面的业务,其资本投入和业务开展更多地围绕"客需"开展。

(资料来源: 未来智库,https://baijiahao.baidu.com.)

问题分析: 中国投资银行在打造以客户为中心的服务模式中,是如何调整组织架构来服务于这个服务模式的?

课前案例

案例二:

金融控股公司监督管理试行办法

2020 年 9 月 13 日,国务院对外发布《国务院关于实施金融控股公司准入管理的决定》(国发〔2020〕12 号),正式授权中国人民银行对金融控股公司(以下简称"金控公司")实施准入管理,与此同时,中国人民银行正式公布了《金融控股公司监督管理试行办法》(以下简称"《金控办法》")。在此之前,中国人民银行曾于 2019 年 7 月 26 日发布《金控办法(征求意见稿)》(以下简称"《征求意见稿》"),此次《金控办法》的公布,标志着金控公司监管靴子的正式落地,金控公司也正式被纳入牌照化的监管体系当中。

我国金控公司发展历程大致分为"四大阶段"并最终形成了"五大派系"的格局。回溯至 2002 年,国务院批准中信集团、光大集团、平安集团作为三家综合金融控股集团试点,这是我国金控公司最早的雏形。在后续十几年的发展过程中,我国陆续涌现出了数家金融控股性质的公司或集团,这些金控公司大致可分为以下五个派系:其一是由金融机构投资设立其他类型金融机构而形成的金融控股架构"金融机构系"金融平台,比较典型的代表有中银集团、建行集团以及光大集团、中信集团、平安集团等;其二是由中央企业在金融领域投资布局形成的"央企系"金融平台,如招商局集团的招商局金融集团、国家电网的英大国际控股集团等;其三是由地方政府整合本地金融资源形成的金融架构形成的"地方政府系",如上海国际;其四是由互联网巨头通过新设、收购和重组有关的金融持牌机构和类金融机构形成的金融控股结构,如蚂蚁金服;其五是由民营企业和上市公司,通过投资、并购等方式逐步控制多家、多类型金融机构的"民营资本系"金融平台,如复兴集团、恒大集团等。

《金控办法》将金控公司分为主营和非主营两类,主要是为了规范非主营金控公司的发展。第一类主营类是金融机构在开展其本身的主营金融业务的同时,投资或设立其他行业金融机构,形成综合化金融集团,其一般控制了两种或两种以上类型的金融机构,母公司成为控股公司,其他行业金融机构作为子公司。如中国工商银行、中国农业银行、中国银行、中国建设银行、交通银行等大型银行均拥有基金、金融租赁、保险子公司;平安集团、中国人寿、中国人保均有投资银行、基金、信托公司。第二类是非金融企业投资控股两种或两种以上类型的金融机构(包括"央企系""地方政府系""互联网系""民营资本系")。长期以来,对于金控公司的监管要求和标准,我国法律、法规、部门规章和规范性文件中均未系统化规定，但自2017年10月开始，监管机关开始频繁地发声，我们可以从中感受到有关金控公司监管的方向，直至2020年9月13日《金控办法》的发布，标志着金控公司正式被纳入牌照化的监管体系当中。

《金控办法》对金融控股公司"核心指标"的要求更加规范，其中"股权及治理结构""资本充足率""风险管理""关联交易"将会是未来的重点监管指标。股东、资本管理方面，一是对主要股东、控股股东和实际控制人连续盈利等提出差异化要求；二是投资资金来源应依法合规，监管部门对其实施穿透管理；三是设定负面清单，明确禁止金融控股公司控股股东从事的行为；四是建立资本充足性监管制度。股权结构方面，一是要求金融控股公司的股权结构应当简明、清晰、可穿透，法人层级合理，其所控股机构不得反向持股、交叉持股；二是金融控股公司所控股金融机构不得再成为其他类型金融机构的主要股东，但金融机构控股与自身同类型的或者属于业务延伸的金融机构并经金融管理部门认可的除外；三是在《金控办法》实施前已存在的，但股权结构不符合要求的企业集团，经金融管理部门认可后，在过渡期内降低组织架构复杂程度，简化法人层级。公司治理和风险管理方面，一是金融控股公司应当完善公司治理结构，依法参与所控股机构的法人治理，不得干预所控股机构的独立自主经营。对金融控股公司的董事、监事和高级管理人员任职实施备案管理。二是金融控股公司应当在并表基础上建立健全全面的风险管理体系，覆盖所控股机构和各类风险。三是建立健全集团的风险隔离机制，规范发挥协同效应，注重客户保护信息。四是加强关联交易管理，集团相关关联交易应依法合规、遵循市场原则。

总体来看，《金控办法》对于金控公司的独立监管并不会对目前"金融分业监管"的整体监管框架构成冲击或替代，金控公司将被置于总体金融监管格局中加以审视，长期对我国金融监管制度的完善，化解系统性风险起到积极的作用。

（资料来源：金融界，https://baijiahao.baidu.com.）

问题分析：结合案例来分析中国投资银行模式转变的内涵。

二、投资银行的模式演变

依托前文"投资银行的起源与发展、投资银行与商业银行的分合历程"内容。投资银行模式包含分离型或分业型经营模式与综合型或混业型经营模式。

分离型或分业型经营模式是指法律规定投资银行与商业银行在组织体制、业务经营和监管制度等方面相互分离、不得混合的管理与发展模式。典型的代表国家是20世纪90年代以前的美国、英国、日本与现阶段的中国。该模式最本质的特点是通过严格限制商业银行与投资银行的业务范围，从而有效地控制商业银行风险以达到维护金融体系稳定的目的。分离型经营模式在上述部分国家实行数十年后于20世纪80年代发生重大变化，过去业务范围严格区分的分离型体制已经严重弱化，投资银行与商业银行的业务界限已日渐模糊。而综合型或混业型经营模式是指法律上允许同一家金融机构通过资源整合，同时经营商业银行、投资银行、保险公司、信托投资公司等金融业务以提高有效竞争能力，并充分利用金融资源以达到提高金融机构创新能力与高效经营的目的。狭义的混业型经营模式主要是指银行业务和证券业务之间的交叉经营。一家商业银行或投资银行想要经营何种业务，完全根据其能力和需要自己决定，政府监管部门不加干涉。它又称为全能银行制度，实力雄厚的全能银行不仅在商业银行业务上居主导地位,而且在证券承销与证券经纪等投资银行业务上也占据优势。如德国实力最雄厚的三家全能银行:德意志银行、德累斯顿银行与德国商业银行不仅在存款总额、贷款总额、清算服务等商业银行业务方面领先于德国其他银行,而且掌握着全国大多数证券发行与证券交易量。它们集投资银行与商业银行业务于一身,便利地进出各种金融市场。简而言之,银行与证券公司(即投资银行)混业经营、混业管理是综合型经营模式的本质特点。

第四节　投资银行与金融科技

证券行业金融科技发展伴随着资本市场从无到有、从小到大,实现快速发展。回顾证券行业科技的整个发展历程,大致可分为交易电子化(1990—2000年)、互联网金融(2000—2012年)和金融科技(2013年至今)三个阶段。

我国证券行业诞生恰逢计算机技术大发展阶段,上海证券交易所与深圳证券交易所均建立无纸化电子交易平台,实现交易结算等关键业务电子化并快速达到世界水平。2000年证监会发布《网上证券委托暂行管理办法》,鼓励与规范互联网证券业发展,积极利用互联网与移动设备为投资者提供线上服务,得益于低成本、便捷性等优势,证券市场从2000年网上委托交易量占整个市场交易量不足2%,革命式地发展到2018年的90%。

迄今为止,证券行业第三个金融科技发展阶段(2013年至今)有三个重点突破方向。第一个是移动支付,如微信支付、支付宝,还有苹果支付。第二个是"智能合约",如蚂蚁小贷、京东白条、花呗、P2P这些都是属于智能合约的范畴。第三个是"区块链"。移动支付、智能合约与区块链构成金融科技行业的三大模块,三大模块对应着三个关键词,即"即时触达、活数据与信用重构"。这将极大地改变我们的生活形态。第一模块是即时触达的移动支付革命。我们的生活形态从2013年开始发生改变。我们现在所熟悉的滴滴出行、美团、饿了么等都是从那以后逐渐兴起的。它们的共同基础是移动支付。在移动支付出现之前,这些新的业态,这些所谓的独角兽企业根本就不可能出现。绝大部分构成整个人类社会的关系都是通过"交易"来链接完成,像你与公司之间,甚至和学校、医院等公共服务之间都要进行交易。而交易一定就有支付行为,所以支付行为其实是构成整个人类社会网络的"端口"。现金就像原来大家都住在大农村里,路都是泥泞小路互相不通;信用卡就等于铺上了柏油路;移动支付就是开通了高速公路。当有了四通八达的高速公路,整个社会的网络结构就变得更大了。移动支付也是这样把人与人、人与机构的距离无限拉近。现金支付导致"端口"离散,然后慢慢过渡到信用卡,最后过渡到移动支付。可以说支付其实是整个社会关系、整个社会网络的基础设施,从现金到信用卡再到移动支付,这是基础设施的升级。有了移动支付这个触达手段之后,你才会发现人的数据会不断地累积起来。在数字化时代,其实每个人都是一个数据源。你的所有交易行为的背后都是你这个人的偏好、行为逻辑。有了移动支付以后,它就像一个端口,通过这个端口把这些数据不断累积起来。移动支付用即时触达的方法,形成人类从一个时代走向下一个数据时代的"端口"。中国虽然不是移动互联网特别发达的地方,但是移动支付的普及特别快,所以说这个基础设施打得非常好。第二模块是基于活数据的智能合约与普惠金融。有了移动支付我们所有的人才成了数据端,甚至所有的物体才成了数据端,可以源源不断地产生数据、吸取数据。也正是这样,才有了真正的大数据,而且是真正的活数据,也就是现在大家在谈的数据智能时代、人工智能时代。活数据是可以"实时更新,形成闭环,支持决策"的数据。如谷歌地图,你每一次点击,它都会反馈到这个产品本身。然后这个产品本身就使得你的这个点击行为形成这个产品的数据,等于在一个闭环上反馈到这个数据里面,然后这个数据又能够支持你的决策,你的决策又会变成数据反馈回去。过去这一个世纪资本回报率远远大于经济增长率,这意味着能够获得金融服务,能够运用好金融工具的人,就一定能够做到富者越富,这就是马太效应。这是金融的内在缺陷,也叫金融"二八法则"。在金融的发展过程中,所有金融企业都想克服二八法则,所以大家都在提及普惠金融。但在技术不成熟时贸然推广普惠金融,结果就是我们曾经见过的美国次贷危机。当时美国为了刺激经济,让那些支付能力稍差一点的人也能够使用金融工具买房,给他们发放房贷,最后就变成了次级贷款的灾难。若有了技术,有了活数据,就可以改变这一点。如很多同学可能都用蚂蚁小贷、京东白条这种产品,这就是一种普惠金融。那为什么这些产品就能做?因为它的背后是活数据支持。如蚂蚁小贷里面有一个产品,是针对淘宝店家的贷款,店家只要递交申请,几分钟就能审核完毕,精准对顾客服务。这一切是怎么做到的呢?因为它积累了很多数据,而且都是活的大数据。如店家在上面做了多长时间,你的信用度是多少,甚至你在淘宝旺旺的即时反应能力等。它通过一整套算法,准确地对你进行画像,对你进行精准服务。所以活数据支持的是数据智能,数据智能就支持着风险控制方式的改变。把金融服务做到按需分配,这才会走向普惠金融。第三模块是区块链与信用重构。这取决于保荐人的信用资质,如摩根士丹利作为公司的保荐人则市场投资者就信任这家公司。原来的信用是怎么形成的呢?信用是累积的,与时间成正比,它是时间维度上的概念,而且一定是中心化的绝不可能分散。而区块链技术(分布式账本)创造了一种跨越时间的"共识机制",这是一种与以往不同的信用构筑机制。它对算力、存储、算法的要求高,其难度与复杂度大,然而当下的技术还没有突破这点,很多项目还处于实验阶段。

总之,伴随着金融创新及前沿技术的兴起,金融与科技的融合发展进一步深化,利用全面的数据与丰富的应用模型提供更智能化、数字化、精准化的专业服务。金融科技的重要性已成业内共识,金融科技探索与应用从未放慢脚步,将在数字化转型、监管科技、智能投顾、风险管控等多个应用场景不断拓展和深入,为金融服务提质增效。《中共中央关于制定国民经济和社会发展第十四个五年规划和二〇三五年远景目标的建议》(以下简称《"十四五"规划建议》)明确提出要"构建金融有效支持实体经济的体制机制,提升金融科技水平,增强金融普惠性"的"新发展思路"。2021年是"十四五"的开局之年,是证券行业迈向高质量发展的重要机遇期。证券业作为金融市场的参与者,是推动我国金融科技发展的重要力量。

课后案例

金融科技引领广发证券

2014年国金证券推出首个互联网服务产品"佣金宝",2016年广发证券推出首个机器人投顾"贝塔牛",2018年深圳证券交易所推出企业画像科技监管、海通证券推出混合金融云,2019年上海证券交易所上线新一代监察系统等均是证券业内金融科技的标志性案例。

广发证券积极探索"敏稳双态"的研发模式,自主研发比例占整体的60%以上,核心系统安全运行水平99.99%以上,均处于行业领先水平。截至目前,广发证券累计申请发明专利45项,实用新型专利3项,软件著作权19项。

在财富管理方面,广发证券打造的全流程陪伴式财富管理平台易淘金App,为近3000万个人用户提供全天候优质服务,用户活跃率排名稳居券商前列;构建的"贝塔牛"智能投顾产品，支持客户个性化定制资产配置需求，实现金融产品的精准推荐。

在交易与机构业务方面，持续完善极速交易体系，大力发展"广发投易通"投资交易终端及"广发智汇"综合服务App，为机构客户提供一体化的多元综合服务。

在投资交易方面，全自主研发的GFQG量化平台，支持全市场、全品种交易，使公司量化交易能力得到显著提升，助力公司获得沪、深证券交易所3个期权品种全部获得最高AA评级，做市交易量跃居市场第一。

在投资银行业务方面，历经3年打造新一代投资银行业务管理系统，助力投资银行数字化转型，实现投资银行全业务品种、全生命周期的线上化管理；运用NLP等技术实现审核文档的智能核查和一致性比对，提升投资银行智能化水平。

在内控管理方面，自研"数字化合规与风控监控体系"融合已有内控系统，并针对性地采取举措满足集团层面内控工作实时、连续、穿透的管理要求，首创行业自营业务跨系统联合风控，实现舆情及财务智能预警，推行风险检查线上化。

(资料来源：金融电子化，https://www.chx-zs.com.)

问题分析：结合案例，分析金融科技是如何助力国金证券开展业务与服务的？如何理解金融科技的哲学基础与科技为民的要义？

📽 财商小剧场

什么是投资银行财商？为什么要构建投资银行财商？

财商是与钱打交道的能力，即认识、创造、驾驭和应用财富的能力。财商的价值在于改变错误的财富思维，改变行为方式，最终助力人们实现财富自由。投资银行财商是在投资银行领域内认识、创造、驾驭和应用财富的能力。

【思考1】自2020年3月以来，市场新增投资者数量已连续17个月单月新增超百万户，越来越多的人开通证券账户，请问开通证券账户有哪些益处？

【问题解析】

开通证券账户有以下多项益处。

1. 买卖股票	10. 股票期权交易
2. 申购新股	11. 现金理财/固定收益理财
3. 可转债打新	12. 融资融券
4. 买卖债券	13. 参与"港股通"
5. 买卖场内基金	14. 购买私募产品
6. 申购、赎回场外基金	15. 参与新三板
7. 国债逆回购	16. 股票质押/约定购回借款
8. 购买券商理财产品	17. 免费跨行转账
9. 基金定投	18. 企业合理避税

【思考2】作为当今热词，金融科技是在怎样的大背景下产生的？

【问题解析】

党的十八届五中全会强调，要牢固树立并切实贯彻创新、协调、绿色、开放、共享的新发展理念。习近平总书记多次强调，要坚持共享，积极调动社会力量参与社会事务，推动开展国家高端智库建设的试点工作。李克强总理也提出"分享经济是拉动经济增长的新路子"

的观点。在此背景下，全球共享金融100人论坛(global sharing finance 100 forum，GSF100)应运而生，于2015年11月在北京成立，并以"共享金融"为主题，通过定期、不定期地组织研讨活动，为政府监管部门、传统金融机构、互联网金融公司及专家学者提供一个共享金融领域的高端研究与学术交流平台，发挥政府部门、科研机构、传统金融机构、新金融机构、科研院校等各行业的力量，推动思想交流，促进金融创新以共同促进共享金融的合作与发展，具有极强的现实性和前瞻性。2017年7月1日起，GSF100正式更名为"金融科技与共享金融100人论坛"(FSF100)，并将更专注地聚焦于金融科技及"共享金融"。

本章小结

1. 美国著名金融专家罗伯特·劳伦斯·库恩(Robert Lawrence Kuhn)在其所著的《投资银行学》中根据投资银行业务的发展和趋势，曾对投资银行业务按范围大小提出了从最广义到最狭义的四种描述，其中"较广义的定义"被普遍接受，即经营包括资本市场一切活动的投资银行业务的金融机构是投资银行。其本质是提供多种服务的金融中介机构，在现代社会经济发展中起到润滑剂的作用，主要功能是把资金使用者和资金供应方直接联系起来。

2. 1990年上海证券交易所和深圳证券交易所的诞生标志着我国证券市场从此开始有组织、有序地进行场内交易。之后，国务院成立证券委和证监会，形成了全国性证券市场的专门监督管理机构，标志着中国资本市场开始逐步纳入全国统一监管框架，全国性市场由此形成初步发展。1998年年底我国出台《证券法》，于1999年7月开始实施，标志着我国金融业分业经营、分业管理的格局正式形成。自2015年第一部草案修订到2019年年底第四部草案审议通过，具有新时代价值的《证券法》最终定型。证券市场制度改革具有必要性、必然性与可行性，但实现制度落地则是更加重要的问题，具体涵盖从核准制到注册制的变革、信息披露义务的加强、投资者保护制度的完善等制度落地问题。

3. 国际投资银行的发展经历了混业—分业—混业三个时期。20世纪30年代以前商业银行掌握着当时投资银行业务的重心，凭借其雄厚的资金实力频频涉足证券市场。1933年，美国国会通过了著名的《格拉斯-斯蒂格尔法》，对金融业分业经营模式以法律条文加以明确规范，从此投资银行和商业银行开始分业经营。1999年11月，美国国会通过《金融服务业现代化法案》，该法案允许银行、证券以及保险业之间互相跨业经营，同时撤销《格拉斯-斯蒂格尔法》。这意味着投资银行和商业银行重新融合。投资银行的基本功能主要有四个：媒介资金供需、构造证券市场、优化资源配置、促进产业整合。其中主要是通过证券承销、基金管理、企业并购和风险投资这四项业务来进行社会资源的优化配置。

4. 投资银行组织形式经历了由早期的合伙制演变为混合公司制、现代股份公司制，并进而成为金融控股公司制的长期演变。不同的组织形式具有不同的特点，不同组织形式的选择是由当时的经济发展、法律制度、经营特点所决定的。其经营模式分为分业型经营模式和混业型经营模式。

5. 证券行业金融科技发展大致可以分为交易电子化(1990—2000年)、互联网金融(2000—2012年)和金融科技(2013年至今)三个阶段。"十四五"规划建议明确提出要"构建金融有效支持实体经济的体制机制，提升金融科技水平，增强金融普惠性"。2021年是"十四五"的开局之年，是证券行业迈向高质量发展的重要机遇期，券商作为金融市场的参与者，是推动我国金融科技发展的重要力量，要做好金融科技赋能，迈向数字化新征程。

练习与思考

一、名词解释
1. 投资银行
2. 混业经营和分业经营
3. 格拉斯-斯蒂格尔法
4. 证券市场
5. 优化资源配置
6. 间接融资
7. 金融控股公司制

二、简答题
1. 简述投资银行的发展趋势。
2. 投资银行的基本功能有哪些？
3. 投资银行和商业银行的区别有哪些？
4. 历史上投资银行的组织模式有哪些特点？

三、单项选择题
1. 既是证券市场上重要的中介机构，又是证券市场上重要的机构投资者是(　　)。
   A. 会计师事务所　　　B. 证券公司　　　C. 资产评估事务所　　　D. 投资咨询公司
2. 以下关于我国金融业主要行业的基本情况，不正确的是(　　)。
   A. 大型商业银行在资产规模、资金来源和网店布局上占有主导地位
   B. 证券业传统业务面临激烈的同质化竞争
   C. 在分业监管体系下，相较于银行业和证券业，信托业务的融资活动灵活性不具有优势
   D. 股份制银行资产规模增长较快
3. 证券公司以自己的名义，以自有资金或者依法筹集的资金，为本公司买卖在境内证券交易所上市交易的证券，在境内银行间市场交易的政府债券、国际开发机构人民币债券、中国人民银行票据、金融债券、短期融资券、公司债券、中期票据和企业债券，以及经证监会批准或者备案发行并在境内金融机构柜台交易的证券，以获取盈利的行为，称为(　　)。
   A. 资产管理业务　　　B. 证券自营业务　C. 财务顾问业务　　　D. 证券代理业务
4. 标志着中国资本市场开始逐步纳入全国统一监管框架，全国性市场由此形成初步发展的是(　　)。
   A. 国务院证券管理委员会和中国证券监督管理委员会成立
   B. 中国银行监督管理委员会成立
   C. 银行业与信托业、证券业分离
   D. 沪、深两市的形成
5. 1864年美国的(　　)禁止国民银行进入证券市场。
   A. 《美国银行法》　　　　　　B. 《金融现代服务法案》
   C. 《麦克法顿法》　　　　　　D. 《格拉斯-斯蒂格尔法》

6. 2005年4月27日,中国人民银行发布了(　　),对金融债券的发行行为进行了规范,发行体也在原来单一的政策性银行的基础上,增加了商业银行、企业集团财务公司及其他金融机构。

　　A.《全国债券市场金融债券发行管理办法》
　　B.《全国银行间债券市场金融债券发行管理办法》
　　C.《全国银行间金融债券发行管理办法》
　　D.《全国银行间债券市场金融债券发行管理规则》

7. 1933年,美国国会通过的(　　),对金融业分业经营型模式以法律条文加以明确规范,严厉禁止商业银行和投资银行交叉业务或跨业经营。

　　A.《美国银行法》　　　　　　　B.《金融现代服务法案》
　　C.《麦克法顿法》　　　　　　　D.《格拉斯-斯蒂格尔法》

8. 做市商制度是指(　　)。

　　A. 指令驱动市场　B. 经纪人市场　C. 报价驱动市场　D. 保证金交易市场

四、多项选择题

1. 设立证券业协会的目的是加强证券业之间的(　　)。

　　A. 联系　　　　B. 协调　　　　C. 相互监督　　　　D. 合作

2. 下列选项中,属于证券服务机构的有(　　)。

　　A. 资信评级机构　　　　　　　B. 财务顾问机构
　　C. 会计师事务所　　　　　　　D. 投资咨询机构

3. 证券公司信息公开披露制度要求所有证券公司实行(　　)。

　　A. 财务信息公开披露　　　　　B. 公司所有信息披露
　　C. 所有公司内部信息披露　　　D. 基本信息公示

4. 下列关于中国证监会的说法中,正确的有(　　)。

　　A. 是国务院直属机构
　　B. 是全国证券、期货市场的主管部门
　　C. 按照国务院授权,依照相关法律、法规对证券市场进行集中统一监管
　　D. 维护证券市场秩序

微课视频

扫一扫,获取本章相关微课视频。

导言

投资银行的发展历程

投资银行概述

投资银行组织结构与发展模式(上)

投资银行组织结构与发展模式(下)

投资银行与金融科技

构建投行财商

第二章 投资银行核心业务：证券的发行与承销

【本章提要】

证券发行与承销是投资银行最基本的业务，同时也是传统投资银行收入的主要来源。它是一项政策性强、规章制度严格、程序规范而复杂的投资银行标志性核心业务，它是为发行人(企业、政府等融资主体)提供融资安排与服务的主要渠道之一，它也是投资银行为投资者(个人、企业等投资主体)提供投资安排与服务的主要手段之一。它有助于资源的优化配置，即促进资金流动的收益导向机制的形成。2021年12月8日至10日，中央经济工作会议在北京举行。本次会议提出改革开放政策要激活发展动力，要抓好要素市场化配置综合改革试点，全面实行股票发行注册制。这是首次在中央经济工作会议这样的高层会议上提出全面实行股票发行注册制。这将对传统投资银行的证券发行与承销业务产生影响。本章在着重阐述投资银行证券发行与承销的基础上，也同时介绍了金融科技在投资银行证券发行与承销业务场景中的应用。

【学习目标】

1. 了解证券发行制度安排与基本类型、证券与证券市场的基本概念。
2. 熟悉并掌握股票与债券发行与承销的基本内容。
3. 了解金融科技在证券发行与承销业务场景中的应用。
4. 构建逻辑、辩证与批判等科学思维。理解金融科技的哲学基础与金融科技为民的要义，树立与时俱进、终身学习的理念。理解构建人类命运共同体的科学内涵。

开篇阅读与思考

谷歌上市记

谷歌(Google)在选择承销商(投资银行)时，一次性召集了十多家投资银行，先签订保密协议再填写详细调查问卷，如承销股票表现怎么样？怎么承销股票？对Google IPO时机与定价到底有何意见？问卷收集上来后，Google筛选出包括高盛、摩根士丹利、花旗等一系列大投资银行进行面谈。面谈时Google首席财务官和法律总顾问对其进行仔细盘问，最后选出瑞士信贷第一波士顿银行和摩根士丹利作为它的主承销商。很多傲慢的华尔街人士认为这样的问卷简直是羞辱。但是，Google为这次承销支付了1亿美金的高额融资服务费用。更重要的是，当时没有人想错失 Google 这样的企业,所以虽然满腹牢骚,但还是填好了问卷,希望能够得到 Google 的青睐。

Google 在选择承销商上反传统,而在路演的时候又很不一样,平时一家公司在上市的时候,公司的高管也好、投资银行也好,一定会花很多时间,比如,一般两周的时间,从一个城市到另外一个城市,向机构投资者进行股票的推销,非常仔细、认真、殷勤地回答投资者的询问。但是 Google 的创始人在路演的时候不停地说笑话,常常是拒绝回答投资者的提问。除了路演非同寻常以外,最重要的是在传统的发行与承销中,一般都是去投资银行询价,然后进行 IPO 定价。Google 不一样,它把定价权牢牢地掌握在自己手里,如上市申请 Google 就声称希望融资 27.18281828 亿美金,大部分的投资银行界人士听到这个数字会觉得很搞笑,但其实这是无理数 e 的前十位,所以这种"呆萌"的科技气势在整个 Google 的上市过程中都非常明显,而且 Google 还坚持不改变。

等到 7 月,Google 把自己 IPO 的期望价格空间修改为 108~135 美金。这一下子就引起了轩然大波,因为这个价格就意味着 Google 的发行价格是当时市场上其他对标公司价格的 7 倍多。一般来说,IPO 定价是在路演之后根据投资银行和投资者反馈的意见,最后确定的价格。

但是 Google 说这个价格完全是自己对自己的判断,因此这么高的价格、这么强势的态度,就引起了华尔街和主流媒体的巨大反感。最极端的就是美林证券,也是我们前文说过的,投资银行界的一个顶梁柱。他们公开宣布退出 Google 的 IPO 项目,然后还建议自己的客户应该对这个股票持谨慎态度。另外一些投资银行这时候也开始抹黑 Google,然后去警告自己的客户远离 Google。之后《纽约时报》也加入了战团,抨击 Google 的上市计划是重返 20 世纪 90 年代的虚假繁荣,这里面蕴含着过多的网络公司泡沫等。在这个混乱的局面中,最终 Google 作出了很微小的让步,把发行价格定为 85 美金,但即使是这个价格,实际上也比其他公司的定价要高出五倍左右。

除了在价格区间上这么任性以外,在定价的方式上 Google 也是别具一格,它采取了一个叫"荷兰式拍卖"的定价方式,这个定价方式和华尔街主流的承销商的询价制度是很不一样的。一般来说,投资银行会根据市场上对标企业的价格和机构投资者的需求,最后商定一个价格,这叫询价机制。在这个过程中,投资银行有很大的权力,所以经常会发生投资银行出于风险规避,还有自身的利益考虑,有意识地压低股票价格,去维护自己生意网络的事情,当当网定价过低的事情就是一个很好的例子。较低的股价有利于投资银行,也有利于销售股票。我们看到很多新股票上市的时候股价大涨,很多时候就和这个定价有关,投资者当然是高兴的,可是对于上市公司来说就等于少融了资,显得不公平。Google 没有采取这个询价制度,而是采取了荷兰式拍卖定价方式,名字很复杂但是过程很简单。第一步,上市公司自己发布公告,宣布发行股票的最大股数和股票潜在的价格区间;第二步,投资者看到这个公告以后开始同时提交订单,然后在订单上写清楚价格。但是从第二次世界大战以后,全球进入了一个史无前例的和平年代,没有战乱就意味着资本存量在不断地上升。尤其在 2000 年以后,全球进入了一个量化宽松的时代,全球的利率不断地下降。我们在前面的课程里说过,在 20 世纪 90 年代的时候,全球利率是 6%~8%,现在是 2%~3%,欧洲和日本甚至出现了负利率,钱不再那么值钱,大家都在追逐好项目。好项目中什么东西最关键?在好项目中人力资本最关键,企业家精神最关键。所以企业和企业家的话语权越来越重要,而且越是科技含量高、人力资本集中的行业,企业的主动权就越大。所以说原来资本为王、投资银行为王的时代，正在悄悄地发生一些变化。其实 Google 绝对不是个例，在以后几年的 IPO 中，阿里巴巴、京东其实都显示了自己非常强势的一面，他们尽管没有要求在 IPO 定价上这么反传统，但是他们都要求以较少的股权拿到更多的控制权。

问题分析：结合案例，分析投资银行在中小企业与大企业首次公开发行(IPO)流程差异性背后的底层逻辑是什么？2019 年年底第四部《证券法》草案审议通过，具有新时代价值的证券法应运而生，它是否会有助于中小企业 IPO？

(资料来源：简书，https://www.jianshu.com/p/2da04e457d8a。)

第一节　证券的发行与承销

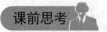

证券发行制度的安排历经哪些阶段？证券市场与证券的种类有哪些？注册制下的投资银行从业人员如何培养诚信、遵纪守法的底线思维？证券承销程序有哪些内容？

一、证券发行

证券发行是政府、企业或其他组织出于财政保障或企业发展的融资需求，在一级市场上按法律规定条件与程序，通过证券承销商向投资者出售资本证券的行为。证券发行是一项政策性强、规章制度严格、程序规范而复杂的投资银行标志性核心业务。

(一)证券发行制度安排

发行制度历经审批制、注册制、核准制等，每一阶段的制度安排都有效促进该阶段中国证券市场的证券发行，实现资源阶段性有效配置。具体内容如下。

一是审批制。它是一国在股票市场发展初期，为维护上市公司稳定和平衡复杂社会经济关系，采用行政与计划的办法分配股票发行的指标与额度，由地方政府或行业主管部门根据指标推荐企业发行股票的一种发行制度。公司发行股票的首要条件是取得指标与额度，取得政府给予的指标与额度即取得政府保荐。因此，审批制下公司发行股票的竞争焦点主要是争夺股票发行指标与额度。证券监管部门依托行政监管权力与职责行使实质性审批职能，投资银行的主要职能是对发行人进行证券发行技术指导，以确保其不会通过虚假包装甚至是伪装做账达标等方式来发行股票。

二是注册制。它是在市场化程度较高的成熟股票市场所普遍采用的一种发行制度，证券监管部门公布股票发行的必要条件，即达到公布条件要求的企业可发行股票。发行人申请发行股票时须依法将公开的各种资料完全准确地向证券监管机构申报。证券监管机构的职责是对申报文件的真实性、准确性、完整性与及时性作出合规性的形式审查，而将发行公司质量留给投资银行来判断与决定。这种股票发行制度对发行人、投资银行与投资者的要求都比较高，前者侧重信息披露的真实与完整，而后两者侧重合规与专业。

三是核准制。它是介于注册制与审批制的中间形式。它一方面取消指标与额度管理并引进投资银行连带责任，即投资银行参与判断企业是否满足股票发行条件；另一方面证券监管机构对股票发行合规性与适销性进行实质性审查，并有权否决股票发行申请。核准制下发行人申请发行股票时，不仅要充分公开企业的真实情况，而且必须符合有关法律与证券监管机构规定的必要条件，证券监管机构有权否决不符合规定条件的股票发行申请。证券监管机构对申报文件的真实性、准确性、完整性与及时性进行审查及就发行人营业性质、财力、素质、发展前景与发行价格等进行实质性审查，并据此作出发行人是否符合发行条件的判断与是否核准申请的决定。表2-1 为各阶段发行制度的比较。

表2-1 各阶段发行制度的比较

比较内容	审批制	核准制	注册制
发行制度和额度	有	无	无
发行上市标准	有	有	有
主要推荐人	政府或行业主管部门	中介机构	中介机构
对发行作出实质判断的主体	证监会	中介机构和证监会	中介机构
发行监管性制度	证监会实质性审核	中介机构和证监会分担实质性审核职责	证监会形式审核，中介机构实质审核
市场化程度	行政体制	逐步市场化	完全市场化

(二)证券发行的基本类型

证券发行的基本类型可按发行对象、有无发行中介、发行条件及投资者的决定等因素进行划分。

一是按发行对象划分，证券发行方式分为公募发行与私募发行。公募发行与私募发行各有优、劣。公募发行是证券发行中最常见、最基本的发行方式，适合于证券发行数量多、筹资额大的发行人。而在西方成熟证券市场中，随着投资基金、养老基金、保险公司等机构投资者的增加，私募发行呈逐年增长趋势。公募发行即公开发行，指发行人向不特定社会公众投资者发售证券的发行方式，任何合法投资者都可认购。采用公募发行有三点益处：第一是以众多投资者为发行对象，证券发行数量多且筹集资金潜力大；第二是投资者范围大可避免发行证券过于集中或被少数人操纵；第三是公开发行证券可申请在证券交易所上市，公开发行可增强证券的流动性，以利于提高发行人的社会信誉。其不足之处在于发行程序比较复杂、登记核准时间较长、发行费用较高。为保障投资者的利益，一般对公募发行要求较严格，只有具有较高信用、经营状况良好并经证券主管部门核准的发行人才能进行公募发行。私募发行即不公开发行或私下发行、内部发行，以少数特定投资者为对象的发行对象大致有两类：一类是公司老股东或发行人员工；另一类是投资基金、社会保险基金、保险公司、商业银行等金融机构及与发行人有密切业务往来的企业等机构投资者。私募发行的优点是有确定的投资者，发行手续简单，可节省发行时间与发行费用。其不足之处是投资者数量有限、证券流通性较差且不利于提高发行人的社会信誉。

二是按有无发行中介划分，证券发行方式分为直接发行和间接发行。直接发行和间接发行各有利弊。直接发行又称自营发行，是指证券发行者不委托其他机构而自己组织认购进行销售，即从投资者手中直接筹措资金的发行方式。直接发行使发行者能直接控制发行过程，实现发行意图，且发行成本较低，可节约发行手续费，在内部发行时无须向社会公众提供相关资料。但直接发行方式得不到投资银行的帮助与资本市场的密切配合，其社会影响往往较小且发行比较费时间，而且直接发行由发行者自己负担发行的责任与风险，一旦发行失败就要承担全部损失。因此，直接发行方式比较适合于公司内部集资或发行量小的证券，其投资者主要面向与发行者有业务往来关系的机构。间接发行又称委托发行，是指证券发行者委托投资银行代理出售证券的发行方式。间接发行是常见的发行方式，特别是公募发行大多采用间接发行，而私募发行则以直接发行为主。投资银行对委托者经营状况不承担经济责任。它根据受托证券机构对证券发行责任的不同，分为包销、代销与助销等多种推销方式。由于借助证券中介机构的支持与资本市场运作机制，发行人能在较短时间内筹足所需资金并及时投入生产经营，且对于发行者来说比较方便且风险较小，亦能借此提高企业信誉以扩大社会影响，但这需要支付一定的手续费，不仅会增加发行成本，而且按照有关规定发行者还需提供证券发行所需的有关资料。因此，间接发行较适合已有社会知名度、筹资额较大且急需资金的公司。这既有助于在较短时间内筹足资本，也有助于投资银行提高发行公司的知名度以扩大社会影响。

三是按证券发行条件与投资者决定方式划分，证券发行方式划分为招标发行和议价发行。招标发行是证券发行者通过招标、投标选择承销商推销证券的发行方式。招标发行又分为竞争性投标与非竞争性投标两种形式。竞争性投标指证券经营商主动出价，投标后由发行者出价，按从高到低次序配售，直到发售完既定发行额为止的发行方式，证券发行单位在征得证券管理机构审批同意后，向投资银行发出通知或发行说明书，说明该单位将发行证券或增发新证券欢迎投标。在通知书或说明书上注明证券种类、金额、票面金额、销售条件等内容。愿意参加证券承销的投资银行在投标申请书上填注证券投标价格。最后由证券发行单位在规定日期当众开标并出价，出价最高者获得总经销权利。发行证券时由多个承销者组成团体参加投标的，投标集团自行集会商议决定投标价格。中标后承销团获得向社会公众出售该证券的权利。非竞争性投标是指投资者申请购买证券的数量由证券发行单位根据申请时间先后，按当天成交最高价与最低价的中间价进行配售的发行办法。招标发行公开进行属于公募性质，也称"公募招标"。招标发行不允许投资者议价。它被认为是保证发行者获得最高可能价格的唯一方法。但只有信誉很高且对其证券有相当自信的筹资者才敢采用这种招标方法。议价发行也称非招标发行，是指证券发行者与证券承销商就证券发行价格、手续费等权责事项，充分商讨后再发行或推销的发行方式。这种方式考虑到多方利益，一旦各方利益在商讨后的办法中得到兼顾，便可根据详细办法来执行发行或推销计划。议价发行包含六个阶段。第一阶段，证券发行者选择证券承销机构商议募集资金条件、方式、期限等。第二阶段，证券承销机构对证券发行单位的资信状况、技术状况、业务状况、财务状况及营业状况等进行详细调查，并对新发行证券的社会需要加以分析与预测。若审查分析结果较满意，证券承销商便可与发行单位签订发行意向书或达成试验性合同。第三阶段，证券承销商组织成立承销集团，集团内每个成员按照规定的数额或比例来购买，发起人即牵头的证券承销商通常占有最大分配额，被称为承销主干事，其他为干事成员。第四阶段，在证券公开发行推销前证券承销机构要与证券发行者签订正式买卖合同。协议规定证券发行者交付证券票券的日期、金额、数量等，同时规定证券承销机构购买价格与交付款项期限，公开销售后十天至两周内须支付证券发行者所购证券票券的全部价款。第五阶段，承销团内部签订协议，规定证券推销关系，签署各自承销的数额，售价一旦确定须严格遵守不得随意升降。第六阶段，证券正式发行后，为扩大影响，保证证券发行的成功，还要通过新闻媒介进行广告宣传以吸引投资者。议价发行的优点是：第一，承销商与发行人直接商洽可更多地了解发行人以掌握发行人的真实情况，这对于承销商来说可减少承销风险而易于接受；第二，对证券承销商而言，议价发行比招标发行更合理，证券推销与利润把握性更大。

(三)证券与证券市场

证券是各类记载并代表一定权利的法律凭证，用来证明持票人享有某种特定权益的保证，如股票、债券、本票、汇票、支票、保险单、存款单、借据、提货单等各种票证单据。证券按其性质不同可分为凭证证券与有价证券。凭证证券又称无价证券，是指本身不能使持有人或第三者取得一定收入的证券，如收据、计划经济时期的分配票据等。有价证券指标有票面金额，证明持有人有权按期取得收入并可自由转让与买卖的所有权或债权凭证。这类证券本身没有价值，但由于它代表着一定量的财产权利，持有人可凭该证券直接取得一定量的商品、货币或利息、股息等收入，可在证券市场上买卖与流通并客观上具有交易价格。按照不同标准，证券的分类如表2-2所示。

表2-2 证券的分类

证券分类标准	证券类别
按发行主体不同	公司证券、金融证券、政府证券、国际证券
按适销性不同	适销证券和不适销证券
按上市与否	固定收入证券和变动收入证券
按发行地域或国家不同	国内证券和国际证券
按发行方式不同	公募证券和私募证券
按性质不同	股票、债券和其他证券

有价证券具有产权性、收益性、流通性与风险性等特征。

产权性是指有价证券记载权利人的财产权内容，代表一定财产所有权，拥有证券意味着享有财产的占有、使用、收益与处置权利。现代经济社会财产权利与证券密不可分，财产权利与证券融为一体，证券已成为财产权利的一般形式。虽然证券持有人并不实际占有财产，但可通过持有证券拥有有关财产所有权或债权。

收益性是指持有证券本身可获得一定数额收益，这是投资者转让资本使用权的回报。证券代表一定数额某种特定资产的所有权。它在社会经济运行中不断运动增值，最终形成高于原始投入价值的价值。此所有权属于证券投资者，投资者在持有证券的同时拥有取得资产增值收益的权利。收益性是指利息收入、红利收入与买卖证券差价。收益多少通常取决于该资产增值数额的多少与证券市场的供求状况。

流通性又称变现性，是指证券持有人可按自己需要灵活转让证券以换取现金。流通性不仅可使证券持有人随时把证券转变为现金，而且还能使持有人根据自己的偏好选择持有证券的种类。证券流通是通过承兑、贴现、交易来实现。

风险性是指证券持有者面临预期投资收益不能实现甚至本金受损的可能，这是未来经济状况的不确定性导致的。

证券流通与转让的市场是证券市场。它与社会化大生产及商品经济发展紧密相连，特别是与股份公司和信用制度发展密切相关。20世纪初至20世纪20年代证券市场快速发展。20

世纪 70 年代后,证券市场出现高度繁荣的局面,呈现金融证券化、证券投资者法人化、证券交易多样化、证券市场自由化、国际化与电子化的全新特征。证券市场按照不同标准其分类如表 2-3 所示。

表 2-3 证券市场分类

证券市场分类标准	证券市场类别
按职能不同	发行市场和交易市场
按证券性质不同	股票市场和债券市场
按交易组织形式不同	场内交易市场、场外交易市场

证券发行市场是发行人以发行证券方式筹集资金的场所,又称一级市场或初级市场。证券交易市场是买卖已发行证券的市场,又称二级市场或次级市场。证券发行市场是交易市场的基础与前提,有了发行市场的证券供应,才有交易市场的证券交易,证券发行种类、数量与发行方式决定了交易市场的规模与运行状态。交易市场是发行市场得以持续扩大的必要条件,它为证券转让提供保证才使发行市场充满活力。

场内交易市场是在证券交易所内买卖证券所形成的市场,这种市场组织形式是证券流通市场较为规范的形式,场内交易市场作为证券交易组织者,本身不参加证券买卖与价格制定,只为证券买卖双方创造条件,提供服务并进行监管,如上海证券交易所与深圳证券交易所。

场外交易市场又称店头市场或柜台交易市场,它是证券公司组成的抽象证券买卖市场。投资银行既是交易组织者又是交易参与者,兼具经纪人与自营商双重身份,随时与买卖证券投资者通过直接接触或电话、电报等方式迅速达成交易。场外交易市场与场内交易市场主要的不同点有以下几点。第一,场外交易市场的买卖价格是证券商人间通过直接协商决定,而场内交易市场证券价格是公开交易的结果。第二,场外交易市场的证券交易不在固定场所时间内进行,主要是通过电话成交,而场内交易市场集中在一个固定的地点(证券交易所),买卖双方必须在证券交易所的管理之下进行证券买卖。第三,在场内交易市场仅买卖已上市证券,而在场外交易市场,则不仅买卖已上市证券,同样也买卖未上市证券。

课中案例

东吴证券主承销江苏省规模最大的储架绿色 ABS

2021 年 3 月 16 日,中国证券报记者从东吴证券获悉,由东吴证券主承销的苏州城投 4 号天然气收费收益权绿色资产支持专项计划成功发行,发行总额为 18.82 亿元。该产品所属的东吴-苏城 2-5 号系列 ABS 发行总额达 40 亿元,是截至 2021 年江苏省规模最大的储架绿色 ABS。本系列基础资产所涉领域属于清洁能源产业,基础资产现金流全部来源于绿色领域,其中首期发行的东吴-苏城 2 号天然气收费收益权绿色资产支持专项计划为苏州市首单绿色 ABS。

2021 年绿色债券发行数量位列行业第二

近年来,随着绿色发展理念的普及,不少金融机构将绿色债券作为重要的践行工具。我国绿色债券余额突破 1 万亿元,成为全球第二大绿色债券市场,而证券公司已成为绿色债券承销的主力军,中国证券业协会数据显示,2021 年全年作为绿色公司债券主承销商或绿色资产证券化产品管理人的证券公司共 50 家,承销(管理)102 只债券(产品),合计金额为 1376.46

亿元，同比增长超过50%。

在双创债领域保持领先的东吴证券在绿色债券方面成绩同样亮眼。协会数据显示，2021年东吴证券绿色债券发行数量位列行业第二名；绿色公司债券(含资产证券化产品)已发行(管理)金额也增至52.21亿元，同比增长204%。

东吴证券表示，发行绿色债券是资本市场服务国家"双碳"战略的重要方式，公司始终以服务国家战略、服务实体经济为使命，积极贯彻国家绿色发展战略，加大绿色债券推进力度，绿色债券数量和规模得以快速发展。东吴证券发行的绿色债券总规模不大，但单数较多，这正体现了公司服务中小微企业的发展战略，双创债也是如此。

坚持服务中小企业

头部券商平台优势明显，优质客户较多，在绿色债券承销方面具有规模和人才的先发优势，而中小券商可以充分发挥业务灵活、决策高效、资源聚集等优势，通过业务创新和差异化服务，在绿色债券方面快速布局，同时充分利用对地方政策较为熟悉的信息优势，为发行人争取更多的优惠政策。东吴证券所在的江苏省出台了绿色债券补贴政策，扎扎实实给到企业优惠支持。东吴证券固定收益总部副总经理姜瑞源表示，公司目前承销的绿色公司债券也以服务中小企业为主，发行规模最低的一单金通灵绿色债券仅为7200万元，企业年化综合成本为2.48%，通过服务中小规模实体企业发行绿色债券，有效拓宽了中小企业的融资渠道，降低了融资成本。此外，2021年，东吴证券成功发行全国首单碳中和知识产权质押创新创业债券、江苏省首单公开发行的碳中和公司债券、江苏省首单海绵城市绿色公司债等，有效支持了绿色经济的发展。

服务国家"双碳"战略

据姜瑞源介绍，东吴证券成立专门创新部门、专人对接，优化内部考核机制，在摸排企业需求的过程中，积极储备绿色项目，在符合规定的条件下，优先推介绿色债券，更高质量服务中小企业，为服务国家"双碳"战略多作贡献。目前，我国已有多单绿色债券正在推进中。3月15日，由东吴证券作为专项计划管理方的东吴证券-园恒租赁第3期绿色资产支持专项计划成功设立，创下2022年以来江苏省内ABS类产品综合预期收益率新低。专项计划中84.02%的基础资产对应的项目为污水处理类、绿色交通类、生态保护景区建设类等符合《绿色产业指导目录(2019年版)》和《绿色债券支持项目目录(2021年版)》的融资租赁项目。经中诚信绿金科技(北京)有限公司评定，园恒3期绿色ABS基础资产每年可创造生化需氧量削减量为9862.15吨、化学需氧量削减量为28 717.47吨、氨氮削减量为1263.27吨、总氮削减量为1293.63吨、总磷削减量为184.73吨等环境效益。

东吴证券表示，"十四五"时期，面对我国经济高质量发展的机遇，其将积极贯彻国家绿色发展战略，坚持绿色优先，整合业务资源和人才资源，聚焦核心区域和核心客户，加快绿色金融创新，加快绿色债券推广，不断提升绿色金融服务能力。

(资料来源：中国证券报，https://baijiahao.baidu.com.)

问题分析：结合案例，分析东吴证券在绿色债券发行与承销中的业务内容。

二、证券承销

证券承销包含"承接"与"销售"两个过程，投资银行首先从发行者手中以一定价格买进证券，然后通过自己的销售网络将其销售给广大投资者。

根据投资银行在承销过程中承担的责任与风险的不同，承销可分为包销、代销与余额包销三种形式。包销是指投资银行按议定价格直接从发行者手中购进将要发行的全部证券，再出售给投资者。投资银行必须在指定期限内将包销证券所筹资金全部交付给发行人。采用这种销售方式，承销商要承担销售与价格的全部风险，如果证券没有全部销售出去，承销商只能自己"吃进"，即将发行失败的风险从发行者转移给承销商。然而承销商承担风险是为了获得补偿，这种补偿通常通过扩大包销差价来实现。对发行人而言，无须承担证券销售不出去的风险，而且可以迅速筹集资金，特别适合资金需求量大、社会知名度低且缺乏证券发行经验的发行人。代销指承销商只作为发行公司的证券销售代理人，按照规定的发行条件尽力推销证券，发行结束后未售出的证券退还给发行人，而承销商不承担发行风险。采用这种方式时，投资银行与发行人间纯粹是代理关系，投资银行在推销证券时会收取代理手续费。代销一般在以下情况中采用：投资银行对发行公司信心不足时提出；信用度很高、知名度很大的发行公司为减少发行费用而主动向投资银行提出采用；在包销谈判失败后提出采用。余额包销通常发生在股东行使其优先认股权时，即需要在融资上市公司增发新股前，向现有股东按其目前所持有股份比例提供优先认股权，在股东按优先认股权认购股份后若还有余额，承销商有义务全部买进这部分剩余股票再转售给投资公众。

证券承销程序是从证券发行人申请发行证券到证券挂牌交易的全过程。虽然程序不尽相同，但基本一致。一般有发行准备、签订协议、组织承销等阶段。一是发行准备阶段。发行人根据自身经营情况提出融资需要后，投资银行利用其经验、人才与信息优势对发行人基本情况(包括公司的发展历史、财务状况、组织结构状况、募集资金的投向、拟发行证券在市场上受欢迎程度、领导成员等)进行尽职调查，在研究分析基础上，就证券发行种类、时间、条件等向发行人提出建议。如果双方就此承销达成初步意向，投资银行要向发行人提供其所需资料，包括宏观经济分析、行业分析、同行业公司股票状况等，以供发行人参考。二是签订协议阶段。当发行人确定证券种类与发行条件且报经证券管理部门，如美国证券交易委员会(SEC)、中国证券监督管理委员会(SRC)，批准后与投资银行签订协议，由投资银行助其销售证券。承销协议签订是发行人与投资银行共同协商的结果，双方本着坦诚、信任的原则。投资银行与发行人之间应综合考虑股票内在价值、市场供求状况及发行人所处行业发展状况等因素，制定出合理的、双方都能接受并能使承销获得成功的价格。三是组织承销阶段。如果发行人的证券数量数额较大，如我国规定当发行证券票面总值超过5000万元人民币时应由承销团承销。牵头经理人组成辛迪加或承销团，由多家投资银行承销。如果牵头经理人不止一家，整个集团被称为联合牵头经理人。除了牵头经理人，集团还有经理人、主承销商、辅承销商与次承销商，各家投资银行集团的地位由其在集团中所占的股份决定。

知识窗

知识窗一：

注册制新股承销迎变化

1. 一对一预路演主体范围扩大

为配合注册制改革要求，中国证券业协会将2019年和2020年发布的《科创板首次公开发行股票承销业务规范》《创业板首次公开发行证券承销规范》两项自律规则整合为《科创板和创业板首次公开发行股票承销规范(征求意见稿)》，统一承销环节的执业要求和标准，此前发布的相关规则同时废止。

在路演推介安排上，中国证券业协会将一对一预路演的主体范围由"战略投资者"扩大为"具备一定投资实力的潜在投资者"，以增进投资者对发行人的了解，同时规定路演推介内容应当符合相关法律法规、监管规定及自律规则的要求。即上述修订内容实际上意味着预路演合法化了，允许向战略投资者以外的潜在投资者一对一路演。中国证券业协会表示，发行人和主承销商应当预留充裕时间，并合理安排路演推介工作。开展证券分析师路演推介活动的，且应先于发行人管理层路演推介进行，帮助线下投资者更好地了解发行人基本面、行业可比公司、发行人盈利预测和估值情况。

2. 券商应定期对发行簿记工作自查自纠

中国证券业协会对簿记建档的有关要求进行了调整。中国证券业协会表示，考虑到发行人对自身股票的定价权，故允许发行人进入簿记现场。监管强调，在簿记建档期间，除主承销商负责本次发行簿记建档的工作人员、合规人员、对本次线下发行进行见证的律师和发行人外，其他人员不得进入簿记场所。凡知悉投资者报价和定价信息的人员，不得对外泄露报价、定价信息，并应当向主承销商合规人员报备全部手机通信号码。负责投资者咨询工作的工作人员也不得泄露报价、定价信息。

此次还新增规定，主承销商应当每年定期对发行簿记工作及其是否存在发行人违规行为等情况进行自查自纠，对自查发现的问题和隐患要及时整改。不再要求投资银行报告给出每股估值区间对于投资价值研究报告的相关要求，此次中国证券业协会也作出了不少调整。在程序方面，中国证券业协会规定采用询价方式确定发行价格的，主承销商应当于招股意向书刊登后的当日向线下投资者提供投资价值研究报告，给予线下投资者充分的决策时间。同时，根据必要性原则和业务开展实践，不再要求所有主承销商撰写投资价值研究报告，仅对牵头的主承销商提出相关要求。在内容方面，中国证券业协会不再要求投资价值研究报告给出发行人本次发行的每股估值区间，而是可以合理给出发行人上市后远期整体公允价值区间。提供发行的每股估值区间的，应当分别提供至少两种估值方法作为参考。据了解，投资价值研究报告应当列出所选用的每种估值方法的假设条件、主要参数及选择依据、主要测算过程。采用相对估值法的，估值分析应当按照充分提示风险的原则客观地列示相关行业的市盈率、市净率、市销率等反映发行人所在行业特点的估值指标。采用绝对估值法的，主要估值计算过程应包含进入永续增长率之前现金流折现计算过程、参数及选择依据，展示详细的现金流折现预测和各变量之间的钩稽关系，加强论证的严谨性。

中国证券业协会表示，强化投资价值研究报告质量控制、合规审查管理，规定主承销商应当制定投资价值研究报告专项内部制度，明确投资价值研究报告撰写要素、质量审核、合规审查等事项的细化标准，以及出具流程等要求，并指定研究部门高级管理人员负责相关工作。未经质量审核和合规审查，主承销商不得对线下投资者提供投资价值研究报告。根据规定，投资价值研究报告质量审核应当保持审慎原则，参照发行人细分行业、业务与商业模式、公司经营和财务特点等因素，制定严格的投资价值研究报告审核标准，明确和细化发行人可比公司选择标准、盈利预测假设条件、估值方法、主要估值参数(包括但不限于折现率、永续增长率、加权平均资本成本)的选择依据。

(资料来源：证券时报，https://baijiahao.baidu.com.)

第二节 股票的发行与承销

股票的性质与种类是什么？股票发行与承销有哪些步骤？

一、股票发行

(一)股票的性质与种类

股票是有价证券，它是股份有限公司按照《中华人民共和国公司法》(以下简称《公司法》)规定，为筹集公司资本而签发的证明股东所持股份的所有权凭证。它实质上代表股东对股份公司的所有权，股东凭借股票可获得公司的股息与红利，参加股东大会并行使权利时也承担相应的责任与风险。股票不属于物权证券亦不属于债权证券，而是综合权利证券。物权证券是指证券持有者对公司财产享有直接支配处理权的证券；债权证券是指证券持有者为公司债权人的证券。股票持有者作为股份公司股东，享有独立股东权利。换言之，当公司股东将出资财产所有权交给公司后，股东对其出资财产所有权就转化为股权。股权是综合权利，依法享有资产收益、重大决策、选择管理者等权利。股东虽是公司财产的所有人，享有种种权利但对公司财产不能直接支配处理。而对财产的直接支配处理是物权证券的特征，所以股票不是物权证券。一旦投资者购买公司股票，即成为公司部分财产所有人，但该所有人在性质上是公司内部的构成分子而不是与公司对立的债权人，所以股票也不是债权证券。股票分类标准包括是否在股票票面上标明金额、是否记载股东姓名、股东享有权利的不同，具体内容如下。

其一是按是否在股票票面上标明金额，股票可以分为有面额股票与无面额股票。有面额股票是指在股票票面上记载金额的股票。记载的金额也称为票面金额、票面价值或股票面值。《公司法》规定股份有限公司资本划分为股份，每一股金额相等。《公司法》规定股票发行价格可按票面金额也可超过票面金额，但不得低于票面金额，因此有面额股票的票面金额就成了股票发行价格的最低界限。无面额股票是指在股票票面上不记载股票面额，只注明它在公司总股本中所占比例的股票，它也被称为比例股票或份额股票。无面额股票价值随股份公司净资产与预期未来收益的增减而相应增减。公司净资产与预期未来收益增加每股价值上升，反之，公司净资产与预期未来收益减少则每股价值下降。无面额股票淡化了票面价值概念，但仍有内在价值，它们都代表着股东对公司资本总额的投资比例，股东享有同等股东权利。相较有面额股票，无面额股票发行或转让价格较灵活且便于股票分割。

其二是按是否记载股东姓名，股票可以分为记名股票和无记名股票。记名股票是指在股票票面与股份公司股东名册上记载股东姓名的股票。它的主要特点：股东权利归属于记名股东；可一次或分次缴纳出资；转让相对复杂或受限制；便于挂失且相对安全。无记名股票是指在股票票面与股份公司股东名册上均不记载股东姓名的股票，它也称不记名股票。与记名股票的差别不是在股东权利等方面，而是在股票记载方式上。它的主要特点：股东权利归属股票持有人；认购股票时要求一次缴纳出资；转让相对简便且安全性较差。

其三是按股东享有权利的不同，股票可以划分为普通股票与优先股票。普通股票是最基本、最常见的股票，其持有者享有股东基本权利与义务。普通股票的股利完全随公司盈利的高低而变化。公司盈利较多时普通股票股东可获得较高的股利收益，但在公司盈利与剩余财产的分配顺序上列在债权人与优先股票股东之后，故其承担的风险较高。普通股票股东享有公司重大经营决策参与权、公司盈余分配请求权、优先认购权与剩余财产分配请求权等权利。与优先股票相比，普通股票是标准股票也是风险较大的股票。优先股票是特殊股票，在其股东权利、义务中附加了某些特别条件，其股息率固定、股息分派优先、剩余财产分配优先、一般无表决权。优先股票根据不同附加条件大致可分为以下五类：①参与优先股票与非参与优先股票。前者是指优先股票股东除按规定股息率分得固定股息外，还有权与普通股票股东参与本期剩余盈利分配的优先股票，后者是指除按规定分得本期固定股息外，无权再参与本期剩余盈利分配的优先股票；②累积优先股票与非累积优先股票。前者是指历年股息累积发放的优先股票，后者是指股息当年结清、不能累积发放的优先股票；③可转换优先股票与不可转换优先股票。前者是指发行后在一定条件下允许持有者将它转换成其他种类股票的优先股票，后者是指发行后不允许其持有者将它转换成其他种类股票的优先股票；④可赎回优先股票与不可赎回优先股票。前者是指在发行后一定时期可按特定赎买价格由发行公司收回的优先股票，后者是指发行后根据规定不能赎回的优先股票；⑤股息率可调整优先股票与股息率固定优先股票。前者是指股票发行后股息率可根据情况按规定进行调整的优先股票，后者是指股票发行后股息率不再变动的优先股票。大多数优先股票的股息率是固定的，一般意义上的优先股票是指股息率固定优先股票。

(二)股票发行监管制度的沿革

股票发行监管制度的沿革包括"额度管理""指标管理""通道制""保荐制"与"注册制"五个阶段，具体内容如下。

一是"额度管理"阶段(1993—1995年)。这一阶段国务院证券管理部门根据国民经济发展需求与资本市场实际情况，先确定总额后根据各省级行政区域与行业在国民经济发展中的地位与需要进一步分配总额度，再由省级政府或行业主管部门来选择与确定可以发行股票的企业(主要是国有企业)。这个阶段共确定了105亿股发行额度，并分两次下达：1993年下达50亿股，1995年下达55亿股。由省级政府或行业主管部门给选定企业书面下达发行额度。这阶段共有200多家企业发行筹资400多亿元。二是"指标管理"阶段(1996—2000年)。这一阶段实行"总量控制、限报家数"的做法，由国务院证券管理部门确定一定时期内应发行的上市企业数后向省级政府与行业管理部门下达股票发行数指标，省级政府或行业管理部门在上述指标内推荐预选企业，证券主管部门对符合条件的预选企业同意其上报发行股票正式申报材料并审核。1996年、1997年分别确定了150亿股与300亿股的发行量。该阶段共有700多家企业发行筹资4000多亿元。1999年7月1日开始实施《证券法》后，虽不再确定发行指标，但1997年的指标有效性持续到2001年。三是"通道制"阶段(2001—2004年)。中国于2001年3月实行核准制下的"通道制"，即向各综合类券商下达可推荐拟公开发行股票的企业家数。只要具有主承销商资格就可获得2~9个通道，具体通道数量以2000年该主承销商所承销项目数为基准，新综合类券商有两个通道数量，该阶段共有200多家企业筹资2000多亿元。"通道制"下股票发行"名额有限"的特点未发生改变，但改变了过去行政机制遴选与推荐发行人的做法,主承销商承担起股票发行的风险,同时也真正获得遴选与推荐股票发行的权利。但"通道制"对券商的约束与责任追究明显缺乏力度。例如,1997年6月,红光实业正式挂牌上市,根据其招股说明书所示,该公司是具有连续三年盈利记录的成长性好的绩优公司。但1998年4月30日红光年报显示,该公司在1997年度亏损1.98亿元,每股亏损额达0.863元。经调查,该公司为骗取发行上市指标,采取虚构产品销量、虚增产品库存与违规账外处理等手段,将1996年度实际亏损10 300万元虚报为盈利5400万元,将濒临破产的企业包装成绩优上市公司。该公司推荐上市的承销商却不负连带责任且没有实行特别处理。四是"保荐制"阶段(2004年10月至今)。保荐制全称为保荐代表人制度,产生于英国。目前,英国、加拿大、爱尔兰、中国香港主板、创业板市场上都对"保荐制"有明确规定。而美国、澳大利亚等国家虽然没有专门"保荐制"规定,但在其证券监管体系中有类似明确规定,因此可将这些国家称为隐性的"保荐制"施行国家。"保荐制"主体由保荐人与保荐机构两部分组成,满足条件与资格的人方可担任企业发行股票的保荐人,凡具有两个以上保荐人的证券公司(或资产管理公司),都可成为保荐机构并具备推荐企业发行上市的资格。与"通道制"相比,"保荐制"增加由保荐人承担发行上市过程中的连带责任的制度内容,这是制度设计的初衷与核心内容。保荐人的保荐责任期包括发行上市全过程及上市后的一段时期。五是"注册制"阶段。2013年11月30日中国证监会发布《关于进一步推进新股发行体制改革的意见》(以下简称《意见》),提出逐步推进股票发行从核准制向注册制过渡的重要步骤。根据《意见》,监管部门对新股发行的审核重点在合规性审查,企业价值与风险由投资者与市场自主判断。同时更加注重保护中小投资者的权益,抑制股票上市后的炒新行为,明确发行人、保荐机构、律师事务所、会计师事务所、资产评估机构的责任归属,对给投资者造成损失的行为将依法进行追究。此次新股发行体制改革坚持市场化、法制化取向,倡导以信息披露为中心的监管理念,对促进上市公司券商新一轮改革,推进我国证券市场变革都具有深远意义。

二、股票承销

股票承销过程中涉及股票发行人、股票投资人、投资银行、股票监管机构与其他中介机构。其中,投资银行作为股票承销商是股票发行的核心和灵魂,它是投资银行区别于商业银行的本质特征。顾名思义,股票承销包含"承接"和"销售"两个过程,投资银行首先从发行人手中以一定价格买进股票,然后再通过自己的销售网络把它销售给广大投资者。投资银行在股票承销中起着桥梁与纽带的作用,把发行人与投资者的目标很好地结合起来。通过投资银行发行人实现融资的目的。投资者实现自己获得投资机会的同时,投资银行也通过股票承销过程中收取佣金与获取利差来实现自己的经营目标。其他中介机构包括当事人、会计师事务所、评估事务所、财务顾问公司、律师事务所、证券信用评级机构等,它们分别为股票发行人提供财务审计、资产评估、财务顾问、法律审查、公共服务等业务。

课中案例

IPO撤单企业众生相

7月现场检查,19家IPO企业已有3家撤单。

拟IPO公司一向视现场抽查如"猛虎",在现场抽查的19家IPO企业中,醉清风、卡恩文化、来邦科技选择了"逃跑"。

10家企业取消审核、暂缓表决，仅1家过会，3家被否，1家撤单。

据统计显示，2021年共有10家企业取消审核或暂缓表决，再次上会，这些企业的胜算并不大，10家企业中仅百合医疗1家过会，3家企业被否，1家企业撤单，5家企业依然处于暂缓审议中。

最惨的林华医疗，2021年已第三次上会，年初首次上会被"暂缓表决"，随后二度上会又临时取消，第三次终于成功上会，却被否决。在发审会上，发审委主要针对林华医疗毛利率大幅高于同行、销售费用常年居高不下提出质疑。2021年撤单企业已有3家重新申报，但撤单不代表IPO之路终结。

据统计显示，2020年共有81家企业撤单，其中13家已重新申报，有3家已上市(分别为明冠新林、百洋医药、博众精工)1家仍被否。因存在关联交易信息披露不完整、固定资产会计核算不规范等问题，被中国证监会下发了警示函。2020年1月明冠新材公司选择了撤单，5月重新申报IPO，拟上市板块改为科创板，公司已于2021年12月24日成功上市。

2021年撤单的企业中，鸿铭股份、森泰股份、联动科技也已重新申报。天士生物、中科晶上、中科英泰等多家公司正接受上市辅导。

2021年1月以来，中国证监会、上海证券交易所发布多项文件，一方面，加强企业科创属性相关事项披露要求；另一方面，限制金融科技、模式创新企业在科创板上市。禁止房地产和主要从事金融、投资类业务的企业在科创板上市。创业板同样如此，早在创业板注册制改革方案发布时，交易所便多番强调，新申报企业须是高新技术企业，或是传统产业中与新技术、新模式相融合的企业，即符合创业板"三创四新"的定位要求，为服务创新驱动国家战略、服务实体经济转型升级注入强劲活力。

2021年3月25日，创业板上市委员会便否决了鸿基节能的IPO申请。公司申报创业板IPO期间，公司及保荐机构进行了三轮问询回复，三轮问询均涉及创业板定位问题，最终公司被否。2021年5月，创业板申报企业至信药业，其是否符合创业板定位也两度成为深圳证券交易所审核的重点，公司最后无奈撤单。

有投资银行业内人士表示，从近期部分拟上市公司公布的问询来看，企业对自身在行业中的定位描述、是否符合科创板定位、是否符合创业板"三创四新"(即企业符合"创新、创造、创意"的大趋势，或者是传统产业与"新技术、新产业、新业态、新模式"深度融合)均成为问询的重点。有了众多"前车之鉴"，相信后续申报企业会更加慎重地选择适合企业上市的板块。

(资料来源：腾讯网，https://new.qq.com.)

问题分析： 结合案例，分析投资银行在企业IPO上市撤单后的业务内容。

根据企业首次公开发行股票流程如图2-1所示，首先发行人与主承销商双向选择。发行人的选择依据包括主承销商的声誉与能力、主承销商的承销经验与类似发行能力、主承销商的证券分销能力、主承销商的造市能力及承销费用；主承销商的双向选择依据包括发行公司是否符合股票发行条件、发行人的产品或服务是否受市场欢迎、发行公司是否具备优秀的管理层、发行公司是否具备增长潜力。其次，企业组建首次公开发行股票(IPO)小组。IPO小组包括承销商、公司管理层、律师、会计师、行业专家、公共关系经理等。接着，IPO小组进行尽职调查。它是指中介机构(包括投资银行、律师事务所与会计师事务所等)以本行业业务标准与道德规范，对股票发行人相关文件的真实性、准确性、完整性进行专业调查工作。为确保企业重组与发行上市工作的顺利进行，投资银行对承销企业进行全方位调查，编制调查报告并进入企业现场有步骤地开展承销发行前的调查工作，如表2-4所示。

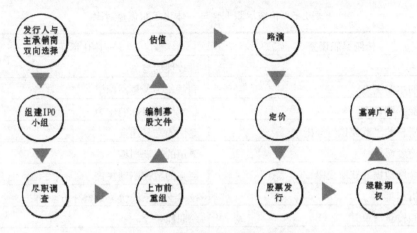

图2-1 企业首次公开发行股票流程

表2-4 尽职调查

	法律尽职调查	业务尽职调查	财务尽职调查
目标	在招股书上正确描述公司的情况；确保对股权没有竞争利益	对公司及其业务有深入的认识	全面审查公司的财务状况；审计师和保荐人确认盈利预测和营运资本预测；审计师签发有关文件
参与者	主承销商；发行人和承销商的法律顾问；公司的内部法律人员或管理层；行业监管机构(如有需要)	公司高级管理层和部门主管；法律顾问；主承销商；审计师	公司高级管理层，特别是财务总监和财务小组；主承销商；审计师
实施	公司为法律顾问成立资料室以便审阅文件	与公司高级管理层和部门主管进行会议和讨论；实地拜访有关各方；整理、分析运营数据	与公司高级管理层，特别是财务总监和财务小组进行会议和讨论；分析财务数据

知识窗

知识窗二：

一体化尽职调查

随着全球投资市场愈加成熟和不断进化，在竞争激烈以及高估值的环境下，通过兼并收购创造价值比以往任何时候都更加困难。传统的尽职调查并未将并购后的整合价值创造进行前置性判断及筹划。市场上很多战略投资者和私募股权投资机构人士的投资经验表明，必须尽早重视一体化尽职调查的应用，以帮助投资者全面了解投资对象的战略方向、业务、财务和运营能力，并考虑各方面之间的相互影响，形成统一的潜在投资价值评估结果。

一体化尽职调查是一种帮助买方全面了解目标企业的战略方向、业务、财务和运营能力以及社会影响力等，并考虑外界环境对其的影响，从而形成统一的潜在投资价值评估结果的尽职调查模式。

它与传统的尽职调查方式的区别如表2-5所示。

表2-5 传统尽职调查与一体化尽职调查对比

传统尽职调查	一体化尽职调查
防御性思维	进攻性的姿态
基于风险的尽职调查	利益相关者更高期望
筒仓式职能尽职调查	超越协同目标的压力
关注盈利质量的"后视镜"分析	更快的交易速度
数据搜集速度慢	更短的尽调周期
对较细颗粒度数据的获取受限	更强的数据驱动决策
有限的分析和见解	技术支持下的快速数据分析
手动流程和检查清单	跨职能整合
依赖电子表格工具	更高的交割首日准备工作标准

(资料来源：毕马威中国，http://vertical.591adb.cn.)

如图2-1所示，尽职调查后还包含上市前重组、编制募股文件、估值、路演、定价、股票发行、绿鞋期权与墓碑广告等环节。具体内容如下。

上市前重组一般有四个组成部分，即结构重组、资产重组、财务重组与人员重组。它应遵循重组原则，以确保拟上市公司有出色的业务与良好的增长前景。能够高度独立地运作，消除同业竞争，减少关联交易，具有高透明度的公司治理结构。其中，结构重组是指审查公司在行业内地位，制定业务发展战略(单一化或多元化)，确定长期发展的重点，重新制定公司结构(控股或非控股)，在海外还是在国内注册公司，建立高透明度的公司治理结构，遵守国内法律法规，考虑引入战略伙伴。资产重组是指确定上市资产，分离核心和非核心资产，选择理想核心资产是应遵守的重组原则，确认所有子公司与股权投资单位，确认与关联人的关系，理顺产权关系，清理股权投资，(包括把理想资产注入上市公司，增加理想资产的股权持有、剥离非核心资产/非主营资产)，就有关租赁、执照与服务协议进行磋商。财务重组是指确定最佳资本结构，调查债务状况，清除不包括在上市公司内的债务，重新商讨债务条款以降低借贷成本，优化内部管理会计制度。人员重组是指调整组织结构与运营职能，与同业公司进行绩效比较并制订自身的目标，确定岗位职能与每个部门的员工数量，建立员工表现评估制度与奖励计划，保留优秀人才并裁减冗员，考虑为员工培训与遣散计划准备必要资金。

编制募股文件主要包括招股说明书及其他文件，如审计报告、法律意见书与律师工作报告等。招股说明书是给投资者的主要促销文件，说明公司上市符合上市法规，公司资料披露全面、准确且没有误导性。一般而言，发行人律师负责编写招股书以确保招股书符合资料披露规定，主承销商与公司管理层决定招股书中的促销语言，会计师负责确保财务数据真实、准确与完整。除了招股说明书外，还应提供招股说明书概要、资产评估报告、盈利预测报告、公司财务资料与审计报告、法律意见书、证券公司辅导报告与推荐书、验证笔录等。

估值是指确定初步价格区间，作为向潜在投资者发盘的基础，需要准备一套可行的预测数据，一般包含5~10年的预测年度。共有三套财务预测，即公司预测、投资银行预测与股票研究部预测。预测必须留有余地并且可行，以方便建立投资者信心。预测并不在招股书中发布。估值方法可采取可比公司法、贴现现金流法、实物期权法。根据每一个不同阶段采用不同的模型来估价企业。首次公开发行股票时，往往会同时采用增长型贴现现金流与可比公司法来评估股票价值，估值因素应包含宏观因素与微观因素。宏观因素包括宏观经济前景、行业趋势、投资者投资气氛与竞争环境等，微观因素包括公司成长故事、公司增长前景、公司的财务与运营状况等。

路演是指股票承销商帮助发行人安排的发行前的调研并对可能的投资者进行的巡回推介活动。材料包括招股说明书、路演说明、幻灯片、投资者与管理层的问答材料等。路演的目的是让投资者进一步了解公司，以增强投资者信心并创造对新股的市场需求，从投资者的反应中获得有用的信息。步骤与分工包括：投资银行负责研究发行公司的分析员与所在国家或地区的经济学家走访潜在投资者；公司分析员主要介绍公司情况，包括公司基础条件、经营业绩及其与国内外同行的比较；经济学家则主要介绍公司所在国家或地区的政治、经济前景与公司业务涉及行业情况。路演的重要目标是缩小发行区间，如高盛亚洲电信分析家带领承销团及其他40位分析家通过电话与面谈推销中国电信的股权故事，10天内调查亚洲、北美洲与欧洲16个国家的468个投资账户管理人,将中国电信的发行价格范围缩小为7.05~9.09元。

路演后期正是发行势头最强的时候。作为主承销商的投资银行把这种需求势头转化为投资者订单后与公司一起决定最恰当的价格，并选择最佳投资者，最终目标是要实现可能达到的最高价格，并确保发行后股价强劲的成功表现。投资者会在路演过程中向承销成员订下买盘。这些买盘可显示投资者身份及所要求的股份数量与价格敏感度。主承销商从各成员处收集所有订单，分析并获得需求的价格数量结构与结构敏感性。根据路演过程中申购订单与投资者素质确定发行价格。如果股份能够全部配售给高素质投资者且预期后市中有温和的10%~15%涨幅，则可将价格定在发行价格区间上限。决定股票发行价格因素包括净资产、盈利水平、公司税后利润水平、税后利润的高低、发展潜力、发行数量、行业特点、股市状态。其中，二级市场的股票价格水平直接关系到一级市场的发行价格。在制定发行价格时要考虑到二级市场股票价格水平在发行期内的变动情况，若股市处于"熊市"，定价太高则无人问津，使股票销售困难，因此，股票价格要定得低一些；若股市处于"牛市"，股票价格太低会使发行公司受损，股票发行后易出现投机现象，因此，股票价格可以定得高一些。同时，发行价格的确定要给二级市场的运作留有余地，以免股票上市后在二级市场的定位发生困难而影响公司声誉。股票发行价格确定方式存在国别差异性，如美国协议定价、法国封标竞价、日本部分招标竞价，而我国采取发行人初步询价与累计投标询价，报中国证监会核准，通过召开配售对象问答会等推介方式以确定最终发行价格，最终发行价格须确定在经中国证监会核准的价格区间内。

绿鞋期权又称超额配售选择权，由美国绿鞋公司首次公开发行股票时率先使用而得名，是指发行人授予主承销商的一项选择权，获此授权的主承销商按同一发行价格超额发售不超过包销数额15%的股份，即主承销商按不超过包销数额115%的股份向投资者发售。其目的在于为该股票的交易提供买方支撑，同时又避免使主承销商面临过大的风险。该期权有效期一般为 30 天,且承销商不能将根据超额配售权购买的股票留作自营,也不能利用这些股票赚取任何交易利润。当股票受到冷落、发行后股价下跌时,主承销商将不行使该期权,而是从市场上购回超额发行的股票以支撑价格并对冲空头,此时,实际发行数量与原定数量相等。由于此时市场价格低于发行价格,主承销商这样做也不会受到损失。当股票十分抢手,发行后股价上扬时,主承销商即以发行价行使绿鞋期权,从发行人购得超额的 15%股票以冲掉自己超额发售的空头,并收取超额发售费用。此时实际发行数量为原定的 115%。

墓碑广告是指用于公开发行股票的声明或正式通告,包括发行人资料、承销商资料、发行数量与规模,以展示各发行人在同行中的排序与实力。此种广告因经常被框以黑色而得名,其目的在于宣布新证券发行正在进行。

课后案例

案例一:

新股破发

曾几何时,在 A 股中签即是赚到。在股民的固有印象里,公司在 IPO 上市之后股价通常会有很高的涨幅,这也吸引了股民"逢新必打",根本不关心新股的基本面,也不关心新股的发行价格。然而近期新股的表现正令市场观念逐渐转变,"新股不败神话"或许将成为过去时。

近两年,我国在科创板、创业板的新股发行实践中逐渐出现了部分网下投资者"抱团报价"的局面,主要体现在投资者报价集中度较高、新股发行定价持续走低等问题上。为解决上述问题,2021 年 9 月,中国证监会、上海证券交易所、深圳证券交易所、中国证券业协会发布了注册制下发行承销的一系列规则调整。

从机构报价情况来看,询价新规落地后,买方"抱团报价"情况得到有效遏制。与之相对应,将会有更多 IPO 首日破发,首日破发率将会逐渐增大,市场更加趋于成熟。目前,中国证券业协会发布公告,已与上海证券交易所、深圳证券交易所三方签署《加强注册制下新股网下询价监管协作备忘录》,共同加强对注册制下首次公开发行股票网下投资者报价行为的监管。三方还将共同加强网下投资者的监督检查,进一步增强自律检查的针对性和有效性。

(资料来源:广发证券,https://baijiahao.baidu.com.)

问题分析:结合案例思考注册制度实施后新股破发现象,并思考注册制度实施后还有哪些现象会发生?

案例二:

科创板、创业板股票发行与承销办法生变

2021 年 9 月 18 日、8 月 20 日上海证券交易所、深圳证券交易所分别就科创板、创业板首次公开发行证券发行与承销业务实施细则作出修订并征求意见。均就拓展询价机制下的有效报价区间方面,将高价剔除比例从不低于 10%调整为不超过 3%,同时,剔除最高报价部分后公募基金、社保基金、养老金、企业年金基金等需披露报价中位数和加权平均数等信息。

方案将改善目前询价过程中,机构抱团压价参与的"串价"行为,有效维护询价公平和发行人利益。据悉,上海证券交易所规定,应当安排不低于本次线下发行股票数量的 50%优先向公募基金等产品配售,深圳证券交易所则将发行股票数量的比例提升至 70%。

高价剔除范围缩至3%，网下申购成功率或增加

"最高价剔除的比例收窄能提高网下申购的成功率。"这既是目前市场询价机制中最困扰机构投资人的因素，也是本次意见稿中修订的重要内容。以前高比例的剔除机制总在一定程度上抑制机构对拟上市企业给予高估值。

将高价剔除比例从不低于10%调整为不超过3%。自注册制试点科创板、创业板推行以后，曾经的23倍首发上市市盈率上限被打破，企业IPO的市盈率只有范围，没有固定的值，因此，在符合特定板块上市总市值要求的前提下，在新股发行前的询价过程中，线下投资者的报价不仅影响最终募资规模，而且对企业首发上市时的市值影响巨大。

"虽一定程度上打击了部分企业上市融资'圈钱'的意图，但由于有询价'高压线'存在，机构要想获得配售资格，就要在报价上锱铢必较。"前述投资人表示。

2020年9月16日，上纬新材就新股发行前的询价结果进行公示，结果在有效的415名机构投资者中，有399家统一报出2.49元/股的价格，按照拟发行总股本4.032亿股计算，刚刚超过拟登陆科创板的最低10亿元总市值要求。

而在剔除无效报价和最高报价后，在网下投资者剩余报价信息中，公募产品、基金管理公司、保险公司等一众机构投资者的报价中位数、加权平均数均为2.49元/股。

按照彼时执行的高价剔除机制，即使报价高于2.49元/股，也有可能归入要剔除的前10%最高价范围内，彼时投资界对抱团报出低价的做法反应强烈，对于淘汰比例范围的划定有可能增加机构"串价"询价的声讨不绝于耳。

网下发行股优先向公募基金等机构配售

询价机构的抱团探底影响拟上市企业的估值，"但中标数量有限，机构或已经在询价之初形成共识。"前述投资人表示，中位数和平均数能看出是不是有人在巧合串供，但仅此一项不足以溯本逐源。

本次征求意见稿中，还对强化报价行为的监管方面作出指示，深圳证券交易所增加了监管处罚力度，明确对投资者的内控制度及存档要求；明确交易所向投资者采取的相关监管措施，补充列示网下投资者报价违规具体情形；明确对于涉嫌违法违规或犯罪的，将上报中国证监会查处，或由司法机关依法追究刑事责任。

此外，两家交易所继续对以公募基金等机构参与线下发行配售给予政策上的倾斜，深圳证券交易所要求，发行人应当安排不低于本次线下发行数量的70%优先向公募基金、社保基金、养老金、企业年金基金和保险资金配售。上海证券交易所则要求，应当安排不低于本次线下发行股票数量的50%优先向公募产品(包括为满足不符合科创板投资者适当性要求的投资者投资需求而设立的公募产品)、社保基金、养老金、根据《企业年金基金管理办法》(2015年修订)设立的企业年金基金和符合《保险资金运用管理办法》等相关规定的保险资金配售。同时，两家交易所均表示，公募基金、社保基金、养老金、企业年金基金和保险资金的配售比例或中签率不得低于其他投资者。

加大网下配售的机构投资者比重有助于发挥长期资本优势，特别是对于公募基金来说，这些投资者是机构投资者中离二级市场最近的一批，能起到压舱石和稳定剂的作用，对资本间接支持实体经济发展益处良多。

(资料来源：凤凰新闻，https://ishare.ifeng.com.)

问题分析：结合案例，分析科创板、创业板股票发行与承销办法生变，如何促进资本间接支持实体经济发展？

第三节　债券的发行与承销

债券的性质与基本特征是什么？债券发行条件应满足哪些因素？

一、债券发行

债券是有价证券，是社会各类经济主体为筹集资金面向债券投资者出具的、承诺按一定利率定期支付利息并到期偿还本金的债权债务凭证。债权人投入资金并有权按约定收取本金与利息。债券所规定的资金借贷双方的权责关系主要有：所借贷货币资金的数额；借贷时间；借贷时间内的资金成本或应有的补偿（即债券利息）。债券所规定的借贷双方的权利义务关系包含四个方面的含义：发行人是借入资金经济主体；投资者是出借资金经济主体；发行人必须在约定时间付息还本；债券反映发行人与投资者间债权债务关系。其基本性质为债券属于有价证券；债券是虚拟资本；债券是债权的表现。债权人不同于公司股东，它是公司的外部利益相关者。其具有四个基本特征，即偿还性、流动性、安全性、收益性。

选择债券发行条件时，企业应根据债券发行条件具体内容，综合考虑发行额、面值、期限、偿还方式、票面利率、付息方式、发行价格、发行方式、是否记名、担保情况、债券选择权情况、发行费用等问题。其中，企业应根据自身资信状况、资金需求程度、市场资金供给情况、债券自身吸引力等因素进行综合判断后再确定合适的发行额。发行额定得过高会造成发售困难，而发行额太小又不容易满足筹资需求。企业应根据资金需求期限、未来市场利率走势、流通市场发达程度、债券市场上其他债券期限情况、投资者偏好等来确定发行债券期限结构。当资金需求量较大，债券流通市场较发达且利率有上升趋势时可发行中长期债券，否则应发行短期债券。债券可分为期满偿还、期中偿还与延期偿还三种；按偿还方式的不同债券可分为可提前赎回与不可提前赎回两种；按照偿还形式的不同债券可分为以货币偿还、以债券偿还与以股票偿还三种。按偿还日期的不同债券票面利率可分为固定利率与浮动利率两种。企业应根据自身资信情况、公司承受能力、利率变化趋势、债券期限长短等决定选择利率形式与利率水平。债券的付息方式可分为一次性付息与分期付息两种。发行价格即债券投资者认购新发行债券的价格。债券发行价格有平价发行、溢价发行与折价发行三种形式。企业可根据市场情况、自身信誉和销售能力等因素，选择采取向特定投资者发行的私募方式或是向社会公众发行的公募方式；向投资者进行的直接发行方式或是让证券中介机构参与的间接发行方式；公开招标的发行方式或是与中介机构协商议价的非招标发行方式等。记名公司债券转让时必须在债券上背书，同时还必须到发行公司登记，而不记名公司债券则不需如此；不记名公司债券流动性要优于记名公司债券。大金融机构、大企业发行的债券多为无担保债券，而信誉等级较低的中小企业大多发行有担保债券。附有选择权的公司债券是指在债券发行中发行者给予持有者选择权,如可转换公司债券、有认股权证的公司债券、可退还的公司债券等。有选择权债券利率较低也易于销售。发行费用是指发行者支付给有关投资银行与其他服务机构的费用,债券发行者应尽量减少发行费用,在保证发行成功与有关服务质量的前提下选择发行费用较低的中介机构和服务机构。

课中案例

案例一:

日本政府养老金拥抱中国债券

尽管日本政府养老投资基金(GPIF)还未决定是否要投资中国主权债券,但是日本的小型养老金却已经率先拥抱中国国债。

日本私立学校互助促进公司(PMAC)是一家为日本私立学校员工提供养老服务的小型养老金运营商,截至2021年3月底,该基金管理2.8万亿日元(折合1660亿元人民币)资产。与日本其他规模较小的养老基金一样,PMAC使用与GPIF相同的投资组合结构,GPIF是全球最大的养老基金,3月末,其规模达186.2万亿日元(折合1.69万亿美元)。其投资组合配置原则由厚生劳动省决定,分别按不同比例投资于国内、国外股票和国内、国外债券四个部分,基本上在四等分的基础上略有增减。PMAC的两名官员Kei Terasako和Masaharu Noguchi对媒体透露,该公司决定在2021年10月中国国债纳入富时世界国债指数(WGBI)时,进一步加大投资中国国债。事实上,PMAC早就已经投资了中国债券,因为该基金将彭博巴克莱全球综合指数作为投资基准,而该指数从2019年4月开始就将中国国债纳入。"流动性风险和监管风险目前尚未显现。"PMAC资产管理部经理Terasako在接受采访时表示,"从受托责任的角度来看,我们无法给出不纳入(中国国债)的理由"。GPIF是否应该将其资产中的一部分投资于中国主权债券,是悬在日本养老基金行业心头的关键问题之一。引发这场辩论的关键原因在于,WGBI已决定从2021年10月29日开始,在未来36个月内逐步纳入中国国债,完成后中国国债占指数权重的5.25%。WGBI指数与摩根大通指数、彭博巴克莱指数并称为全球三大债券指数,全球投资者普遍以这三大指数作为基准来进行债券投资。GPIF总裁Masataka Miyazono尚未就此事作出明确回应,他承认有必要考虑中国债券,但也指出有必要保持谨慎。PMAC强调面对中国市场的风险因素,该机构将保持灵活性,这些因素包括开户时间、交易成本和监管规定。Noguchi强调:"我们有可能改变方向,这取决于当时的市场条件和法规。"

(资料来源:财联社, https://baijiahao.baidu.com.)

问题分析:结合案例,分析各国基金拥抱中国国债的缘由。

二、债券承销

(一)债券承销程序

投资银行从事债券承销业务通常要经过三个步骤,即获得债券承销业务、组建承销辛迪加、实施发行。其中,投资银行获得债券承销业务一般有两条途径:一条是与发行人直接接触了解并研究其要求与设想后向发行人提交关于债券发行方案建议书。如果债券发行人认为其建议可接受便与投资银行签订债券发行合同。由该投资银行作为主承销商立即着手组建承销辛迪加。另一条是参与竞争性投标。许多债券发行人为降低债券的发行成本，获得最优发行方案，常常采用投标方式来选择主承销商。投资银行可单独参与投标，也可先与其他若干家投资银行联合组成投标集团来投标以壮大自身实力。中标投标集团在与发行人签订债券发行合同后，便立即开始着手组建承销辛迪加。债券承销辛迪加与股票承销辛迪加相比，最大的不同是辛迪加成员并不一定单纯是由投资银行或全能制银行中的投资银行部门构成，这是因为许多限制商业银行参与投资银行业务的国家对商业银行参与债券(尤其是国债)的承销与分销的限制较宽松。债券的发行与股票的发行并没有太大的差别，读者可参考前文关于股票承销的内容。

(二)债券信用评级

债券信用评级是对债券发行主体如期、足额偿还债务本息能力与意愿的相对风险的意见，是反映债务预期损失的指标。进行债券信用评级最主要的原因是方便投资者进行债券投资决策。发行者不能偿还本息是投资债券的最大风险，也被称为信用风险。信用评级可以有效解决投资者与筹资人间信息不对称的问题，也可以解决投资人收集评价风险信息成本昂贵且不确定性大的问题以扩大投资渠道。进行债券信用评级另一个重要原因是减少信誉高的发行人的筹资成本。信用评级可以拓宽其融资渠道且增强财务灵活性。目前，国际上公认的最具权威性的信用评级机构主要有美国标准普尔公司与穆迪投资服务公司。上述两家公司负责评级的债券范围很广泛，包括地方政府债券、公司债券、外国债券等，由于它们占有详尽的资料，采用先进的科学分析技术，又具有丰富的实践经验与大量的专门人才，因此它们所作出的信用评级具有很高的权威性。标准普尔公司信用等级标准与穆迪投资服务公司信用等级标准如表 2-6 所示。

表 2-6 债券等级分类表

级 别	说 明
标准普尔等级评定系统	
AAA	最高级：债务人有非常强的本息偿还能力
AA	高级：债务人有很强的本息偿还能力
A	中上级：债务人偿还本息能力强，但可能会受到经济因素和环境变化的不良影响
BBB	中级：债务人有充分的本息偿还能力，但受经济因素和环境变化的影响较大
BB	中低级：不断发生一些可能会导致不安全能力的事件
B	投机级：具有可能损害其偿还本息能力或意愿的不利情况
CCC	强投机级：现在就有可能违约
CC	超强投机级：次于 CCC 级
C	保留收入债券：已经停止付息，但还保留收入
D	残值证券：不可能偿还本息，只能按一定比例兑付残值
穆迪等级评定系统	
Aaa	最佳：质量最高，风险最小，本息偿还有充分的保证，又被称为金边债券
Aa	高级：证券保护措施不如 Aaa 级，且其中某些因素可能会使远期风险略大于 Aaa 级
A	中高级：担保偿付本息的措施适当，但含有某些将起损害作用的因素

续表

级别	说明
Baa	中低级：偿付本息担保措施在短期内适当，但长远并不适当
Ba	投机级：担保本息偿付的措施似乎可以，但有投机因素和其他不确定因素
B	不宜长期投资：不具备吸引投资的特点，从长远来看本息偿付的保护不可靠
Caa	较差：属于低等级债券，本息偿付将被延迟，甚至危机支付
Ca	有较高投机性：经常发生本息推迟支付，或者其他明显问题
C	最低等级债券

普尔公司和穆迪投资服务公司都是独立的私人企业，不受政府的控制，也独立于证券交易所和证券公司。它们所作出的信用评级不具有向投资者推荐这些债券的含义，只是供投资者决策时参考，只表明对按照合同期限偿还可能性的看法，另外，信用评级也不表明某种证券的市场价格是否合适。如 AAA 债券可明确告诉人们本金与利息按时偿付的可能性几乎为100%。评级机构不会对某个投资者某项投资是否合适发表任何见解，它们对投资者负有道义上的义务，但并不承担任何法律上的责任。国际市场上债券评级是市场要求，没有获得信用评级的债券不可能在国际上成功发行。新兴市场国家政府要求债券评级是国际惯例。中国《企业债券管理条例》规定拟发行债券必须进行信用评级。

课中案例

案例二：

监管层出台多个文件约束"价格战"

债券承销费率又现"白菜价"。广发银行 2021—2022 年金融债券发行服务机构(主承销商)选聘采购项目的中选结果显示，申万宏源证券中选费率最低，达到 0.0001%，即百万分之一，也就是说，如果按照最低中选费率来算，600 亿元金融债券的承销费只有 6 万元。中信建投给出的费率相比申万宏源略高，为 0.000133%。国泰君安以及招商银行广州分行的中选费率均为 0.0002%。华泰证券与广发证券的费率相对要高。

近年来，监管层出台多个文件约束"价格战"，强调市场秩序维护，弱化券商对承销规模的过度重视。低价承销现象仍时有出现，业内人士表示，行政手段虽能起到一定的约束作用，但很难禁止。根据广发银行公告，公司计划发行 600 亿元金融债，拟通过集采选定最多不超过 6 家中选供应商作为主承销商。

据了解，金融债的发行主体主要为金融机构，比如政策性银行、商业银行等。金融债券的承销费率一般来说比较低，主要是因为一方面金融债风险不高，很好发行；另一方面，金融债发行规模通常较大，承销商可以冲业务规模，容易提升市场排名。一般来说，债券发行人会从中选单位里挑选两家左右作为承销商，谁给的费率低就给谁。一是为拿下大客户，承销商愿意在承销费上出让利益，因为双方在其他业务还有合作空间；二是这是市场化行为，行政手段能起到一定的约束作用，但很难禁止。

近年来，监管层为约束债券承销"价格战"，已出台多项政策。2021 年 4 月 7 日，中国证券业协会出台《公司债券承销报价内部约束指引》，明确承销机构应当建立公司债券承销报价的内部约束制度，如果报价在内部约束线以下的，承销机构应当履行内部特批程序，然后在3个工作日内向协会提交专项说明原因。每家券商都需要给协会报底价，但每家券商的底价不一样。

6月23日，中国证券业协会就《证券公司公司债券业务执业能力评价办法(试行)》修订版征求意见。协会提到，一方面，对公司债券承销报价内部约束线在行业平均值以上的证券公司进行适度加分，以对公司债券承销报价管控严格的情形进行激励。另一方面，对涉及低价竞争的相关行为视情节轻重进行相应扣分，以警戒行业有序展业。

为引导行业弱化对规模的过度重视，强化行业对合规、风控及长远可持续展业的关注，鼓励行业"做强"而非"做大"，中国证券业协会此次还修订删除了公司债券承销金额指标，降低了公司债券主承销项目数指标的分值。

债销头部格局难撼动。Wind数据显示，2021年上半年，券商累计承销债券规模达到5.03万亿元，相比上年同期增长6300亿元。债券承销的强者恒强态势仍然没有改变。上半年，中信证券的总承销金额达6640.65亿元；中信建投承销了6073.26亿元。两巨头合计占据了25.27%的市场份额。其中，在金融债承销方面，中信证券上半年承销规模最大，共有1659.88亿元。中信建投为第二家突破千亿元的承销商，上半年承销金额为1094.72万元。

(资料来源：证券之星，https://baijiahao.baidu.com。)

问题分析： 结合案例，分析监管层出台多个文件约束债销价格战的缘由，并分析其与债券评级的内在逻辑关系。

中国国内主要信用评级机构对企业债券信用评级的指标体系主要包括5个方面，即产业分析、基础素质、经营管理、财务分析与债权保护条款。其中，产业分析主要分析企业所处的产业发展的稳定性与景气度；还要分析国家产业政策、国际上的竞争力及企业在本产业中所处的地位与宏观环境对产业发展的影响。企业基础素质分析包括企业环境(经营环境、地理环境与政策环境)、企业规模(资产总额、净资产、固定资产原值与职工人数)、职工素质(高层管理人员和全体员工的文化程度、年龄结构和技术职称)、厂房设备(建筑面积、工艺技术水平、研究开发能力等)与管理体制(管理制度完善程度、管理方法先进程度、经营机制有效程度)。经营管理包含人均收益、资产周转率、发展速度、成本费用与未来预测方面(预计每年规划投资、每年销售收入、每年利润额、年税后利润与经营活动现金净流量)。财务分析包含盈利能力、财务构成、财务弹性与债券偿还期内的偿债能力。债权保护条款包含发行条件(债券发行是否符合规定、政府支持力度如何)、债券偿还优先程序(本期债券在各种债务偿还顺序中所处地位)、担保条款(本期债券有无担保、担保主体实力如何)、其他限制条款(企业主管部门、股东、债权人、开户行对企业财务活动的限制条款及其保护条款)。

课后案例

首支外资法人银行金融债券成功发行

2010年5月20日，首支外资法人银行发行的人民币金融债券在银行间债券市场顺利登陆。该支债券由三菱东京日联银行(中国)有限公司发行，发行金额为10亿元，期限为两年，发行基准利率为每个计息期首日的3个月Shibor(上海银行间同业拆放利率)加48个基点。上海新世纪资信评估投资服务有限公司给予发行人该支债券AAA的债项评级，给予发行人AA的主体评级，评级展望稳定。本次发行由中国银行作为独家主承销商，中国工商银行、中国农业银行、招商银行、国家开发银行、上海浦东发展银行、中国邮政储蓄银行、南京银行、中银国际证券、平安证券、海通证券 10 家国内领先的金融机构作为承销团参与投标，获得超过 2 倍的超额认购，体现了投资者对发行人的认可与肯定。2010 年 4 月，中国人民银行向该行颁布了在银行间债券市场发行金融债券的行政许可。此次，外资法人银行成功发行人民币金融债券，体现了国家主管部门对建设上海国际金融中心的支持，是上海建设国际金融中心的重要成果之一。此次首只外资法人银行金融债券的成功发行，也得益于近年来银行间债券市场信用产品的快速发展。自 2004 年开始，国内商业银行发行次级金融债券，成为银行间市场面市的首批信用产品。此后，我国金融市场的改革开放不断深入进行，在政府主管部门的倡导下，商业银行金融债券、短期融资券、中期票据、资产支持证券、非银行金融机构债券等产品纷纷出炉，发行量大幅上升。随着发行人群体的不断扩大，市场投资者对信用产品的认知度逐步提高，对优质商业银行发行的金融债券尤为青睐。

(资料来源：第一财经，https://www.yicai.com.)

问题分析： 结合案例，对比当下债券发行企业环境，分析首只外资法人银行金融券成功发行时的债券发行企业环境，并尝试叙述如何理解外资金融券发行中人类命运共同体的内涵。

第四节　金融科技在证券发行与承销中的应用

课前思考

金融科技在中国投资银行(证券公司)发行与承销业务中主要有哪些应用？如何理解金融科技的哲学基础与金融科技为民要义？

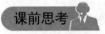

金融科技 ABCD

金融科技在证券公司主要应用的技术领域主要有四个，俗称 ABCD。具体包括：①人工智能技术(AI)，结合计算机算力和仿人工智能算法，模拟人工服务进而实现机器学习为各项业务提供智慧服务。②区块链技术(block chain)。区块链是一个分布式的共享账本和数据库，具有去中心化、不可篡改、全程留痕、可以追溯、集体维护、公开透明等特点。区块链能够解决信息不对称问题，实现多个主体之间的协作信任与一致行动。③云服务(cloud serving)基于互联网技术提供动态易扩展服务，具有规模化高、经济成本低的特点，代表服务有云计算、云存储等。④大数据(big data)在数据治理、数据采集、数据仓库加工(ETL)等数据基础上，通过算法分析加工出具有应用价值的信息，供各项业务进行使用。其他应用的金融科技技术还有自然语言处理、5G、知识图谱、机器学习等。

2019 年年底《证券法》修订草案第四次审议通过，具有新时代价值的《证券法》应运而生。证券市场制度改革具有必要性、必然性与可行性，但实现制度落地则是更加重要的问题，具体涵盖从核准制到注册制的变革、信息披露义务的加强、投资者保护制度的完善等制度落地问题。以注册制为纲的资本市场供给侧改革，在为证券行业大投资银行业务带来大量业务机会及资本市场红利的同时，也倒逼投资银行业务谋求新突破。不仅考验了投资银行的定价和销售能力，而且迫使其提升专业化水平，将金融科技引入投资银行业务，将数字化、智能化打造为自身的核心竞争力，也是从竞争中突围的一个方向，率先实现投资银行业务触网有助于把握住在新环境下逐鹿的优势。

课后案例

智慧投资银行

一、线上承销，优化用户产品购买体验

金融科技运用在证券公司面向机构的证券发行销售环节，可打造机构客户专用产品选购平台。以第一创业固定收益业务的金融科技产品 eBOND 为例，eBOND 是债券线下销售模式的延伸，兼具互联网化与移动化，围绕着债券一级市场的承销、分销业务，二级市场报价交易业务，打造了一系列软件平台，并开发了供客户使用的移动 App、公众号、小程序等软件，以便快捷有效地帮助机构客户进行投标、报价、债券净价计算，且具有发送中标通知等日常功能。eBOND 作为线上买债商城上线后，客户在原有线下一对一(多对一)服务的基础上，也可享受智能推债的精准化服务、线上选购的便利，在线上自主下单后转由线下团队代为操作；eBOND 同时打造了债券版知乎"银河间社区"，内置专栏、问答、路演功能区。据公司披露，eBOND 系统上线后对固收各个业务线都有很大的促进作用，大幅提高了业务效率，并降低了操作风险。

二、注册制对投资银行尽职调查质量提出更高的要求，金融科技助力把关

注册制真正落实以信息披露为中心的理念，意味着证券公司作为保荐机构的专业把关责任被严格压实，需要更加勤勉尽责、审慎执业、把控项目质量。而金融科技在投资银行的项目质量把关方面，也大有用处，以招商证券"智能大投行"为例，其在投资银行业务流程中对三个环节要严格把控，具体内容如下。

(1) 现场尽职调查记录留痕。现场尽职调查中使用 LBS 位置应用功能，保证尽职调查有轨迹、有留痕、可回溯，调研收获的成果也都有据可查，极大程度上预防了投资银行员工本身的失职甚至造假。

(2) 关联方图谱核查模型。关联方分析是投资银行业务中的关注重点，在企业的股权关系、业务往来非常复杂的情况下，清晰梳理关联方尤为重要。招商证券借助大数据技术建立了企业股权关系图谱和关联方核查模型，实现了企业实际控制人穿透、关联方及关联关系挖掘、企业间关联交易及可疑利益输送行为识别，帮助业务人员及时、尽早地发现项目风险。

(3) 申报材料自动化审核。企业的银行流水分析、申报材料审核等工作相当烦琐枯燥，易出疏漏。为此，招商证券按照不同的使用场景开发训练了多个人工智能机器人，能在短时间内完成大量的业务流水、文稿审核等工作，初步找出可能存在问题的细节，再由人工进行进一步的分析挖掘，减少工作中无心的疏漏和擅自修改问询等不尽责行为。

总之，近两年的资本市场供给侧改革举措驱动投资银行各业务线齐头并进：一是注册制延伸至创业板，与科创板错位发展，叠加再融资新规落地，股权承销规模将进一步提升；二是《证券法》(2021 修订版)确定债券发行实施注册制，债券承销收入也有望增长；三是并购重组新规公开征求意见,待落地后也会带来收入增量。随着注册制改革的全面推广和各券商引入金融科技、加深科技在投资银行领域的渗透,投资银行业务步入高阶发展阶段,业务的融合、效率的提升、专业能力的增强将会更加显著。

(资料来源:雪球,https://xueqiu.com。)

问题分析:结合案例,分析金融科技在投资银行(券商)证券发行与承销场景中的应用,并搜集更多券商在此类应用场景中对金融科技的应用。

财商小剧场

【思考1】普通投资者到底选择哪家投资银行(券商)开户比较好?

【问题解析】中国现在的市场上大概有100多家券商,很多人会从费率,也就是它的手续费的角度来考虑。其实,这个差别非常小,因为1万块钱的股票交易大概就有16块钱的手续费,而且像这种印花税每个券商都是一样的,还有很多的费率都是国家监管规定的,没有什么弹性。为什么券商的同质化竞争很严重,就是因为在费率上差别是很小的。

那么它们的主要竞争差异体现在哪里呢?主要是资金的规模、实力,还有能够提供的增值服务业务。主要有两条标准:第一,在挑选券商时,由于金融机构都存在风险,所以挑选那些规模比较大,实力比较雄厚的券商会比较安心。第二,服务体验特别重要,尤其是在费率没有太大差异的情况下,增值服务和用户体验就会更重要。比如,一家券商有没有替你开通这种白天炒股、夜间炒基的现金管理账户,有没有主动替你开通港股通业务,是不是帮你把分级基金创新业务通道都开通了,而且开通方式比较便捷、比较人性化,这一系列的增值服务至关重要。

【思考2】中国证券市场是否也有绿鞋机制呢?是否有了这个机制,IPO股价就不会破发,普通投资者就可以放心"打新"?

【问题解析】为什么称它为"绿鞋机制"呢?这是因为当时美国波士顿绿鞋制造公司在股票发行时率先使用,所以它就被称为"绿鞋机制"。中国也有这种"绿鞋机制",2006年监管部门就曾规定只要公开发行股票超过4亿股,就应在发行方案中采用超额配售选择权。

如中国农业银行以2.68元的发行价,发行了200多亿股。当时承销商(投资银行)是中金,为了稳定股价,该企业特地超发了30多亿元用"绿鞋"来进行市场稳定。果然,上市以后中国农业银行的市场表现一般,这时中金和中国农业银行就动用了超卖的资金来托盘。如果它们不托盘的话,很快就破发了,托盘守住这个2.68元的发行价,并且守了一段时间。所以说"绿鞋机制"现在也算是IPO定价中很常用的机制,小米在港股IPO的时候也推行"绿鞋机制"。但并不是有了"绿鞋机制",发行就高枕无忧了,当然不是,"绿鞋机制"护盘的作用并没那么大。

Facebook的承销商(投资银行)是大摩(摩根士丹利银行),当时大摩特别自信,把发行价定得特别高。结果Facebook上市后,开盘股价就大跌,这个时候他们就动用了"绿鞋机制",于是大摩开始疯狂地买入护盘。但当时的成交量很大,一天大概5.7亿美元左右的成交量,大摩手上"绿鞋"的配额一共才6300万股,与这么大的成交量相比,只是杯水车薪。所以,尽管头一天收盘的时候它没破发，但是第二个交易日结束就破发了。

因此，最终价格博弈还是取决于股票基本面，"绿鞋"最多只能作为一个辅助的工具而已。

本章小结

1. 证券发行与承销是投资银行最基本的业务，其作用是为资金需求者提供筹措资金的渠道，为资金供应者提供投资和获利的机会，实现储蓄向投资转化，形成资金流动的收益导向机制，促进资源的不断优化配置。证券承销业务收入是投资银行的主要利润来源之一，证券承销业务的能力也是判断投资银行整体实力的重要标志。

2. 证券发行是政府、企业或其他组织出于财政保障或企业发展的融资需求，在一级市场上按法律规定的条件与程序，通过证券承销商向投资者出售资本证券的行为。证券发行是一项政策性强、规章制度严格、程序规范而复杂的投资银行标志性核心业务。发行制度历经审批制、注册制、核准制等，每一阶段制度安排都会有效地促进该阶段中国证券市场证券的稳定发行，实现资源阶段性有效配置。证券发行基本类型可按发行对象、有无发行中介、发行条件及投资者决定等条件划分。

3. 证券是各类记载并代表一定权利的法律凭证，用来证明持票人享有某种特定权益的保证，如股票、债券、本票、汇票、支票、保险单、存款单、借据、提货单等各种票证单据。有价证券具有产权性、收益性、流通性与风险性特征。证券发行市场是发行人以发行证券方式筹集资金的场所，又称一级市场或初级市场。证券交易市场是买卖已发行证券的市场，又称二级市场或次级市场。证券发行市场是交易市场的基础与前提，有了发行市场的证券供应，才会有交易市场的证券交易，证券发行种类、数量与发行方式决定了交易市场的规模与运行。交易市场是发行市场得以持续扩大的必要条件，它为证券转让提供保证，才使发行市场充满活力。

4. 发行股票、发行债券统称为证券发行，是指政府、金融机构、工商企业等以募集资金为目的，向投资者出售、代表一定权利的有价证券的行为。公司利用股票和债券筹资分别具有不同的优势和缺陷。企业发行股票和债券应具备一定的条件并得到政府核准，投资银行是证券发行工作的总设计师。债券信用评级是对债券发行主体如期、足额偿还债务本息能力与意愿的相对风险的意见，是反映债务预期损失的一个指标。政府要求债券评级是一种国际惯例。对于承销业务，风险与收益兼具，二者正相关。

5. 投资银行应该发挥其在证券承销业务中的重要作用。为保证证券承销的圆满完成，投资银行必须对证券承销的参与人、证券承销方式、证券发行方式有明确的认识和界定。证券发行以后，新上市的证券会对证券价格形成一定的冲击，投资银行在发行证券之前就应该预定股价安定策略，如"绿鞋期权"策略。

6. 2019年年底《证券法》草案第四次审议通过，具有新时代价值的《证券法》应运而生。证券市场制度改革具有必要性、必然性与可行性，但实现制度落地则是更加重要的问题，具体涵盖从核准制到注册制的变革、信息披露义务的加强、投资者保护制度的完善等制度落地问题。以注册制为纲的资本市场供给侧改革在为证券行业大投资银行业务带来大量业务机会及资本市场红利的同时，也倒逼投资银行业务谋求新突破。不仅使投资银行的定价、销售能力受到考验,而且迫使其提升专业化水平,将金融科技引入投资银行业务,将数字化、智能化打造为自身的核心竞争力,也是从竞争中突围的一个方向,率先实现投资银行业务触网有助于把握住在新环境下逐鹿的优势。

练习与思考

一、名词解释
1. IPO
2. 路演
3. 债券发行要素

二、简答题
1. 有价证券有什么特征?
2. 企业首次公开发行股票有哪些程序?

三、单项选择题
1. 下列关于核准制特点的表述,错误的是(　　)。
   A. 证监会决定股票的发行价格　　B. 发挥股票发行审核委员会的独立审核功能
   C. 证监会逐步转向合规性审核　　D. 保荐机构培育、选择和推荐企业
2. 保荐机构和保荐代表人注册登记管理的主管机构是(　　)。
   A. 中国证监会　　B. 上海证券交易所和深圳证券交易所
   C. 中国证券登记结算公司　　D. 中国证券业协会
3. 股份有限公司经理可以决定聘任除应由(　　)决定聘任以外的负责管理人员。
   A. 股东大会　　B. 董事会　　C. 董事长　　D. 监事会
4. 首次公开发行股票并在主板上市的,发行人最近三个会计年度净利润应均为正数且累计至少超过人民币(　　)。
   A. 3000万元　　B. 1000万元　　C. 5000万元　　D. 500万元
5. 中小企业板上市公司(　　)发生变化的,深圳证券交易所鼓励上市公司重新聘请保荐机构进行持续督导。
   A. 董事长　　B. 董事会秘书　　C. 实际控制人　　D. 总经理
6. 可转换公司债券价值和股票波动利率之间的关系为(　　)。
   A. 反向关系　　B. 无关　　C. 正向关系　　D. 线性关系

四、多项选择题
1. 狭义的投资银行业的范围包括(　　)。
   A. 并购　　B. 保存　　C. 资产管理　　D. 承销
2. 企业的组织形态有(　　)。
   A. 独资企业　　B. 合资企业　　C. 合伙企业　　D. 公司
3. 凡有(　　)情形之一的,不得再次公开发行公司债券。

A. 前一次发行的公司债券尚未募足的

B. 募集资金的用途不符合国家的产业政策

C. 违反《证券法》规定,改变公开发行公司债券所募资金用途的

D. 对已发行的公司债券或者其债务有违约或者延迟支付本息的事实,且仍处于继续状态的

4. 根据《首次公开发行股票并上市管理办法》,发行人最近一期末无形资产在扣除(　　)后,占净资产的比例不得高于20%。

  A. 水面养殖权 B. 土地使用权 C. 采矿权 D. 工业产权

5. 下列有关可转债担保的表述,正确的有(　　)。

  A. 以保证方式提供担保的,应为连带责任担保

  B. 担保范围仅包括可转债的本金及利息

  C. 提供担保的发行人应依法与担保人签订担保合同

  D. 最低可为发行规模的80%

6. 上市公司发行新股,需要履行的程序包括(　　)。

  A. 董事会批准   B. 上市公司所属证监局的批准

  C. 股东大会批准   D. 保荐机构保荐

7. 上市公司申请发行新股时,股东大会应就(　　)逐项表决。

  A. 决议的有效期   B. 发行对象

  C. 发行种类和数量   D. 募集资金用途

微课视频

扫一扫,获取本章相关微课视频。

 导言　　 证券发行承销概述(上)　　 证券发行承销概述(下)　　 股票发行与承销(上)

 股票发行与承销(下)　　 债券发行与承销　　 金融科技应用　　 构建投行财商

第三章 投资银行核心业务：企业并购

【本章提要】

企业并购是投资银行业务的重要组成部分，同时也是投资银行收入的主要来源。企业并购实质上是产权结构的重新配置，实现结构改变后的功能最优化。它代表一种新型的产业力量，有助于提高企业的劳动生产率、盈利性与竞争力，加速优秀企业发展，促使资源优化配置，并推动一国生产力发展。企业并购兴起于19世纪末，到目前为止，已经历了五次大的并购浪潮。投资银行在企业并购中经常扮演中间人或财务顾问的角色，帮助企业寻求并购的机会，并为并购定价提供融资服务。本章在重点阐述投资银行企业并购业务的基础上，还将介绍金融科技在投资银行企业并购业务场景中的应用。

【学习目标】

1. 熟悉并掌握企业并购的内涵、分类及经济学理论。
2. 了解企业并购的运作流程、企业效应分析，掌握反收购、杠杆收购与管理层收购的基本内容。
3. 了解金融科技在企业并购业务场景中的应用。
4. 构建逻辑、辩证与批判等科学思维，理解金融科技的哲学基础与金融科技为民要义，树立与时俱进、终身学习的理念。

 开篇阅读与思考

《证券法》(2019年修订)下的并购要求

近年来，上市公司收购案例中多采用一种"协议收购+委托/放弃表决权"的方式。上市公司原主要股东(一般为原实际控制人及其关联方)放弃一定表决权，使得收购方取得对上市公司的实际控制权。因未达到"要约收购"所要求的收购方"持有上市公司已发行的股份达到30%"的指标，无须履行"要约收购"法定程序。但该方式在一定程度上导致原本存在限售义务、限售承诺的控股股东和实际控制人能够转移控制权。有些上市公司股东隐瞒一致行动关系，滥用表决权委托，规避信息披露义务。《证券法》(2019年修订)对此进行了适当的调整和完善，将要约收购触发线从"持有上市公司已发行的股份达到30%"修订为"持有上市公司已发行的有表决权股份达到30%"。《证券法》(2019年修订)明确权益变动的股份比

例计算基础以"有表决权股份"为准,明确"权益"变动以"表决权"控制为核心条件;对于拥有上市公司 5%以上表决权的股东增减持操作,强化信息披露与禁止性行为,且披露内容增加了要求,即说明增持股份的资金来源。对于收购方持有的被收购的上市公司的股份,规定在收购行为完成后的 18 个月内不得转让,相对于原证券法的 12 个月,提出了更严格的锁定期要求。对于短线交易,《证券法》(2019 年修订)从交易标的和交易主体上扩大了核查范围。

总体而言,《证券法》(2019 年修订)对历经交易筹划、实施、整合等各进程的上市公司及其董事、监事、高级管理人员、控股股东、实际控制人、重组方、收购方等多方主体,提出了更高的信息披露要求;对上市公司的中小股东,再次重申风险自担原则,强化证券账户实名制;对市场中各参与主体,强调短线交易、内幕交易、操纵市场以及利用未公开信息进行交易等行为的禁止性要求,完善监管措施和明确法律后果,并为投资者维权提供一系列法律依据和措施,支持投资者充分运用好法律工具依法维权。《证券法》(2019 年修订)通过加大投资者的保护力度以增强投资者的投资意愿,优化证券市场的生态环境,增加市场活力。

(资料来源:搜狐,https://www.sohu.com.)

问题分析: 结合案例,分析《证券法》(2019 年修订)下并购要求如何保障信息不对称中小股东的利益?并延展思考《证券法》(2019 年修订)下的更高信息披露要求有哪些内容?

第一节　企业并购概述

并购内涵是什么?并购类型有哪些?并购的经济学理论解释有哪些?

一、并购的内涵与分类

企业并购是指现代企业制度下一家企业通过取得其他企业部分或全部产权,从而实现对该企业控制或影响的投资行为。其实质是在企业控制权的运作过程中,各权利主体依据企业产权制度安排而进行的权利让渡行为。通过并购,企业可以在短时间内由外部市场获得所需的技术、生产设备、营销网络、市场准入等资源。

合并是两个或两个以上公司通过一定方式组合成新企业的行为。合并按法人资格变更情况可分为吸收合并与创设合并。吸收合并又称兼并,指两个或两个以上企业合并,其中一个企业继续存在,而其他企业被解散,不复存在,其财产、债券、债权也转给继续存在的企业(存续企业)。这是常见的合并方式,大公司或强势公司对小公司或弱势公司往往会采用这种方式。创设合并又称新设合并,指两个或两个以上企业合并,原有企业都不继续存在,而是另外再创立新企业,原来合并各方法人主体地位均消失,其财产、债券、债权也一并由新法人主体承担。合并双方规模相当、实力相当则往往采用新设合并。收购是指公司持有若干其他公司适当比例的股权,而对这些公司实施经营业务上的控股或影响的行为。控股方称为母公司或控股公司,被控股方称为子公司或者联属公司。收购又分为资产收购与股票收购两类。

资产收购是指公司购买目标公司资产(包括资产与营业部门)，从而实现对目标公司控制；股票收购是指公司直接或间接购买目标公司部分或全部股票以实现对目标公司控制。

企业并购按不同方式，具体可分为以下几种。

(一) 按并购行业相关性不同分类

按并购行业相关性不同，企业并购可分为横向并购、纵向并购和混合并购。

(1) 横向并购又称为水平并购，是指为提高规模效益与市场占有率，生产或经营同类或相似产品企业发生的并购行为。

(2) 纵向并购又称垂直并购，是指为业务前向或后向的扩展而在产业链中生产或经营的各个相互衔接公司间发生的并购行为，是企业将关键性投入—产出关系纳入企业控制范围，以内部交易处理业务，从而提高企业生产效率与对市场控制的方法。

(3) 混合并购是指对处于不同产业领域、产品属于不同市场，且与其产品部门间不存在特别生产技术联系的企业进行并购。它有利于产业结构的调整与优化，可使企业资产存量不断流动与重组。

(二) 按出资方式不同分类

按出资方式不同，企业并购可分为现金支付并购、股权并购和综合并购。

(1) 现金支付并购是指并购公司支付现金购买目标公司资产或股权，以取得目标公司控股权。

(2) 股权并购是指并购公司直接向目标公司增加发行本公司股票，以新发行股票替换目标公司股票。这种方式的特点是无须支付现金而不影响并购公司现金状况，同时目标公司股东不会失去其股份，而只是股份从目标公司转到并购公司，从而丧失对目标公司的控制权。

(3) 综合并购是指并购过程中收购公司支付的不仅有现金、股票，而且有认股权证、可转换债券等多种方式的混合。此兼并方式兼具现金并购与股权并购的特点，收购公司既可避免支付过多的现金以保持良好的财务状况，又可防止控制权转移。

(三) 按交易协作态度不同分类

按交易协作态度不同，企业并购可分为善意并购和恶意并购。

(1) 善意并购又称"白衣骑士"，是指收购企业以较好的报价与其他条件同目标企业协商收购事宜，以取得其理解与支持，而目标企业提供必要资料给收购方，在平等友好的基础上达到双方满意并共同接受并购协议完成的并购。

(2) 恶意并购又称"黑衣骑士"，是指收购企业事先未与目标企业经营者协商在二级市场上收购目标企业股票，迫使目标企业接受条件出售企业，从而获得目标企业控股权的收购行为。在恶意并购情况下，收购企业通常得不到目标企业的充分资料，而且目标企业又常常制造障碍阻止其并购。收购方先向目标企业提出并购建议，而不论目标企业同意与否，收购方都会进行并购，如果目标企业接受收购建议，收购方将以优惠条件完成并购；否则，收购企业将在二级市场上大举购入目标企业股票，以恶劣的条件完成并购。

(四) 按交易条件不同分类

按交易条件不同，企业并购可分为资产置换式并购、承担债务式并购和杠杆并购。

(1) 资产置换式并购是指公司将优质资产置换到被并购企业中,同时将被并购企业中不良资产连带负债剥离,依据资产置换双方资产评估值进行等额置换,以达到对被并购企业的控制与经营管理权。

(2) 承担债务式并购是指并购方以承担目标企业全部债务为条件,接受其资产以实现并购的方式。并购后企业承担目标企业全部债务以接纳目标企业所有人员并加以安置。此时,目标企业法人主体地位消失。

(3) 杠杆并购是指收购企业以目标企业资产及营运所得作为抵押,进行大量债务融资来并购目标企业。收购企业不必拥有巨额资金,只需准备少量现金(用以支付并购过程中必需的律师、会计师等费用)即可并购任何规模企业。此种并购方式在操作原理上类似于杠杆。

(五)按并购手段不同分类

按并购手段不同,企业并购可分为要约并购、协议并购、管理层并购和间接并购。

(1) 要约并购是指收购人通过向目标企业股东发出购买其所持该企业股份的书面文书,并依法按照其公告收购要约中所规定的收购条件、价格、期限及其他规定事项来收购目标企业股份的并购方式。

(2) 协议并购是指收购人通过与目标企业股东反复磋商并在征得目标企业管理层同意的情况下,双方达成协议,并按照协议所规定的收购条件、价格、期限及其他规定事项来收购目标企业股份的并购方式。

(3) 管理层并购是指上市公司董事、监事、高级管理人员、员工或是其所控制或委托的法人或其他组织,拟对目标企业进行收购或通过间接并购方式取得本企业的控制权。

(4) 间接并购是指收购人虽不是上市企业股东,但通过投资关系、协议、其他安排,导致其拥有权益股份达到或超过上市企业已发行的股份比例。

知识窗

公司并购中股权转让的法律风险

一、股权转让中利益相关者法律风险

与此利益相关的人包括股东、债权人等,股权转让过程中对中小股东权利的损害主要是大股东利用优势地位侵犯中小股东的知情权、表决权等,使股权转让行为完全被大股东所控制。以股份回购为例,在实践中,虽然公司质量的好坏可以通过回购价格体现出来,但是回购通常发生在上市公司与大股东之间,属于典型的关联交易。

如果交易的资产状况存在明显或隐藏的问题,且难以体现在交易价格中,中小股东就有可能会因股东会擅自作出决议而被侵犯利益,从而引发中小股东请求人民法院撤销此决议的诉讼风险。这是股权结构不合理和信息披露不规范造成的,因此,应重视股权回购的信息披露程序和股东知情权、表决权的保护。

二、债权人权益保护中的法律风险

股份有限公司债权人实现其债券的重要保证就是公司的资本。根据资本不变的原则,未经公司批准修改,不得变动公司资本。但是,为减少注册资本而进行股份回购后,就必然会降低注册资本,这不利于债权人利益的保护。

因此,一方面涉及信息披露问题,另一方面债权人为保护自身的利益,可能会事先提出相应的保护措施,比如给财务业绩指定一个明确的标准,防止公司在资金不充足或财务状况恶化时仍采取回购行为。

三、股权瑕疵法律风险

实践中，股权瑕疵的法律风险主要表现在以下几个方面。

(1) 出资不实瑕疵中的法律风险。

即非货币财产的实际价额显著低于认缴出资额，法律规定出资不实的股东应补缴出资，这种情况多发生于知识产权等非货币出资中。因此，对出让人出资种类的考查，就显得十分必要，尤其是非货币出资，容易发生出资不实的情况。

(2) 出资不到位(违约)瑕疵股权转让中的法律风险。

即股东出资不按时、足额缴纳，该股东除补足出资外，还应对其他股东承担违约责任。因此，对出让人缴纳出资实际情况的考察，也是十分必要的。

(3) 虚假出资瑕疵中的法律风险。

即股东并未出资，采用欺骗手段获得登记机关的信任。在发生虚假出资的情况下，该股东不仅应补足出资，而且还要承担行政处罚的法律责任。

综上所述，受让人不知转让人存在出资瑕疵，则受让股东对该出资不承担任何责任，但公司或者其他股东请求转让人将转让股权价款用于补足出资的，人民法院应予以支持。否则，在明知瑕疵的情况下受让该股权，在实践中，一般要承担出资补充赔偿责任。

四、价款支付法律风险

股权转让价款的支付应十分慎重，在此过程中，主要面临以下几个方面的法律风险。

(1) 转让价格确定中的法律风险。

确定估价转让价格通常有几种做法：将股东出资时的股权的价格作为转让价格；将公司净资产额作为转让价格；将审计、评估价格作为转让价格；将拍卖、变卖价格作为转让价格；国有股权转让的价格每股不得低于净资产值。实践中，可以考虑首先采用综合评估确定股权转让的基准价格，在此基础上协商确定转让价格。

以上估价转让价格确定的不当利用超出法律界限，就会被认定为非法逃税的可能，将产生相应的法律风险。

(2) 支付方式选择中的法律风险。

支付方式选择中的法律风险包括支付工具选择中的法律风险；价款监管中的法律风险(将价款提前提存)；支付期限选择中的法律风险；受让方须承诺受让资金合法，且有充分的资金履行能力，并确定履行或不履行支付股权转让对价的义务。

(资料来源：找法网，https://china.findlaw.cn.)

二、并购的经济学理论

并购的经济学理论分为横向并购理论、纵向并购理论和混合并购理论。

(一)横向并购理论

横向并购理论分为规模经济理论、产业组织理论、科尼尔产业生命周期与整合规律理论。

(1) 规模经济理论认为给定生产函数、市场价格的情况下企业经营者按利润最大化即成本最小化原则对投入产出水平作出选择，当生产规模扩大化比率小于产量时实现规模经济。如新闻出版署组建报业集团就是将各报社传媒实力、经济实力、人才实力、技术实力、发行渠道等整合产生规模经济效益。

(2) 产业组织理论主要从市场结构效应方面说明行业规模经济。该理论认为，同一行业内众多生产者应考虑竞争费用与效用比较。通过横向并购在行业内进行企业重组，从而达到行业最优规模以实现行业规模经济是可行的。

(3) 科尔尼产业生命周期与整合规律理论显示，依据集中度来划分一个产业从其产生到规模化、到集聚、到平衡，经历时间为20~25年。如茶产业厂家多达几十万家却鲜有规模大、品牌实力强的企业，平均产能约为10吨，导致相关企业在与下游厂商讨价还价的过程中处于明显不利的地位。国内厂家只有选择将品质极优的茶以极低的价格卖给英国立顿有限公司，经贴牌包装价值增值几十倍后，再销售给国内的消费者。然而，中国茶叶不受欧洲重视的主要原因是农药问题。倘若此行业完成大规模整合，产业生态就会趋于平衡，技术创新与产业升级就有实力，企业自然就会产生控制农药使用的动力，从而完成相应的组织与管理创新。

(二)纵向并购理论

纵向并购理论分为交易费用经济理论和现代交易费用理论。

(1) 交易费用经济理论认为市场机制与企业组织是可相互替代且是资源配置的有效调节者。市场机制配置资源成本是市场交易费用，企业组织配置成本是企业内部管理费用。企业组织取代市场，市场交易内部化有可能节约交易费用；企业边界取决于企业内部管理费用与市场交易费用。当企业内部管理费用增加与市场交易费用节省数量相当时，则企业边界趋于平衡。

(2) 现代交易费用理论认为节约交易费用是资本主义企业结构演变的唯一动力。企业并购实质是企业组织对市场的替代，是为了减少生产经营活动交易费用。

(三)混合并购理论

混合并购理论分为范围经济理论和企业竞争战略理论。

(1) 范围经济理论是指企业多样化经营，即拥有若干个独立产品市场，当若干个项目联合经营比单个项目独自经营能获得更大收益时，则该企业就能获得范围经济。不同产品、技术或管理活动间具有互补性时就能节约费用，即产生协同效应。若将生产活动与不相关(最好是负相关)收益联系起来，就会减少该公司的利润率波动。1968年，萨缪尔森与史密斯曾用纪实材料证明企业规模越大经营越多样化，其生产率波动就越小，从而能够减少目标企业的资本成本。

(2) 企业竞争战略理论从两方面论述了企业并购动机：一是从多样化经营角度来看，认为现代企业发展所面临的市场环境不确定，为降低风险，企业不应该将所有资本都投放在同一行业中，而应该实行多样化经营以分散经营风险；二是从企业长期生产发展角度来看，认为属于衰退行业的企业为寻求继续生存发展的机会，而将资本转向新兴产业时，通常会通过并购将部分资金投向这些产业。

课中案例

出海10年年营业收入从20亿元增加至近500亿元，解密均胜并购1+1>2

一场"跨国联姻"，开启了宁波均胜电子的裂变式发展之路。2021年4月，均胜电子并购德国普瑞迎来十周年。"均胜和普瑞共同开创了'1+1>2'的双赢局面"，在均胜电子集团,德国普瑞CEO蔡正欣接受采访时如是说。10年间,均胜电子年营业收入从20亿元增加至近500亿元,即使面临疫情冲击、产业变革,2020年仍新增订单596亿元;而德国普瑞子公司,不仅员工数量增长3倍,年营业收入也翻了两番,并成功晋级全球汽车零部件百强企业。以并购普瑞为起点,在全球汽车零部件产业的新赛道上,均胜电子已一跃成为领跑者。

勇气——"蛇吞象",缔造全球化版图

德国萨勒河畔的巴特诺伊施塔特,风光旖旎。没有人会想到,自10年前开始,这里1/3人口的命运竟与宁波均胜电子息息相关。汽车行业是一个全球性的行业,没有顶尖的研发能力和制造能力,就拿不到全球效益。2008年,全球金融危机让均胜电子的合作伙伴德国普瑞陷入困境,并最终挂牌出售,均胜电子因此获得与德国普瑞联手,和各国竞争对手正面交锋的机会。

位于德国巴特诺伊施塔特的普瑞公司创立于1919年,以无线电和电子元器件起家。进入21世纪后,它逐步成长为一家拥有多项自主技术专利和稳定客户群体的汽车中控平台制造商。"并购让我们看到了技术上的差距。"回忆首次参观普瑞高度智能化车间,董事长王剑峰内心十分感慨。"给你们20亿元和10年时间,能造出这样一个工厂吗?"他深知,拥有如此先进制造能力的普瑞将会为均胜带来革命性的改变。2011年4月,均胜电子几乎倾其所有,正式收购年营业收入3亿多欧元的德国普瑞。

此后10年间,均胜电子又接连出手,先后并购了德国TechniSat汽车业务、瑞典ePower公司、美国主被动安全技术供应商KSS以及高田公司优质资产……如今的均胜电子已坐拥四大板块——人车交互系统(智能座舱)、新能源汽车电子、汽车安全系统、智能车联业务。其中人车交互系统和新能源汽车电子两大板块都以普瑞为支撑。拥有中国血统的普瑞也一路高歌猛进。10年间,年销售收入从完成并购当年的3.6亿欧元增加至15亿欧元。

信任——从磨合到尊重,让协同效应最大化

跨国并购最大的挑战是建立彼此信任。"并购前三年,最艰难。"蔡正欣说,从文化基因上看,德国人凡事善于计划,这与中国企业习惯于灵活适应变化存在很大的差异。他举例说,早在2013年,均胜电子就决定进军新能源汽车电池管理系统(BMS),当时德方心存疑虑,觉得"电动汽车市场太过前瞻,此举有些冒险"。最终,经过双方的有效沟通,均胜电子的BMS产品才能频频出现在宝马、大众和保时捷等主流汽车品牌的电动车型上。

定期报告中方管理层长期战略规划,打消被并购企业的疑惑;通过股东大会和各类交流会,消除双方有关疑虑;建立海外定期培训和激励机制……10年来,为了缩小东西方文化与管理理念上的差异,均胜花了不少力气,磨合中形成的中德协同工作方式让并购预期效应得到了最大化的发挥。通过海外并购,均胜电子的全球化步伐随之加快,在中国的产品、技术和管理也实现了跨越式发展。"我们生产线的自动化水平及工厂生产管理水平,加快了3~5年。"普瑞中国总裁奚晓华说。2021年第一季度,普瑞中国市场实现开门红,新获订单近30亿元。其中全球电动车业务订单的销售和研发将全部由中国团队完成。

共融——并驾齐驱,拥抱汽车智能化电动化

并购让均胜不仅迈过了技术升级的门槛,更跨越了漫长的技术积累期,大踏步进入全球汽车供应链的核心位置。"'1+1>2'双赢的背后,离不开持之以恒的创新。"均胜电子首席财务官李俊彧说。多年来,均胜电子的研发投入一直保持在总营业收入的6%左右。即使在2020年，其研发投入仍超过32亿元，投入比达6.7%。目前，均胜电子在亚洲、欧洲和美洲都设有主要研发中心，工程技术和研发人员约5300人，在全球拥有专利超5000项。面对汽车行业智能化电动化浪潮，均胜选择主动拥抱智能网联和新能源两大板块。目前，均胜电子在积极筹备新的前瞻研究院，主导公司未来在智能座舱和新能源汽车电控方面的产品研发方向。与此同时，普瑞也启动了"智能汽车电子产品产能扩建项目"，为持续发展提供研发力量和产能支撑。"创新是企业不断进取的动力之源，希望创新的基因能够驱使均胜和普瑞不断向更高的目标发起冲击，共同迎接下一个辉煌的十年。"王剑峰说。

(资料来源：澎湃，https://m.thepaper.cn.)

问题分析： 结合案例，尝试用经济学理论分析10年间海外并购如何助力宁波均胜电子的战略发展？

第二节 企业并购运作

课前思考

并购流程有哪些？目标企业的估值方法有哪些？并购时的支付方式有哪些？

课前案例

并购价值

阿里巴巴收购了300多家大大小小的企业，如优酷、高德，都被它拿下。腾讯则更激进，收购了500多家企业，包括美国的暴雪、新加坡的LevelUp等著名的企业。就更不要说市场上滴滴和快的的并购案，携程收购了去哪儿，等等。那为什么市场上会存在那么多的兼并收购行为，企业不好好地搞经营，为什么要去折腾兼并收购这件事呢？其实，兼并收购和发行承销一样，也是帮助企业创造价值的。投资银行在发行承销的过程中就像婚姻中介一样，要帮好的企业找到好的"婆家"。其实兼并收购市场也有点像婚姻市场，只不过这个市场有点不一样，它是"再婚"市场，它的目的是通过资产的重组来提高效率，实现价值。兼并收购一共有四种创造价值的模式，具体内容如下。

一是规模和协同效应。简单地说，就是如果企业太小、太分散、各自为政、市场分割，将不利于业务的协同和行业的标准化，这样就会产生成本过高，效率过低的现象。这个时候，如果有兼并收购，就会大幅地提高效率。世界第一次大规模的兼并收购是在19世纪的美国，当时美国铁路行业兴起，全国有6000多家大大小小的铁路公司，而且这6000多家公司各自为政，有时候会发现，在一条不长的铁路上居然有好几家公司在运营，铁轨的尺寸都不一样，铁路的票价也很混乱。所以，当时整个美国铁路的运营效率非常低，美国最大的银行家，也就是我们前文提到的投资银行家的鼻祖J.P.摩根，他发现了这个情况。这里面其实有一个可以提高效率的机会，就是把这些铁路公司全部兼并整合起来，所以当时他就联合美国最有钱的富翁范德比尔特开始做这件事。具体怎么做呢？就是大鱼吃小鱼，小鱼吃虾米，把大大小小的铁路公司合并，把铁轨的标准也统一，然后派专人进入各个公司的董事会，加强管理，进行一系列的资产重组。据说，当时大概有 1/3 的铁路公司都加入了 J. P. 摩根和范德比尔特兼并收购的体系。自此之后，美国整个铁路系统的面貌焕然一新，变得非常高效。因此，这是一个关于兼并收购能够产生协同效应、规模效应的经典案例。其实，不单单是美国的铁路系统，那些你耳熟能详的美国巨头企业，像美国钢铁公司、通用电气公司、美国电话电报公司，其实都是通过兼并收购而来的，然后在这个兼并收购的基础上产生了规模和协同效应。

二是分散风险，多元化经营。一个企业如果业务很单一，它可能就会受行业是否景气的影响，这时候，你如果把自己的业务拓展到其他领域，就可以规避这种周期性的风险。这种类型的兼并收购，最开始出现在 20 世纪 60 年代。当时，有一个著名的理论，叫作风险分散理论，就是不要把鸡蛋放在一个篮子里，这个策略本来是运用在股票投资上，后来投资银行家认为，这个理论完全可以复制到企业上，是个巨大的商机。于是，像摩根和高盛这种投资银行，就开始四处撮合企业搞多元化经营。其中，一种是纵向性的，比如，房地产企业，可以并购上下游的家具企业和装修企业，这样不仅可以产生协同效应，而且能够分散风险。另外一种是混合性的，比如，你是做烟草生意的，可以跨界做健康食品行业，这样既拓展了业务范围，又提高了企业声望。而且重要的是，当你经营不同的行业以后，各行业之间可以互相补充，这样，企业的风险就降低了。

三是专业化瘦身。虽然多元化经营有很多优点，但如果多元化经营过度，它也会产生很多缺点。因为企业扩大了，不同的行业聚在一起，管理上的难度就增加了，机构就变得臃肿，协同效应不仅不能实现，而且会有副作用。因此，到了 20 世纪七八十年代，人们就发现，这种多元化经营过时了，于是就开始了新一轮的兼并收购，称为"专业化瘦身"。专业化瘦身就是把那些自己不擅长的业务、非核心的业务，不太好管理的业务都分给别人管理。现在中国证监会在审核企业上市时，要求企业要突出主营业务，其实这个原理就是"专业化瘦身"的原理。通过"专业化瘦身"以后，企业的效率也能大幅提高，因此七八十年代以后就掀起了一轮专业化瘦身、突出主营业务、增强企业核心竞争力兼并收购的浪潮。

四是强强联合。这有点像门当户对的婚姻，也就是说，你是一个很好的企业，我也是一个很好的企业，但是我们的特性、特质不一样，我们的资源放在一起，可能有很强的互补作用，甚至可能产生化学作用，让我们彼此变得更强，从而开拓更大的市场，达到 1+1>2 的效果。20 世纪末，有一个 1000 多亿美元的世纪并购案，美国在线收购了时代华纳。当时，美国在线的线上资源特别好，时代华纳的线下资源特别好，所以当它们两个强强联合以后，就产生了无限的可能，创造了更大的盈利空间。这个并购案，在当时产生了很大的反响。这种模式，直到现在也非常流行。阿里巴巴收购高鑫零售，就是采取的这种模式。阿里巴巴有很好的线上零售资源，高鑫零售有很强的线下零售网点，那么它们一旦联合起来，就实现了马云一直在说的新零售。所谓新零售就是线上、线下相结合，开拓新的市场，这个市场是一个空间和前景都非常大的市场，这样的例子还有很多。亚马逊为什么收购全食超市，腾讯为什么收购永辉超市呢？背后的逻辑都是一样的，线上资源和线下资源的强强联合，把新零售这个巨大的潜在市场的潜力给挖掘出来。

投资银行始终推动着兼并收购的发展。兼并收购通过四种模式，满足企业与市场的需求，继而创造价值。我们也发现，在兼并收购的背后，这种创造价值的方式也经过了一段时间的变化，发展到今天，强强联合这种模式变得越来越普及。最后还要强调一下，兼并收购这种业务模式是投资银行创造出来的。在兼并收购的过程中，投资银行的作用也是非常重要的。首先，它能发现价值创造的机会，所以这就要求投资银行有很好的战略眼光。其次，发现了这个机会以后，还要有很好的资源去整合和推动，这些资源包括人脉资源、良好的沟通和协调技巧，以及资金资源。最后，还需要有各种专业知识。随着金融市场的发展，金融方面的专业知识将会变得越来越重要，并且覆盖了很多方面。比如，在合并的过程中，双方的资产评估怎么做，不仅要有会计、审计和法律方面的知识，而且因为现在的兼并收购经常是跨国的，所以投资者还要有国际监管方面的知识，又因为涉及不同的行业，所以对这些行业还要有很多真正的理解。回顾兼并收购的发展历程，投资银行不仅发明创造了各种兼并收购的模式，而且推动了整个兼并收购业务的发展。

(资料来源：作者根据多本教材资料汇编整理而成.)

问题分析：结合案例，尝试用经济学理论分析并购的四个价值，并阐释投资银行在并购价值实现中的作用。

一、企业并购运作流程

企业并购运作流程包括制订并购计划、企业并购尽职调查、对目标企业进行价值评估、与出让方沟通与谈判、并购实施与并购后整合等运作流程。具体内容如下。

(1) 制订并购计划。①并购必要性与可行性分析。公司需根据自身的资产经营状况、未来发展战略、当前经济与行业状况、市场规模与机会等正确分析并购)、搜寻并购企业(搜集信息寻找潜在并购目标，并购决策制定后通过多渠道搜寻潜在目标企业的信息，包括潜在并购目标业务的经营范围、财务状况、经营业绩、管理水平、股票交易状况及税收法律等；信息资料的主要来源有行业协会企业目录、商业出版物、某些咨询机构建立的专业数据库、行业期刊、目标企业的产品宣传手册与网站。②选择与筛选目标企业。投资银行要协助并购方对可供选择的目标进行分析比较，初步制定筛选目标标准，即考虑目标企业业务、财务、规模等是否符合并购企业的战略发展。业务因素主要考虑并购企业的并购动机。如意在扩大市场份额，则目标企业业务需要与并购企业业务紧密相连。财务方面的规范性能反映目标企业的现实状况，包括目标企业的资金实力、融资渠道与资金成本的各项财务指标。规模方面会影响并购难度与并购时间等。此外，筛选目标企业还要考虑企业产品类别、地理位置、市场地位与技术水平等。③制定并购方案。投资银行辅助并购方设计并购方案，对并购标的、交易规模、并购方式、选择支付工具及相应融资方案、会计、税收、法律等作出安排。并购标的包括资产与股权。交易规模要考虑并购方的支付能力、管理层经验、企业风险承担能力等。确定交易规模的上限。选择并购支付手段时，需要考虑企业并购前后的资本结构、企业资金情况、成本差异与税收、企业控制因素、并购企业市场估值等。

(2) 企业并购尽职调查。制订并购计划与成立项目小组后，须聘请资产评估机构、会计师事务所等中介机构协助对目标企业进行尽职调查，以审查前期所获取信息的真实程度并尽可能发现潜在的问题，具体内容如表3-1所示。

表 3-1　企业并购中的尽职调查内容清单

调查对象	具体内容
企业基本情况、发展历史与结构	法定注册登记情况、股权结构、下属公司、重大的收购及出售资产时间、经营范围
企业人力资源	管理架构(部门及人员)、董事及高级管理人员的简历、薪酬及奖励安排、员工的工资及整体薪酬架构、员工招聘及培训情况、退休金安排
市场营销及客户资源	产品及服务、重要商业合同、市场结构、营销渠道、销售条款、销售流程、定价政策、信用额度管理、市场推广及销售策略、促销活动、售后服务、客户构成及忠诚度
企业资源与客户资源	加工厂、生产设备及使用效率、研究及开发项目、采购策略、采购渠道、供应商、重大商业合同
经营业绩	会计政策、历年审计意见、三年的经营业绩、营业额及毛利详尽分析、三年的经营及管理费用分析、三年的非经常性项目及异常项目分析、各分支机构对整体业绩的贡献水平分析
企业主营业务行业分析	行业现状及发展前景、经营环境和经营风险、企业在该行业中的地位及影响
企业财务情况	三年的资产负债表分析、资产投保情况分析、外币资产及负债、历年财务报表的审计师及审计意见、最近三年的财务预算及执行情况、固定资产、或有项目(资产、负债、收入、损失)、无形资产(专利、商标、其他知识产权)情况
利润预测	未来两年的利润预测、预测的假设前提、预测的数据基础、本年预算的执行情况
现金流量预测	资金信贷额度、贷款需要、借款条款
企业债权与债务	(1)债权：债权基本情况明细、债权有无担保及担保情况、债权期限、债权是否提起诉讼； (2)债务：债务基本情况明细、债务有无担保及担保情况、债务抵押情况、债务质押情况、债务期限、债务是否提起诉讼
企业的不动产、重要动产与无形资产	土地权属、房产权属、车辆清单、专利权及专有技术等资产的抵押担保情况
企业涉诉事件	作为原告诉讼事件、作为被告涉诉事件
其他有关附注	企业股东、董事及主要管理者是否有违规情况，企业有无重大违法经营情况，上级部门对企业的重大影响事宜

(3) 对目标企业进行价值评估。①贴现现金流量法对目标企业估价的步骤包括预测未来自由现金流、股价贴现率或加权平均资本成本、计算现金流量现值、估计购买价格、进行贴现现金流量估值敏感性分析。②资产价值基础法。资产价值基础法的关键是选择合适的资产评估价值标准，其标准主要有账面价值、市场价值、清算价值三种。账面价值是指会计核算

中账面记载的资产价值。我国不少收购方以账面价值作为收购价格。账面价值取数方便，但其缺点是只考虑各种资产入账时的价值，脱离了现实市场价值。市场价值通常是将股票市场上与企业经营业绩相似的企业，最近的平均实际交易价格作为估算参照物，或以企业资产与其市值间关系为基础对企业估值，如著名的托宾Q模型，即企业市值与其资产重置成本的比率。清算价值是指在企业作为整体已丧失增值能力情况下的资产估价方法。对股东来说，公司清算价值是清算资产偿还债务后的剩余价值。③收益法。收益法是根据目标企业的收益与市盈率确定其价值的方法，也可称为市盈率模型。尤其适用于证券二级市场并购。但不同股价收益指标选择具有主观性。如我国股市建设不完善、投机性较强、股票市盈率普遍偏高、适当的市盈率标准难以取得，所以我国很难完全运用收益法对目标企业进行准确估价。对目标企业进行价值评估。其步骤如下。①检查、调整目标企业近期的利润业绩。②选择、计算目标企业估价收益指标。目标企业最后一年的税后利润；目标企业最近三年的税后利润的平均值；目标企业以并购企业同样的资本收益率计算的税后利润。③选择标准市盈率。在并购时点目标企业的市盈率、与目标企业具有可比性的企业的市盈率、目标企业所处行业的平均市盈率。④计算目标企业价值。目标企业价值为估价收益指标与标准市盈率的乘积。

(4) 与出让方沟通与谈判。确定并购目标后，项目小组在财务顾问、律师事务所等中介机构的协助下，与目标谈判。主要股东、上级主管部门、当地政府等就交易转让条件、价格、方式、程序、目的等进行沟通与谈判，并在达成初步共识的基础上签署转让意向性文件。企业并购定价策略包含三个方面。①确定收购企业可以接受的最高价格(兼并后产生的经济效益即每年税后净现金流入量，兼并后企业再造与技术改造需增加现金流出量，两者之差构成兼并引起的税后现金流量增加量，然后用净现值法计算兼并后企业价值。②确定被收购企业可以接受的最低价格(被收购企业现在或收购前的价格。一种假定是被收购企业停业清算以变卖所有资产可得到的价值即清算价值；另一种假定是被收购企业不被收购，继续经营下去，根据预期每年净现金流量计算总现值)。③并购成交价格是通过双方讨价还价、博弈谈判而形成的最终成交价格(影响最终成交价格的因素还有：市场进入速度、市场推广速度、企业核心竞争能力、市场占有率、企业并购后增加的现金流、企业并购后对自身原有股权回报率的影响、企业并购支付工具、企业并购所能产生的效益等)。

(5) 并购实施。①发出要约与签订并购协议。并购协议中应明确并购时间表、价格、支付工具、双方在并购期的权利与责任、对目标企业历史遗留问题的处理方法、中介机构费用等基本问题。②制定融资方案。投资银行在并购中可为并购企业制订融资计划，包括投资银行提供过桥贷款，其时间一般不超过6个月，一般由并购企业通过资产抵押向银行贷款，通常商业银行对贷款条件与额度都有严格规定；由投资银行代理发售次级信用债券，即高风险、高收益垃圾债券等。③选择并购支付方式。除符合法律规定外，主要取决于并购企业自身条件与目标企业状况。并购的支付方式有现金支付方式、股票支付方式、综合支付方式。单一支付方式都有其不可避免的局限性，因此把各种融资方式组合在一起就可以扬长避短。但使用综合支付方式也有一定的风险，有可能会因为各种融资方式搭配不当产生风险，因此投资银行采用综合方式进行支付时应慎重考虑。此外，并购中优先股方式最常见的形式是可转换优先股。可转换债券对目标企业股东有很大的吸引力，尤其是对不愿意冒风险的股东。现实中可转换债券方式并不常见，其主要原因是可转换债券本质上是推迟新股发行，其利率虽然低于一般债券,但只有在其高于目标企业普通股股息时,才能吸引目标企业的股东将股票转换成并购企业的可转换债券。

(6) 并购后整合。并购后整合是最终决定并购是否成功的重要步骤,股权转让只是名义上完成并购,但实质是并购完成需要有后续整合保障。其主要步骤如下。①资产整合。收购方保留核心资产出售非核心资产或亏损资产以减轻现金流压力。②业务整合。将目标公司业务整合具体分为独立保留、与收购方原有部门合并、出售或者关闭。③机构与人员整合。机构与人员整合与业务整合相联系,其中人力资源整合处理不当会造成目标公司优秀员工大批离职,影响企业长远发展。④文化整合。文化整合失当会造成很多并购失败。如德意志银行于1989年收购英国摩根建富集团后,由于德意志银行控制过严,摩根建富集团许多重要高管纷纷离去。瑞士联合银行收购华宝之后,并购主导方将自身企业文化延伸至被并购子公司,导致多位明星高管离职。

课中案例

平安证券收购方正证券

因债务问题严重,方正集团于2020年2月被北京市第一中级人民法院裁定重整,进入了重整程序。2021年4月30日,重整参与各方已签署重整投资协议,并向北京市第一中级人民法院提交了重整计划草案。据中国平安发布的《关于参与方正集团重整进展的公告》,其旗下的平安人寿与方正集团参与重整各方签署重整投资协议。中国平安授权平安人寿以370.3亿~507.5亿元对价受让新方正集团51.1%~70%的股权,重整完成后中国平安将控股新方正集团。

截至本次公告披露日,方正集团持有方正证券22.85亿股,占公司总股本的27.75%;方正集团一致行动人方正产控持有公司股份0.79亿股,占公司总股本的0.96%。双方合计持有公司股份23.64亿股,占公司总股本的28.71%。按照重组计划,平安人寿或其下属全资主体拟按照70%的比例受让新方正集团73%~100%的股份。根据中国证券业协会数据,截至2020年年底,平安证券的总资产和净资产分别是1879.92亿元和328.12亿元,在行业中分别排第14位和第17位。方正证券的总资产和净资产分别达1049.25亿元和387.15亿元,在行业中分别排第19位和第15位。合并后,无论是总资产规模还是净资产规模,均有望一跃成为国内十大券商。特别是在经济方面,截至2020年年底,方正证券经纪业务收入36.67亿元,业内排第12位,平安证券经纪业务收入36.6亿元,业内排第13位。两者合并后,经纪业务收入达到73.27亿元,业内排第3位,超过招商证券,仅次于中信证券和国泰君安。

据悉,平安证券拥有营业部及分公司80家,主要分布在广东、福建、江苏、浙江、上海等地区。值得一提的是,由于疫情的冲击,平安证券充分运用线上化能力为客户提供服务,全年线上日均获客量同比增长64.8%。相比之下,方正证券通过收购民族证券,营业部数量大幅提升,在营业网点和长期客源上都占据优势。截至2020年年底,方正证券业务网络包括347家营业部、25家分公司、6家境内外控股子公司和1家参股子公司,证券营业部数量跃居行业第2位。其中,超过一半的营业部位于湖南、浙江和广东。在信用业务方面,2020年有3家券商的融资融券业务利息收入超过50亿元,13家超过20亿元。其中,中信证券以65.44亿元位居行业第一;华泰证券、国泰君安分别以59.61亿元、58.38亿元居第二、第三位。平安证券与方正证券合并后,融资融券业务利息收入达到 35.85 亿元,超越海通证券,排第 8 位;投资银行业务上,整体业务收入达 20.78 亿元,也排第 8 位,超过光大证券。

(资料来源:21 世纪经济报道,https://news.qcc.com.)

问题分析: 依托案例分析平安证券收购方正证券的必要性。

二、企业并购效应分析

前文的案例告诉我们企业并购一共有四种创造价值的模式。并购创造价值的同时亦会产生协同效应与负面效应。

协同效应是指企业在生产、营销、管理的不同环节、不同阶段、不同方面共同利用同一资源而产生的整体效应。在并购方面具体是指并购后竞争力增强,导致净现金流量超过原两家公司预期现金流量之和,又或合并后公司业绩比两个公司独立存在时的预期业绩高。根据产生原因的不同,协同效应可具体分为管理协同效应、经营协同效应与财务协同效应。伊戈尔、安索夫最早提出协同效应理论,是指并购双方资产、能力等互补或协同,从而提高公司业绩并创造价值,即合并后公司整体业绩会大于合并前各自原有业绩的总和。效率理论是比较符合企业直观目标的并购后动机理论,这属于战略收购。一般由收购方董事会根据对自身业务的理解而发起的并购。其中,管理协同效应主要来自两个方面:其一是并购节约管理费用;其二是引起差别效率,即具有管理优势的公司兼并管理差的公司可取得 1+1>2 的效果。管理优势是综合优势,其包括品牌等系列内涵。管理协同并购中面临的最大风险在于管理融合,如果管理不能有效地融合就会导致并购失败,使得 1+1<2。经营协同效应是指并购后企业生产经营活动在经营效率上产生的效益,具体包括规模经济、范围经济、市场势力(并购后新公司市场份额提升,从而更能提高产品价格以获得垄断利润)、资源互补(公司通过合并更好地利用双方已有资源,如技术开发、市场营销等资源,从而使两个公司能力达到协调有效的利用)。财务协同效应是指通过并购在财务方面产生协同而给公司带来收益,具体包括财务资源互补与财务成本降低。财务资源互补的对象具体来说有两类企业:一类企业拥有大量超额现金但是缺少投资机会;另一类企业内部资金较少,但是有大量投资机会需要融资。这两类企业通过合并就有可能得到较低内部资金成本优势。财务成本降低是指并购后企业财务运作能力大于并购前两个企业财务运作能力之和,同时企业并购之后资本扩大、现金流改善、整体信用提升,这就使公司财务综合成本降低。

负面效应主要表现在四个方面。一是收购成本高。并购活动更多为目标公司创造价值。大多数情况下不会产生真正的协同效应,即目标公司股东价值提高主要是通过收购公司股东价值下降与转移来实现。二是难以准确地对目标企业进行估价与预测。管理层并购决策可能由于狂妄与盲目乐观对目标公司错误估价或对协同效应错误估计。三是整合难度大,组织、文化冲突可能断送并购成果,这主要是因为实现真正整合后,协同效应所要求的条件比较高。四是伴随不必要的附属繁杂业务,收购企业往往需要作出重大承诺并承担大量义务。

第三节 反收购、杠杆收购与管理层收购

课前思考

1. 什么是反收购？反收购的动因和措施有哪些？
2. 什么是杠杆收购，它有何特点以及如何进行杠杆收购？
3. 什么是管理层收购，它有什么特点以及管理层收购采取什么样的方式和程序？

一、反收购措施的动因及措施

收购分为善意收购与恶意收购，恶意收购通常会导致反收购。反收购措施是指目标公司管理层为防止公司控制权转移而采取旨在防止或延迟被恶意收购的措施。反收购措施的动因包括以下八个方面。

一是控制权存在价值。公司控制权是有价值的，能为持有者创造经济与社会价值。二是拥有价值的壳资源稀缺。壳资源控制者会采取各种措施对抗恶意收购者。三是目标公司价值被低估。为获得低估价值，目标公司管理层依据理性原则，在不考虑其他因素前提下就会作出反收购决策。四是创造更多的收购溢价。反收购行为实质上是向市场的敌意收购者展示自身处于供方角度的市场信息，迫使收购公司提高股票溢价以最终完成收购，从而为目标公司股东创造价值。五是避免短期行为。许多投机者利用收购行为进行相应的投机炒作。在收购目标公司后，收购方通过各种方式将目标公司分离、支解后，再将目标公司出售给其他投资者以获取高额投资回报后退出。这将给目标公司经营业务、企业文化、社会责任、公众形象与员工再就业带来恶劣影响，也就引出规避此行为的反收购措施。六是维护公司的长远发展。为避免公司战略中断甚至完全终止及浪费付出的成本资源以延续公司的长久发展，这就客观要求维护公司产权属性，以防止恶意收购公司行为。七是公司内部维护自身权益。公司相关利益关系体的权益影响，会促使目标公司管理层做出反收购的决策行为。八是其他方面动机。如政府行为因素、收购公司治理方式与目标公司发展不符、双方战略不符、文化冲突等各种因素都会促使管理层产生反收购决策动机进而实施相应的反收购行为。

反收购措施分为两大类：一类是预防收购者收购的事前措施，即预防性反收购；另一类是当收购出现时为阻止收购者收购成功的事后措施，即主动性反收购。

(1) 预防性反收购是指反收购行为发生在要约收购前，目标公司以各种形式防范后续可能出现的收购进攻。具体内容如下。

① 驱鲨剂又称豪猪条款，是指在发出收购要约前修改公司设立章程或做其他防御准备以使收购要约更困难的条款。两种主要"驱鲨剂"条款包括董事轮换制与超级多数条款。董事轮换制是指企业章程规定每年只换 1/3(或其他比例)的董事，这意味着即使收购者拥有绝对多数的股权，也难以获得目标企业董事会的控制权。这是对股价影响较小而又非常有利的反收购策略。超级多数条款是指企业章程规定企业合并需获得绝对多数股东的赞成票，且反收购条款的修改需要绝对多数股东同意才能生效。超级多数条款规定目标企业被收购必须取得

2/3 或 80%以上的投票权，有时甚至高达 90%以上。如果恶意收购者想要获得具有绝对多数的目标企业的控制权，那么通常需要持有目标企业很大比例的股权，这就增加了并购成本与并购难度。尽管这种反收购策略对股价有影响，但绝大多数条款仍被认为是一种温和的反收购策略。

② 鲨鱼观察者是指敌意收购盛行时由专业性公司或咨询机构专门从事观察与监视收购接管行动的早期动向。敌意收购袭击者被称为"鲨鱼"，而专业性公司或人士则被称为"鲨鱼观察者"。作为尽早防范、及时应对的反收购措施，上市公司会雇用或聘用这类"鲨鱼观察者"专门负责观察自己公司的股票交易情况与各主要股东持股变动情况，力图发现收购袭击以便及早应对。这个计划也称为"鲨鱼监视"计划。

③ 降落伞计划是指企业并购会导致目标企业管理人员与普通员工被解雇。为消除管理人员与员工的后顾之忧，同时也为了增大收购成本，目标企业被收购后会产生巨额现金支付，这令收购者望而却步，由此产生降落伞计划。降落伞计划分为金色降落伞、灰色降落伞与锡降落伞。金色降落伞是指目标公司董事会通过决议由公司董事与高层管理者及目标公司签订合同，并规定，当目标公司被并购接管，其董事及高层管理者被解雇时可一次性领到巨额退休金(解雇费)、股票选择权收入或额外津贴。灰色降落伞是指向下面级别的管理人员提供保证金以根据工龄长短领取数周至数月工资。锡降落伞是指目标公司一般员工若在公司被收购后两年内被解雇则可领取员工遣散费。

④ "毒丸"计划又称"股权摊薄反收购策略"，是指目标公司通过制订特定股份计划赋予不同股东以特定优先权利。一旦收购要约发出，则该特定优先权利行使可导致公司财务结构弱化或收购方部分股份投票权丧失。毒丸起源股东认股权证计划，其目的是提高收购方收购成本，拖延收购时间，使收购方在收购成功后如吞下毒丸一样遭受不利后果，从而放弃收购。它包括负债毒丸计划与人员毒丸计划。前者指目标公司在收购威胁下大量增加自身负债，以降低企业被收购的吸引力。后者的基本方法是公司绝大部分高级管理人员共同签署协议，在公司被以不公平价格收购且这些人中有人在收购后被降职或革职时，全部管理人员将集体辞职。企业管理层阵容越强大越精干实施策略效果越明显。当管理层价值对收购方无足轻重时，人员毒丸计划收效甚微。

⑤ 双重资本重组是指将企业股票按投票权划分为高级股票与低级股票两种，低级股票每股拥有一票投票权，高级股票每股拥有十票投票权，但其派发股息较低且市场流动性较差，低级股票则股息较高且市场流动性较好。高级股票可转换为低级股票。如果经过双重资本重组，企业管理层掌握了足够的高级股票，企业投票权就会发生转移。即使恶意收购者获得大量低级股票，也难以获得企业控制权。

⑥ 建立合理持股结构的关键是收购足量股权。为避免被收购应重视建立股权结构，合理持股结构是以反收购效果为参照标准。公司自我控股即公司发起组建人或其后继大股东为避免公司被他人收购，合计持股不少于公司总股本的51%，以确保对公司的绝对控股地位。交叉持股或相互持股即关联公司或关系友好公司间相互持有对方股权，其中一方被收购威胁而另一方伸出援手。其积极效果与上述自我控股类似，即将公司部分股份锁定在朋友股东手上，以增大收购者吸筹的难度与成本，同时在有关表态与投票表决中，朋友股东可支持公司的反收购行动。

⑦ 设置员工持股计划是指鼓励公司雇员购买本公司股票并建立员工持股信托组织计

划。在收购开始时员工股东对公司认同感高于一般股东，其所持股份更倾向于目标公司一方，因此不易被收购。

(2) 主动性反收购是指在敌意报价后企业面临被收购的境地时，采取增大收购方收购成本的临时补救策略，如美国电池巨头ESB反击加拿大公司INCO恶意收购、美标公司反抗百得公司恶意收购、新浪反击盛大恶意收购。具体策略如下。

① 白衣骑士策略是指恶意并购时，上市公司的友好人士或公司作为第三方出面解救目标公司，驱逐恶意收购者，以造成第三方与恶意收购者共同争购目标公司股权的局面。目标公司不仅可通过增加竞争者使买方提高并购价格，甚至可锁住期权给予白衣骑士优惠购买资产与股票的条件。锁定有两种不同的类型：股份锁定(同意白衣骑士购买目标公司股份或已授权但尚未发行的股份)、财产锁定(授予白衣骑士购买目标公司主要财产的选择权，或当签订恶意收购发生时即由后者将主要资产出售给前者)。这种反收购策略将引起收购竞争，有利于保护全体股东的利益。

② 焦土战术常用做法主要有售卖冠珠与虚胖战术。售卖冠珠也叫"摘除皇冠上的珍珠"。冠珠可能是某个子公司、分公司或某个部门，可能是某项资产或某项营业许可及业务，可能是技术秘密、专利权或关键人才，也可能是这些项目的组合。将冠珠售卖或抵押出去可消除收购诱因，粉碎收购者初衷，从而使收购者放弃收购计划，但会使目标公司本身失去价值而变为"焦土"。虚胖战术如购置大量闲置资产，该资产多半与经营无关或盈利能力差，令公司包袱沉重，资产质量下降，大量增加公司负债，恶化财务状况，加大经营风险或公司短时间内资产收益率大减。这会使公司从精干变得臃肿，从而失去原有的魅力，导致目标公司变成"焦土"，使买方望而却步。

③ 股份回购是指恶意收购时，目标公司或其董事监事通过大规模买回本公司发行在外的股份，来改变资本结构的防御方法，旨在保证不失去公司控制权。其基本形式有两种：目标公司将可用现金或公积金分配给股东以换回手中所持股票；公司通过发售债券用募得款项来购回股票。目标公司如果提出以比收购者价格更高的出价来收购其股票，迫使收购者也不得不提高其收购价格，则收购计划需要更多资金支持，从而导致其难度增加。

④ 帕克曼策略是取自20世纪80年代初期美国颇为流行的电子游戏，它是指公司在遭到收购袭击时不是被动防守而是以攻为守，以进为退，即反过来对收购者提出还盘而收购收购方公司，或者以出让本公司的部分利益，包括出让部分股权为条件，策动与公司关系密切的友邦公司出面收购收购方的股份，以达到围魏救赵的效果。帕克曼策略可以使实施此战术的目标公司处于进退自如的境地。"进"可使目标公司反过来收购袭击者，"守"可迫使袭击者返回保护自己的阵地而无力再向目标公司挑战，"退"因本公司拥有部分收购公司股权，即使最终被收购也能分享到部分收购公司的利益。帕克曼策略运用需具备一些条件：袭击者本身应是公众公司，否则谈不上收购袭击者本身的股份问题。袭击者本身存在被收购的可能性。帕克曼防御者即反击方需要较强的资金实力与外部融资能力，否则帕克曼防御运用风险就会过大。

⑤ 进行法律诉讼是指通过发现收购方在收购过程中存在的法律缺陷，因此提出司法诉讼，这是反收购战中常用的方式。目标公司提起诉讼法律依据主要有两种：反垄断法(部分收购可使收购方获得某行业垄断或接近垄断地位，目标公司可以此作为诉讼理由。其在市场经济国家占有非常重要的地位。如果敌意并购者对目标公司并购会造成某一行业经营高度集中，就很容易触犯反垄断法。因此，目标公司据相关反垄断法进行周密调查，掌握并购违法

事实并获取相关证据即可挫败敌意并购者)、证券法或证券交易法(如果是上市公司并购或被并购即会涉及上述法规。这些法律一般对证券交易与公司并购程度、强制性义务有规定,如对持股量、强制披露与报告、强制收购要约等)。

课中案例

案例一:

万科事件

宝能集团作为资本市场的一支新秀,自1992年成立以来,一直以保险业为发展主业,其法定代理人和唯一股东是董事长姚振华。宝能旗下的前海人寿公司和钜盛华公司作为宝能系的两大核心支柱和资本载体,借助我国对保险资本投资运作限制的放宽,开始频繁出没并举牌二级市场。万科企业股份有限公司是王石于1984年一手创办起来的房地产企业,经过发展壮大,不断积攒了好口碑,已然从我国首批上市的企业之一,一路晋升为我国房地产行业的龙头企业。2015年7月,宝能系通过万能险产品,在短期内快速获取了充沛的现金流,开始频繁活跃在二级市场。同年7月至11月,宝能系通过旗下两大核心资本前海人寿公司和钜盛华公司作为"扫路先锋",连续在二级市场举牌万科A股,其持股比例迅速增加至万科股份的20.008%,超过当时华润集团所持的股份(15.23%),一跃而成为万科集团的第一大股东。面对第一大股东易主的事实,万科董事长王石在一次万科内部讲话中不留情面地表示,万科不欢迎宝能这一"信用不够、能力不足,且存在短债长投,风险巨大"的投资人成为万科的第一大股东。

随后,2015年12月,宝能系通过第四次的举牌增持,所持万科股份随即上涨到24.26%。万科面对这一股权结构的变化,为抵抗外敌,立即宣布公司停牌,来筹划增发新股的事项。同日,中国证监会领导对处于舆论风暴中的宝万股权争夺战作出了公开表态,表示只要本次收购行为与反收购行为均合规合法,中国证监会便不会出面干预,予以制止。

而实际上,宝能于2015年12月18日成为万科第一大股东之日,万科便反应灵敏,迅速决断,不仅用公司停牌的方式来为反收购行为争取时间,还联络安邦保险集团让其加入股权争夺战之中,使得安邦保险迅速增持万科股约1.7亿股,占比高达7.01%。万科官网也公开作出回应,引导舆论导向,正面积极欢迎安邦保险集团成为万科的重要股东。安邦被业内公认为是为万科挺身而出的"白衣骑士",为万科争取到了一些主动权。随后的几个月,华润、恒大等多方参战,万科也一直没有放弃寻找自己的其他"白衣骑士",力图扭转局面。

2017年上半年,在深圳市地方政府的出面和支持下,华润和恒大先后将所持有的万科股份悉数转让给深圳地铁。具体情况为,2017年1月,华润将所持15.31%的股权悉数转让给深圳地铁;2017年6月,恒大集团又将其持有的14.07%的万科A股,共11.53亿股,转售给深圳地铁。至此,深圳地铁这一名副其实的"白衣骑士"便拥有万科集团29.8%的股权,稳登万科第一大股东的宝座,故宝能系的恶意收购意图未能得逞。

(资料来源: 白纹娜. 论"毒丸计划"与我国反收购立法的完善[D]. 武汉: 华中师范大学, 2019.)

问题分析: 结合案例分析,在万科事件中,被收购方万科采取了哪些反收购策略?并延伸思考收购方宝能为何被诟病为"门外的野蛮人",怎样的并购才能产生积极效应?

案例二：

反收购博弈"边界"："反制"与"控制"的一念之差

面对上市公司的收购与反收购，修改公司章程条款似乎成为一种不错的选择，其旨在通过自建"篱笆墙"来加固自身的护城河，防范"野蛮人"恶意收购上市公司控制权，维护公司正常生产运营及股票市场稳定，保护公司及投资者的合法权益。公司章程是上市公司的根本性文件，其关系到公司治理和公司控制权问题。公司章程中增设自治性规范是公司自治化的表现，其基本符合现行《公司法》的立法导向。但是，市场也屡屡出现部分上市公司涉嫌滥用"反收购条款"，引发对《公司法》《上市公司治理准则》等法规体系底线的突破，进而出现"内部人控制""不当限制股东权利"的质疑，导致高耸的"篱笆墙"衍化为大股东或管理层"私欲"的温床。针对关于"反收购措施与公司自治边界在何处"的争议，接下来就来谈谈反收购博弈中如何把握"反制"尺度，防范"越界"。

恶意收购如何"界定"？慈文传媒在修订公司章程的过程中，针对恶意收购新增的部分防御条款就引发了市场新的关注。首先是如何界定"恶意收购"。公司认为，没有经过董事会同意的收购属于恶意收购，公司股东大会可以在收购方回避的情况下以普通决议认定是否属于恶意收购，假如存在分歧，董事会有权直接认定是否属于恶意收购。值得一提的是，公司在拟修订的公司章程中还规定，即使股东大会未就恶意收购进行确认，也不影响公司董事会根据章程规定主动采取反收购措施。现行关于收购行为的法律规定主要聚焦于行为本身是否合法，并没有对行为是否恶意作出明确规范。因此，不同市场主体对恶意收购的理解并不相同。但立法最基本的指导思想和价值导向是公平公正，这是定义恶意收购的重要前提。假如股东大会未认定为恶意收购，但公司董事会依然可以采取反收购措施，是否存在股东权利"失衡"，是否会滋生"内部控制人"问题，是否有悖于公平公正的原则，值得进一步商榷。对此，在交易所对慈文传媒发出的关注函中，要求公司说明上述条款对"恶意收购"界定的法律或规则依据，包括是否违反公平原则、是否存在不当限制投资者依法买卖公司股票及行使股东权利的情形。

由此，我们可以看出监管机构的顾虑和担忧。皇台酒业也曾打算将"董事会决议作出的认定"作为判断是否构成恶意收购的最终依据等类似内容写入拟修订的公司章程中，但在市场各方的质疑和压力下，皇台酒业最终取消了相关修订。

限制权利、巨额补偿是否合理

21世纪经济报道记者注意到，除了"提前警示"外，部分上市公司在董事会、股东大会层面也设置了重重"关卡"。较为典型的做法是设置超级多数条款，包括规定相关议案应由股东大会出席会议的股东所持表决权的3/4通过，更有甚者将表决通过比例提高至4/5；亦有通过提高持股比例或设置持股期限等方式来限制股东行使提案权、提名权等权利。前文提到的皇台酒业，就曾在拟修订的公司章程中给提名非独立董事候选人的股东设限，要求其持股在365日以上，规定"在发生公司恶意收购的情况下，收购方及其一致行动人无权提名董事、监事候选人"，同时要求"股东大会审议恶意收购方及其一致行动人在提交相关议案时，应由股东大会以出席会议的股东所持表决权的3/4以上决议通过"。类似案例还有ST仁智等。在不少法律人士看来，上述条款很可能导致原大股东拥有"一票否决权"，而且"多层设卡"限制了投资者买卖公司股票以及行使股东权利，是典型的为了反收购而设计的"毒丸计划"。

除此之外，部分公司还设置"金色降落伞计划"，要求在公司被收购及董事和高级管理人员职务被解除时，将从公司一次性领取巨额补偿金，如规定职位年限内税前薪酬总额3~10倍的经济补偿标准，以此阻吓恶意收购行为。且不论公司制定的补偿方案支付标准的法律依据是否充分，单凭结合公司赋予董事会直接认定恶意收购，并可以主动采取反收购措施等相关行动，公司董事、监事和高级管理人员就可以获取巨额补偿，相较于收购本身，其难度系数要低得多，这是否存在利益输送，是否违反董事、监事和高级管理人员的忠实义务，是否侵害公司及全体股东利益，值得公众深思。

增加股东信披义务或影响"价值发现"

在一系列反收购措施中，"增设股东的披露义务，降低信息披露的股权比例"也是较为常见的方式。根据《证券法》(2019年修订)和《上市公司收购管理办法》的相关规定，持股比例达5%以上或每增加或者减少5%的股东，需履行强制性的报告和公告义务，具体包括信息披露义务人的姓名或名称、通信地址、注册资本、注册号码及代码、企业类型及经济性质、主要经营范围、经营期限、股权结构图、持股目的及资金来源、未来12个月增减持计划等。但为防范恶意收购，部分上市公司曾在修订公司章程时将上述权益变动信息披露的股权比例由5%降低至3%，这比规定的最低要求更加苛刻，变相增加了股东的披露义务。在投资者持股达到3%而不超过5%时，可能属于一般的财务性投资，并无收购意愿，或彼时虽有收购意愿，但达到5%以前，又决定放弃，上市公司要求收购人在持股比例达到3%时就要履行报告和公告义务，或存在增加投资人的信息披露成本、泄露商业秘密、阻碍正当的投资操作等问题。同时，3%的持股比例对上市公司现有控股股东和实际控制人大概率无法构成威胁和伤害，反而可能引发股票交易的异常波动，影响资本市场的价值发现和资源分配功能。

平衡"反制"与"自治"边界，规范市场化收购行为

这一系列案例的背后，折射出《公司法》的规定与章程自治，控股股东与中小投资者利益，以及管理层与股东等各方间的复杂关系。"野蛮人"横冲直撞带来的危害显而易见，但对外部投资者"反制"越界所引发的公司自治危机、"内部人控制"风险、中小股东权益受损等情形，更值得关注。事实上，据公开数据统计，2017—2020年，这4年时间里共有489家A股上市公司控制权发生变更，且呈现逐年增长的态势。但通过对比"主动易主"和"被动易主"的案例来看，外部投资人在增持过程中是否受到公司现有管理层的欢迎，与上市公司后续发展好坏并不存在明显的线性关系。在不少市场人士看来，收购本质是一种中性市场行为。一方面，收购方直接越过目标公司管理层，容易激化矛盾，触发管理层采取激进的反收购措施，影响公司稳定性。另一方面，收购在某种程度上可以增加对公司管理层的外部制衡，督促董事、监事和高级管理人员勤勉履职，提高公司规范运作和业绩水平。再者，收购行为也是资本市场"新陈代谢"的机制之一，可以为公司注入新鲜血液，淘汰落后的经营管理模式，提升资产配置效能。中国人民大学法学院教授刘俊海在接受采访时指出："目标公司管理层董事会过度保护的行为并不可取，由于没有外部非合意收购的压力，容易造成管理层懈怠，缺乏为股东创造价值、实现股东价值最大化的内在动力和外在压力，而公司也容易在这个过程中慢慢平庸化，丧失竞争力。"

部分股权较为分散的上市公司，筑起高耸的"篱笆墙"，是否真的能够将恶意收购挡在门外，公司章程中的各种限制条款是否具有法律效力，是否会滋生"内部人控制""大股东专权"等隐患，"篱笆墙"是否最终会沦为保护管理者私欲的"遮羞帘"，这些问题有待法律和市场的进一步检验。

从心所欲而不逾矩。在业内人士看来，不管是收购方还是被收购方，均需保持对法律和市场的足够敬畏，守好各自行为底线，不可随意越界踩线，更不能利用各自地位、资金优势恶意打压对方，同时也要合法合规地履行信息披露义务，充分提示相关风险，剩下的就交由市场去判断，相信投资者会作出理性的判断。

(资料来源：新浪财经，https://baijiahao.baidu.com.)

问题分析：结合系列案例，分析收购方与被收购方如何保持对法律与市场的敬畏，以及如何守好底线进行理性收购与被收购。

二、杠杆收购概述

杠杆收购是企业兼并的特殊形式，其实质是举债收购即收购方以目标公司资产作为抵押，运用财务杠杆加大负债比例，以用较少股本投入融得数倍资金，使其产生较高的盈利能力，再伺机出售的资本运作方式。资本运作的结果是原来收购方公司变成目标公司子公司，而收购方公司则获得目标公司的绝对控股权，例如，2002年科尔伯格组建KKR杠杆收购基金，并成功收购了加拿大黄页公司。其特点是具有特殊的资本结构，对投资银行具有依赖性，具有很强的投机性、高负债、高风险、高收益与杠杆收购融资体系(高级债务、夹层债券、股权资本)。具体内容如下。

杠杆收购资金主要来自外部融资，投资银行可充分利用信息优势广泛接触客户，了解并购信息，促成并购意向，帮助其制订并购计划及实施并购，监督或参与企业并购后的运营开展以助其实现投资变现。在操作过程中，投资银行等第三方通常要先安排过桥贷款作为短期融资，然后通过举债(借债或借钱)完成收购。商业银行参与杠杆收购融资的方式有三种：第一种是充任收购方一级贷款经办人。收购方与投资银行应寻找声誉卓越的商业银行担任经办人，借后者资信提高杠杆收购可信度与成功概率，从而使其他投资者有信心来参与投资；第二种是参与杠杆收购一级辛迪加贷款(银团贷款)。绝大多数超大规模杠杆收购下一级贷款经办银行为分散风险，会邀请其他商业银行组成银团共同提供贷款；第三种是购买其他银行转售的一级贷款。这是介入程度最浅、风险最低的杠杆收购参与方式。

杠杆收购的融资结构如图3-1所示。其一是优质债融资，占收购资金总量的50%~60%；其二为垃圾债券也称为夹层融资，占收购资金总量的20%~30%；其三为股权融资，占收购资金总量的10%~20%；其四为自有融资，占收购资金总量的10%。即收购方以10%的资金撬动90%资金进行收购，因此，称此收购为杠杆收购。

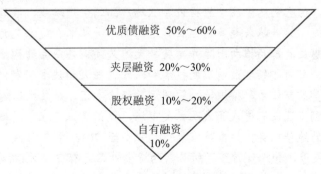

图3-1 杠杆收购融资结构

杠杆收购运作流程涵盖聘请投资银行作为财务顾问、进行先期收购、确定报价时间、资产评估、商定收购价格、确定自投资本、组织杠杆收购融资、进行现金流量分析和收购后事宜九个环节。具体内容如下。

聘请投资银行作为财务顾问有利于处理日后可能发生的诸多财务、融资、法律等问题。精细的现金流预测是成功的杠杆收购的必要前提。进行先期收购是指在杠杆收购尚未真正实施前应先收购公司股份。进行收购时任何参与收购的机构与个人都应注意保守机密以使泄密的可能性降到最低。确定报价时间，获得股权有利于收购方在目标公司董事会占有相应席位，有利于为下一步收购获取更多更全面的信息。资产评估是指对目标公司财务分析，关键在于确定是否拥有足够可抵资产来支持对其收购所需的资金，所运用指标包括资产账面价值、资产重置成本、清算价格等。商定收购价格是指目标公司董事会把清盘价格作为收购价格底线，最终成交价格超出底线多少取决于交易各方在谈判中的相对位置。确定自投资本是指融资方在明确收购资金后会迫使企业管理人员参与持股，以激发其忠诚度与干劲，使之尽力维护目标公司财务健康，从而保护融资方利益。组织杠杆收购融资是指并购交易时，以收购方资产作为抵押，向银行争取相当数量的贷款，等贷款成功后再使用目标企业资产做抵押，向银行申请新企业贷款。进行现金流量分析是指在债务与股东权益数量与比例初步确认后，需要分析是否作为被收购部门产品的未来现金流量，以确定债务本息能否按期偿还，而且还应在不同假设基础上进行利率敏感性分析。收购后事宜是指组织机构重组以便提高工作效率、改进工作技能与增加透明度。

课后案例

案例一：

艾派克收购利盟集团

珠海艾派克微电子有限公司(以下简称"艾派克")成立于2004年，2014年以约28亿元借壳万利达在深圳证券交易所中小板上市，是国内打印机芯片耗材市场上的龙头企业。自2014年完成借壳上市以来，艾派克不断巩固自己在通用打印机芯片耗材领域的地位，同时还通过并购重组的方式完善企业产业链布局，致力于发展成全球领先的提供商。自1991年脱离IBM后，利盟国际于纽约证券交易所上市，是全球五大激光打印机厂商之一。主营业务包括打印设备，打印耗材和研究、开发、生产和销售打印核心部件。自2010年起，企业开始谋求转型，利盟开始收购软件公司，希望从硬件提供商转型为非结构化信息解决方案提供商。

艾派克通过之前企业的并购重组与整合，已经逐步成为国际市场上最大的兼容打印耗材和耗材部件供应商，但它仍然专注于原材料等低端产品的生产路线，很难在国际市场上占据份额。此外，在国内，随着越来越多的企业引进国际先进技术，艾派克的行业地位会随时受到威胁。因此，要想把其产品推向国际并发展壮大，必须调整产品结构，引进国际最先进的技术。而利盟正好拥有打印领域最前端的技术和人才、强大的技术研发、多样的创新。

此外，利盟质量控制体系严格规范，管理运营经验丰富，销售渠道遍布全球，占据着国际市场份额。然而利盟还没有进入亚太及拉美市场，凭借艾派克在中国雄厚的实力，将业务发展至亚太是利盟的绝佳机会。根据披露的信息，截至2016年3月底，艾派克的货币资金约为15.07亿元人民币，扣除日常经营所必需的资金外，只有7亿元(折合1.08亿美元)可作为现金出资，这与40.44亿美元收购利盟的对价存在不小的差距，因此，艾派克设计了一套复杂的并购流程。首先是调整架构,构建了多层 SPV 并且拟定了融资方式。为了获得资金,艾派克将第一层开曼子公司和利盟的资产作为质押且提供担保,拿到银团贷款,以获得 4.43 亿美元、11.4 亿美元的并购贷款,如图 3-2 所示,这是典型的"反三角杠杆收购"。但前文提到艾派克自有资金只有 1.08 亿美元,也就是说在出资总额为 11.9 亿美元中有 10.82 亿美元都是通过借贷得来的。这笔资金主要来源于其实际控股股东塞纳科技,其中来自股东账面资金实际只有 2.94 亿美元,剩下近 7.88 亿美元的差距,赛纳科技通过"质押艾派克股权+EB(可交换债)"的融资方式,向艾派克提供借款。严格意义上艾派克仅通过 1 亿美元的自有资金,最终总耗资 40.44 亿美元收购利盟,其所担负的杠杆比例高达 1∶39。

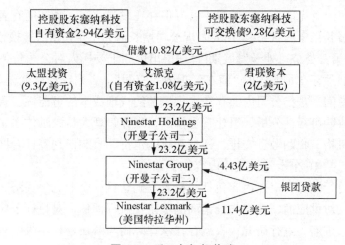

图 3-2 反三角杠杆收购

(资料来源:陈婕莹. 杠杆收购与并购融资的方法研究——以艾派克收购利盟为例[J]. 商场现代化,2019(24): 117-118.)

问题分析: 结合案例,分析艾派克如何筹集并购重组资金?

三、管理层收购概述

管理层收购是指公司经理层利用借贷所融资本或股权交易收购公司的行为,引起公司所有权、控制权、剩余索取权与资产等变化,以改变公司所有制结构。通过收购使企业经营者变成企业所有者。管理层收购是杠杆收购的特殊形式,杠杆收购主体有三种:一是战略投资人(收购公司从公司整体战略出发为其业务发展的总体布局);二是金融投资人(包括创业投资人,收购公司的目的是通过整合卖出获取差价收益);三是公司管理层(收购所在公司以达到控制公司从而解决其内在激励问题的目的)。当收购主体是公司管理层时,杠杆收购就会变成管理层收购。其特点是:主要投资者是目标公司经理与管理人员;通过借贷融资完成管理层收购;通常发生在拥有稳定现金流的成熟行业。管理层收购主要投资者是目标公司经理与管理人员,他们对公司非常了解并有很强的经营管理能力。其主要是通过借贷融资来完成,财务由优先债(先偿债务)、次级债(后偿债务)与股权三者构成。目标公司存在潜在管理效率提升空间。管理层收购属于杠杆收购,必须首先进行债务融资,然后用被收购企业的现金流量来偿还债务。成熟企业一般现金流量比较稳定,因此有利于收购顺利实施。

管理层收购的主要方式有资产收购、股票收购与综合证券收购。资产收购是指管理层收购目标公司大部分或全部资产以实现对目标公司所有权与业务经营控制权。资产收购的操作方式适用于收购对象为上市公司、大集团分离出来的子公司或分支机构、公营部门或公司。股票收购是指管理层从目标公司股东处直接购买控股权益或全部股票。综合证券收购是指收购主体对目标公司提出收购要约时,其出价有现金、股票、公司债券、认股权证、可转换债券等多种形式的组合。管理层若在收购目标公司时能够采用综合证券收购,既可避免支付更多现金造成新组建公司财务状况恶化,又可防止控股权转移。此外,收购公司还可以通过发行无表决权优先股来支付价款。优先股虽在股利方面享有优先权但不影响原股东对公司的控制权,这是其突出特点。管理层收购目标公司的选择有三类:第一类管理体系不良(代理成本高、委托人对公司经营无能为力、前景不看好但存在发展空间、资产所有者愿意资产转让);第二类公司处于极其稳定的状态(委托人发现公司增长潜力不足,意欲转换投资去向,将现有资产进行转让);第三类公司处于发展期(管理层出价高于委托人对公司价值的评价。从买方角度看目标公司必须存在足够大的"潜在经理效率空间",否则经理层就无意愿收购)。其中,"潜在经理效率空间"是指公司内部存在大规模节约代理成本的可能性。管理层收购的一般程序包含管理层收购可行性分析、组建管理团队、设计管理人员激励体系、设立收购主体壳公司、选聘中介机构、收购融资安排、评估和收购定价、收购谈判签订合同、收购合同的履行与发布收购公告共10个步骤。具体内容如下:

　　管理层收购可行性分析重点内容包括:检查与确认目标企业竞争优势、现在及未来的财务与现金流情况;对供应商、客户与分销商的稳定性进行评估,对目标公司现存经营管理与制度上的问题及改进潜力进行研究;收购存在法律障碍与解决途径,收购有关税收事项及安排;员工及养老金问题、公司股东权益增长与管理层利益回报等。组建管理团队,以目标公司现有管理人员为基础,由各职能部门高级管理人员与职员组成收购管理团队。设计管理人员激励体系的核心思想是通过股权认购、股票期权或权证等形式,向管理人员提供基于股票价格的激励报酬,使管理人员成为公司所有者与经营者,其收入及权益与公司盈亏直接挂钩,能够得到基于利润等经营目标的股东报酬,从而充分发挥其管理才能与敬业精神。设立收购主体壳公司也称为虚拟公司或纸上公司,作为拟收购目标公司主体。壳公司资本结构是过渡贷款加自有资金。设立新公司的原因是管理层作为自然人要实现对目标企业资产收购,只有借助于法人形式才能实现。选聘中介机构是指管理团队应根据收购目标公司规模、特点以及收购工作复杂程度,选聘专业中介机构,如投资银行、律师事务所、会计师事务所和评估事务所等机构。这类机构不仅能指导业务操作提高并购成功率,而且能为后续融资提供支持,如投资银行还可提供过渡贷款融资。收购融资安排是指管理层收购的操作过程中,管理层只付出收购价格中很小的一部分,其他资金由债务融资筹措。评估和收购定价根据目标公司盈利水平评价,或按照目标公司账面资产价值评价。管理团队在确定收购价格时要充分考虑以下因素:建立在公司资产评估基础上的各价值因素(固定资产、流动资产的价值;土地使用价值;企业无形资产价值;企业改造后的预期价值;被转让的债权、债务;离退休职工的退休养老、医疗保险和富余人员安置费用等)与外部买主的激烈竞争因素(把握和利用与原公司决策者的感情因素和公司内幕消息,以争取竞争条件下最可能的价格优惠)。收购谈判签订合同主要内容包括收购双方名称、住所、法定代表人、收购价格与折算标准,被收购目标公司债权、债务及各类资产的处理方式与被收购目标公司的人员安置及福利待遇等。收购合同的履行是指收购集团按照收购目标或合同约定完成收购目标公司所有资产或购买目标公司所有在外发行的股票，使其转为非上市公司。发布收购公告是指把收购事实公布于社会，可以在公开的报纸和杂志上刊登，也可由有关机构发布使社会各方面知道收购事实并开始调整与之相关的业务。

最后，西方经典管理层收购理论是委托—代理理论。该理论认为在公司所有权与经营权相互分离的情况下，由于经理人员个人私利与道德风险客观存在，经理人员个人目标与企业目标不一致，于是经理人员就会利用制度设计信息不对称缺陷谋取个人私利，这就是所谓的机会主义行为。经理人员机会主义行为与股东利益背道而驰，或者说经理人员是在损害股东利益(公司价值)的基础上实现其个人福利，股东利益受损是"代理成本"。理论和实践表明只要现代公司制度下委托代理模式维持不变，代理成本就不可能完全消除。只有当所有者与经营者合二为一时，代理成本才会消失，而管理层收购恰好是有效途径。

课后案例

案例二：

新浪管理层收购案

一、案例背景

新浪公司是覆盖全球华人社区的全球最大中文门户网站。2012年11月，新浪注册用户已突破4亿人次。在国内互联网公司股权结构与管理层的关系上，大部分公司创始人持有比较高的股份，股东对管理层充分授权，管理层可以安心地对公司进行长期的规划，如腾讯、搜狐等。但是，新浪却是一个例外，机构投资者对新浪相对控股，缺乏真正具有控制力的大股东。在近十年的发展过程中，王志东出局、阳光卫视换股、盛大恶意收购、新浪CEO不断易人等事件都与新浪股权分散有直接的关系。由于管理层话语权较少，尽管凭借着其领先的技术和优质的服务，能够在互联网领域处于领先地位，但股权分散，无法制定长期的经营规划是困扰新浪进一步发展的重要制约因素。这一缺憾在2009年9月28日新浪宣布以CEO曹国伟为首的管理层通过管理层收购，成为新浪第一大股东而结束。

二、交易流程

2009年新浪发布收购公告，宣布包括总经理曹国伟在内的管理层，将购入560万股新浪普通股，总价约为1.8亿美元，收购后管理层会成为新浪的第一大股东，这一交易成为中国互联网行业首例管理层收购。根据收购方案，新浪管理团队将通过"新浪投资控股"完成此次管理层收购。新浪向"新浪投资控股"定向增发约560万股普通股，总股本将从5394万股增加到约5954万股，收购总额约为1.8亿美元。增发结束之后，"新浪投资控股"占新浪总股本约9.4%，成为新浪第一大股东，并相对控股。根据美国证监会的规定，单一机构或个人投资者在上市公司中的持股比例不得超过10%。"新浪投资控股"的9.4%股权加上原来新浪董事会与管理层持有的2.19%的股权，总计超过了10%，相对而言管理层的控股地位比较稳固。

三、MBO融资渠道

MBO成功的关键之一是解决收购资金来源问题。由于管理层的个人财富有限，一般采用杠杆收购的方式。收购融资需要在信托融资、赠送、借贷、分期付款等方式中选取合适的手段和组合。此次收购中收购资金 1.8 亿美元的来源包括管理层的个人财富、银行贷款和私募股权基金：包括曹国伟在内的新浪六人管理团队出资 5000 万美元；美林证券提供 5800 万美元贷款；三家私募基金出资 7500 万美元。曹国伟精心设计了一个 MBO 方案。首先，在英属维尔金群岛注册成立"新浪投资控股"，作为杠杆以法人的名义展开收购活动。其次，新浪的管理团队作为"新浪投资控股"的普通股股东，优先股股东包括中信资本、红杉中国及方源资本三家私募股权基金。新浪管理层有权任命四位董事，以上三家私募基金有权指派一位董事加入"新浪投资控股"的董事会，新浪管理层占有董事会的多数席位，并对"新浪投资控股"拥有控制权。然后，新浪向"新浪投资控股"定向增发约 560 万股普通股，作价 1.8 亿美元。增发结束后，"新浪投资控股"占总股本约 9.4%，成为新浪第一大股东。

四、MBO 定价

定价是目前收购过程中最敏感的问题。其中关键环节是收购价格与股票市场价格之间的比例关系。由于作为收购者的管理层，决定企业的日常经营与决策，在一定程度上会影响收购价格的确定。此次收购中，新浪管理层以每股 32.14 美元的价格买入 560 万股普通股，这一价格相比上一交易日的收盘价 35.25 美元，大约打 8.8 折。管理层增持的股价基本遵照了国际惯例，采用了批发价格。

五、收购前后的业绩

根据新浪 2007—2011 年会计年度报告的数据，分析比较营业收入、营业利润、ROA、ROE 等指标，新浪的收入在逐年增加，营业利润在 2010 年有所增加，但 2011 年出现亏损。分析后得知企业亏损原因在于：受到了投资中国房产信息集团和麦考林亏损的拖累。除去投资亏损，新浪本身的业绩增长稳定。另外，企业的负债率一直保持在 24%左右的较低水平。可以看到，新浪 MBO 之后的市场反应是积极的。MBO 的实施有助于新浪的长期战略规划和管理层的经营决策行为，较好地解决了新浪过于分散的股权问题。

(资料来源：立信会计出版社，https://www.lixinaph.com.)

问题分析：依托案例，尝试用经济学理论来分析新浪公司管理层收购的路径。

第四节　金融科技在企业并购中的应用

课前思考

金融科技在投资银行并购业务场景中如何应用？如何理解金融科技的哲学基础与科技为民要义？

知识窗

知识窗一：

年内 A 股并购案件已达 1531 起，五行业并购紧扣"科技创新"大主题

并购重组作为企业提高资源配置效率、增强产业协同的重要工具，在资本市场一直保持着颇高的活跃度。《证券日报》记者据同花顺 iFinD 数据统计，按首次公告日并剔除交易失

败案例来看，2021年1月1日至8月23日，A股市场共发生1531起公司并购事件，较上年同期的1238起增长23.67%。

聚焦战略性新兴产业

若从行业角度剖析，在这1531起公司并购事件中，医药生物、化工、机械设备、电子及计算机五大行业的并购事件数量位居前五，分别为174起、150起、135起、105起及92起，合计占总数的42.85%。东北证券首席策略分析师邓利军对《证券日报》记者表示，上述五大行业之所以成为A股并购重组的高发区，主要动因有两个：一是行业内落后产能加速出清，从而提高行业集中度；二是企业通过对新技术和新产品的并购，形成新的发展动力，布局全产业链，建立起较强的产业整合能力，通过收购整合来扩充产品范围、揽入优秀人才和提高市场份额，进而充分发挥协同作用。

邓利军认为，上述五个领域企业并购重组的背后动因，其实也与"十四五"期间强调的科技创新等内容一致。即通过并购重组获得协同效应，进而对全产业链进行布局，寻找新的核心增长点、创新点，增加对核心技术的研发投入进而获得创新驱动力等，这与"十四五"期间提出的全社会研发经费投入年均增长7%以上、基础研究经费投入占研发经费投入的比重提高到8%以上、战略性新兴产业增加值占GDP的比重超过17%等目标不谋而合。基于此，预计后续资本市场中的并购重组，大部分也将沿着"加强关键核心技术攻关"的方向开展。

(资料来源：未来智库，https://baijiahao.baidu.com.)

知识窗二：

张立超表示，上述领域是国家"十四五"期间重点发展的领域，与"十四五"规划纲要强调的强化科技力量、优化科技资源配置、加速科技创新的战略方向一脉相承。同时，在新发展格局下，并购重组也有助于加快推动新一代信息技术、生物医药、智能制造、新型材料制造、电子制造等新兴产业与现有产业融合发展，构建"互联网+""5G+"等融合创新模式，推动国家科技创新的整体进程。资本市场无疑肩负着优化资源配置、促进产业升级与科技创新、助力实体经济高质量发展的重要使命。从这一角度来说，预计后续资本市场中的并购重组，尤其是国有控股上市公司的并购重组，将进一步聚焦战略性新兴产业。

(资料来源：未来智库，https://baijiahao.baidu.com.)

随着人工智能、区块链、云计算、大数据等技术不断落地，新型技术与金融业务融合程度加深，投资银行(证券经营机构)科技应用开始从聚焦于前端服务渠道互联网化到强调业务前台、中台、后台的全流程变革。然而，目前经营机构难以仅凭自主研发模式探索新兴技术在前、中、后台所有的融合方式，一方面全部自主研发会增加经营机构的投入负担，研发周期长；另一方面内部封闭式的整体解决方案还可能限制自身的发展速度和创新能力。投资银行如果能明确自身能力的范围，将需求分解成细小领域，在外部金融科技生态中寻求最符合自身技术标准的解决方案，扩大自身技术能力边界，才能为客户提供更好的金融服务。

课后案例

智能投研

智能投研渗透投研工作三大步骤。传统的人工投研流程可拆分为三个步骤：一是信息搜索(通过互联网和金融终端查找公司、相关行业、旗下产品的基本介绍、运营与财务数据、重要事件和监管变化等信息数据)；二是分析研究(对搜集的信息和数据进行逻辑推演、运算，对其中存在的逻辑关系与指标预测提炼出观点)；三是观点呈现(将观点输出为文字、图表的形式)。

智能投研通过对大数据、事件等客观信息的综合性、自动化处理和分析，对证券公司的研究人员、投资决策人员提供分析与决策的参考，节省人工搜索和操作的时间，提高工作效率和分析、投资能力。

智能投研在投研过程中的各个环节都能对专业人员提供助力，具体内容如下。

在信息搜索环节，智能搜索引擎可增强搜索过程中的联想功能，提供更为广泛、多维度的信息，快速展现被研究公司的全貌；智能资讯推送可及时提醒并帮助投研人员进行相关信息的补充和更新；非结构化数据提取则能够从多渠道自动抓取文字段落中的数据，并将其转化为结构化数据，便于后续的数据加工。

在分析研究环节，智能投研系统可自动根据搜集到的信息构建被研究个体的业务、融资、竞争关系网络，也可在数据模型中自动填充已知数据，进行因果推理运算，便于分析者发掘关联事件和影响因子。

快速从信息库中提取信息填入报告中，减少人工录入的时间，同时也能降低错误率。

(资料来源：未来智库，https://baijiahao.baidu.com)

问题分析：结合案例，分析金融科技在投资银行(券商)并购公司(目标公司)投研场景中的应用，并搜集更多券商在此类应用场景中对金融科技应用。

财商小剧场

【思考1】什么是牛市、熊市？有没有判断基准？

【思考2】中国A股的特点是牛短熊长，该怎样在牛市转熊市拐点里退出呢？又该怎样在熊市转牛市时快速入场并加仓呢？这个时间点该如何把握？

【问题解析】这两个问题实际上关系非常密切。即牛市和熊市拐点的把握问题。正确择时(选择买入股票和卖出股票的时机)利润会很大，但如果择时错误，牛市挣钱可能会在熊市里赔光。所以，这个问题对我们的投资决策确实很重要。

第一，什么是牛市、熊市呢？

所谓牛市和熊市是指市场持续上涨或者下跌。定义牛市和熊市，最重要的词语是"持续"两个字。所谓持续是指不管是上涨或下跌，它都应该呈现特定的趋势。强调"趋势"是为了与短期，如几天甚至几周的波动相区别。实际上在欧美成熟市场，当你说到牛熊转换时一般需要一年左右的时间。中国市场所有现象都会转换比较快，所以一般有半年左右的时间，基本就可确定一个牛市或熊市是不是已经出现了。

第二，牛市和熊市中间的绝对界限很难确定。

职业基金经理很难择时，如美国只有30%的基金经理有择时能力。即使是专业的投资者也很难准确判断市场方向。如中国2006—2007年是大牛市、2014—2015年是大牛市。事后看都一目了然，但是事先预判却非常困难。市场总是在曲折和波动中前进，面临很多不确定性。

第三，作为普通投资者，怎么判断牛市、熊市，主要有两种方法，一种是基本面分析法，另一种是技术面分析法。

所谓基本面分析是分析经济周期、财政政策、货币政策等基本面，然后判断资产价格运行方向。业余投资者很难在短时间内掌握知识，掌握了也很难有足够资源去进行数据分析和处理工作。这对普通散户没有那么好用。那可不可以去参考专业机构的报告呢？答案是可以的，但也不一定有用。第一是机构水平参差不齐，报告质量不一定有保证。第二是机构和散户中间存在博弈关系，机构报告不一定如实反映它们的观点，也不一定会及时发布。机构报告一般是最先给大客户看，然后报告才被公开。如果按照报告操作就相当于买在了高位，即成为接盘侠。即使读专业机构报告也一定要有内化和吸收的过程。这是关于基本面的分析。

技术面分析是从价格走势中推断市场买方和卖方力量，然后用此来判断市场方向。如用5天、20天、120天、250天均线走势来判断牛市和熊市。其中年线就是250天均线，120天就是半年的均线。250天均线被很多人视为是牛市和熊市的分界线。当大盘指数跌破均线时市场就进入熊市，当大盘指数升破均线时市场就进入牛市。如果用半年均线即120天均线，采用同样方法也能判断市场是否已经处在牛市、熊市转换的过程中，如美国著名投资家威廉•江恩就常用此方法。市场价格主要是买卖双方，也就是多空双方博弈的结果。价格变化体现双方力量对比，它是判断市场趋势的一个角度。

因此，最好的方法是参考专业机构基本面分析，再作技术面分析，各方面信息结合起来判断市场是不是已经处在牛市、熊市转换的拐点上。

本章小结

1. 并购是合并和收购的合称。合并是指两家或两家以上公司并为一家公司的经济行为，包括吸收合并和新设合并。收购是指一家公司购买另一家公司或多家公司的资产或者股权的经济行为。收购包括资产收购和股权收购两类。并购按行业相关性可以划分为横向并购、纵向并购和混合并购三种；按出资方式不同可以划分为现金支付并购、股权并购和综合并购；按交易协作态度不同可以划分为善意并购、恶意并购；按交易条件不同可以划分为资产置换式并购、承担债务式并购和杠杆并购；按并购手段不同可以划分为要约并购、协议并购、管理层并购和间接并购。

2. 并购的经济学理论包括：横向并购理论、纵向并购理论、混合并购理论。企业并购运作流程包括制订并购计划、企业并购尽职调查、对目标企业进行价值评估、与出让方沟通、协助谈判、并购的实施、进行并购后的整合工作。企业并购的正面效应是指协同效应，协同效应包括管理协同、经营协同、财务协同；企业并购的负面效应是指收购成本大，对目标企业评估难以准确，整合难度高，附属业务需要企业承担较大的责任。

3. 反收购措施的动因包括：控制权存在价值、拥有价值的壳资源稀缺、目标公司价值被低估、创造更多的收购溢价、避免短期行为、维护公司的长远发展、公司内部维护自身权益等。收购分为善意收购和恶意收购。恶意收购通常会导致反收购的出现。反收购是指目标公司管理层为了防止公司控制权转移而采取的旨在预防或挫败收购者收购本公司的行为。目标公司反收购措施分为两大类：一类是预防收购者收购的事前措施；另一类是当收购出现时为阻止收购者收购成功的事后措施。

4. 杠杆收购是企业兼并的一种特殊形式，其实质在于举债收购。在交易过程中，并购方主要通过举债获取目标企业的产权，又从目标企业的现金流量中偿还债务，同时以目标企业的资产为担保获得收购资金，因此在收购过程中，收购方的现金开支可降低到最低程度。管理层收购是杠杆收购的一种特殊形式，当杠杆收购主体是公司的管理层时，杠杆收购就变成了管理层收购。通过收购，企业的经营者变成了企业的所有者。

5. "十四五"规划纲要强调要强化科技力量、优化科技资源配置、加速科技创新，资本市场无疑肩负着优化资源配置、促进产业升级与科技创新、助力实体经济高质量发展的重要使命。资本市场并购重组尤其是国有控股上市公司并购重组将进一步聚焦战略性新兴产业。此外，随着人工智能、区块链、云计算、大数据等技术不断落地，新型技术与金融业务融合程度加深，投资银行科技应用开始从聚焦于前端服务渠道互联网化到强调业务前台、中台、后台的全流程变革。然而，目前投资银行难以仅凭自主研发模式探索新兴技术在前台、中台、后台所有的融合方式，一方面全部自主研发会增加经营机构的投入负担，研发周期长；另一方面内部封闭式的整体解决方案还可能限制自身发展速度和创新能力。投资银行如果能明确自身能力的范围，将需求分解成细小领域，在外部金融科技生态中寻求最符合自身技术标准的解决方案，扩大自身技术能力边界，才能为客户提供更好的金融服务。

练习与思考

一、名词解释

1. 企业并购
2. 横向并购
3. 纵向并购
4. 混合并购
5. 管理协同效应
6. 经营协同效应
7. 财务协同效应
8. 反收购
9. 杠杆收购
10. 管理层收购

二、简答题

1. 企业并购有哪些分类？
2. 企业并购的效应有哪些？

3. 反收购的措施有哪些？
4. 杠杆收购的特点有哪些？
5. 管理层收购的主要方式有哪些？

三、单项选择题

1. 上市公司并购重组财务顾问的职责不包括( )。
   A. 向中国证监会报送有关并购重组的申报材料
   B. 持续督导委托人履行相关义务
   C. 对委托人进行证券市场规范化运作的辅导
   D. 就并购重组事项出具盈利预测报告

2. 收购人可以通过( )的方式成为一个上市公司的控股股东。
   A. 取得收益   B. 取得股份
   C. 取得现金   D. 取得资产

3. 下列关于要约收购的说法中，正确的是( )。
   A. 收购人可以采取要约规定以外的形式买入被收购公司的股票
   B. 收购人可以超出要约的条件买入被收购公司的股票
   C. 收购人在收购期限内，不得买入被收购公司的股票
   D. 收购人在收购期限内，不得卖出被收购公司的股票

4. 下列关于上市公司收购的说法中，错误的是( )。
   A. 收购期限届满，被收购公司股权分布不符合证券交易所规定的上市交易要求的，该上市公司的股票应当由证券交易所依法终止上市交易
   B. 在上市公司收购中，收购人持有的被收购上市公司的股票，在收购行为完成后的15个月内不得转让
   C. 上市公司分立或者被其他公司合并，应当向国务院证券监督管理机构报告，并予以公告
   D. 收购行为完成后，被收购公司不再具备股份有限公司条件的，应当依法变更企业形式

5. 发出要约收购后，收购人报送的上市公司收购报告书中，不是必须载明的内容为( )。
   A. 收购目的   B. 收购人的名称、住所
   C. 收购股份的详细名称   D. 收购的具体时间

6. 管理层通过大幅提高董事、高层管理解雇者可领到的退休金数额，来提高收购成本的反收购策略是( )。
   A. 毒丸策略   B. 白衣骑士策略   C. 金降落伞策略   D. 银降落伞策略

四、多项选择题

1. 根据《中华人民共和国证券法》，下列关于上市公司收购的说法中，正确的是( )。
   A. 采取协议收购方式的，协议双方可以临时委托证券登记结算机构保管协议转让的股票
   B. 进行协议收购的，收购人必须事先向国务院证券监督管理机构报送上市公司收购报告书

C. 采取要约收购方式的，收购人在收购期限内可以卖出被收购公司股票

D. 采取要约收购方式的，收购人在收购期限内不得采取要约规定以外的形式和超出要约条件买入被收购公司的股票

2.《中华人民共和国公司法》规定，公司合并，应当由合并各方签订合并协议，不需编制的是(　　)。

  A. 资产负债表　　　　　　　C. 利润表

  B. 现金流量表　　　　　　　D. 财产清单表

3.《中华人民共和国证券法》规定的上市公司收购方式不包括(　　)。

  A. 要约收购　　　　　　　　C. 协议收购

  B. 竞价收购　　　　　　　　D. 其他合法收购方式

4. 对上市公司收购进行监管所涉及的部门不包括(　　)。

  A. 中国证监会　　　　　　　C. 财务顾问

  B. 证券登记结算机构　　　　D. 证券交易所

微课视频

扫一扫，获取本章相关微课视频。

导言

企业并购概述

企业并购运作

反收购、杠杆收购与管理层收购(上)

反收购、杠杆收购与管理层收购(中)

反收购、杠杆收购与管理层收购(下)

金融科技应用

构建投行财商

第四章 投资银行核心业务：资产证券化

【本章提要】

资产证券化是资本市场上以特定资产组合或特定现金流构成的资产池，是支持发行可交易证券的新型融资方式。投资银行在资产证券化过程中扮演着多重角色，目的是体现其发现价值与创造价值的能力。美国政府国民抵押协会首次发行抵押贷款支持证券，开创了资产证券化的先河。2005年国务院正式批准信贷资产证券化与住房按揭证券化试点，同时中国人民银行与中国银行业监督管理委员会联合颁布《信贷资产证券化试点管理办法》规范信贷资产证券化操作。近年来，资产证券化创新渗透至知识产权、零售企业、住房租赁市场等多个领域，促进流动性较低的资产转化为具有较高流动性的可交易证券，提高基础资产流动性并便于投资者投资，同时改变发起人资产结构、改善资产质量并加快发起人资金周转性。本章在着重介绍投资银行资产证券化业务基本知识的基础上，介绍了金融科技在投资银行资产证券化业务场景中的应用。

【学习目标】

1. 了解资产证券化的内涵、特征与类型。
2. 理解资产证券化的结构与运作流程。了解资产证券化的风险及其控制。
3. 了解金融科技在投资银行资产证券化业务场景中的应用。
4. 构建逻辑、辩证与批判等科学思维。理解金融科技的哲学基础与金融科技为民要义，树立与时俱进、终身学习的理念。理解守好底线理性构建基础资产学的内涵。

开篇阅读与思考

次贷危机与资产证券化不是因果关系。引起2008年美国次贷危机的并不是资产证券化，那真正原因是什么？真正的原因主要是资产证券化的基础资产质量太差和对资产证券化的过度应用。

一、基础资产质量差，垃圾变不了金子

2000年美国科技泡沫破灭后，2001年又遭受"9·11"恐怖袭击事件。美国的经济遭遇了很大压力，所以小布什政府开始采取各种措施刺激经济，最主要的措施就是要提高美国家庭住房拥有率，以实现美国梦。美联储从2001—2003年连续降息13次，名义利率从6.5%下降到 1%,还推出《美国梦首付款法案》,要求降低中低收入家庭首付比率,而且还要求房利美、房地美与吉利美等政府金融机构购买银行房贷中必须包含一定数量的穷人房贷。在政府的推波助澜下,银行放贷标准大幅降低。1990 年,信用良好、收入稳定的人群要付 20%的首付才能买房。2000 年,最低首付比率已经降到 3%,再接下来,像零首付、无证明贷款全部出现。很多完全不具备偿还能力的家庭和个人也贷款买房。20 世纪 90 年代美国房地产贷款客户基本上是美国中产阶级。2006 年,中低收入和贫困家庭的贷款占到两房贷款(房利美与房地美)的 76%。危机前夕,这些偿还能力很低的房地产抵押贷款被称为"次级贷款",简称"次贷"。2008 年这些质量差、风险高的次级贷款已占据证券市场的半壁江山。

　　如果市场上劣质贷款数量少,一起卖掉还可以覆盖。但是数量一多就覆盖不了。比如,苹果烂一小块切掉还能吃,如果烂一半,这个苹果就不能再吃了。而且如果有不良商家把这个烂苹果打成果酱做成苹果汁,再用各种精美包装把它包装起来,说它是有机新产品,口感一流,并到处做广告。最终,市场上铺天盖地都是这种腐烂变质的烂苹果做成的产品,那有可能会出现大规模食物中毒案件了。

二、资产证券化层层包装,有毒资产渗透金融系统

　　很不幸,华尔街充当了不良商家的角色,这些质量非常低的次级贷款,就像有毒资产,通过证券化层层包装后渗透到整个金融体系。当时,由于房地产抵押贷款证券化非常成功,利润很高,所以投资银行就以百倍的热情投入此行业中。尤其到 20 世纪 90 年代后,随着衍生品市场的发展与资产定价理论的成熟,这种对资产证券化产品进行再次证券化就成为潮流。为什么要进行再次证券化呢?因为可以加大杠杆率。各大投资银行纷纷成立了量化交易部门,数学天才们还设计了各种复杂的模型,开发了很多复杂的衍生品,对这种资产证券化产品进行一次、两次、三次的再证券化。最后资产证券化产品就有点像俄罗斯套娃,不断地套,但是最核心的东西却是烂苹果。资产证券化结构变得越来越复杂,这种烂苹果也就是"次级贷款"被纳入基础资产,通过证券化将其美化,然后卖出极高的价格。链条越来越长,杠杆率越来越高,回报率也就越来越高。

　　但对普通投资者来讲,这是无法分辨的事情,就像我们普通人很难通过苹果酱来辨别原始苹果质量一样。华尔街利用层层打包技术使得证券化基础资产质量很难判断。标普、穆迪这些老牌信用评级公司给产品很高的评级。可以看到华尔街对于模型的傲慢和迷信以及对人性的贪婪和欲望。他们把资产证券化这种技术应用在有毒资产上,把这些有毒资产像击鼓传花一样传了下去。到 2007 年,几乎所有金融机构都购买了大量次级贷款的资产证券化产品,雷曼兄弟当时持有量是第一,杠杆率最高时达 32 倍。美国国际集团(AIG)为这些次贷产品提供保险,几乎所有投资银行都参与到这个游戏里面了。不夸张地说,这个时候次贷这种有毒资产的"癌细胞"已经借助资产证券化工具扩散到美国的整个金融体系。此时一场风暴其实已经不可避免了。2006 年,美国的利率上行,购房者的借贷成本变得越来越高。"历史上从来不下跌"的房地产价格,在 2006 年的夏天突然回落。就像是丢掉了美颜、美图秀秀和各种 PS 以后,这种次级贷款完全露出了"没有偿还能力"的真正面目,然后整个市场就像多米诺骨牌一样开始坍塌了。由于贷款人本来就没有偿还能力,利率一提高,他们就开始违约。他们一违约,这种基于次贷的信用产品与衍生品就丧失了流动性。400 多家经营次贷业务的金融机构倒闭,信用机构开始大幅调低自己的债券评级,原来自己拍胸脯说信用等级很高的产品也变得不靠谱。市场上开始出现恐慌出逃的局面。贝尔斯登倒闭了,雷曼兄弟破产了,

美林证券被美国银行收购了,高盛和摩根士丹利被改组为银行控股公司,次贷危机就此全面爆发,并演变成一场全球性的金融灾难。

次贷危机发生以后,大家就对资产证券化恨之入骨。但是,情绪狂潮过去以后,学界、业界、监管层就开始反思资产证券化的功能和风险到底是什么?慢慢地,他们就意识到,作为金融工具资产证券化肯定是中性的。但是,在运用的过程中要注意控制风险,有两个原则必须遵守。第一,要把控基础资产质量,这是资产证券化的核心。就像美图不会改变人本来的面目一样,资产证券化只是对资产进行形状的切割和排列组合,重新分配一下风险,但它没有消灭风险。所以,基础资产质量是资产证券化最大的要害。第二,过度的再证券化必须严格地加以控制和监管,毫无节制的高杠杆和过长的链条,会导致资产证券化的风险在金融体系内扩散和放大。

问题分析: 结合案例分析,为什么说次贷危机与资产证券化不是因果关系?投资银行在资产证券化业务中应如何守好底线,理性构建基础资产?

第一节 资产证券化概述

资产证券化有什么内涵?资产证券化有什么特征?资产证券化有哪些类型?

一、资产证券化的内涵与特征

资产证券化是以资产所产生的现金流为支撑,在资本市场上发行证券工具,从而对资产的收益风险进行分离重组的技术过程。就此意义而言,资产证券化覆盖面很广,即企业发行股票、债券与商业票据本质是实体资产证券化过程。资产证券化有效地融合了间接融资方式与直接融资方式以创新金融工具。与传统融资方式不同,资产证券化的核心是设计严谨有效的交易结构。其以传统银行的贷款等资产为基础发行资产证券,通过证券化降低银行等金融机构的风险以提高资产流动性。资产证券化的重要环节是按照资产的期限与利率等特点,对资产进行分解、组合与定价并重新分配风险与收益。这相当于二次加工以提高金融产品质量,并达到分散金融风险的目的。资产证券化不仅对资产进行分解,也对中介功能进行分解。以信贷资产证券化为例,资产证券化将过去仅由银行一家承担发放贷款、持有贷款、监督贷款使用与回收贷款本息等业务,转化为多家机构共同参与的活动。通过对银行功能分解资产证券化把传统由贷款人与借款人组成的单纯信用关系带入证券市场,在融入更多参与者的同时,既为贷款人带来利益又为证券市场投资者提供丰富的投资工具。

资产证券化的特征主要表现为两个方面:一是发行人需设立特殊目的机构(special purpose vehick, SPV)才能实现融资目的;二是资产池现金流需经过资产重组、风险隔离与信用增级,才能满足不同投资者的需求。具体内容如下。

资产证券化是一种表外融资方式。传统融资行为必然最终反映到融资主题的资产负债中，而资产证券化融资一般则要求将证券化资产从持有者资产负债表中剔除。如美国 1997 年生效的美国财务会计准则第 125 号《转让和经营金融资产及债务清理的会计处理》规定，鉴于被证券化资产已以真实出售方式过户给特殊目的机构，原始权益人将证券化资产从资产负债表上剔除并确定收益损失，即用于资产证券化的资产只要达到真实出售标准，利用资产证券化所进行的融资就不会增加发行人负债。这就从法律上确认以表外方式处理资产证券化交易原则，从而使资产证券化融资有别于传统融资方式。资产证券化是一种只依赖于资产信用的融资方式。传统融资方式(无论是贷款还是债券)是凭借借款人资信能力进行融资活动，而资产证券化融资方式则是凭借证券化基础资产的未来收益来融资。投资者在决定是否购买资产担保证券时主要依据资产质量、未来现金流可靠性与稳定性，而原始权益人本身资信能力则居于相对次要的地位。资产证券化真实销售使证券化基础资产的信用状况与原始权益人的信用状况分离，则使本身资信不高的证券化基础资产债权人通过信用增级，也能在证券市场上利用资产证券化满足新的融资需要。资产证券化是一种低风险融资方式，资产证券投资者或持有人在证券到期时可获得本金、利息偿付。偿付资金来源于证券化基础资产所创造的现金流量，即资产债务人偿还到期本息。如果证券化基础资产债务人违约拒付，则资产证券清偿仅限于被证券化的资产数额，而金融资产发起人或购买人没有超过该资产限额的清偿义务。资产证券化是一种资产融资与分散借贷相结合的双重信用工具。传统证券融资方式是企业以自身产权为清偿基础，企业对债券本息及股票权益偿付以企业全部法定财产为限。资产证券化虽然也采取了证券形式，但证券发行依据不是企业全部的法定财产，而是企业资产负债表中的某项特定资产。证券权益偿付不是以企业产权为基础，而仅以被证券化的资产为限。通过资产证券化，发起人将持有的金融资产转化为证券，在证券市场上交易，实际是发起人最初贷出去的款项在证券市场上交易，这样就把原来由发起人独家承担的资产风险分散给众多投资者承担，从而起到降低借贷风险的作用。

二、资产证券化的类型

资产证券化通过构建严谨有效的交易结构，来保证证券发行融资成功。随着被证券化的金融资产种类增多，资产证券化组织结构越来越复杂。按不同标准，资产证券化被划分为十种不同类型。具体内容如下。

一是根据基础资产的不同，可将其分为抵押贷款支持证券(MBS)与资产支持证券(ABS)。MBS 基础资产是房地产抵押贷款，而 ABS 基础资产是除了房地产抵押贷款以外的其他资产。根据房地产抵押贷款的性质，MBS 分为住房贷款支持证券(RMBS)与商用房贷款支持证券(CMBS)。MBS 是资产证券化历史上最早出现的类型，资产证券化初期，MBS 都是 RMBS，后来则随着 MBS 市场发展，带动商业用房贷款加入证券化浪潮，即 CMBS。ABS 实际是 MBS 技术在其他资产中的推广与应用。随着证券化技术的发展与证券化市场的不断扩大，ABS 种类日趋繁多。ABS 可进一步划分为狭义 ABS 与担保债务凭证(CDO)。其中，狭义 ABS 包括以汽车贷款、信用卡应收账款、学生贷款、设备租赁款、贸易应收款、保费收入、门票收入等为基础的资产证券化产品；CDO 主要以投资级或高收益级公司债、杠杆化银行贷款等为基础的资产衍生证券，包括担保贷款凭证(CLO)与担保债券凭证(CBO)。前者主要是以高收益贷款(杠杆贷款)为基础的资产，而后者主要是以企业债券或新兴市场债券为基础的资产。MBS 与 ABS 的具体分类如图 4-1 所示。

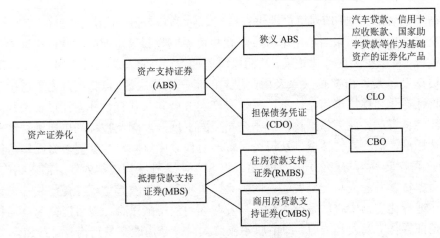

图 4-1 资产证券化主要类别

二是根据现金流处理与偿付结构的不同,可将其分为过手证券与转付证券。过手证券也称转手证券,它是抵押贷款证券化市场的主要证券品种。过手证券可采取权益凭证或债权凭证两种形式。两者区别是权益凭证投资者按比例拥有抵押贷款组合资产所有权;而债权凭证投资者被认为是向发行人发放"贷款",这类凭证投资者拥有的是抵押贷款组合中的资产债权而不是所有权。过手证券持有者所得的现金流量取决于基础资产生成的现金流量,投资者将定期收取由发行人"转手"的本息。但投资者获得的现金流会小于抵押贷款现金流,因为服务商、受托人与担保人要从中扣除服务费与保险费。过手证券不对基础资产所产生的现金流作任何处理,虽然交易技术简单,但也由此产生缺陷,如证券现金流不稳定则投资者需承担基础贷款提前偿付风险。过手证券只是将贷款原始权益人的收益与风险转移并细化到每个投资者,投资者面临着相同性风险与相同水平的收益,故而难以同时吸引不同类型的投资者。此外,可通过第三方对证券偿付进行担保,来对过手证券进行修正。经过部分修正的过手证券,不管是否收到原始债务人的偿付资金,投资者都会获得偿付。而完全修正后,过手证券不管是否收到借款人的偿付资金,都保证按计划向投资者完全偿付。虽然过手证券操作简单却很难同时满足原始权益人与投资者的不同需要,于是客观上产生了转付证券。转付证券兼有权益凭证过手证券与债权凭证过手证券的特点。它是发行人的债务,偿付证券本息资金来源经过重新安排住房抵押贷款组合,产生现金流,其对过手证券最大的改进就是根据投资者对风险、收益与期限等的不同偏好,对基础资产组合产生的现金流进行重新安排分配,使本息偿付机制发生变化。

三是根据基础资产卖方人数,可将其分为单一借款人证券化与多借款人证券化。借款人是基础资产卖方即原始权益人,而不是抵押贷款借款人即原始债务人。证券化基础资产来自单一卖方将增大集中风险。其主要目的是提醒投资者与评级机构,应对单一卖方情形下借款人破产与解体的风险加以关注。虽然真实出售已把基础资产剔除在破产清算范围外,但一旦原始权益人破产,则会在一定程度上影响基础资产所产生现金流的收集与分配。

四是根据基础资产的销售结构,可将其分为单宗销售证券化与多宗销售证券化。在单宗销售证券化交易中,卖方一次性将基础资产出售给买方,而在多宗销售证券化交易中,随着原始债务人对债务本息的不断偿付,基础资产池中未清偿余额不断下降,而资产规模则不断缩小。这种情况下买方通过备用协议、可再投资信托结构与主信托结构等方式向卖方进行基础资产的循环购买，以不断地对资产池进行填充，使得资产池中未清偿余额保持在合理水平。多宗销售交易结构主要用来对信用卡应收账款与贸易应收款等短期应收款进行证券化，通过循环购买过程，可以扩大证券化规模，从而摊薄前期费用并将短期应收款组合成长期应收款。

五是根据发起人与SPV的关系及由此引起的资产销售次数，可将其分为单层销售证券化与双层销售证券化。单层销售结构下，基础资产卖方会向与其有合并会计报表关系的子公司一次或循环转移资产。此销售结构在母子公司层面上展开，因此被称为单层销售结构。按照严格的会计标准，需将被转移资产从母公司资产负债表中剔除，这就要求将已销售给子公司的SPV资产再次转移给与母公司无关的第三方SPV，这种结构被称为双层销售结构。

六是根据贷款发起人与交易发起人的关系，可将其分为发起型证券化与载体型证券化。在具体资产证券化交易中贷款发起人与交易发起人角色可能重合，也可能分离。当贷款发起人同时又是证券化交易发起人时，即由原始权益人自身来构造交易结构、设立SPV发行证券并完整参与整个证券化过程，这个过程被称为发起型证券化。如果贷款发起人只发起贷款，然后将资产出售给专门从事证券化交易的证券化载体，由后者组织证券化交易，这种则被称为载体型证券化。

七是根据证券化载体在性质上的差异，可将其分为政府信用型证券化与私人信用型证券化。私人信用型证券化载体是专门购买与收集基础资产，并以自己的名义将其以证券形式出售的融资机构，一般是大银行、抵押贷款银行或者证券公司分支机构。而政府信用型证券化则是由政府信用机构直接购买合规抵押贷款并以此支持发行证券。其中政府信用机构并不一定是政府机构，也可以是政府特许成立的企业等机构。

八是根据证券产生的过程和层次，可将其分为基础证券与衍生证券。基础证券是以抵押贷款或应收账款等基础资产为支持发行的证券，而衍生证券则是以基础证券组合为支持所发行的证券。

九是根据基础资产是否从发起人资产负债表中剥离，可将其分为表内证券化与表外证券化。现代意义上的资产证券化其实都是表外证券化，因为基础资产真实出售给SPV。而表内证券化指长期以来欧洲大陆银行等金融机构以其所持有的某些资产组合为担保，通过发行抵押关联债券或资产关联债券来筹集资金的行为。在该交易过程中资产并不从发起人资产负债表中剔除，投资者不是对特定资产组合拥有追索权，而是对整个发起机构拥有追索权。因此，证券化资产的质量由发起机构整体资信状况决定。

十是根据基础资产质量分为不良资产证券化与正常资产证券化。其中，正常资产证券化发行量较少，主要是资产本身流动性较强，不需要通过证券化来实现流动性。不良资产证券化遵循市场规律。不良资产是指不能按照原定方式产生现金流或不能按照原来设计使用主体意愿实现现金流。而不良资产证券化则是以证券长期收益与期间增值为支撑。不良资产在统计上存在部分稳定的现金流，不过这部分一般所占比例很低，以至于很难通过期间现金流来支撑证券。所以，不良资产证券化要以证券长期收益与期间增值作为支撑。在不良资产证券化资产池中内容比较复杂，既有违约率相当高的抵押贷款合同，也有实物形态的资产等，所以证券化不能根据贷款合同约定偿还时间来预算现金流，而是要根据合同项下抵押物或该债务人可用于抵偿债务的其他资产处置变现现金流，来进行资产价值评估与现金流预测。同时不良资产证券化支持资产价值评估与相关证券评级不能采用现金流估算法，而是要采用清算估算法。在现金流重组方面不良资产现金流在数量与时间上确定程度较低，但重组程度较高。

所谓现金流重组,就是指资产按约定或处置收回现金进行重新配置,以满足证券偿付需要。

知识窗

房地产投资信托

房地产投资信托(REITs)最早定义为"有多个受托人作为管理者,并持有可转换的收益股份所组成的非公司组织"。房地产证券化就是把流动性较低的、非证券形态的房地产投资,直接转化为资本市场上证券资产的金融交易过程。房地产证券化包括房地产项目融资证券化和房地产抵押贷款证券化两种基本形式。

REITs 最早产生于美国 20 世纪 60 年代初,由美国国会创立,旨在使中小投资者能以较低门槛参与不动产市场,从而获得不动产市场交易、租金与增值所带来的收益。在亚洲,最早出现 REITs 的国家是日本,由于日本的房地产公司众多,所以该市场在日本规模很大。

REITs 的特点在于:收益主要来源于租金收入和房地产升值;收益的大部分将用于发放分红;REITs 长期回报率较高,但能否通过其分散投资风险仍存在争议,有人认为可以,有人认为不行。REITs 的魅力在于通过资金的"集合",为中小投资者提供了投资于利润丰厚的房地产业的机会;专业化的管理人员将募集的资金用于房地产投资组合,分散了房地产投资风险;投资人所拥有的股权可以转让,具有较好的变现性。

从本质上看,REITs 属于资产证券化的一种方式。REITs 典型的运作方式有两种,其一是特殊目的机构(SPV)向投资者发行收益凭证,将所募集资金集中投资于写字楼、商场等商业地产,并将这些经营性物业所产生的现金流向投资者还本归息;其二是原物业发展商将旗下的部分或全部经营性物业资产打包设立专业 REITs,以其收益如每年的租金、按揭利息等作为标的,均等地分割成若干份出售给投资者,然后定期派发红利,实际上给投资者提供的是一种类似债券的投资方式。相较之下,写字楼、商场等商业地产的现金流远比传统住宅地产的现金流稳定,因此,REITs 一般只适用于商业地产。

REITs 代表着全世界房地产领域最先进的生产力。房地产投资信托是基于房地产行业细分的科学规律,随着房地产六大环节(资本运作、设计策划、拆迁征地、建设施工、销售租赁、物业服务)分工合作,以及政府执政能力的逐渐加强,房地产行业逐渐规范。它可以最大限度地保障政府利益,并能有效地实现整个房地产的行业规范。

第二节 资产证券化运作

资产证券化是如何运作的?

资产证券化基本流程可简单概括为发起人将证券化资产出售给一家特殊目的机构(SPV),或者由已成立的 SPV 主动购买可证券化资产,然后将资产汇集成资产池,再以该资产池所产生的现金流为支撑，在金融市场上发行有价证券，最后用资产池产生的现金流来清偿所发行的证券，如图4-2所示。

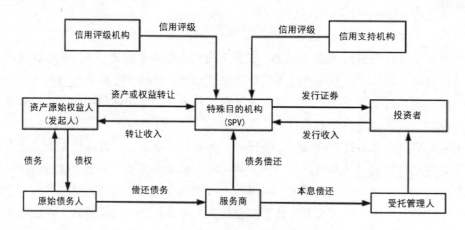

图 4-2　资产证券化交易流程

资产证券化交易过程，具体内容如下。

一是确定证券化资产并组建资产池。资产证券化发起人(即资产原始权益人)在分析自身融资需求的基础上，通过发起程序来确定证券化资产。尽管证券化是以资产所产生的现金流为基础，但并不是所有能产生现金流的资产都可以证券化。总结多年来资产证券化融资经验可以发现，具有下列特征的资产比较容易实现证券化：能够在未来产生可预见的稳定现金流收入、原始权益人持有资产已有一段时间且信用表现记录良好、具有标准化高质量合约文件即资产具有同性质、资产抵押物有较高的变现价值、金融资产债务人有广泛的地域与人口统计分布、持续一定时期的低违约率与损失率历史记录、本息偿还可分摊整个资产存活期间、相关数据容易获得。发起人通常需要对资产进行筛选，将可根据历史资料预计出其现金流量的资产从资产负债表中剥离出来。如果其规模较小，还需要组合其他相似资产构成证券化资产池，然后将其出售。资产出售是发起人把经组合资产卖给中介机构的行为。资产出售需以买卖双方已签订金融资产书面担保协议作为依据。出售时卖方拥有对标的资产的全部权利，买方要对标的资产支付价款，即资产出售为法律关系上的"真实出售"，以防止资产发起人违约破产风险。

二是设立特殊目的机构。特殊目的机构是专门为发行证券而设立的特殊实体，它是资产证券化运作的关键性主体，并在法律上具有独立地位，通常由信托公司或专门成立的资产管理公司担任。设立特殊目的机构的目的在于使它从法律角度完全独立于基础资产的原始权益人，最大限度地降低发行人的破产风险，即证券化资产与原始权益人(发起人)其他资产间的"破产隔离"。特殊目的机构被称为没有破产风险的实体，可从两方面来理解：一是指特殊目的机构本身的不易破产性；二是指将证券化资产从原始权益人真实地出售给特殊目的机构，从而实现破产隔离。为达到"隔离"目的，在组建特殊目的机构时法律上通常进行限制：经营范围、债务、治理结构(设立独立董事)、独立性(保持分离性)、权益明确。特殊目的机构的设立形式有三种，即信托模式、公司模式和有限合伙模式。

三是发起人将证券化资产转移给特殊目的机构。证券化资产从原始权益人(如住房抵押贷款发放银行)向特殊目的机构转移是证券化运作流程的重要环节。这个环节会涉及众多法律税收会计处理问题。其中关键问题是一般都要求这种转移在性质上是"真实出售"。真实出售是指资产从发起人转移到特殊目的机构的过程中不能受到干预。其目的是实现证券化资产与原始权益人之间的破产隔离,即原始权益人与其他债权人在其破产时对已证券化资产没有追索权。这种转移方式对应的是表外融资方式。破产隔离针对特殊目的机构与发起人之间的债务债权关系,真实出售针对特殊目的机构与发起人之间转移的基础资产。真实出售与破产隔离之间存在着密切关系。要达到破产隔离的目的,不仅要真实地出售基础资产,而且还要设立远离破产风险的特殊目的机构,这两个条件结合就构成破产隔离的充分条件。以真实出售方式转移证券化资产要求做到两个方面。一方面,资产证券化必须完全转移到特殊目的机构手中,这既保证原始权益人、债权人对已转移证券化资产没有追索权,也保证特殊目的机构债权人(投资者)对原始权益人其他资产没有追索权。另一方面,由于资产控制权已从原始权益人转移到特殊目的机构,因此应将资产从原始权益人资产负债表中剔除,这种资产证券化对应的是表外融资方式。也就是说,真实出售意味着特殊目的机构将证券化资产从发起人处买断,已出售资产不再属于发起人,在会计处理上,允许原始权益人将证券化资产从资产负债表剔除并确认收益损失。因此,证券化资产与由其产生的现金流不受发起人经营状况的影响,从而起到破产隔离保护的作用。破产隔离要求发起人破产清算时,证券化资产将不能作为清算资产,所产生的现金流仍按证券化交易契约规定支付给投资者,以实现保护投资者利益的目的。实际工作中,发起人要想确认资产是否通过证券化实现真实出售,就必须满足各国会计准则中的具体规定。一般而言,真实出售必须满足以下条件:所转让资产法律控制权已改变,所转让资产与卖方隔离(即使在卖方破产或被接管时资产也不受卖方及其债权人控制);买方可以将所转让资产进行质押或交易,或者买方是特殊目的机构,那么载体受益权持有人有权将受益权进行质押或交易;卖方并不通过某些协议(使卖方有权且有责任在到期日对转移资产进行回购,或使卖方有权回购那些在市场中不可轻易获得的转移资产)对转移资产保留有效控制。若是担保融资行为,转移给特殊目的机构的证券化资产仍属于发起人,并且要在发起人资产负债表上体现出来,这种方式对应的是表内融资方式。因此,当发起人遇到破产清算时,已证券化资产将遭受牵连风险,进而影响其正常支付。

四是信用增级。资产证券化流程中,最重要的两个过程是资产转移与信用增级,它们分别对应破产隔离技术与信用增级技术这两大资产证券化核心技术。证券化资产信用状况很大程度上决定着资产支持证券投资收益能否得到有效保护和实现。由于资产支持证券偿付依赖被证券化资产所产生的未来现金流能否顺利实现,而证券化资产大多流动性较差、信用程度也难以评价,因此对投资者构成风险,这种风险具体表现在:资产债务人违约拖欠,或债务偿付期与特殊目的机构安排偿付期不相匹配等。通过对证券化资产的信用增级方式,来提高资产证券信用级别,这将吸引投资者降低融资成本,改善发行条件,并顺利实现证券化过程中的关键环节。信用增级顾名思义是增加信用级别,是指发行人所发行资产支持证券信用级别。信用增级是对各种用于提供信用保护技术的全称,信用增级程度、方法与数量反映资产池在交易期内预期损失的大小。信用增级可提高所发行证券的信用级别,使证券在信用质量、偿付时间性与确定性等方面能更好地满足投资者的需求,同时满足发行人在会计、监管与融资目标等方面的需求,降低融资成本及对证券化交易提供约束,促进信用担保市场发展。信用增级方式主要有两种:第一种是卖方信用支持(或称内部信用增级),包括超额抵押或超额担保(建立金额比资产支持证券金额大的资金库)、现金储备账户(事先设立用于弥补投资者损失的现金账户)、优先与次级结构(发行优先类证券与从属类证券),以及全部或部分对出售者追索权、替换条款、预付机制,溢价保证与利差账户等;第二种是第三方信用支持(或称外部信用增级),包括其他金融机构开出的担保函、信用证、保险单、履行保证书与抵押投资账户等。为获得高效的结构安排,证券化交易通常都会同时运用内部信用增级方式与外部信用增级方式。信用增级是通过保险担保等形式,将资产支持证券本息不按照合约进行偿付的可能性降到一定程度,从而缩小发起人与投资者需求之间的差异。信用增级证券化的资信级别甚至高于国家主权级,这与公司债券等传统融资工具受国家主权级限制特性相比具有明显优势。

五是信用评级。信用提升后一般还需对资产支持证券进行评级。聘请信用评级机构对证券进行信用评级,这是与资本市场接轨的重要环节。信用评级机构设立明确的、能为投资者所理解接受的信用标准,该标准及严格评级程序为资产支持证券投资者提供了最佳保护。资产支持证券评级由专门评级机构应资产支持证券发起人或承销人的请求进行。评级考虑因素不包括由利率变动等因素导致的市场风险或基础资产提前支付所引起的风险,而主要考虑资产信用风险。信用评级机构只对资产组合未来产生现金流量的能力进行评估,给出资产支持证券级别。出售资产项目都经过信用增级措施,因此资产支持证券的信用级别通常会高于资产发起人的信用级别。

在资产证券化交易中,信用评级机构通常要进行两次评级:初评与发行评级。初评的目的是为发行评级作准备。在按评级机构要求进行信用增级后,信用评级机构将正式发行评级,并向投资者公布最终评级结果。通过公募方式发行证券,其资信等级一般都在投资级以上。评级机构通过审查各种合同文件的合法性及有效性,给出评级结果。信用等级越高,表明证券风险越低,使发行证券筹集资金的成本也就越低。

六是证券设计与销售。投资银行作为融资顾问在证券设计前必须充分了解贷款质量特性、贷款违约率、抵押资产流动性、提前偿还比例等情况。设计时要根据实际情况对现金流进行重组,选择适当的交易品种发行并上市流通。投资银行要准确了解发起人目标的具体要求,熟悉项目所在国的政治经济结构、投资环境、法律与税务,掌握金融市场变化动向及各种融资手段,与金融监管部门及其他金融机构建立良好的关系,并具备丰富的谈判经验技巧。在此基础上,特殊目的机构将经过信用评级并经投资银行设计证券交给证券承销商承销。证券销售可采取公开发售或私募方式进行。此证券具有高收益、低风险的特征,因此主要由机构投资者如保险公司、投资基金、社保基金、货币市场基金与商业银行等机构来购买。这说明健全发达的资产证券化市场必须要有成熟且达到相当规模的机构投资者队伍。

七是向发起人支付资产购买价款。特殊目的机构从证券承销商那里获得发行现金收入,然后按事先约定价格向发起人支付购买证券化资产的价款。此时,要优先向其聘请的各专业机构支付相关费用。

八是管理资产池。特殊目的机构或委托聘请的专门服务商对资产池进行管理。服务商的作用主要包括收取、记录资产池所产生的现金收入(即债务人每月偿还的本息),将收集的现金存入特殊目的机构在受托管理人处设立的托收账户,对债务人履行债权、债务协议情况进行监督,管理相关税务保险事宜,在债务人违约的情况下实施有关补救措施。

九是清偿证券。按照证券发行时的说明书约定,在证券偿付日,特殊目的机构将委托受托管理人按时、足额地向投资者偿付利息,利息通常是定期支付的,而本金偿还日期及顺序则要根据基础资产与所发行证券偿还安排的不同而有所差异。当证券全部被偿付完毕后,如果资产池所产生的现金流还有剩余,那么剩余的现金流将被返还交易发起人。至此,资产证券化交易过程全部结束。

与一般的融资方式相比,资产证券化结构性融资具有以下特点。第一是破产隔离。特殊目的机构购买资产是真实出售,在法律上不再与发起人的信用相联系,是有限或无追索权的交易活动。实现"破产隔离",即证券化资产在发起人破产时不再作为清算财产,从而有效保护投资者利益。第二是规避风险。从技术、成本角度考虑,证券化需要汇集大量的权益分散至不同债务人的资产,从而降低资产组合系统性风险。通过资产真实出售,证券化将集中于卖方的信用与流动性等风险转移分散到资本市场,通过划分风险档次将不同信用级别的资产支持证券匹配给不同的风险偏好投资人。第三是信用分离。真实出售使资产证券信用状况与资产原始持有人信用状况分离,从而使本身资信不高的经济组织通过信用增级,就有可能在资本市场上获得融资。整个资产证券化运作流程都是围绕着特殊目的机构核心展开的,特殊目的机构进行证券化的运作目标是在风险最小化、利润最大化的约束下,将基础资产所产生的现金流与投资者需求进行最恰当的匹配。

需要特别说明的是,这里只是阐述资产证券化运作比较规范的流程,而在实践中每次运作都会不同。尤其是在制度框架方面有所不同,不同国家或地区,这种不同表现得会更加明显。因此,在设计运作具体资产证券化的过程中,应以既存制度框架为基础。

课后案例

区块链与资产证券化

自区块链技术问世以来,已经被很多市场机构应用于资产证券化。截至2018年7月底,市场上共发行过5只应用区块链技术的资产证券化产品,发行规模共计18.6亿元,如表4-1所示。

表4-1 5只应用区块链技术的资产证券化产品

时间	产品	规模(亿元)	基础资产	特点	参与方
2017年5月	佰仟汽车租赁资产证券化(私募)	4.24	个人消费汽车租赁债权	区块链技术在资产证券化中的首次尝试	资产原始权益人:佰仟租赁 计划管理人:华能信托 特定资产服务商:百度金融
2017年9月	百度—长安新生—天风2017年第一期资产支持专项计划	4.00	汽车贷款	首只基于区块链技术的交易所资产证券化产品	资产原始权益人/资产服务机构:长安新生(深圳)金融投资有限公司 计划管理人:天风证券 技术服务商和交易安排人:西安百金互联网金融资产交易中心有限公司(百度金融旗下) 增信方式:结构化分层

续表

时间	产品	规模（亿元）	基础资产	特点	参与方
2017年12月	德邦证券浙商银行池融2号资产支持专项计划	3.36	应收账款	首只区块链供应链金融（贸易融资）资产证券化产品	原始权益人/资产服务机构：浙商银行股份有限公司 计划管理人：德邦证券 增信方式：结构化分层
2018年6月	京东金融—华泰资管19号京东白条应收账款债权资产支持专项计划	5.00	京东白条应收账款债权	首次建立多方独立部署的联盟链，更建立了能广泛支持各类资产的业务底层	原始权益人/资产服务机构：北京京东世纪贸易有限公司 计划管理人：华泰资产管理 增信方式：结构化分层
2018年7月	博时资本—第一车贷汽车金融资产支持专项计划	2.00	汽车应收账款	公募市场首只以汽车供应链金融为底层资产证券化产品	原始权益人/资产服务机构：第一车贷 计划管理人：博时资本 数据信息服务商：开通金融 增信方式：差额支付承诺，外部担保

从发行时间来看，基本同步于区块链概念在国内的兴起时间，区块链技术于2017年5月在资产证券化业务中首次亮相，在证券化领域尚属"新潮"。

从基础资产类型来看，已经发行的5只产品均为应收账款的证券化，根据债务债权人的不同特征，可进一步将其归纳为消费金融应收账款、供应链金融应收账款、汽车贷款，这在一定程度上体现了债权类资产是区块链最适合的资产证券化领域。

从信息提供方来看，目前分为两类：一是以百度金融与京东金融为代表的互联网公司旗下的金融分支公司；二是开通金融业务的金融科技公司。后者的优势在于比较熟悉资本市场的交易规则，拥有相对丰富的资本市场运营经验；前者的优势在于拥有较为成熟的技术基础以及持续开发的能力，更重要的是，部分开展消费金融业务的公司在提供技术的同时，也能作为原始权益人提供基础资产，集原始权益人、资产服务机构、信息技术提供方于一体。

从发行规模上来看，目前市场上仅发行过5只共18.6亿元的资产证券化产品，且5只产品在产品结构、基础资产类型、相关参与方等方面均体现出各自的差异化，这也体现出区块链技术在证券化的运用中尚未形成某种成熟的模式，仍处在"摸着石头过河"的探索阶段。同时，这也意味着区块链在资产证券化领域中的应用还存在广阔的空间。

(资料来源：金蝶云苍穹，https://developer.kingdee.com。)

问题分析：结合案例分析，相较于传统资产证券化模式，基于区块链资产的证券化模式有什么优势？收集2018年8月后至今区块链与资产证券化融合的案例，基于此，延伸思考与2018年8月前相比，案例中的资产证券化模式有何改进？

第三节 资产证券化的风险与控制

资产证券化有什么风险？资产证券化的风险如何控制？

一、资产证券化的风险

资产证券化有交易结构风险、信用风险、提前偿还条款风险、利率风险以及资产池的质量与价格风险。具体内容如下。

不同国家对资产出售有不同的法律和会计规定，以致证券化产品面临不同类型的结构风险，包括：交易定性风险，即根据相关法律，有关部门认为发起人与特殊目的机构间交易不符合"真实出售"要求，而将发起人在破产前与特殊目的机构进行的交易行为认定为无效交易，使破产隔离安排失效，从而给证券化投资者带来损失；收益混合风险即资产产生的现金流与发起人兼服务商自有现金流相混合，导致特殊目的机构在发起人破产时处于无担保债权人地位，从而给证券投资人带来损失；实体合并风险即特殊目的机构被视为发起人从属机构，其资产、负债与发起人资产、负债视同一个企业的资产负债，在发起人破产时被归为发起人的资产负债一并处理，从而给证券投资者带来损失。信用风险也称违约风险，资产证券化融资方式会形成信用链结构，在合约到期前或在可接受替代方接任前，任何一方放弃合约规定职责都会给投资者带来风险。简单说就是，信用风险表现为证券化资产所产生的现金流不能支持本金、利息的及时支付，而给投资者带来损失。提前偿还条款风险是指发行人与持有者在合同规定发行人有权在债券到期前，提前偿还全部或部分债券条款，从而给投资者带来损失。如果在未来某个时间市场利率低于发行债券息票利率时，发行人可收回债券并以较低利率发行新债券来代替它。从投资者角度看，提前偿还条款有三个不利方面：可提前偿还债券现金流量的格局难以确定；当利率下降时，发行人要提前偿还债券，投资者面临再投资风险；债券资本增值潜力减少。利率风险是指证券化产品价格与利率呈反向变动，即利率上升或下降时，证券化产品价格会下跌或上涨。如果投资者将证券化产品持有至到期日，那么证券到期前价格变化不会对投资者产生影响。如果投资者可在到期前出售证券，那么利率上升，从而会导致资本亏损。资产池质量与价格风险是指银行具有低估甚至小概率发生重大损失事件的倾向。人们长期预测能力非但不能随证券化进程而提高，反倒可能会产生短视倾向，使金融市场存在更大的波动性与不确定性。同时，如果资产证券化定价不合理就会产生价格差，这种价格差的大小取决于市场正确识别证券化工具价格水平的能力。由于新金融工具或市场通常存在为合理定价积累经验成本的现象，因此比成熟市场效率低下，这种学习成本导致低定价交易会引起近期或未来亏损。

此外，证券化风险还包括发起人回购资产道德风险、发起人弱化对出售资产管理道德风险、信用增级与流动性支持风险等。

二、资产证券化的风险控制

资产证券化过程涉及资产的出售转移、信用提高、信用评估、证券承销与资金托管等过程。任何环节出现问题，都会影响资产证券化进程。因此，为降低资产证券化过程中各种不确定因素可能给各参与主体带来的损失，必须完善法律监管体系制度，并设计有效合理的交易结构，积极做好风险防范控制工作。具体内容如下。

一是证券发行人风险控制，它包含三个方面。其一是资产交易风险控制。SPV 可从两个方面对此风险加以控制：尽可能多地收集有关交易资产及发起人信息资料，从而减少不确定性；在与发起人进行交易时，要求其作出相应保证，从而防范其提供虚假信息。其二是证券发行风险控制。SPV 应把握以下三点，从而在最短时间内以最优价格将证券顺利发售完毕：合理预测基础资产未来收益现金流，从期限、收益率、收益支付方式等方面选择或设计资产支持证券品种，以使基础资产收益现金流与证券本利现金流在发生时间及流量大小等各方面相匹配；努力提高证券信用评级，降低投资者的投资风险，并使证券发售价格最大化(或收益率最低化)；选择合适的证券承销商与承销方式。其三是兑付风险控制。兑付风险的大小在很大程度上取决于交易风险与发行风险的控制，控制兑付风险措施，同时也是控制交易风险及发行风险措施。控制兑付风险的重要途径是加强对基础资产管理以确保收益如期足额实现。

二是证券投资者风险控制。它包括投资者风险在内的各种证券化交易风险控制，几乎完全依赖于 SPV 最初的发行安排。一般而言，为降低投资者可能面临的风险，除采取前述措施对证券进行信用提高外，SPV 制定证券发行条件时还可以作出以下安排：禁止 SPV 负有除证券债券以外的其他债务，这样可确保不对第三人负债，不但使 SPV 被第三人申请破产的可能性不复存在，而且确保基础资产收益全部或优先用于证券清偿；为证券化交易所涉及的实物抵押品投保，即使抵押品灭损，所得保险金也将被列为抵押财产，从而最大限度地保证投资者利益。

知识窗

供应链金融降低资产证券化风险

我国资产证券化起步于 1992 年，其标志性事件是三亚地区房地产投资行业发行了一批以 800 亩土地为竞标的投资券，引发金融市场争议。目前，我国无论是大中型企业还是小微企业，在市场发展中均存在融资难的问题，如何保证我国金融行业的稳定发展，为真正有需要的企业健康发展提供金融助力，成为我国金融市场宏观亟须解决的问题。

深入研究我国金融业的发展发现，供应链金融可以有效地改善企业市场发展存在的融资困难问题，降低融资行为实施潜在的风险与成本，提高融资的效率。我国相关企业单位在信用贷款中仍以 ABS 为核心，这种方式在一定程度上推进了我国金融行业的发展，但另一方面，因为其参照了美国证券业务的发展模式，如不加以节制，就会存在导致产业金融危机集中爆发的隐患。

(资料来源：张翼翔. 供应链金融资产证券化风险的应对[J]. 中国外贸，2021: 58-59.)

课后案例

案例一：

中电建路桥第 2 期资产支持专项计划

由中电建路桥集团作为原始权益人，基金公司作为项目协调人的"中电建路桥第 2 期资产支持专项计划"在上海证券交易所成功发行。本期项目系使用已注册的 120 亿元储架额度下发行的第二期产品，发行规模为 38.60 亿元。项目基础资产以 BT 项目应收账款为主，是中国电力建设集团盘活长期资产，压降资产规模，提升流动性的成功实践。

在国内基础设施投资高速发展的大背景下，为改善公共设施、保障民生环境，建筑类企业在响应国家号召下加大投资力度，但因基础设施建设项目前期投入大、回收期长，导致企业负担日益加重。面对持续增长的投资需求，本次发行的出表型资产证券化项目为建筑类企业有效实现资产端"减负"和现金流上的"活血"提供了较大帮助，为企业持续高质量发展提供较好的资金流支持。

近年来，中电建路桥集团认真贯彻"三去一降一补"精神，积极落实"降杠杆减负债防风险"专项工作要求，在资本市场持续创新，成功发行了以BT和PPP项目等长期限资产为底层资产的项目，其中"中电建路桥第1～10期资产支持专项计划"总储架额度达120亿元，目前已成功发行前两期，总规模超过80亿元，"中信证券—中电建路桥集团章丘PPP项目资产支持专项计划"于2021年第一季度完成发行，规模11.71亿元，以较低成本盘活PPP项目回款的模式成为市场上相关领域的知名案例。未来，公司将总结发行经验，在资产证券化等"降减防"工作领域继续深耕，做好资产经营和资产压降工作，实现企业高质量发展。

（资料来源：爱企查，https://aiqicha.baidu.com.)

问题分析：结合案例分析，中电建路桥第2期资产支持专项计划如何促进中电建路桥集团"减负"？项目实施后该集团是否有其他期资产支持专项计划及实施效果如何？

案例二：

恒大地产供应链金融资产证券化

为解决中小企业融资难题，近年来国内外学者开始注重对供应链金融的研究。供应链金融与传统融资模式的不同之处在于通过构建核心企业、第三方资产服务机构、产品供应商、分销商等多方利益共存的供应链生态体系，突破以往只注重单个中小企业资信的问题，而供应链金融更加注重整条供应链的运营状况，为供应链上游的供应商提供融资，增强核心企业与中小企业之间的黏性，促进整条供应链的畅通。

现阶段，供应链金融主要采用"N+1"模式，"1"是该供应链中具备优良资质和雄厚资金的核心企业，而"N"则是与核心企业有着密切业务往来的上、下游中小企业，保付代理商利用核心企业的信用评级转换为自身的信用评级，降低了融资成本，从而达到了解决中小企业融资困难的目的。

伴随着经济的不断发展，供应链金融的理论和实践也在逐步加深。市场已经迈出了其以应收账款作为基础资产的资产证券化的重要一步，这一模式被称作"供应链金融资产证券化"，是一种能够拓宽融资渠道、减少融资成本并降低各方风险的新型融资模式。从核心企业的角度上来说，供应链金融资产证券化有利于维护其自身利益，同时促进整个供应链条的平稳运行，促进整个金融体系的创新；作为中小企业，它可以缓解因占用应收账款而引起的现金流量不足，在很大程度上减小融资成本；作为投资者来说，这是一种新的投资模式。

房地产行业一直是我国国民经济发展的支柱产业之一，其特点是经济周期波动性大、资金需求量大，资金周转期长、回流慢，对于一个资金需求量庞大的行业，在我国其融资来源主要是依靠银行贷款，融资手段较为简单，近年来，随着国内的房地产泡沫越来越难以控制，资金难以流向实体经济，我国出台一系列严格的融资政策来规范房地产市场资金的流向，遏制房地产泡沫，促进资源合理有效配置。在我国房地产行业融资环境趋严的大环境下，2016

年,恒大地产、碧桂园、万科等房地产龙头企业率先启动了供应链金融 ABS 的应用,从而确保公司的可持续性发展。从根本上来说,房地产行业供应链金融资产证券化就是上游供应商与房地产公司开展业务往来所产生的应收账款,还包括房地产公司向下游客户出售产品产生的应收账款,应收账款作为基础资产被第三方资产服务机构整个出售给资产支持专项计划(SPV),然后由共同债务人或直接债务人在应收账款到期的前一天,将约定金额的欠款支付给资产支持专项计划,资产支持专项计划又按约定向投资者定期支付本金及利息。

根据"三道红线"触线标准,恒大地产作为综合排名第一的房地产企业,由表 4-2 可见,全部踩线,剔除预收款后的资产负债率为 85%,净负债率为 266%,安全标准为 100%以下,现金短债比为 0.26,安全指标为 1 以上。

表 4-2 2020 年前十强房地产企业"三道红线"触线情况

2020年综合实力排行	企业名称	剔除预收款后的资产负债率(%)	净负债率(%)	现金短债比
1	恒大地产集团有限公司	85	266	0.26
2	碧桂园控股有限公司	82	38	1.83
3	万科企业股份有限公司	76	27	2
4	融创中国控股有限公司	82	149	0.47
5	中海企业发展集团有限公司	54	33	1.67
6	保利发展控股集团股份有限公司	78	74	1.96
7	龙湖集团控股有限公司	67	51	4.55
8	新城控股集团股份有限公司	88	17	2.22
9	华润置地有限公司	56	51	1.17
10	广州富力地产股份有限公司	78	220	0.19

(资料来源:西北民族大学经济学院,马倩茹,2021.)

2016 年 9 月,国际权威信用评级机构标普将恒大地产集团评级从"B+稳定"下调为"B+负面",称该集团的流动性正在减弱,短期债务激增,部分原因是恒大地产购买了房地产项目,还要履行对恒大战略投资者债款的还款义务;另一家国际信用评级机构惠誉(Fitch)对恒大地产的评级展望从"积极"下调至"稳定",并确认恒大地产的长期外币发行人违约评级为"B+",与此同时,评级机构惠誉确认恒大地产的高级无抵押评级为"B+",回收率评级为"RR4",这主要是因为恒大地产的应付账款相对较高,同时债权人的回收价值下降。

总体而言,恒大地产近 3 年的发展相比于 2015 年和 2016 年呈现疲态,融资成本增加,资产规模增长速度放缓,短期偿债压力增大,财务杠杆较高,盈利水平不稳定,成长能力不足,现金流量短缺,根据国务院国有资产监督管理委员会编订的《企业绩效评价标准值》来评价恒大地产的风险状况,2019 年和 2020 年的债务风险为大型房地产企业的中上等风险水平,较为危险。

恒大地产供应链金融资产证券化的原始债务人是恒大地产,其通过出具《付款确认书》来确保其成为入池应收账款债权的共同债务人,其内部财务管理机制在一定程度上会对履约能力产生影响,在债务人违约,或者由于内部制度没有办法及时履行合约的情况下,该专项计划就无法在到期日前对投资人的本金以及利息进行兑付,由此产生一定的风险性。针对此风险,提供以下三点建议:建设完善的内部控制制度,建立风险评估体系,引入区块链技术。

问题分析：结合案例延伸思考如何建立完善的内部控制制度，并建立风险评估体系与引入区块链技术来控制恒大地产供应链金融资产证券化风险。

案例三：

恒大、融创接连爆雷：中国离次贷危机还有多远

恒大、融创破产会变成中国的房利美、房地美，触发中国版的次贷危机吗？中国房地产市场一直以来都扮演着重要的角色，对国民经济的发展起着重要的推动作用。然而，最近行业内出现了一些挑战，尤其是恒大和融创等知名房地产企业的破产风险引发了广泛关注。人们开始担心是否会出现中国版的次贷危机，类似于2008年美国房地产市场崩盘带来的影响。

我们不妨从历史角度来看待这些问题。中国的房地产市场近几十年来取得了巨大发展。政府在发展房地产市场的同时，也非常注重控制市场的波动，多项调控政策相继出台，以维护市场的稳定。此外，金融体系的监管也逐渐完善，这使得中国在金融风险防范方面积累了丰富的经验。尤其在面临恒大和融创等企业破产的情况下，中国政府迅速采取行动，以确保市场的稳定。政府通过引导资金流向、推动企业债务重组等方式，试图缓解金融体系的压力，保障市场的运行。当然，对于中国房地产市场所面临的困难也不容忽视。恒大和融创的情况明显表明，企业的高负债率和过度依赖债务融资都是房地产市场的潜在风险。然而，中国政府一直强调去杠杆化的重要性，加强对房地产市场的监管，以减少金融风险。除了从金融和监管层面的应对策略，历史数据也对我们进行了告诫。与美国2008年的次贷危机不同，中国的金融系统和房地产市场有着不同的特点。中国的金融体系更加稳健，监管制度也相对完备。政府一直高度重视稳定金融和房地产市场，有能力及时应对风险，并采取必要的措施来保护金融系统的稳定。虽然恒大和融创面临挑战，但中国政府将继续采取必要的措施来处理相关问题，保持金融和房地产市场的稳定。我们应该看到中国房地产市场的变迁，以及政府在防范金融风险方面的努力，这为市场的长期稳健发展提供了坚实基础。

面对未来，我们应该保持警惕，不可掉以轻心。在推动房地产市场发展的同时，政府和行业各方应增强风险意识，完善监管机制，避免过度依赖债务融资和高杠杆经营。只有这样才能确保中国房地产市场的健康发展，为经济的可持续增长提供稳定支撑。

（资料来源：百度学术，https://baijiahao.baidu.com/s?id=1778911129800800167&wfr=spider&for=pc）

问题分析：结合案例，对比商品房贷与租赁房贷领域资产证券化融资模式差异，并分析投资银行在两类证券化结构性融资过程中，应如何帮助发起人有效融资并控制其风险？

第四节　金融科技在资产证券化中的应用

金融科技在投资银行资产证券化业务场景如何应用？如何理解金融科技的哲学基础与科技为民要义？

科技进步让金融的广度和深度不断延伸。早期的算盘以及后来的复式记账法、区块链都

属于科技范畴。金融具有很强的现金价值,科技具有很强的股权价值。金融与科技的交界点是资产证券化。资产证券化对银行是一个机会也是挑战。机会是银行可通过资产证券化对资产进行出表(资产负债表)处理,然后降低资产资本消耗直接出售做融资。那么挑战呢?目前类金融机构,比如租赁、小贷和保付代理通过投资银行将资产证券化后把结构化产品卖给银行。如果要结合金融科技做到资产证券化,那么其带来的变化肯定要在提高效率或降低成本方面体现出来。

课后案例

金融科技的发展给资产证券化业务带来哪些改变

金融科技体现在公司对大数据风控的把握及区块链技术的运用,从而快速有效地筛选出符合标准的底层资产,来进行之后的资产证券化业务。金融科技还在于提供管理系统:一是本地部署全流程智能系统,二是云端服务系统。前者包含资产池统计、切割、结构化设计等系统功能,为中介机构提供本地部署的全流程分析、管理、运算体系,增强中介机构承接ABS新业务及现有存续资产证券化(以下以常见的 ABS 模式为例)业务管理能力。在云端投资机构可以通过智能系统随时掌握所投的 ABS 资产状况。金融科技给资产证券化带来的改变还表现在以服务商端口形式,在整个 ABS 链条中扮演非常重要的角色,包括在发行、定价、交易时都发挥重要职能。运用大数据分析优势,让全流程智能系统对每一笔入池资产均进行风险洞察,并确保资金全部通过 SPV(特殊目的机构)运作,实现真正的破产隔离,之后中介机构还可以用投后检查形式对存续期 ABS 资产进行实时观察,向投资人持续提供实时信息披露,确保公司运作、资产运作真实透明。资产证券化服务商(投资银行)业务主要针对 ABS 发行全流程,提供资产生成、资产征信/评级/定价支持、以财务顾问的身份帮助企业进行交易结构的设计,以及通过全流程智能系统提供投资者功能页面,帮助投资机构管理所投的 ABS 资产。金融科技帮助资产证券化,下一步将走向商业模式升级和多维度的联动,市场上将出现更多的参与者,他们将用投资银行的思维方式开展新型的资产管理业务,从而带动整个ABS 市场的流动性,激活不同风险偏好的投资者多元化配置需求,这也将提升资本市场的活跃度和流动性,提升金融资源的配置效率。更重要的是,在智能系统的支持下,中介机构能够更加精准地对资产进行定价,这样一来,消费金融类的公司 ABS 发行成本也就降低了。之后,投资者们也可以用智能系统,清楚地跟踪所投资产状况,如果中介机构想要给投资者提供 ABS 资产跟踪报告,也不用再去做庞大的 Excel 数据表格了,用科技智能系统一步完成。所以说,在整个 ABS 发行、交易、投后管理过程中,资金投资方、ABS 中介机构、融资方都会受益。

(资料来源:京东金融,https://www.zhihu.com.)

问题分析: 结合案例,思考金融科技如何赋能投资银行开展资产证券化业务?2018 年 7 月至今,金融科技在资产证券化业务中的应用有何新发展?

财商小剧场

【思考 1】区块链的兴起对未来金融行业会产生什么新变化呢?普通投资者是否可投资

区块链概念投资品。

【问题解析】首先区块链出现时，只是比特币的底层技术。本质是"分布式不可更改的加密数据库技术"，我们一般看到的数据库都是集中式中心化，所以它的可信度、安全度依赖于开发管理人员素质、技术以及相关制度安排。区块链不一样，它是通过网络上多方同时完成计算、认证、存储任务，然后通过共识算法达成一致。区块链技术是不依赖于任何一方，所以称其为多中心技术。多中心特征使得篡改数据变得几乎不可能，这样数据的安全度、可靠度就大大增强。阿里、腾讯、Facebook都在拼数据，"21世纪的石油是数据"，所以大数据时代大家最关心的是什么呢？那就是数据安全、稳定和可靠。区块链具有这些特质，所以从它的应用前景来看，其对整个商业世界和人类社会影响相当深远。

金融的本质是关于信任和信息交易，通过金融工具信任可直接转化为财富，这是金融行业对区块链技术着迷的原因。信息不对称是金融市场的根本特征。金融产业间存在大量中心化信用和信息中介，这些中介其实降低了系统运转效率，增加了资金的来往成本。从这个意义上看，区块链的特征使得社会能更快建立信任，所以它具备改变金融基础架构的潜力。如通过区块链可实现快速跨境支付、快速保险理赔、快速证券发行和交易等。但具备改变金融基础架构的潜力是什么意思呢？技术对整个社会还有商业革命性的改造其实是有前提条件的，那就是说，要在商业世界里发现成熟的应用场景，也就意味着技术从构想到落地甚至到实现盈利还有很长一段路。目前，区块链技术已有初步应用，像政治选举、企业股东投票、博彩，这些领域都对数据依赖很大，但区块链在这些行业也只是作为辅助工具。中国有区块链企业和当地公证处合作，让公证材料验证过程变得更快、人工差错更少。但该工具保证是什么？它只能保证递交上来的所有材料信息完整一致，而对纸面材料信息真伪不负责任。如国际支付领域著名区块链企业叫作Ripple，它可以帮助银行实现不通过代理行结算转账，并且已经融资将近1亿美元。但Ripple企业面临什么呢？由于大家知道金融监管分国别，所以Ripple企业面临着监管国际协调，至于协调以后要怎么做？各个国家会不会配合？这还要很长时间才能够观察完整。

总之，区块链既具有竞争力，也具有想象力，也许在未来会改变社会金融、商业基础设施。但是要想落地，这条路现在看起来还比较长远。现在市面上关于区块链的投资品基本是炒作概念，因为真正的大企业还在大力开发这项技术，然后才去寻找落地场景，普通投资者由于存在较大的信息不对称，应谨慎投资。

【思考2】为什么在中国人民银行降准降息时普通投资者应该多配置债券基金？

【问题解析】降准降息就是中国人民银行增加货币供应的主要手段。其实这个问题是货币多了怎么导致债券价格上涨？问题其实比较复杂，它涉及债券价格变化的机制。第一要明白中国人民银行降准降息是什么意思，"降准降息"的背后要做什么样的政策操作。第二操作会带来市场反应，特别是债券价格的反应。降息是指中央银行降低银行间市场目标利率，它是中国人民银行通过银行间市场购买债券抬高债券价格，债券价格上升则债券利率下降，中国人民银行达到了降息目的。中国人民银行持续操作直到债券利率达到中国人民银行设定的水平。这个过程中，债券价格上涨，则债券收益率上升。所以，如果你事先多配置债券基金自然会获得收益。如美国联邦储备委员会降息，降低了联邦基金市场利率即美国银行间市场资金拆借利率。具体操作办法是位于纽约联邦储备银行在债券市场上买入各种债券，主要是国债，买得足够多后债券价格就上涨。为什么债券价格上涨，债券利率下降呢？这是因为债券是固定收益证券,还本付息都是固定的,债券价格上升也就意味着购买债券成本上升。成本上升收益固定则利率自然下降。中国降息和美国类似,当然也有区别。相同之处在于中国人民银行也是在公开市场买卖证券调节利率。如经常听说中国人民银行回购、逆回购,就是买卖证券行为,也就是向市场回收或者注入资金,这和美国在公开市场操作本质一样。再比如中国人民银行还有很多操作,如"麻辣粉""酸辣粉",也都是向市场注入或回收资金,目的是通过调节市场资金量以调节市场利率。与美国有很大不同的地方在于中国人民银行可直接规定基准存贷款利率,商业银行在吸收存款和发放贷款的时候,要以这个基准利率为参考,中国人民银行还可以通过窗口指导进一步影响商业银行的存贷款利率。所以,中国人民银行的政策手段比美国中央银行(美国联邦储备委员会)要多,那么市场反应也就更大,则普通投资者在债券基金上获利的可能性就更大。

降准是中国人民银行作为监管者降低商业银行在中国人民银行的存款准备金率,也就是商业银行存放在中国人民银行的资金会减少。这样一来,商业银行发放贷款资金增加,贷款又会变成存款,存款又可以用来放贷。这样就产生了"鸡生蛋、蛋生鸡"的过程,产生更多的货币。而货币的一部分就会被用来购买债券,则债券价格就会上升。和上面的降准道理一样,事先持有债券型基金的投资者就会获得收益。

📚 本章小结

1. 资产证券化是以资产所产生的现金流为支撑,在资本市场上发行证券工具,从而对资产的收益和风险进行分离重组的一种技术过程。资产证券化是金融市场上的一种新型融资方式,它既不同于传统的以银行为主的间接融资方式,也不同于单纯的依赖发行企业股票或债券的直接融资方式。它是有效融合了间接融资方式与直接融资方式的创新金融工具。

2. 资产证券化是通过构建一个严谨、有效的交易结构来保证证券发行和融资的成功。随着被证券化的金融资产种类增多,资产证券化的组织结构也越来越复杂。按照不同的标准,资产证券化可被划分为不同类型,包括抵押贷款支持证券(MBS)和资产支持证券(ABS)、过手证券和转付证券、单一借款人证券化和多借款人证券化、单宗销售证券化和多宗销售证券化、单层销售证券化和双层销售证券化、发起型证券化和载体型证券化、政府信用型证券化和私人信用型证券化、基础证券和衍生证券、表内证券化和表外证券化以及不良资产证券化。

3. 资产证券化的基本流程可简单概括为:发起人将证券化资产出售给一家特殊目的机构(SPV),或者由已成立的 SPV 主动购买可证券化的资产,然后将这些资产汇集成资产池,再以该资产池所产生的现金流为支撑在金融市场上发行有价证券,最后用资产池产生的现金流来清偿所发行的证券。

4. 资产证券化面临着一些风险,即交易结构风险、信用风险、提前偿还条款风险、利率风险以及资产池的质量与价格风险。

5. 资产证券化过程涉及资产的出售转移、信用提高、信用评估、证券承销和资金托管等过程。任何一个环节出现问题,都会影响整个资产证券化进程的顺利进行。因此,为了降低资产证券化过程中的各种不确定因素可能给各参与主体带来的损失,必须完善法律监管体系制度,并设计有效合理的交易结构,积极做好风险防范控制工作。

6. 科技进步让金融广度和深度不断延伸。早期的算盘以及后来的复式记账法、区块链都属于科技范畴。金融具有很强的现金价值,科技具有很强的股权价值。金融与科技的交界点是资产证券化。资产证券化对银行是一个机会也是挑战。机会是银行可通过资产证券化对资产进行出表(资产负债表)处理,然后降低资产资本消耗直接出售做融资。那么挑战呢?目前类金融机构,比如租赁、小贷和保付代理通过投资银行将资产证券化后把结构化产品卖给银行。如果要结合金融科技到资产证券化,那么其带来的变化肯定要在提高效率或降低成本方面体现出来。

练习与思考

一、名词解释
1. 资产证券化
2. 抵押贷款支持证券
3. 资产支持证券
4. 信用增级
5. 信用风险
6. 特殊目的机构

二、简答题
1. 资产证券化的特征是什么?
2. 资产证券化的类型有哪些?
3. 资产证券化的运作流程是怎样的?
4. 资产证券化有什么风险?

三、不定项选择题
1. 不属于资产证券化特征的是( )。
   A. 流动性风险管理方式　　　　　B. 依赖于资产信用的融资方式
   C. 低风险的融资方式　　　　　　D. 表内融资方式
2. 不属于资产证券化风险的是( )。
   A. 信用风险　　　　　　　　　　B. 提前偿还条款风险
   C. 汇率风险　　　　　　　　　　D. 资产池质量
3. 根据证券化的基础资产不同,将资产证券化分为( )。
   ①不动产证券化
   ②信贷资产证券化
   ③境内资产证券化
   ④债权型证券化
   A. ①②　　　　B. ①④　　　　C. ①②③　　　　D. ①②③④
4. 下列资产证券化的主要参与主体是( )。
   A. 发起人　　　　　B. 特殊目的机构　　　　　C. 信用增级机构
   D. 信用评级机构　　E. 商业银行

微课视频

扫一扫，获取本章相关微课视频。

　　导言　　　　　　资产证券化概述　　　　资产证券化运作

资产证券化风险与控制　　金融科技应用　　　　构建投行财商

第五章　投资银行零售经纪业务

【本章提要】

投资银行证券发行承销、兼并收购与资产证券化等核心业务，主要服务资产较大的个人或者机构。20世纪，美国中产阶级快速发展，但没有专门机构服务于这个群体，因此出现了美林证券等投资银行主营零售经纪业务。伴随着共同富裕政策的逐步落地，中国涌现了大批中产阶级，投资银行(券商)零售经纪轻资产业务亦将出现裂变。此外，资本市场改革深化、资产管理新规打破刚兑预期、保本保收益产品逐步清退、居民权益类资产管理需求增加、相关产品发展迅猛，而券商零售经纪业务服务维度不断拓宽，大财富管理雏形已经出现。本章在着重阐述投资银行零售经纪业务知识的基础上，还重点介绍了金融科技在投资银行零售经纪业务中的应用。

【学习目标】

1. 了解传统证券经纪业务的概念与运作，并理解经纪业务的新模式。
2. 了解早期证券投资基金业务的概念与运作，并理解基金业务的新发展。
3. 了解金融科技在投资银行零售经纪业务中的应用。
4. 构建逻辑、辩证与批判等科学思维；理解金融科技的哲学基础与金融科技为民要义，树立与时俱进、终身学习的理念。

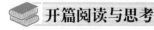 开篇阅读与思考

零售经纪

零售经纪是全球金融民主化的开端，深刻改变着全球金融市场生态。券商开户手续费不多，那么券商真能通过金融业务挣钱吗？券商整个零售经纪业务的构成，简单来说，就是券商开户后每笔证券交易都要交"过路费"，过路费分佣金、印花税与过户费，费率全部加起来大概为1.6‰。即买卖10000元股票大约有16元的费用产生，其中10元是印花税，需要交给税务部门；3.5元佣金交给券商；0.5元佣金归证监会与交易所当作监管费；还有每1000股要缴纳1元过户费，归中国证券登记结算有限公司。虽然数字看上去很小，但中国人口多、数量大，而且中国股市交易特别频繁。如2015年，国家主板换手率为609%，即股票一年内要转手6次，而美国转手大概不到2次。每次股票交易都要收费，因此交易越频繁，券

商挣得就越多。2017年中国券商行业佣金收入大概为352亿元，这么多资金其实都是不起眼的小额交易佣金累积起来的。这就不难理解投资银行(券商)为什么提供增值服务以促进客户多开户、多交易。增值服务包括现金管理账户、信息推送与隐性金融服务，如被称为中国资本市场"奥斯卡"的新财富分析师评选，一旦某位分析师登顶则其所在的投资银行就会吸引更多客户。

国外大投行业务中，零售经纪占比已下降至不到10%。但中国券商对零售经纪依赖仍然较大，2015年，中国零售经纪占50%左右，2017年虽然已经下降到25%左右(因为IPO解冻市场交易不是很活跃)，但跟国际同行相比差距还是蛮大的。

(资料来源：知乎，https://www.zhihu.com/question/58614757.)

问题分析： 依托案例衍生思考，除了传统证券经纪业务外，迄今为止投资银行(券商)零售经纪业务服务维度还拓宽到哪些领域了？

第一节　证券经纪业务

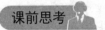

传统证券经纪业务的定义和特点是什么？证券经纪业务运作流程分几步？

课前案例

投资银行转型开始

在零售经纪业务模式前，资本市场是富人游戏，在此业务模式后，中产阶级才真正进入金融市场，金融民主化、普及化才真正得以实现。早期投资银行只为富豪服务，所以普通老百姓离金融市场很遥远。一直到第二次世界大战后，局面才有所改观。持续20年的资本主义黄金时代出现，各国的国民储蓄越来越多，中产阶级就此兴起。凭借庞大的人口基数，美国中产阶级成为社会重要力量。美国一些不起眼的小投资银行，如美林证券觉得自己在传统业务上无法与豪门大投资银行竞争，所以它看中逐渐兴起的美国中产阶级，并为普通老百姓提供证券服务金融模式。

首先，向没有金融意识的普通百姓进行金融普及教育。如向普通投资者免费提供证券教育、讲解股票债券知识并简化开户手续，让普通人迈过敢买股票的第一关。这次战略转型非常成功，于是在20世纪50年代，美林证券跻身美国三大投资银行之一。转型过程中整个美国金融市场生态被改变。美国股票交易所统计结果显示，到20世纪60年代末，美国已拥有超过3000万股民，整个社会资产管理行业开始迅速膨胀。1970年美国资产管理市场规模为457亿美元。2010年资产管理市场已膨胀至13.8万亿美元。前后相差300多倍。而且54%的美国人已经拥有股票，45%的美国人拥有投资基金。金融业通过这次转型将证券从有钱人专属转型为整个社会的"基础设施"。从另一维度看，这次转型对投资银行改变很大。如在帮你买卖交易证券的过程中，投资银行就产生了做证券自营业务需求与代客理财的资产管理业务需求。投资银行从为企业融资服务卖方业务过渡到为个人、机构投资服务买方业务。在这个过程中,为争取客户,投资银行还增加了各种创新性增值服务,为投资者增添便利。如货币基金,即投资银行在零售经纪业务中的业务模式创新。还有很多投资银行提供白天炒股、夜间炒基服务,例如,美林证券 1977 年推出的现金管理账户,客户的资金白天在股票账户里可以买卖股票,到了晚上剩余资金就自动替客户转入货币基金,挣货币基金利息,以便使老百姓增加收益。零售经纪业务改变了金融市场投资者结构,使整个金融市场极速扩容,这种融资型证券市场逐步转型为普通人的财富管理市场。

通过投资银行零售经纪上的业务创新,对市场需求不断挖掘,对市场前景准确把握,然后再在商业模式上作出细微的改进,可能会成为非常了不起的创新。

(资料来源:知乎,https://zhuanlan.zhihu.com/p/609104723.)

问题分析:依托案例思考中国零售经纪传统形式是什么?延展思考共同富裕政策与资本市场新政策下零售经纪会发生怎样的裂变?

一、证券经纪业务概述

传统证券经纪业务是指具有证券经纪商资格的投资银行通过其设立的证券营业部接受客户委托,按照客户的要求代替客户买卖有价证券及相关的业务。证券经纪业务中投资银行只收取一定比例的佣金作为业务收入。中国投资银行传统证券经纪业务以通过证券交易所代理的买卖证券业务为主。证券交易所经纪人有资格在交易所进行场内交易,经纪人接收投资者委托单,并将其传递到市场执行委托及提供证券市场信息服务、证券交易咨询服务、保管证券、代收股息与利息等服务。作为证券市场交易媒介,经纪商与客户之间是委托代理关系,经纪商有义务完成委托者指令。传统证券经纪业务有以下四个特点。①业务对象广泛性。其包括所有在证券交易所上市的股票、债券、证券及投资基金。②业务性质中介性。证券经纪商不以自己的资金证券进行交易,不承担风险,只充当买卖双方代理人。③客户指令权威性。严格按照客户要求,包括指定证券、价格、数量、交易时间等去买卖证券,不能自作主张擅自改变委托人意愿,即使情况有变,为维护委托人权益而不得不变更委托的,也必须征得委托人同意。④客户资料保密性。包括股东账户与资金账户、客户委托指令信息、客户库存证券种类数量、资金账户中资金余额等。但法律、法规另有规定的除外。

经纪委托关系的建立表现为开户与委托两个环节。首先经过证券经纪商与投资者签订证券买卖代理协议,同时为投资者开立证券交易结算资金账户建立经纪关系,然后再办理委托手续,形成实质上的委托关系。开立证券交易结算资金账户用于证券交易资金清算,在接受开户时,证券经纪商应对委托人的情况加以了解。办理委托手续的过程包括投资者填写委托单与证券经纪商受理委托。双方经纪关系表现为客户是授权人和委托人,证券经纪商是代理人和受托人,具体内容如下。

委托人是指根据国家法律、法规,允许进行证券买卖交易并委托他人代理的自然人或法人。客户作为委托人享有权利和义务,其主要权利有:选择经纪商的权利,要求经纪商忠实为自己办理受托业务的权利,对自己购买的证券享有持有权和处置权,对证券交易过程的知情权,寻求司法保护和享受经纪商按规定提供其他服务的权利。其主要义务有:认真阅读证券经纪商提供的《风险揭示书》与《证券交易委托代理协议书》,了解从事证券投资存在的风险并按要求签署有关协议文件,严格遵守协议约定,按要求如实提供证件、填写开户书并接受证券经纪商审核,了解交易风险,明确买卖方式,按规定缴存交易结算资金,采用正确的委托手段接受交易结果并履行交割清算义务。

证券经纪商是指接受客户委托、代理客户买卖证券并以此收取佣金的中间人。证券经纪商以代理人身份从事证券交易，与客户是委托代理关系，必须遵照客户发出的委托指令进行证券买卖，但不承担交易价格风险，但在向客户提供服务时会收取佣金作为报酬。证券经纪商的作用主要有两个方面：一是充当买卖中介；只有经纪商才可以进入交易所完成交易，作为买卖双方的代理人，经纪商充当金融中介，即沟通买卖双方，并按一定要求迅速、准确地执行指令和代办手续，提高了证券市场的流动性和效率。二是提供咨询服务。其具体表现为：与客户建立长期合作关系，并为其提供投资咨询，包括上市公司的详细资料、公司和行业的研究报告、经济前景的预测分析和展望研究、股票市场近期变动态势与商情报告及有关资产组合评价推荐等。作为受托人，证券经纪商享有的权利和应承担的义务如下。

证券经纪商应享有的权利主要包括：①拒绝接受不符合规定委托要求的权利，即投资者委托要求应符合有关法律和规章制度的规定。②按规定收取服务费用的权利，如佣金等。③对违约或损害证券经纪商自身权益的客户，拥有通过留置客户资金、证券或通过司法途径要求履约或赔偿的权利。证券经纪商承担的义务主要有：①遵循公平买卖原则，为委托人提供服务，提醒客户了解并注意从事证券投资存在风险。②认真与客户签订《证券交易委托代理协议书》并严格遵守协议约定。③坚持了解客户的原则，认真审查委托人，对不符合法律规定的客户不接受其委托。④必须忠实办理受托业务。⑤证券经纪商应当统一制定《证券买卖委托书》供委托人使用，采取其他委托方式的必须有委托记录。⑥坚持为客户保密制度，证券经纪商对委托人委托事项负有保密义务，未经委托人许可严禁泄露，但监管、司法机关与证券交易所等查询不在此限。⑦如实记录客户资金证券变化，对委托人委托买卖内容及缴纳交易结算资金与证券库存变化，必须有真实凭证与翔实记录。⑧不接受全权委托，不得接受代替客户决定买卖证券数量、种类、价格及买入或卖出全权委托，也不得将营业场所延伸到规定场所外。⑨同一证券公司在同时接受两个以上的委托人就相同种类、数量的证券，按相同价格分别作委托买入或委托卖出时，不得自行对冲成交，必须分别进场申报竞价成交。

二、证券经纪业务运作

证券经纪业务的运作流程如图 5-1 所示。

图 5-1　证券经纪业务的运作流程

证券经济业务运作流程的具体内容如下。

(1) 受理投资者委托代理证券交易业务的第一步是开设证券账户。证券账户是指证券登记结算机构为投资者设立的用于准确记载投资者所持证券的种类、名称、数量及相应的权益变动情况的账册，是认定证券所有人身份的重要凭证，具有证明其身份的法律效力，同时也是投资者进行证券交易的先决条件。按照中国上市品种与证券账户用途，可将证券账户分为股票账户、债券(回购)账户与基金账户。

(2) 投资者持证券账户与证券经纪商签订证券交易委托代理协议，开立用于证券交易资金清算的专用资金账户。资金账户的开立意味着客户与投资银行建立了经纪关系。证券交易结算资金账户主要分为现金账户与保证金账户两种类型，它们的主要区别在于现金账户不能透支，保证金账户允许客户使用经纪人或银行贷款购买证券。现金账户最为普遍，大部分个人投资者都开设了现金账户。使用现金账户交易的客户在购买证券时必须全额支付购买金额，其所买卖的证券完全归投资者所有并支配。保证金账户则允许客户使用经纪人权限向银行贷款购买证券。保证金账户下客户可用少量资金进行大量的证券交易，其余资金由经纪商垫付，作为投资者贷款。所有信用交易与期权交易均在保证金账户进行。投资者用自有资金作为担保，利用银行或经纪商贷款放大资金总量来进行证券交易，这是杠杆交易模式。

(3) 客户在开设账户后，可在证券营业部下达委托指令。下达委托指令是指证券经纪商接受客户委托代理客户买卖证券，并从中收取佣金的交易行为。办理交易委托手续包括投资者下达委托指令与证券经纪商受理委托，这相当于合同关系中的要约与承诺。投资者向经纪人下达买卖指令亦称下单。委托指令应包括所买卖证券品种与具体名称、买进或卖出数量、拟成交价格、委托有效期等。

(4) 交易委托成交包括以下几种。

① 按照委托数量的不同特征，同分为整数委托与零数委托。整数委托是指委托买卖证券的数量为一个交易单位或交易单位整数倍。一个交易单位俗称"一手"。中国以1000元面值为一标准手，即10张面值为100元的债券为一标准手。零数委托是指投资者委托证券经纪商买卖证券时，买进或卖出的证券不足证券交易所规定的交易单位。我国只在卖出股票时才有零数委托，主要是为投资者出售因股票股利分配、送股与配股而产生的低于标准手数量的股票提供便利。

② 按照委托价格的不同特征，可分为市价委托与限价委托。市价委托方式下的投资者委托指令中仅指明交易数量，不指明交易具体价格，要求证券经纪商按照即时市价买卖。其优点是将执行风险最小化，从而保证及时成交，缺点是成交价格不确定，而且可能是市场上最不利的价格，投资者必须承担成交价格不确定带来的投资风险。限价委托是指投资者在委托经纪商进行买卖时限定证券买进或卖出的价格，经纪商只能在投资者事先规定的合适价格内进行交易。限价委托又分为买入限价委托与卖出限价委托。买入限价委托限定买入证券的最高价，只能以此价格或低于此价格的价位成交；卖出限价委托限定卖出证券的最低价，只能以此价格或高于此价格的价位成交。限价委托指令的优点是价格风险可测量、可控制，但对经纪商来说执行风险相对较大。市价委托与限价委托是目前国际上主要的证券交易所普遍接受的委托指令价格。

③ 按照委托的时效限制，可分为当月有效委托、当周有效委托和撤销前有效委托。当日有效委托是指委托人的委托只于当日有效，委托指令下达后，如果整个交易日交易时间内都无法满足委托成交条件，则在收市后委托即失效。当周有效委托则会在本周内所有交易收盘时自动失效。撤销前有效委托是指客户未通知撤销则始终是有效委托。在我国的证券交易

中，客户对证券经纪商的合法委托是当日有效限价委托。

④ 按照将交易价格的决定特点不同，可分为指令驱动型和报价驱动型。指令驱动型是指在证券交易所内，大量投资者委托指令通过经纪商传递到市场内，并披露在公开信息平台上。证券交易所对所接受的委托指令进行合法检验后，应用计算机技术把绝大部分委托指令通过交易所的计算机主机进行公开申报竞价，并由计算机系统按照价格优先时间、优先原则自动撮合成交，以推动市场交易持续进行的委托指令，这是指令驱动型交易系统。在指令驱动型交易系统中，投资者申报竞价分为集合竞价与连续竞价两种。集合竞价是指所有交易订单并不是在收到指令后立即撮合，而是由交易中心将不同时点收到的订单进行积累，在同一时刻按照一定的原则进行高低排序，以最大成交量为原则生成竞价结果。上海证券交易所与深圳证券交易所每个交易日开盘价是集合竞价结果，竞价时间为交易日 9:15—9:25，而证券交易所连续竞价时间为 9:30—11:30 与 13:00—15:00；深圳证券交易所连续竞价时间为 9:30—11:30 与 13:00—14:57，而 14:57—15:00 为集合竞价时间。连续竞价是指对申报的每一笔买卖委托由电脑交易系统按照以下两种情况产生成交价：最高买进申报与最低卖出申报相同，则该价格即为成交价格；买入申报高于卖出申报时，申报在先的价格即为成交价格；买卖双方委托若不能全部成交，则剩余的部分留在单上等待下次成交。场外交易市场上证券交易价格由有资格的自营商(做市商)报出，投资者委托指令报价不会出现在市场的公开价格信息平台上，因此不能被直接撮合成交。投资者是根据做市商报价选择买卖价格并与其交易。在报价驱动型市场上，证券交易的流动性、稳定性都是靠做市商报价来支持的。指令驱动型市场的优势是易于处理大量投资者的小额交易，并形成连续交易价格，且运作透明、容易监管。报价驱动型市场则在处理冷门证券交易与大额交易方面具有优势。但是，由于做市商享有交易信息的优势，因此可能存在市场透明度不够的问题。

(5) 清算、交割与交收统称为证券结算。证券结算是在每一个交易日对每个经纪商成交的证券数量与价款分别予以抵销，对证券资金应收净额或应付净额进行计算的过程。清算是指每个交易日对每个取得结算参与人资格的证券公司的证券与资金的应收、应付数量金额进行计算处理的过程，不发生财产实际转移。清算后买卖双方在事先约定时间内履行合约，钱货两清。这期间证券收付称为交割，资金收付称为交收。证券结算主要有净额结算与逐笔结算两种。净额结算方式又称为差额结算，就是在结算期内对每个经纪商的价款结算，只计其各笔应收、应付款项相抵之后的净额，对证券结算只计每一种证券应收、应付相抵后的净额。净额结算的优点是可简化操作手续，提高结算效率。净额结算价款时，同一结算期内发生的不同种类证券买卖价款可合并计算，但不同结算期发生的价款不能合并计算。结算证券时只有在同一清算期内，且必须是同一证券才能合并计算。逐笔结算是指对每一笔成交证券及相应价款进行逐笔结算，主要是为了防止在证券风险特别大的情况下，出现净额结算风险积累的情况。中国证券登记结算有限责任公司实行当日净额结算制度。

课后案例

2022年度证券行业策略报告(零售经纪部分)

居民财富增长迅速、房地产投资属性弱化、资产管理新规落地、基金投资顾问试点放开等综合因素助力财富管理市场扩容。券商传统轻资产经纪业务以通道业务为主的盈利能力下滑。随着资本市场改革的深化，经纪通道业务向综合财富管理转型升级，2020 年证券行业实现代理销售金融产品净收入 134.38 亿元，在经纪业务收入方面的占比不断提升。投资银行(券商)流量有限，但客户风险偏好较高、高净值客户与富裕客户基础好、代理销售及自有产品体系丰富、权益类产品服务能力最强，这便形成了权益类财富管理的比较优势。其具体内容如下。

长端利率中枢下移、资产管理新规落地、居民财富意识觉醒，助增权益资产配置需求。2020 年以来，十年期国债到期收益率在 2.5%～3.5%震荡，2021 年从近 3.3%的水平震荡下滑至 2.8%左右。同时，资产管理新规落地后，保本、保收益产品逐步清退，银行理财产品净值化管理加快推进，理财收益率显著下滑，2021 年以来，全市场 1 年期理财产品预期年化收益率从 4.2%左右下滑至 3.1%，传统零售经纪产品已经不能满足居民资产保值、增值的需求，居民资产配置呈现多元化特征、风险资产配置需求不断提升。叠加券商资产管理公募化、公募基金扩容发展趋势，居民权益类投资需求将不断增加。基金投资顾问试点不断放开，相关人员从卖方销售向买方投资顾问转型，充分满足客户需求。2019 年 10 月前，受监管制度限制及传统银行与投资银行(券商)考核体系影响，传统客户经理在基金销售中实际仅承担"卖方销售"的角色。2019 年 10 月 25 日，中国证监会下发《关于做好公开募集证券投资基金投资顾问业务试点工作的通知》，公募基金投资顾问业务试点落地，以非产品销售为导向、与客户利益一致的买方投资顾问业务模式自此拉开序幕。截至 2021 年 8 月底，共计 58 家机构获得基金投资顾问牌照，其中券商 28 家、公募及子公司 24 家、银行 3 家、第三方基金销售机构 3 家。中国证券投资基金业协会发布的《2019 年基金个人投资者投资情况调查问卷分析报告》显示，60.6%的投资者需要投资顾问服务，基金投资顾问业务未来可期。

券商传统轻资产业务以经纪、定向资产管理业务等通道类业务为主，盈利能力下滑，业务转型迫在眉睫。经纪业务方面交易额受市场行情、股价波动等影响较大；同时 2015 年以来，互联网展业快速发展与行业价格竞争加剧，传统经纪业务佣金率走低，盈利能力萎缩且波动大，行业平均佣金费率仅为 0.025%。此外，券商经纪业务服务维度不断拓宽，大财富管理雏形已经出现，直接或间接地带动多项业务联动。直接相关业务包括代理买卖证券交易(传统经纪业务)、融资融券、代销金融产品，间接相关业务还有资产管理、公募基金，甚至包括来自投资银行高净值客户的导流等多维度业务协同，逐步从交易通道向综合财富管理转型升级(包括证券交易、融资融券、代销金融产品等)。券商经纪服务维度从早期证券交易的 1.0 版本扩张至融资融券服务和代销金融产品的 2.0 版本，券商代销金融产品收入及其在经纪业务收入中占比不断提升。根据中国证券协会发布证券公司 2020 年度经营数据，2020 年证券行业实现代理销售金融产品收入净 134.38 亿元，在全行业经纪业务收入中占比 11.57%；头部券商转型更快，以中信证券为例，代销收入在经纪业务收入中的占比已从 2016 年的 11.1%提升至 2020 年的 22.8%。未来挖掘和匹配零售端客户综合财富管理需求将迈向 3.0 版本，并对券商资产管理或公募基金产品能力、投资顾问服务能力、多元化产品设计专业能力提出更高的要求。

一、券商代销金融产品

券商代销金融产品种类丰富，权益类产品筛选能力更强，具体内容如下。

(1) 代销产品种类更丰富。与第三方机构不同，除公募产品外，券商还可以代销私募、信托、券商资产管理等产品，产品种类更多元。

(2) 代销产品体系健全。以中信证券为例，根据持有期限、风险和收益的不同，代销产品包括现金管理、类固收、挂钩浮动收益、权益投资、另类投资等多类金融产品。

(3) 代销产品筛选能力强。由于券商与公募、私募等资产管理机构业务往来密切，因此更了解相关机构资产管理能力，在产品筛选方面具备优势。

(4) 具备差异化优势。一方面，ETF 发行和交易必须通过证券公司；另一方面，证券公司在渠道和服务上的优势使代销权益型基金具备天然优势，券商权益型基金保有规模在非货币基金中占比达 93.5%，明显高于银行(87.6%)及第三方机构(62.6%)。

二、自有产品助力券商

自有产品助力券商形成差异化优势。券商旗下资产管理公司及公募基金子公司具备产品创设能力和专业优势，其投资能力和创设能力决定产品的核心竞争力。

(1) 目前券商资产管理头部化明显，头部券商资产管理业务发展明显快于其他同业，品牌影响力较广，东方证券资产管理有限公司(以下简称"东证资管")和中国中金财富证券有限公司(以下简称"中金财富")为个中翘楚。东证资管的资产管理规模(AUM)达 3525.88 亿元，资产管理业务净收入 18.75 亿元，排名行业第一。根据中证网报道，2019 年以来，中金财富陆续推出面向超高净值客户的"中国 50"、面向大众客户的"A+基金投顾"及面向中高端客户的"微 50"，搭建不同层级的客户买方投资顾问配置服务体系。截至 2021 年 10 月 18 日，中金财富"中国 50""微 50""A+基金投顾"及中金环球家族办公室协调设立家族信托等买方投资顾问类产品，其保有量超过 666 亿元，其中"中国 50"2021 年追加资金原有客户(2021 年之前设立账户的客户)数量占比为 50%左右，持有 6 个月以上客户正收益占比 99%。

(2) 公募基金子公司投资能力强、品牌效应明显。明星产品和明星基金经理的市场关注度较高、资产管理规模增长较快，以广发证券子公司易方达基金为例，截至 2021 年第三季度，公司明星基金经理张某在管基金 4 只，在管基金净值达 1057.48 亿元，任职期间总回报达 339.00%，较沪深 300 实现超额收益 227.23%。

(资料来源：平安研究，https://finance.sina.cn.)

问题分析：依托案例，分析零售经纪业务已从传统经纪业务裂变成什么新模式？投资银行在零售经纪业务裂变中如何更有效地服务于零售客户？

第二节 证券投资基金业务

证券投资基金的含义、特征、分类与运作流程分别是什么？

课前案例

自 2020 年以来，公募基金行业呈现爆发式增长，东方财富凭借旗下另一子公司——天天基金，牢牢占据了基金代销领域的头部位置。托管业务作为一项与机构基金代销能力高度捆绑的业务，若东方财富证券未来获批开展此业务，便有望进一步提升东方财富在基金领域的布局与实力。"东财不差钱,零售布局完成后,申请机构经纪业务的配套牌照,反过来还能为以后公募托管、券结模式做长远准备。"某中型券商经纪业务人士评论道。有券商人士向记者介绍,托管业务主要是资金保管和监督,开展托管业务有利于形成业务闭环,增强客户黏性。与银行相比,券商在专业性方面的优势更大,更能满足市场的新需求。2021年以来,东方财富在基金领域的动作不断。同年7月6日,东方财富发布公告,子公司东方财富证券于近日收到中国证监会《关于东方财富证券股份有限公司试点开展基金投资顾问业务有关事项的复函》,中国证监会对东方财富证券试点开展基金投资顾问业务无异议。在基金业务上,东方财富已经获得了包括基金代销、资产管理、基金投资顾问在内的多项业务资格。值得注意的是,东方财富在基金代销领域的实力雄厚,这也让其申请托管牌照受到业内关注。回顾历史,公募基金托管起步于1998年,由于托管机构的托管规模与基金代销能力深度捆绑,银行在基金代销中长期占据主导地位。2013年券商托管业务开闸,券商在资格审批上受到监管部门较大力度的支持。2013年,中国证监会发布了《非银行金融机构开展证券投资基金托管业务暂行规定》,券商开展公募基金托管业务的法律环境已经成熟。2014年年初,海通证券、国信证券、招商证券成为首批获批基金托管业务资格的券商。2012年《中华人民共和国证券投资基金法》修订颁布,允许经中国证监会审批后的非银行金融机构开展基金托管业务。

(资料来源:新浪财经,https://finance.sina.cn.)

问题分析:基金托管业务体现了投资基金的什么特点?投资银行(券商)开展基金托管业务相较于商业银行有何优势?与传统经纪业务相比,投资银行在基金业务中如何才能更有效地服务并支撑零售客户财富管理业务?

一、证券投资基金的含义

早期证券投资基金是指通过发售基金份额募集资金形成的独立基金财产,由基金管理人管理、基金托管人托管,以资产组合方式进行证券投资,基金份额持有人按其所持份额享受收益和承担风险的投资工具。证券投资基金在不同的国家和地区有不同的称谓。美国、德国与法国的相关法规称其为"投资公司"、英国称其为"单位信托"、日本与中国台湾地区称其为"证券投资信托"、中国香港地区称其为"单位信托与互惠基金"、中国大陆(内地)称其为"证券投资基金"。投资基金源于19世纪的欧洲,英国是投资基金的发源地。1868年英国成立"海外及殖民地政府信托基金",英国《泰晤士报》刊登招募说明书,公开向社会公众发售认股凭证,并将其投资于美国、俄国、埃及等国家的17种政府债券。该基金与股票类似,不能退股也不能将基金份额兑现,认购者权益仅限于分红和派息两项。因其在许多方面为现代基金的产生奠定基础,金融史学家将其视为证券投资基金的雏形。20世纪初,投资基金传入美国后,得到了极大的发展。1924年3月21日,"马萨诸塞投资信托基金"在美国波士顿成立,成为当时世界上第一只公司型开放式基金。从1926年到1928年3月,美国成立公司型基金多达480家,到1929年基金业资产达70亿美元,是1926年的7倍。1929年10月,全球股市崩溃,大部分基金倒闭或停业。基金业总资产在1929—1931年下降超过50%。整个20世纪30年代,基金业处于低速迟缓阶段。20世纪40年代后,各发达国家政府认识到证券投资基金的重要性,纷纷立法加强监管以完善对投资者的保护措施,为基金业发展提供良好的外部环境。1940年美国颁布《投资公司法》与《投资顾问法》,以法律形式明确基金运作规范,严格限制各种投机活动,为投资者提供完善的法律保护,并成为其他国家制定相关基金法律的典范。此后,世界基金业基本处于稳中有升的发展态势。1998—2001年,我国处于投资基金起步阶段,市场中只有 10 家基金公司,产品以封闭式基金为主,基金运作相关制度开始建立;2001—2005 年是第二阶段,随着《中华人民共和国证券投资基金法》(2004 年 6 月 1 日起施行,2015 年 4 月 24 日修正)(以下简称《证券投资基金法》)的颁布施行,各类基金产品相继面世,基金公司运作与管理也逐步完善;2005 年之后,我国的基金业进入快速发展阶段。伴随着资本市场改革的深化,投资人的信心增强,资本市场发展开始提速,基金业也在这个时期快速发展,资产管理的规模迅速扩张。《证券投资基金法》规定,公募基金必须由基金托管人托管。2005 年,为防止券商挪用客户保证金,所有证券必须由中登公司进行登记并实际托管,公募基金则强制由商业银行进行托管,这就使券商被排除在公募基金托管行业外。

直到 2013 年 3 月 15 日中国证监会公布《非银行金融机构开展证券投资基金托管业务暂行规定》(自 2013 年 6 月 1 日起正式施行),才打破商业银行垄断基金托管业务的局面,而券商则重新入场。

二、证券投资基金的特征

证券投资基金是大众化间接证券投资工具,是新金融组织形式,是预定投资方向通过发售基金单位筹集资金形成的独立财产,由基金管理人管理、基金托管人托管、基金持有人按其份额享受收益并承担风险的集合投资方式。其特点如下。一是集合理财,专业管理。有利于发挥资金规模优势,降低投资成本,更好地对证券市场进行全方位动态跟踪与资金面综合深入分析。二是组合投资,分散风险。构建投资组合对基金资产分散化投资,降低非系统性风险。三是收益共享,风险共担。扣除应由基金承担的相关费用后,全部盈余归投资者所有,并依据各投资者所持有的基金份额比例,进行基金收益分配。基金管理人、基金托管人等只能按照基金合同约定提取一定比例的管理费与托管费,不参与基金收益分配。基金投资损失风险由投资者自行承担,基金管理人并不承担相应的经营风险。四是监管严格,信息透明,各国法律强制要求基金必须进行真实、准确、充分、及时的信息披露,这在某种程度上保护了投资者的利益。五是独立托管,保障安全。基金托管人作为独立第三方具体承担基金财产保管义务,这在基金管理人与基金托管人之间就形成了相互制约、相互监督的制衡机制,以切实保障基金投资者的利益。

三、证券投资基金的分类

证券投资基金根据运作方式、组织形式、投资对象、投资目标、投资理念、募集方式、基金的资金来源和用途等可分为不同种类,具体内容如下。

(1) 根据运作方式不同,可将基金分为封闭式基金与开放式基金。封闭式基金是指基金总额在基金合同期限内固定不变,而基金份额持有人不得申请赎回的基金运作方式。开放式基金是指基金总额不固定,基金份额可在基金合同约定的时间、场所进行申购或赎回的基金运作方式。

(2) 根据组织形式的不同,可将基金分为契约型基金与公司型基金。契约型基金是指依据信托契约原则，由委托人、受托人与受益人三方订立信托投资契约并组建基金。公司型基金是指依据基金公司章程设立，以盈利为目的的股份有限公司形式的基金。不同国家具有不同的法律环境，基金能够采用的法律形式也会有所不同。中国基金全部是契约型基金，而在美国绝大多数基金是公司型基金。契约型基金与公司型基金的主要区别如下：①法律依据不同，契约型基金没有法人资格，而公司型基金有法人资格；②资本结构不同，契约型基金的资金是通过发行基金份额方式筹集信托财产，而公司型基金是通过发行普通股票方式来筹集财产；③融资渠道不同，契约型基金一般无法向银行借款，公司型基金在运作良好的情况下可向银行借款以扩大资金规模；④投资者地位不同，契约型基金投资者购买收益凭证后，通过持有凭证获得收益，不具备股东权利，而公司型基金拥有股东权利的是公司股东；⑤运营依据不同，契约型基金以基金合同为依据，而公司型基金以公司章程为依据；⑥运作方式不同，契约型基金期满终止，公司型基金除非破产清算，否则不可随意终止。

(3) 根据投资对象不同，可将基金分为股票型基金、债券型基金、货币市场基金、混合型基金、期货基金、期权基金、指数基金与认股权证基金。①股票型基金是指以股票为主要投资对象的基金。股票型基金在各类基金中历史最悠久，也是各国广泛采用的基金类型。根据中国证监会对基金类别的分类标准，80%以上的基金资产投资于股票为股票型基金。②债券型基金是指以债券为投资对象的基金。根据中国证监会对基金类别的标准，80%以上的基金资产投资于债券为债券型基金。③货币市场基金是指以货币市场工具为投资对象的基金。根据中国证监会对基金类别的分类标准，仅投资于货币市场的工具为货币市场基金。④混合型基金同时以股票、债券等为投资对象，以期通过不同资产类别的投资来实现收益与风险之间的平衡。根据中国证监会基金分类标准，投资于股票、债券与货币市场工具，但股票投资与债券投资比例不符合股票型基金、债券型基金的规定，因此属于混合型基金。期货基金是指以各种期货品种为主要投资对象的基金。⑥期权基金是指以能分配股利的股票期权为投资对象的基金。该类基金风险较小，适合于收入稳定的投资者。⑦指数基金是指以某种证券市场价格指数为投资对象的基金。该类基金收益随当期某种价格指数涨跌而波动。⑧认股权证基金是指以认股权证为投资对象的投资基金。这类基金以买卖认股权证的方式获得资本成长。

(4) 根据投资目标不同，可将基金分为成长型基金、收入型基金与平衡型基金。成长型基金是指以追求资本增值为目标，较少考虑当期收入的基金，主要以具有良好增长潜力的股票为投资对象。收入型基金是指以追求稳定的经常性收入为基本目标的基金，该类基金主要以大盘蓝筹股、公司债、政府债等证券为投资对象。平衡型基金是既注重资本增值又注重当期收入的基金。成长型基金风险大、收益高；收入型基金风险小收益较低；平衡型基金的风险收益则介于成长型基金与收入型基金之间。

(5) 根据投资理念不同，可将基金分为主动型基金与被动型基金。主动型基金是指力图取得超越基准组合表现的基金。与主动型基金不同，被动型基金并不主动寻求取得超越市场表现，而是试图复制指数表现。被动型基金选取特定指数作为跟踪对象，因此又被称为"指数型基金"。

(6) 根据募集方式的不同，可将基金分为公募基金和私募基金。公募基金是指可面向社会大众公开发行销售的基金，募集对象不固定，投资基金要求低，适宜中小投资者。私募基金则是只能采用非公开方式面向特定投资者募集发行基金，投资金额要求高，投资者资格与人数常受到严格限制；运作上有较大的灵活性、所受限制约束较少、投资风险较高，主要以具有较强风险承受能力的富裕阶层为目标客户。

（7）根据资金来源和用途的不同，可将基金分为在岸基金与离岸基金。在岸基金是指在本国募集资金并投资本国证券市场的证券投资基金。在岸基金投资者、基金组织、基金管理人、基金托管人及其他当事人与基金投资市场均在本国境内，所以基金监管部门比较容易运用本国法律、法规及相关技术手段对证券投资基金投资的运作行为进行监管。离岸基金是指一国证券基金组织在他国发行证券基金份额，并将募集的资金投资于本国或第三国证券市场的证券投资基金。

除以上分类外，还有一些特殊基金，如系列基金、基金中基金、保本基金、交易所交易基金，上市开放式基金和对冲基金。①系列基金，又称"伞形基金"，是指多个基金共有基金合同，子基金独立运作，子基金之间可相互转换的基金结构形式，系列基金中各子基金具有完全独立的法律地位。②基金中基金，是以其他证券投资基金为投资对象的基金，其投资组合由其他基金组成。③保本基金，是在锁定下跌风险时力争获得潜在高回报的基金。④交易所交易基金，是在交易所上市交易、基金份额可变的基金运作方式。上海证券交易所将其定名为"交易性开放式指数基金"。⑤上市开放式基金，是指可同时在场外市场进行基金份额申购赎回、在交易所进行基金份额交易，并通过基金份额转托管机制，将场外市场与场内市场有机联系的新基金运作方式，它是中国对证券投资基金的本土化创新。⑥对冲基金，也称避险基金或套利基金，是指由金融期货与金融期权等金融衍生工具与金融组织结合后，以高风险投机为手段，并以盈利为目的的金融基金。对冲基金以私募方式集资，其组织结构为有限合伙人，投资范围不受限制，不必披露业绩等方面的信息，受到的监管程度较低。

四、证券投资基金的运作流程

证券投资基金运作包括基金的设立与募集、基金的交易与费用、基金的收益来源与分配、基金的信息披露，具体内容如下。

（1）基金设立是指由一个或多个机构充当基金发起人，依照法律规定组建投资基金行为的过程。这个过程主要包括以下几点。一是设计基金具体运作方案，确定基金性质、投资目的投资对象。二是选择基金管理人、托管人、会计师、律师与投资顾问等，与其签订协议，准备申请所需的各项文件并向主管部门报送注册，包括申请报告、基金章程、信托契约和招募说明书等。三是注册完毕后，基金发起人可组织基金发行，公告招募说明书与发行公告。待基金份额发行计划完成后基金设立就宣告结束。作为完成基金设立法定程序的执行者，基金发起人负责基金设立的各项筹备工作。主要工作有订立发起人协议，成立发起人组织或基金筹备组织，设计基金具体方案，制作或准备申请设立基金法律文件，与拟委托基金管理人、基金托管人、基金销售代理机构等洽谈相关事宜并签订委托协议等。发起人必须就基金设立重大事项作出决定，这些事项主要涉及设立基金申请报告、基金合同与基金招募说明书等内容。基金发起人还需承担不能设立的责任，当证券监管部门核准募集期基金在募集期限届满不能满足法律规定条件时，基金发起人应以其固有财产承担募集行为，从而产生债务费用。发起人还应在法律规定期限内及时将已募集款项并加计银行同期存款利息返还投资者。

基金募集亦称为基金发行，是指基金发起人向投资者销售基金份额或受益凭证的行为过程。基金募集不得超过证券监管机构核准期限，在此期限内募集基金只能存入专门的账户，在募集行为结束前任何人不得动用。在我国，基金的募集期限一般为1~3个月不等，最大不超过3个月。募集基金由基金管理人负责办理。基金管理人一般会选择证券公司组成承销团代理基金份额募集。基金管理人应当在基金份额发行前公告基金招募说明书、基金合同及其他有关文件。基金发行价格由基金份额面值加发行费用来确定。在发行方式上主要有线上发行与线下发行两种。线上发行是指通过与证券交易所交易系统联网证券营业部，向社会公众投资者发行基金份额的方式。线下发行是指通过基金管理人指定营业网点与其代理承销商指定账户，向投资者发行基金份额的方式。基金募集并不表示基金成立，只有募集期限届满封闭式基金份额总额达到核准规模的一定比例(目前规定80%)，开放式基金募集份额总额达到规定的最低募集份额总额(目前规定募集份额总额不少于2亿份，基金募集金额总额不低于2亿元)，基金份额持有人总数符合要求(目前封闭式基金与开放式基金均要求不低于200人)，经基金管理人聘请法定验资机构进行验资，并在监管机构备案后才能宣告基金成立。基金募集期限届满，如果不满足相关规定，则宣告基金募集失败。基金募集失败由基金管理人承担相应的法律责任，主要包括承担因募集行为产生的债务、费用与返还投资者缴纳款项并加计银行存款利息。

(2) 基金交易是在基金成立后进行的买卖活动。封闭式基金在证券交易所挂牌上市交易，交易价格即为封闭式基金在证券市场挂牌交易时的价格。开放式基金不在证券交易所挂牌上市交易，而是通过指定销售网点进行申购赎回。基金份额申购、赎回价格，依据申购、赎回日基金份额的净值加、减有关费用进行计算。基金运作过程中所发生的费用包括两种。一种是基金销售过程中发生的由基金投资者自己承担的费用，主要是申购费、赎回费及基金转换费。另一种是基金管理过程中发生的费用，主要包括基金管理费、基金托管费、基金的销售服务费、基金交易费、基金运作费等，这些费用由基金资产承担，即基金在设立发行过程中会支出费用用于审计、律师、广告承销。因此，投资者向基金管理公司或承销商申购基金单位时，必须支付销售费用，并将其计算在基金销售价格中。基金申购认购费用有前端收费与后端收费两种形式。基金销售费比率不是固定的，一般随着投资者认购或申购基金规模的增加而减少，这一措施有利于大额投资者，但小额投资者也可从中受益，因为基金规模扩大可产生规模效益，从而减少单位基金所负担的固定费用。基金管理费是指基金管理人因管理基金资产而向基金收取费用，按照基金净值资产的一定比率定期从基金资产中收取。基金管理费率通常与基金规模成反比、与风险成正比。中国基金大部分按照1.5%的比率计提基金管理费，债券型基金管理费率一般低于1%，货币市场基金管理费率为0.33%。基金托管费是基金支付给基金托管人的费用，也是按照基金净值资产的一定比率定期从基金资产中支付。中国封闭式基金按照0.25%的比率计提基金托管费，开放式基金根据基金合同规定的比率计提，通常低于0.25%。股票型基金托管费率要高于债券型基金及货币市场基金。基金交易费是指基金在进行证券买卖交易时所发生的相关交易费用。基金交易费用在核算时并不直接计入费用类科目，而是反映在相对应的证券投资成本中。中国证券投资基金交易费用主要包括印花税、交易佣金、过户费、经手费、证管费等。基金运作费用是指为保证基金正常运作而产生的应由基金承担的费用，包括审计费、律师费、上市年费、信息披露费、分红手续费、持有人大会费、开户费、银行汇划手续费等。

(3) 基金收益是基金资产在运作过程中所产生的各种收入，其来源主要包括股票股利收入、债券利息收入、证券买卖差价收入、银行存款利息及其他收入。基金收益分配是基金投资者取得投资收益的基本方式,不同类型的基金在收益分配方式上也有所不同。基金收益来源主要有:①股票股利收入。基金通过在一级市场或二级市场购入、持有各公司发行股票,而从上市公司取得分配收益,主要分为现金股利与股票股利两种。②债券利息收入。基金资产因投资于各种债券(国债、地方政府债券、企业债、金融债等)而定期取得利息收入的特殊类型。③证券买卖差价收入。这些收入又被称为资本利得收入,是指基金在证券市场上买卖证券形成的价差收益,主要包括股票买卖价差与债券买卖价差。④存款利息收入。它是指基金将资金存入银行或中国登记结算有限责任公司所获得的利息收入,这部分收益仅占基金收益的很小部分。⑤其他收入。它是指运用基金资产带来的成本或费用节约额,这些收入项目根据实际发生金额确认。基金收益分配含封闭式基金收益分配和开放式基金收益分配《证券投资基金运作管理办法》规定:封闭式基金的收益分配每年不得少于一次,封闭式基金年度收益比例不得低于基金年度已实现收益的90%。中国开放式基金按规定需在基金合同中约定每年基金收益分配最多次数与基金收益分配最低比例。开放式基金分红方式有两种。一是现金分红方式。根据基金收益情况,基金管理人以投资者持有基金单位数量多少将收益分配给投资者,这是基金收益分配最普遍的形式。二是分红再投资方式。将应分配收益折合为等值新基金份额进行基金分配。

(4) 基金信息披露是指基金市场上有关当事人在基金募集、上市交易、投资运作等系列环节中,依照法律、法规规定向社会公众进行信息披露。基金信息披露主要包括募集信息披露、运作信息披露与临时信息披露。世界各国或地区都对基金信息披露有明确要求,并有完善的法律、法规体系作为支撑。中国法律对基金信息披露的规范主要体现为2004年6月1日起施行的《证券投资基金法》。《证券投资基金法》对公开披露基金信息的主要原则、主要文件、公开披露基金信息禁止性行为都作出了明确规定。除《证券投资基金法》外,基金信息披露其他法规主要包括2004年7月1日起施行的《证券投资基金信息披露管理办法》《证券投资基金信息披露内容与格式准则》与《证券投资基金信息披露编报规则》等。这套与国际惯例基本接轨的基金信息披露规范体系,将会在促进基金市场健康快速发展与保护基金份额持有人利益方面发挥重要作用。

课后案例

MSCI中国A50互联互通ETF

2021年10月,首批4只MSCI中国A50互联互通ETF在市场的高度关注下问世,各家最终的募集"成绩单"也成为行业热门话题。10月30日,汇添富基金发布公告宣布旗下MSCI中国A50ETF正式成立。公告显示该基金在10月22日至26日发售期间,共获得了114 897户投资者认购,结合此前公告中配售比例为91.996%,可推测汇添富这只基金募集金额接近87亿元。根据四家公告的公开内容推测,市场普遍认为汇添富此次的认购客户数和募资总额在四家基金公司中均处于领先位置。作为MSCI推出的重磅指数,MSCI中国A50指数象征着中国核心资产进一步走出国门、走向世界,并获得全球认可,是中国金融市场国际化和对外开放的里程碑事件。汇添富MSCI中国A50ETF作为国内首批跟踪这一指数的ETF,在发行之前就已备受市场关注。自10月22日开启发行后,获得了个人与机构投资者的热情认购。

值得注意的是,在最后一个发售日,汇添富还发布公告表示,本着与广大投资者风险共担、利益共享的原则,将出资2亿元认购该基金。汇添富也成为此次发行过程中唯一一家使用自有资金进行认购的基金公司。

(资料来源:券商中国,https://m.thepaper.cn.)

问题分析:依托此案例,延展思考近年来 ETF 基金的创新有哪些?投资银行零售经纪业务是如何更有效地服务于零售经纪业务的?

知识窗

基金业

第二次世界大战后,经济的复苏带来了全球社会财富急速累积,因此代人理财业务开始变得越来越炙手可热。1961 年到 1990 年,美国共同基金资产规模增长了 60 多倍。随着社会上的理财需求越来越多,基金业务也变得越来越多样化。除普通投资基金以外,更加注重绝对收益对冲基金帮助购买企业并购基金,专注于企业发展股权投资基金都开始出现在市场上,而且逐渐成为金融市场的主流。换句话说,集聚资金专业理财基金已经成为金融世界的王者,而它正是资金充沛背景下全球中产阶级崛起的产物。基金是中国老百姓比较熟悉的词语,平时总听到被动型基金、主动型基金、私募基金、公募基金,但在现代社会中,基金的范围和影响远远超出你的想象:你吃的麦当劳、穿的百丽鞋、住的希尔顿酒店,背后都是私募股权基金在支持。1992 年,英镑退出欧洲汇率体系,1997 年东南亚金融危机,这背后都有对冲基金的身影;沙特阿拉伯石油美元、新加坡经济奇迹,背后是国家主权下的财富基金;更不用说一些互联网独角兽企业,如美团、今日头条,它们的背后都是创投与风投基金。身处"资产管理大时代",基金是真正的王者。2016 年年底,全球各种基金管理的资产大概在 50 万亿美金左右。这是什么概念呢?这相当于当年美国 GDP 的 3 倍,中国 GDP 的 4 倍。

第三节 金融科技助力证券经纪业务

课前思考

金融科技在投资银行零售经纪业务场景中如何应用?如何理解金融科技的哲学基础与科技为民要义?

金融科技有利于提升零售经纪业务数字化、智慧化运行的服务水平,降低投资银行在客户获取与客户服务方面的成本。在客户营销方面,以身份信息与消费数据等多层次数据为基础,基于客户风险偏好、收益偏好,采用响应预估及最优补贴模型,可有针对性地触达不同需求、降低获客成本、提升资金获取效率。在投资顾问服务方面依靠人工智能与大数据分析,为更广泛的客户提供更高效、更灵活的资产配置服务。以下将通过案例展示金融科技在投资银行零售经纪业务场景中的应用。

课后案例

案例一:

新冠疫情期间线上证券业务

新冠疫情期间,证券行业大部分现场业务改为通过非现场方式执行。中国证券协会表示,证券行业利用金融科技积极应对,通过电子化、智能化的管理模式,在维护系统安全和保障员工健康的同时,加速推动证券业务向线上化转型。面对特殊时期非现场业务数量剧增,金融科技为证券公司应对考验提供了全方位保障。基于人脸识别、光学字符识别(OCR)、公安联网核查等技术,多家证券公司通过智能审核辅助工作人员提升客户身份的审核效率和质量,保障非现场服务效率;通过人脸识别、活体检测、姿态识别等技术,拥有单向视频资质的证券公司可有效保障7×24小时开户申请受理;基于自然语言理解、机器学习、知识图谱、多轮算法等技术,智能客服平台能够有效支持 7×24 小时多渠道在线业务咨询,分流人工客服压力;面对剧增的客户咨询热线电话,智能路由技术能够实现客服热线向投资顾问热线分流,缓解呼叫中心压力;基于语音识别、情绪识别等技术,智能质检服务可100%覆盖坐席通话质检,保障坐席服务回答质量。

(资料来源:时代周报,https://baijiahao.baidu.com.)

问题分析:依托案例分析,简述新冠疫情期间金融科技是如何辅助投资银行开展线上证券业务的?疫情结束后,常态化金融科技与零售经纪业务又是如何融合助力投资银行服务零售客户开展财富管理的?

案例二:

零售客户——以财富管理为主要方向,深度广度齐头并进

金融科技重塑证券公司展业模式,助力降本增效。随着证券行业加大技术资金投入与人力投入,大数据、人工智能、区块链技术正运用到证券公司运营的方方面面,使前台的零售与机构客户服务和中后台的运营管理模式均得到重塑。在零售客户服务方面,金融科技主要强化客群的广泛化和服务的差异化,对证券业的财富管理转型有重要的推动意义。

零售端科技化主攻财富管理领域的服务质量提升。证券公司服务于零售客户的业务主要包括经纪业务和两融业务(融资、融券交易)。在前期,证券公司把握互联网用户数量飞快增长的机遇,将零售业务从线下向线上转移,已经形成了便捷的线上交易平台,释放了线下营业部的财力和人力成本。而在金融科技转型的当前阶段,传统的证券经纪业务已然成为一片激烈竞争的红海,最终留存老客户、吸引新客户依靠的是券商的服务质量和效率,因此零售端服务的主要变革将聚焦于利用前沿科技增加线上服务功能,提升服务质量。

大数据挖掘客户服务深度

大数据技术会增强服务的差异化和精准化,增强用户黏性。在当前阶段,证券公司的线上平台已不仅仅是开展经纪业务的移动载体,更是汇聚海量用户信息的财富管理平台。大数据可以实现场景化运营和精准营销,有助于解决功能投放和实际使用的不平衡问题,通过"懂你"的服务增强客户黏性、提高客户的活跃度,并开发潜在客户。

大数据结合 CRM 客户管理系统,实现场景化运营。随着越来越多服务功能的线上化、自助化,如果对平台各项功能缺少完整的了解,那么在用户需要某种服务时难以快速找到对应的功能入口,可能会降低服务的使用率。通过将用户数据集中到 CRM 客户管理系统,分析用户平台操作数据,可以实现证券公司的场景化运营,并适时提供客户下一步需要的功能。例如,在用户查看账户的对账单时,为其提供择股和投资组合服务;当用户在社区中提问时,为其提供学堂服务等。

智能推送，"千人千面"精准营销。证券公司还可以通过进一步分析，加强对客户的差异化服务。通过用户画像和大数据模型，将客户的投资和操作行为汇总到客户关系系统进行数据分析，深入了解每一位客户的投资兴趣、购买能力、风险偏好等多方面的个性化需求，从而可以在营销过程中更加关注个体差异，运用针对性、提供账户变动、行情推送等功能，实现精准营销。两融业务与经纪业务关系紧密，通过对经纪业务客户的深度分析，也可以找到两融业务的潜在用户，为两融业务带来增量业务。

智能化扩展客户群体广度

人工智能增强了服务的广泛性，使其能够低成本地服务大量长尾用户。在客服和投资顾问的服务中，证券公司员工与客户的交流必不可少，人工智能在客户交流中的运用有助于释放大量人力成本，并增加对长尾用户的服务覆盖率。

智能客服节省时间与成本。传统的人工客服经常需要回答大量重复性问题，以此进行检索及交互会话等技术，智能客服能够与客户进行互动交流，直接解答标准化问题，遇到无法解答的复杂问题再发送给人工客服。智能客服为人工客服解放了不必要的重复劳动，节省了证券公司的成本，同时极大地缩短了大量客户解决问题的时间，提升了客户的服务体验。

智能投资顾问充分挖掘长尾市场。智能服务也可运用于更为专业的智能投资顾问领域。智能投资顾问的核心优势在于通过技术的引入，极大地降低人力成本，从而降低客户获取投资顾问服务的门槛和费用。传统投资顾问的服务费用昂贵，主要客户为高净值人群，而智能投资顾问可以快速处理信息，根据客户填写问卷反馈的信息进行风险偏好判别，通过算法模型为投资者提供资产配置建议，具有低门槛、低费用、投资广、易操作、透明度高和个性化定制六大优势，充分挖掘潜在的投资顾问行业长尾市场。

从长期来看，零售端的金融科技转型对于推动券业财富管理转型具有以下三方面的重要意义。

（1）随着我国财富管理需求(尤其是互联网用户理财需求)的快速增长，智能投资顾问凭借降本增效的优势，可以大幅提升对中小长尾用户的覆盖率，满足更多用户的财富管理需求。

（2）金融科技赋能个性化服务，证券公司能够更加重视客户需求，服务文化有望从以销售为导向逐渐转换为以客户需求为核心。

（3）为未来收费模式的转变培育土壤。在海外成熟的资本市场中，投资顾问只收取投资顾问费和ETF管理费，并按照资产总额阶梯式收费。从长期来看，证券行业的财富管理转型是大势所趋，随着未来投资顾问服务愈加普及、财富管理转型不断深化，证券公司有望"以费代佣"，降低对于日渐下滑的经纪佣金费率和波动较大的成交金额的依赖。

(资料来源：未来智库，https://baijiahao.baidu.com.)

问题分析：依托案例分析，简述金融科技是如何赋能投资银行开展零售经纪财富管理业务的？2021年1月至今，金融科技在零售经纪财富管理领域的应用有何新发展？

📽 财商小剧场

【思考1】为什么基金可以多次登上新闻热搜？

【问题解析】中国证券监督管理委员会主席易会满在中国证券投资基金业第三届会员代表大会上表示，中国基金业已成为服务实体经济和居民财富管理的重要力量，规模体量实现了跨越式发展。公募基金方面，截至2021年7月底，行业管理资产规模达23.5万亿元，较2016年底增长1.6倍，从全球第9位上升至全球第4位。私募基金方面，私募证券投资基金、私募股权和创投基金规模分别达5.5万亿元和12.6万亿元，位居世界第二，较2016年年底分别增长1倍和2倍。整个基金业从业人员规模快速发展，注册数量达82万余人。

【思考2】2020年年底，我国公募基金资产净值为20万亿元，截至2021年上半年，已上涨至23万亿元，处于高速增长阶段。这说明公募基金已经逐渐成为居民资产配置的首选，对吗？

【问题解析】第一，在"房住不炒"的背景下，政府的调控政策进一步趋严。从房地产持有经营的角度来看，2019—2020年，中国商铺租金率为4%~4.5%，住宅的租金率为2%~2.3%，收益的预期有限，回报的上升空间也相对有限。

第二，资产管理新规、注册制、《证券法》(2019年修订)的实行，信托新规等制度的改革，正逐渐推动金融市场的资产端发生变化，尤其是"刚性兑付"的打破、产品净值化、信托"去通道"等。随着宏观利率的下行，银行理财和信托产品的收益率在逐渐收窄，风险逐渐暴露，未来的收益将依靠权益类产品。

第三，中国的资产管理行业正在发展壮大。自2018年以来，专业的投资能力逐渐被市场和投资者认可。截至2020年年底，公募基金管理公司及其子公司、证券公司，包括期货和私募基金管理公司，合计资产管理业务的总规模接近60万亿元，加上银行理财、保险资产管理信托产品等，合计资产管理规模超过120万亿元。

第四，资本市场逐步普惠化和普及化。通过金融科技手段，专业的资产管理和财富管理机构更容易触达、服务客户，特别是长尾客户。2016年至2021年2月，中国的股民数量从1.17亿增长至1.81亿，截至2019年12月底，公募基金场外投资者的总账户数量达到了6.08亿户。

【思考3】买基金是不是持有越久收益越多？

【问题解析】我们都希望看到投资收益如滚雪球一般越来越大。在稳定增长的宏观经济环境下，历史数据显示，通常持有主动股票型基金时间越长，投资收益就会越多。

以某只主动股票型基金指数(可看作主动管理的股票型基金的加权平均表现)为例，买入并持有1年的平均收益率为10%；买入并持有5年的平均收益率为47%，买入并持有10年的平均收益率为94%。基金投资收益与持有时间成正比。

【思考4】普通投资者如何选择合适的基金呢？

【问题解析】普通投资者掌握一个框架型二维坐标系，就相当于掌握了基金的投资原则和方法论，以后就不会再被各种名词指南所迷惑。这个二维坐标包括以下两个维度。

一是投资标的。它是基金投资的二维坐标之一，是指基金投资在什么类型的金融产品上，顾名思义，股票型(偏股型)基金主要投资于股票，债券型基金主要投资于债券，而货币型基金则投资于货币市场，混合型基金可灵活投资在股票、债券和货币市场工具上。那为什么理解基金投资标的很重要呢？因为投资标的决定了基金的基本属性及其收益率、风险和流动性：股票型(偏股型)基金追求高收益，债券型基金追求安全性，而货币型基金则追求流动性。

2017 年股票型基金(包括偏股混合型基金)的平均收益率较高,为 13.7%,但风险较大,其标准差为 14.9%,排名前 10%的基金的平均收益率为 40.5%,排名后 10%的基金的平均收益率为 -10.9%;而债券型基金(包括偏债混合型基金)的收益率标准差仅为 3.5%(平均收益率为 2.6%);货币型基金主要投资于短期债券、银行存款等流动性很好的资产,这些资产风险很小(收益率标准差仅为 1.1%,平均收益率为 3.5%),赎回基金到账快(T+1 日到账,股票型基金、债券型基金一般为 T+3 日到账),而且通常不收取申购、赎回费用,管理费用也较低(货币基金的管理费率为 0.15%~0.3%,而股票型基金、债券型基金的管理费率为 0.3%~2%)。

普通投资者在财富管理上需求完全一致,每个人都希望找到高收益、低风险和高流动性的金融产品,但是基本的金融逻辑告诉我们,鱼与熊掌不可兼得。因此,需要投资者根据自己的个体情况在不同的基金中作出选择和配置。那么,怎么选择和配置呢?人在不同年龄阶段可以配置不同属性的金融产品。这个逻辑在基金投资上也是成立的,其具体内容如下。

(1) 收入稳定且风险承受能力较高时,就应该多配置股票型基金。
(2) 年龄大了或者是没有固定收入时,就应该增大债券型基金的配置。
(3) 如果面临出国、结婚、买房等流动性需求时,就应该多配置货币型基金。
(4) 各类基金(投资标的)配置的比例应根据自己对收益、安全、流动性要求的变化作出调整。

除了主流的基金外,还有特殊标的的基金产品,比如期货基金,适合那些想投资期货,但是资金量又不够或者是缺乏专业知识的投资者。还有投资境外资产 QDII 基金,适合那些想尝试海外资本的市场投资者。

总之,基金投资标的对应着个人资产管理上的三大需求:收益、安全和流动性。

二是投资风格。它是基金投资的另一个二维坐标,是指基金是"主动型基金"还是"被动型基金"。被动型基金又被称为"指数基金",它一般选取特定指数成分股作为投资对象。如工银瑞信基金推出的"工银沪深 300"基金,选取沪深 300 指数作为投资对象,并完全复制这个指数,所以基金收益率就会和沪深 300 指数收益率完全一致。主动型基金要想战胜大盘,基金经理们就必须通过挑选股票(选股),选择买卖时机(择时)等方法,以期获得比大盘指数高的回报率。如"公募一哥"王亚伟,曾经执掌"华夏大盘精选"基金。王亚伟在这个基金上重仓中小股和成长股,而且很好地抓住了时机,在这些股票被低估时进行投资。更不可思议的是,2008 年股市大跌前,他提前调低仓位,让基金在股市暴跌中成了最抗跌的基金之一。从 2004 年 8 月"华夏大盘精选"基金成立到 2012 年 4 月王亚伟辞职,8 年的时间,这个基金年化收益率达 49%,这么高的收益率是与王亚伟的选股择时能力分不开的。

总之,被动型基金投资的是"长期趋势",而主动型基金投资的是"短期波动"。这两种策略,也正好对应着投资者的两种偏好。在金融产品的投资上,普通人大概有两种倾向:一种人是善于接受新的观点,能快速适应变化,他们总是在努力寻找新规律。这样的投资者,我们称其为"狐狸型"投资者,他们精力旺盛,愿意承担风险,善于总结经验。所以很明显,他们适合在短期波动中寻找超额收益的主动型基金。与之相反,另一种人特别严谨认真,所以对稳定有着更高的要求,他们总是希望找到长期稳定的规律,对于突如其来的变化,他们更多时候是抱着观望的态度,这样的投资者我们可以将他们归类为"树懒型"投资者,他们追求安全、稳定,以静制动。这种投资者更适合从长期趋势中获得收益。所以,基金的风格应该和投资者的个人偏好相适应。此外,个人偏好会随着自己的年龄、收入、家庭、婚姻状况发生变化。投资者也可以根据这些因素的动态变化调整基金的投资配置。

除了以上投资标的与投资风格大框架以外，还有一些小贴士可以帮助普通投资者在选择基金时作出更好的决策。

(1) 看宏观大环境。作为普通人，在牛市时不妨多配置被动型指数基金，稳妥地搭上这辆快车；在熊市时可稍微多配置债券型基金，从而获得较为稳妥和安全的收益。

(2) 看行业。如果在某个行业里或者对某个行业特别有信心，但是又没有时间或能力对个股做研究，那就不妨选择行业或者板块指数基金，分享这个行业红利。

(3) 看时机。如果中国人民银行有降息降准动作，债券价格就会上升，债券基金收益也会上升，这个时候投资者应该果断地加大债券基金配置。反之，中国人民银行加息或者提高存款准备金率时，可以相应地下调债券基金配置。

(4) 看品牌。在挑选主动型股票基金时，不妨遵循"王中王"的原则，挑王牌基金公司中的王牌基金。具体而言，就是选择历史悠久、规模较大的基金公司旗下最有口碑的基金。而在挑选债券基金时建议挑选银行系债券基金，因为大部分债券都是在银行间的市场上交易。通过银行系基金公司可以拿到成本更低的债券。

本章小结

1. 传统证券经纪业务是指具有证券经纪商资格的投资银行通过其设立的证券营业部接受客户委托，按照客户的要求代理客户买卖有价证券及相关的业务。

证券经济业务中，并不是所有的交易者都能直接进入交易所进行场内交易，而是只有作为交易所会员的证券经营机构及享有特许权的经纪人才有资格在交易所进行场内交易。经纪人接收投资者的委托单并将其传递到市场执行委托，此外还向投资者提供证券市场信息、证券交易咨询、保管证券、代收股息和利息等服务。

2. 开立证券交易结算资金账户的目的是供投资者用于证券交易资金清算，在接受开户时，证券经纪商应对委托人的情况加以了解。办理委托手续包括投资者填写委托单和证券经纪商受理委托。双方的经纪关系表现为，客户是授权人、委托人，证券经纪商是代理人、受托人。证券经纪业务的运营有5个环节，分别是开设证券账户，开设资金账户，下达委托指令，交易委托成交，清算、交割与交收。

3. 证券投资基金是大众化的间接证券投资工具，也是一种新的金融组织形式，是指预定投资方向，通过发售基金单位筹集资金形成独立财产，由基金管理人管理，基金托管人托管，基金持有人按其份额享受收益和承担风险的集合投资方式。证券投资基金有5个特征：集合理财、专业管理，组合投资、分散风险，收益共享、风险共担，监管严格、信息透明，独立托管、保障安全。证券投资基金的运作具体包括：基金的设立与募集、基金的交易与费用、基金的收益来源与分配、基金的信息披露。

4. 金融科技有利于提升零售经纪业务数字化、智慧化运行服务水平，降低投资银行在客户获取与客户服务方面的成本。在客户营销方面，以身份信息与消费数据等多层次数据为基础，基于客户风险偏好、收益偏好，采用响应预估及最优补贴模型，可有针对性地触达不同需求、降低获客成本、提升资金获取效率。在投资顾问服务方面，依靠人工智能与大数据分析可以为广大客户提供更高效、更灵活的资产配置服务。

5. 金融科技重塑证券公司展业模式，助力降本增效。随着证券行业加大技术资金与人力的投入,大数据、人工智能、区块链技术正运用到证券公司运营中的方方面面,使前台的零售与机构客户服务和中后台的运营管理模式均得到重塑。在零售客户服务方面,金融科技主要强化客群的广泛化和服务的差异化,对证券业的财富管理转型有着重要的推动意义。

练习与思考

一、名词解释
1. 证券经纪业务
2. 集合竞价
3. 证券投资基金
4. 开放型基金
5. 交易所交易基金(ETF)

二、简答题
1. 简述证券公司的经纪业务及其特点。
2. 证券投资基金有什么特征?
3. 简述证券经纪商的作用。

三、单项选择题
1. 证券公司与客户之间的(　　),会委托中国结算公司根据成交记录,按照业务规则代为办理。
   A. 资金划付　　　B. 证券清算交收　　C. 证券交易　　D. 资金清算交收
2. 证券由卖方向买方转移和对应的资金由买方向卖方转移的过程属于(　　)。
   A. 交割交收　　B. 成交　　　　　C. 结算　　　　D. 清算
3. 我国证券交易所采用的交易方式为(　　)。
   A. 做市商制　　B. 专家经济人制　　C. 自助方式　　D. 经纪制
4. 下列关于连续竞价的说法中,错误的是(　　)。
   A. 开盘集合竞价期间未成交的买卖申报,自动进入连续竞价
   B. 深圳证券交易所连续竞价期间为完成交易的买卖申报,自动进入收盘价集合竞价
   C. 在无撤单的情况下,委托次日有效
   D. 能成交者予以成交,不能成交者等待机会成交
5. 关于做市商和经纪人的作用,以下表述正确的是(　　)。
   A. 做市商和经纪人的利润主要来自证券买卖差价
   B. 做市商和经纪人都可以代客买卖证券,获取佣金收入
   C. 做市商是市场流动性的主要参与者,经纪人是投资者买卖指令的执行者
   D. 做市商和经纪人在证券市场上发挥的作用不同,不可能共同完成证券交易
6. 可以根据自己客户的指令来寻找相应的交易者,也可以依靠自身的信息资源来寻觅买家和卖家,以此促成交易,赚取佣金,是指(　　)。

A. 经纪人　　　　B. 保荐人　　　　C. 做市商　　　　D. 托管人

7. 指令驱动的成交原则不包括(　　)。
   A. 价格优先原则　　　　　　　B. 时间优先原则
   C. 交割最优原则　　　　　　　D. 成交量最大原则

8. 债券基金的主要投资对象不包括(　　)。
   A. 国债　　　　B. 股票　　　　C. 可转债　　　　D. 企业债

9. 目前,我国货币市场基金的管理费率一般不高于(　　)。
   A. 0.33%　　　　B. 1.0%　　　　C. 0.5%　　　　D. 1.5%

10. 下列与基金相关的费用中,属于交易费用的是(　　)。
    A. 开户费　　　　B. 上市年费　　　　C. 分红手续费　　　　D. 过户费

11. 混合基金的风险(　　)股票基金,预期收益则要(　　)债券基金。
    A. 低于;高于　　　　　　　B. 高于;低于
    C. 低于;低于　　　　　　　D. 高于;高于

12. 基金一般反映的是(　　)。
    A. 债权债务关系　　　　　　B. 信托关系
    C. 借贷关系　　　　　　　　D. 所有权关系

13. 证券投资基金托管人是(　　)权益的代表。
    A. 基金监管人　　B. 基金管理人　　C. 基金持有人　　D. 基金发起人

14. 股票基金应有(　　)以上的资产投资于股票。
    A. 50%　　　　B. 70%　　　　C. 60%　　　　D. 80%

15. 世界上第一只公认的证券投资基金是(　　)。
    A. 海外及殖民地政府信托　　　B. 苏格兰美国投资信托
    C. 马萨诸塞投资信托基金　　　D. 英国投资信托

16. 目前,我国的证券投资基金均为(　　)。
    A. 封闭式基金　　B. 开放式基金　　C. 契约型基金　　D. 公司型基金

17. 丁先生投资2 000 000元认购A基金,该笔认购资金在A基金募集期间产生利息60元,A基金认购价格每份1元,认购费率为1.5%,则丁先生可得到的认购份额为(　　)份。
    A. 1 999 940　　B. 1 970 503.35　　C. 2 000 060　　D. 1 970 443.35

18. 按照投资理念不同,可将证券投资基金划分为(　　)。
    A. 封闭式基金和开放式基金　　B. 公募基金和私募基金
    C. 主动型基金和被动型基金　　D. 债券基金和股票基金

四、多项选择题

1. 证券公司接受证券买卖的委托,应当根据委托书载明的(　　)等,按照交易规则代理买卖证券,如实进行交易记录。
   A. 买卖数量　　B. 出价方式　　C. 证券名称　　D. 价格幅度

2. 证券投资基金的费用除了基金管理费之外,还包括(　　)。
   A. 基金交易费　　B. 基金托管费　　C. 基金运作费　　D. 基金消费服务费

3. 将公司型基金和契约型基金进行对比,(　　)是公司型基金和契约型基金的区别。

A. 期限不同　　　　　　　　　B. 基金的组织方式不同

C. 投资者的地位不同　　　　　D. 基金的运营依据不同

4. 下列关于契约型基金的表述中，正确的是(　　)。

A. 契约型基金是依据基金管理人，基金托管人之间所签署的基金合同设立的

B. 基金投资者依法享受权利并承担义务

C. 基金投资者是基金投资的股东

D. 基金投资者自取得基金份额后，即成为基金份额的持有人和基金合同的当事人

5. 申请募集基金成立提交的主要文件包括(　　)。

A. 基金募集申请报告　　　　　B. 招募说明书草案

C. 基金合同草案　　　　　　　D. 基金托管协议草案

微课视频

扫一扫，获取本章相关微课视频。

导言

证券经纪业务

证券投资基金业务(上)

证券投资基金业务(下)

金融科技应用

构建投行财商

第六章 投资银行直接投资业务

【本章提要】

直接投资业务是投资银行获得资金来源的主要方式之一。与传统中介业务相比,直接投资业务对于投资银行而言更具有主动性,不仅收益远高于传统证券发行承销业务赚取的利润,而且更有利于深层次挖掘客户价值,进而带动并购与零售经纪业务。同时,由于投资与融资周期交替往复,使直接投资业务与发行承销业务有周期互补的作用,从而增强了投资银行的抗风险能力。在国际市场上,黑石集团、凯雷投资集团、KKR集团等私募股权基金,高盛集团、摩根士丹利等国际投资银行的直接投资业务在盈利能力上令人瞩目。随着政策更新,中国投资银行的直接投资业务也将不断发展并与国际接轨。本章在着重阐述投资银行直接投资业务基本知识的基础上,还会介绍金融科技在投资银行直接投资业务中的应用。

【学习目标】

1. 了解直接投资业务的内涵、原则、类型与退出机制。
2. 了解风险投资业务与私募股权投资业务的运作。
3. 了解金融科技在投资银行直接投资业务中的应用。
4. 构建逻辑、辩证与批判等科学思维;理解金融科技的哲学基础与金融科技为民要义,树立与时俱进、终身学习的理念;理解守好底线理性投资的内涵。

开篇阅读与思考

私募股权投资基金

随着资金富余时代的到来,越来越多的资金需要专业人士来打理,市场上大资金(如养老金、保险金、捐赠基金等)都在寻找长期、稳定、安全的投资渠道。收益高但投资周期长的私募股权基金自然就成了大资金的最好选项。美国私募股权投资基金最大的投资人正是地方政府和企业养老金,他们的投资计划占1/4以上。中国私募股权基金里,社会保险资金和商业保险基金都是特别重要的出资方。大资金追求的不是短期高收益,而是长期、稳定、安全、可靠的收益,所以他们的投资目标和私募股权投资基金是一致的。为什么投资人愿意放心把钱交到私募股权投资机构里,而不是自己去投资呢?一方面,相信社会专业化分工是现在和未来的社会发展方向。另一方面,私募股权基金的制度安排为投资人提供了保障。如我们平时看到的公司是不是基本上都叫有限责任公司？这意味企业出现问题时，创始人可以破产，但不需要拿自己的私人财产去承担企业责任，因为他对企业承担有限责任。私募股权机构基本上都会采取"有限合伙制度"。基金管理人是普通合伙人(GP)，普通合伙人对基金承担无限责任。投资人是有限合伙人(LP)，对基金只承担有限责任，这个模式下责权利特别明晰：为避免代理问题基金，管理人要对这只基金承担无限责任，这就增强了投资人对基金管理人的信任感。这种合伙人制度推出后私募股权机构得到迅速发展。2016年年底，美国私募管理人管理基金规模已达11万亿美金左右，和当时中国的GDP比较接近。此外，金融市场什么机构资金体量最大？答案是对冲基金和富可敌国的私募股权基金。全球最大的对冲基金是桥水基金，它的资产规模为1500亿美元。全球最大的私募股权机构是黑石集团，它的资产规模大概为4000亿美元。沙特阿拉伯央行手里有5000亿美元资产要管理，而我国国家外汇管理局管理着30 000多亿美元的资产，一般人很少会意识到其背后是"国家主权"金融机构，即主权财富基金。

(资料来源：作者根据多本教材资料汇编整理而成.)

问题分析：结合案例，分析私募股权基金与直接投资的关系？并延伸思考投资银行在此项业务中的职能是什么？如何理解私募股权基金、对冲基金与主观财务基金之间的关系？

第一节　直接投资业务概述

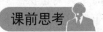

> 投资银行直接投资业务的原则是什么？直接投资业务退出机制有哪些？

一、直接投资业务的内涵与原则

(一)直接投资业务的内涵

直接投资业务是指投资银行(证券公司)利用自身的专业优势，寻找并发现优质投资项目，以自有或募集资金对非公开发行公司股权进行投资，并通过企业上市或其他退出方式获取收益的业务。在开展直接投资业务的过程中，投资银行通过发起募集投资基金等方式获取基金管理费收入，并有机会通过证券承销并购咨询等中介服务获取报酬。投资银行直接投资的业务领域主要涉及高科技企业等风险投资项目，以及基础设施建设等产业投资项目。从概念来看，直接投资业务的实质是股权投资。随着中国多层次资本市场的建立及证券公司业务转型的需要，直接投资业务以其创新性而备受社会关注。在直接投资业务中，证券公司既可以使用自有资金参与投资，也可通过担任投资顾问提供中介服务来获取报酬。

国际投资银行(证券公司)开展直接投资业务主要有三种模式：部门模式、子公司模式和有限合伙模式。我国采取的是子公司模式，而国外投资银行多采取部门模式或有限合伙模式。部门模式下多通过设立相关基金投资，而基金设立多采取有限合伙模式。其具体内容如下。

部门模式是指证券公司下设专门从事直接投资的业务部门来开展直接投资业务。例如，全球特殊机会集团(GSOG)是 J.P. 摩根专门从事直接投资的业务部门，其投资范围涉及多个地域及行业种类；高盛集团直接投资部负责产业投资与风险投资业务，其中房地产直接投资部负责房地产项目直接投资业务。国际市场上最活跃的直接投资基金大多由大型投资银行下属的直接投资部门进行专业化管理。20 世纪 90 年代，中金公司曾设立直接投资业务部，专门负责直接投资业务。部门模式的优点是开展业务简单方便，不需要另设独立主体，能够有效节约运营资本。且在部门模式下，证券公司可统筹全局，发挥各部门之间的协同效应，有利于公司业务的开展。但在部门模式下，直接投资业务产生的风险极可能给公司带来资金风险，甚至是波及更广的财务危机，其直接投资业务在人员、财务、信息等方面均缺乏独立性。

子公司模式即证券公司，可通过设立全资子公司，或与其他机构合资设立子公司的形式来开展直接投资业务。例如，J.P. 摩根于 2010 年 4 月在北京出资注册成立摩根大通(中国)创业投资有限公司，主要以新能源、节能环保、先进装备制造、信息产业、医疗健康、交通物流等行业中具有核心竞争力的高新技术企业与成长型企业为投资对象。其通过子公司法人的独立性来更好地确保直接投资业务与证券公司其他业务的风险隔离。子公司在人员、财产、场所等方面的独立，使子公司模式有利于直接投资业务的独立开展与风险隔离，并有助于遏制利益输送，但子公司模式直接投资业务开展无法利用证券公司的雄厚资产、信息、人员、市场等资源。我国的相关法律规定，证券公司开展直接投资业务，必须通过设立子公司进行。

虽然越来越多的股权直接投资基金采用有限合伙模式，但我国的直接投资业务采用有限合伙模式依然存在制度障碍。2006 年修订的《中华人民共和国合伙企业法》规定，国有独资公司、国有企业、上市公司及公益性事业单位、社会团体不得成为普通合伙人。我国的证券公司大多属于国有企业或上市公司，主要采用有限合伙模式。此外，我国尚未针对证券公司直接投资业务设立专门的法律文件，也没有专门的行政法规。对直接投资业务发挥监管作用的主要是部门规章与政策法规，如《证券公司直接投资业务试点指引》(2009 年 5 月中国证监会发布)、《证券公司直接投资业务监管指引》(2011 年 7 月中国证监会发布)、《证券公司直接投资业务规范》(2012 年 11 月中国证券业协会发布，2014 年 1 月修订)。《证券公司直接投资业务监管指引》要求证券公司对直接投资子公司、直接投资基金、产业基金及基金管理机构的投资金额合计不得超过公司净资本的 15%；严禁投资银行(券商)人员违规从事直接投资业务，要求投资银行与直接投资子公司建立信息隔离墙；明确禁止保荐后突击入股行为("保荐+直接投资"模式)。

(二)直接投资业务的原则

投资银行直接投资业务的基本原则有两个方面。一是在投资前确保流动性、可实现性。投资银行在直接投资前需对项目流动性进行考量，通过对其进行尽职调查，考察影响项目流动性的各方面因素，从而确定项目是否可行。投资银行实现盈利需购买股权，并通过市场以高于购买时的价格销售。在这个过程中需要确保股权能较快实现资产变现。因此，需在项目投资前对项目流动性进行分析。二是考察大股东的实力与意向。大股东及其派出董事具有足够实现上市流动或推进公司迅速成长的能力。大股东是否有能力在未来带领企业获得盈利是投资银行获取高额回报的前提。大股东资本运营素质的实力强弱决定着企业未来的盈利能力。如果没有较好的大股东运作，即使是优良项目，也不会取得很高的回报。

二、直接投资业务的类型与退出机制

(一)直接投资业务的类型

目前,投资银行直接投资有两种途径。一是以自有资金进行有价证券买卖与对目标公司直接股权投资;二是通过设立私募投资基金方式对项目直接投资。但从国内外投资银行的发展状况来说,自有资金进行投资有资金规模、资金使用范围、政策等限制,自有资金直接投资并不普及,而直接投资仍以投资基金居多。投资基金是公开发售基金份额集聚具有相同投资目标的众多投资者的资金,由基金管理人管理,基金托管人托管,以共同投资、共同受益、共担风险的基本原则作为基金份额持有人利益服务的投资组织制度。

国外投资基金依据私募股权投资与风险投资两种投资方式的不同,可划分为风险投资基金(VC)与私募股权投资基金(PE)。风险投资是风靡全球的投资方式,即将资本投入到高新技术及其产品的研究开发领域中,促进高新技术成果尽快商业化、产业化,以获得较高资本收益的投资。风险投资的五个阶段分别是种子期、初创期、成长期、扩张期和成熟期,每个阶段都涉及较高的风险。私募股权投资是指通过私募形式对私有企业(非上市企业)进行权益性投资,在交易实施过程附带退出机制,即通过上市、并购或管理层回购等方式出售股份,以达到获利的目的。虽然两种投资方式的定义差别很大,但实际业务操作界限却很模糊。风险投资与私募股权投资的区别主要有以下三点。第一,投资阶段。风险投资阶段相对较早,但不排除中后期投资,投资期限至少 3~5 年以上,而私募股权投资对象通常为拟上市公司。第二,投资规模。风险投资根据项目投资机构需求来决定规模大小,而私募股权投资项目的投资规模较大。第三,投资理念。风险投资强调高风险、高收益,以及可长期股权投资并协助管理,若可短期投资后,则会寻找机会将股权出售;而私募股权投资通常会在协助投资对象完成上市后套现退出。由于要适应中国法律政策要求与市场特色,投资银行运用自有资金进行直接投资还不能完全实现。虽然中国证监会 2007 年 9 月批准中信证券、中金公司试点开展自有资金进行直接投资业务,并于 2008 年对试点证券公司直接投资业务进行优化,但要将试点范围扩大、发展自有资金直接投资仍任重道远。中国通常将私募股权投资基金与风险投资基金统称为产业投资基金。

(二)直接投资业务的退出机制

直接投资退出是指在所投资风险企业发展相对成熟或不能继续发展的情况下将投入资本由股权转为实际资本形态,从而达到资本增值或降低财产损失的目的。其退出既是收益获取阶段,也是对资本再循环的运作前提。其本质是追求高回报,这种回报不像传统投资那样主要从投资项目利润中得到,而是依赖"投入—回收—再投入"的循环来实现自身的价值增值。同时,直接投资所在企业是较为新颖的企业,市场上缺乏对其自身价值的评估度量标准,并且企业无形资产占比较高,因此评价企业需看其未来的成长状况。因此,直接投资退出机制可作为比较客观市场的依据,从而使市场更加成熟规范。

课中案例

中金资本运营有限公司(以下简称中金资本)于 2017 年 3 月 6 日成立,并于 2017 年 12 月

13 日取得中国基金业协会私募基金管理人资格，是中国国际金融有限公司(以下简称中金公司)的全资私募投资管理子公司，作为中金公司唯一的私募投资基金业务平台，其统一管理中金公司境内外私募投资基金业务，承担包括制定私募投资业务发展战略、推动业务发展、资源配置、风险控制等职能。

中金资本致力于成为一个拥有强大品牌影响力、出色融资及投资能力、完善中后台管理能力的私募基金管理平台。同时，中金资本通过产品、行业、地区等多种维度，不断丰富产品品种，拓展业务范围。中金资本管理的基金类型涵盖政府引导基金、存量经济改革基金、美元母基金、人民币母基金、美元股权投资基金、人民币股权投资基金和并购基金等。

中金资本整体管理资产规模超过 3800 亿元人民币，拥有超过 300 人的专业投资管理团队，涵盖各类母基金及各类直接投资产品，已成为国内规模最大且在业内领先的私募股权投资基金管理公司之一。

(资料来源：股融易, https://www.guronge.com.)

问题分析： 结合案例，分析中金资本直接投资业务类型，并叙述从 2017 年 12 月至今，其直接投资业务已拓展至哪些新领域？中金资本作为投资银行，在为企业或政府等机构项目提供直接投资服务时，应把握哪些底线思维并进行理性投资？

直接投资有公开上市(IPO)、股权转让、股权回购、兼并与收购(M&A)、公司清算、新三板 6 种常见的退出机制，具体内容如下。

(1) 公开上市是指通过风险企业挂牌上市使风险资本退出。风险投资的股份通过资本市场首次向公众发行，从而实现投资回收与资本增值。采用首次公开上市的退出方式，对于风险企业而言，不仅可以保持其独立性，而且还可以获得在证券市场上持续融资的渠道，是目前投资者首选的直接投资退出方式。首次公开上市可选择在境内外主板市场或二板市场上市。其中二板市场上市条件更为宽松，许多国家或地区专门成立了适合直接投资的创业板市场，如美国纳斯达克(NASDAQ)市场、香港创业板市场。

(2) 股权转让是指受资企业的全部或部分股权，依法有偿转让给他人并套现的退出方式，如私下协议转让、在区域股权交易中心(四板)公开挂牌转让等。就股权转让来说，虽然中国证监会对此收购方式持鼓励态度，并豁免其强制收购要约义务，但其股权转让时复杂的内部决策过程、烦琐的法律程序、低于二级市场的退出价格却导致其在中国股权市场并不活跃。但随着国家的发展，股权转让交易需求大大提升，使得股权市场逐步走上快速发展的道路。

(3) 股权回购是指风险企业出资购买风险投资机构所持的股份。当投资期满，风险企业发展成颇具发展潜力的中小型企业，若仍无法通过首次公开上市或私下转让的方式实现投资退出，为避免因创业资本退出对企业运营造成大的震动，同时保持公司的独立性，从而使企业赎回股份。股权回购可细分为管理层收购(MBO)与全体员工收购(EBO)。

(4) 兼并与收购是在市场机制作用下，企业为获得其他企业控制权而进行的产权交易行为。企业并购是市场竞争的结果，更是企业激烈竞争实现优势互补、扩大生产经营规模、实现战略性产业结构调整等一系列重要措施的手段。并购退出的优点在于不受 IPO 诸多条件的限制，具有复杂性较低、花费时间较少的特点，同时可选择灵活多样的并购方式，适合于创业企业业绩逐步上升，但尚不满足上市的条件或不想经历漫长的等待期，而创业资本又打算撤离的情况，同时，被兼并的企业间还可相互共享对应的资源与渠道，以提升企业的运转效率。

(5) 公司清算是指当投资风险项目发展前景不明或投资失利时，常采用的止损措施，通过尽早采用清算的方式退回尽可能多的残留资本。它是不成功的退出方式，是迫不得已却又不失明智的退出手段。高风险常常伴随着高失败率，当风险投资者遇到风险，企业发展缓慢，不能取得预期投资收益，或风险投资企业经营陷入严重困难时，采取清算方式撤出是减少风险企业损失的最佳办法。其操作方式可分为亏损清偿与亏损注销两种。

(6) 新三板的全称为"全国中小企业股份转让系统"，是我国多层次资本市场的重要组成部分，是继上海证券交易所、深圳证券交易所后的第三家全国性证券交易场所。新三板转让方式有协议转让与做市转让两种。协议转让是在指股转系统主持下，买卖双方通过洽谈协商达成股权交易，而做市转让则是买卖双方间添加居间者"做市商"。新三板逐渐成为中小企业股权融资最便利的市场。与其他退出方式相比，新三板主要有以下优点：市场化程度较高且发展非常快、机制较灵活、比主板市场宽松。相对主板来说，新三板挂牌条件宽松、挂牌时间短、挂牌成本低且受国家政策大力扶持。鉴于新三板市场能带来融资功能、并购预期、广告效应及政府政策支持等，因此是中小企业比较好的融资选择，相对于主板其更低的门槛、灵活的协议转让与做市转让制度，能方便直接投资风险企业更快地实现退出。

课后案例

《全国中小企业股份转让系统挂牌公司申请股票终止挂牌及撤回终止挂牌业务指南》有助于健全新三板市场退出机制，形成良性的市场进退生态，切实保护投资者合法权益，提高挂牌公司质量。按照中国证监会统一部署，根据《非上市公众公司监督管理办法》(2013年修订)、《关于完善全国中小企业股份转让系统终止挂牌制度的指导意见》(以下简称《指导意见》)等有关规定。全国股份转让公司制定了《全国中小企业股份转让系统挂牌公司股票终止挂牌实施细则》(以下简称《终止挂牌实施细则》)，配套修改了《全国中小企业股份转让系统挂牌公司申请股票终止挂牌及撤回终止挂牌业务指南》，并于2021年5月28日发布实施。

《终止挂牌实施细则》的制定坚持了市场化、法治化原则，遵循了底线监管和公司自治相结合的理念，充分总结了近几年终止挂牌工作的实践经验。本次发布实施的《终止挂牌实施细则》进一步明确了IPO或转板上市公司豁免异议股东的保护措施，补充了撤回终止挂牌申请的相关规定，《终止挂牌实施细则》共七章四十六条，主要内容如下。

一是优化主动终止挂牌条件和程序。尊重挂牌公司基于其意思自主作出的终止挂牌决定，在依法履行相关决策程序和信息披露义务，充分保护投资者合法权益的基础上，全国股转公司允许挂牌公司主动申请股票终止挂牌；对于异议股东保护措施不合理且拒不改正等不符合主动终止挂牌条件的公司，全国股转公司将驳回其主动终止挂牌的申请。同时，落实"放管服"要求，取消主动终止挂牌中关于聘请律师出具法律意见书的要求，仅需由主办券商出具持续督导专项意见，从而减轻挂牌公司的负担。

二是完善强制终止挂牌情形和要求。在现行未按时披露年报或半年报，无主办券商持续督导情形的基础上，新增四大类十二种强制终止挂牌的情形，坚决清出劣质公司，健全市场自净功能。其具体包括：①信息披露不可信，如连续两年财务报告被会计师事务所出具否定意见或无法表示意见，半数以上董事对公司年报或半年报不保真等；②丧失持续经营能力，如连续三年期末净资产为负、被主办券商出具不具备持续经营能力的专项意见且在规定期限内未能恢复、被依法强制解散、宣告破产等；③公司治理存在重大缺陷，如因股东大会无法形成有效决议、失去信息披露联系渠道等，被主办券商出具公司治理机制不健全或信息披露存在重大缺陷的专项意见,且在规定期限内未能恢复;④存在重大违法违规行为,包括欺诈发行、欺诈挂牌、非法发行、信息披露重大违法和涉及国家安全、公共安全、生态安全、生产安全和公众健康安全领域的重大违法行为等。

三是健全投资者保护措施。将投资者保护作为终止挂牌工作的重中之重。在主动摘牌过程中,要求挂牌公司制定合理的异议股东保护措施并经股东大会审议通过,主办券商须就异议股东保护措施的合理性发表明确意见。对精选层公司和股东人数超过200人的创新层、基础层公司,实行网络投票和中小股东单独计票机制。在强制摘牌的过程中,要求挂牌公司和主办券商充分揭示风险,积极回应股东诉求,切实保护投资者的知情权、参与权;同时设置十个交易日的摘牌整理期,充分保障投资者退出机会。

四是明确终止挂牌后续安排。为促进多层次资本市场互联互通,全国股份转让公司鼓励挂牌公司终止挂牌后到区域性股权市场办理股份登记托管或转让。同时,对于股东人数超过200人的终止挂牌公司,考虑其公众公司属性,根据《指导意见》要求,全国股份转让公司设立摘牌证券非公开电子化转让服务专区(以下简称摘牌证券服务专区),为其提供股份转让和信息披露服务。摘牌证券服务专区依法采取非公开协议转让方式,实行投资者适当性管理和T+5机制,并由证券公司代为办理终止挂牌公司在专区中的信息披露及相关业务,满足投资者的基本转让需求和公司的信息披露要求,同时防范风险传导。

《终止挂牌实施细则》的发布实施,是全国股转公司落实全面深化新三板改革决策部署、加强市场基础制度建设的重要内容,旨在构建标准明确、程序透明、契合新三板市场特点的终止挂牌制度。下一步,全国股份转让公司将坚持"建制度、不干预、零容忍"方针,认真贯彻《指导意见》的要求,落实终止挂牌新规,着力提高挂牌公司质量,促进新三板市场形成能进能出、优胜劣汰的良性生态。

(资料来源:全国中小企业股份转让系统官网,https://www.neeq.com.cn。)

问题分析: 结合案例,分析直接投资风险企业在中小企业版挂牌终止或撤回的过程中,投资银行应如何有效服务风险企业?从投资者适当性管理的角度延展思考,投资银行应如何有效服务中小投资者?

第二节 直接投资业务运作

课前思考

投资银行直接投资业务运作流程(区分风险投资与私募股权投资)是什么?

一、风险投资业务运作

知识窗一:

直接投资业务之风险投资

风险投资与私募股权投资都隶属直接投资的范畴,虽然两种投资方式的定义差别很大,但实际业务操作界限却很模糊。以下主要就风险投资相关概念进行叙述。

1. 风险投资与传统投资

风险投资与传统投资的比较如表 6-1 所示。

表 6-1 风险投资与传统投资的比较

项 目	风险投资	传统投资
投资对象	主要为中小型企业	以大型企业居多
投资领域	以高科技创新型企业为主	涉及行业较广
投资性质	股权投资	债权投资或股权投资
投资审查	以技术实现的可能性为审查重点,技术创新、市场前景和管理团队是关键	以财务分析与物质担保为审查重点,有无偿还能力是关键
投资管理	参与企业的经营管理与决策,投资管理较严密,与被投资企业是合作开发的关系	对企业经营管理有参考咨询作用,一般不介入企业决策系统,与被投资企业是借贷关系
目标企业的评价	重视企业的成长性和未来的盈利能力	重视企业的财务指标现状
风险程度	较高	较低
资本退出方式	主动	被动

2. 风险投资中的各关系方

风险投资中的各关系方如图 6-1 所示。

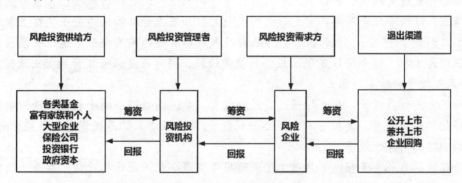

图 6-1 风险投资中各关系方示意

3. 风险投资的四个融资阶段

《中国创业投资发展报告 2020》数据显示,截至 2019 年年底,我国备案风险投资企业 1777 家,备案风险投资企业资产总规模达 7258.46 亿元。

从不同投资阶段的金额分布来看,风险投资企业投资于种子期、起步期、扩张期、成熟期和重建期的占比分别为 14.22%、42.07%、38.18%、5.20% 和 0.33%。其具体内容如下。

(1) 种子期。种子期是指技术的酝酿和开发阶段,此时风险企业所面临的风险主要是技术风险。风险企业刚成立,新的概念正在形成,新的产品或服务的运作模式还在研发。此时资金的需求量较少,主要用于产品研发、市场调查、招募创业团队人员等。主要出资人大多是一些资源资助人及天使投资人。由于项目尚未进入市场,其可行性和发展前景还不明确,风险较大,因此风险投资机构在种子期的投资占全部风险投资额的比例较小,通常不超过 10%,其投资损失概率为 60%。

(2) 起步期。起步期是指技术创新和产品试销阶段,这个阶段需要完成企业规划与市场分析。企业在产品测试中,需要制造少量产品并解决技术问题以排除技术风险。企业已拥有核心管理团队,经营活动开始正规化,企业管理机构已组成。这个阶段资金投入显著增加,是创业投资的重要阶段。这期间风险企业的资金提供方多为从事相关阶段风险投资的机构及产业投资基金等。如果风险投资机构觉得被投对象具有相当的存活率,就会将15%~20%的投资组合资金投入到这个阶段的风险企业,这时的投资损失主要是技术风险、市场风险和管理风险,投资损失概率约为50%。

(3) 扩张期。扩张期是指技术发展和生产扩大阶段。这个阶段的产品已被市场接受,管理机构已逐步建立完善,产品开始批量生产,企业开始进行下一代产品或服务的研发。此时,企业所需的主要资源是运营资金,用以应对随着供给增加而需扩充的生产销售能力,包括满足应收账款和存货占款需求。其资金主要依靠风险投资公司追加投资或市场筹措。此时,企业已有明朗的发展前景,风险投资机构觉得企业有相当大的成长机会,一般会将25%~30%的投资组合资金投入扩张阶段的风险企业。这个阶段的风险与前两个阶段相比,已有所降低,主要存在市场风险和管理风险,投资损失概率约为35%。同时,这个阶段的风险投资机构在帮助增加企业价值的过程中,已着手准备退出。

(4) 成熟期。成熟期是指技术成熟和产品进入大规模生产阶段。企业已经具备较强的市场竞争能力,不断完善和改进产品或服务,管理架构和资本运作日益规范,经营活动已经能够创造较大的净现金流。企业融资意愿主要在于充分改善财务结构,为股票公开上市发行做准备,是公开发行前的最后融资期。对风险投资机构来说,此时各种风险已大幅降低,利润率也已降低,对风险投资不再具有足够大的吸引力。如果投资机构认为企业能在上市后获得合理报酬,则会以15%~25%的投资组合基金投入成熟阶段的风险企业。这个阶段投资损失概率最低约为15%。这个阶段是风险投资的收获阶段,同时也是风险投资的撤出阶段。

4.风险投资的特点与意义

风险投资是权益投资,是无担保、高风险投资,是流动性较小的中长期投资,是高专业化和程序化的组合投资,是投资人积极参与的投资(风险投资家既是投资者又是经营者),是追求超额回报的财务性投资。

风险投资的意义主要有以下几点。①风险投资促进企业产业结构升级。在筛选被投资对象时会着重考察企业的创新能力和技术优势,选择具有潜力的企业进行投资,促使特定技术发展为主导,从而形成市场导向,将风险投资支持技术发展成为产业升级过程中的核心力量。在创新发展战略下,国家和政府高度重视风险投资发展,希望发挥风险投资助推高新技术企业发展的独特作用,改变地区产业结构,从而提高地区的经济发展质量。同时风险投资将高新技术引入传统产业,打破原有市场均衡,驱动传统产业革新,引发传统产业链式反应,从而实现整个产业结构升级。②风险投资为技术创新提供资金支持。企业技术创新是较为漫长的过程,创新成果产出需经过时间积累,并需投入大量研发资金。中小型企业技术创新受到信用缺乏制约,无法通过公开资本市场或银行借贷获得融资支持,很难覆盖企业长期创新活动的资金缺口。风险投资高风险、高收益与技术创新高风险、高收益相契合,正好可以弥补传统融资方式下中小企业融资难的困境,促进风险资本与企业技术创新的完美结合。因此,风险投资能够为企业发展提供资金支持,缓解其不同发展阶段的融资约束。③风险投资具有技术创新集聚功能。风险投资机构增值效应体现在为创新主体提供获取外部资源集成平台,帮助创新主体招聘合适的人才,把握创新市场需求,降低技术、组织、市场的不确定性,实现资源优化配置。另外,风险投资为产业中不同的企业搭建沟通交流渠道,而产业上下游之间渗透和联动加强能加快产业创新要素在产业链上集聚,激发产业创新能力,增强产业核心竞争力。技术进步引起各产业部门生产技术的变革,在主导产业扩散效应的作用下,推动相关产业向高端化发展。④风险投资提供就业机会。中小企业是创造就业机会的主要来源,成长创新型企业创造就业机会远远超过其他类型的投资活动。新兴企业会吸纳大量社会劳动力,因为这些企业需要大量基层劳动力,如美国星巴克、联邦快递等服务业企业;同时高新技术行业也会吸引大量技术型人才。

(一)参与风险投资的主要群体

参与风险投资活动的主要群体有四类:创业企业家、投资者、天使投资人与风险投资家。创业企业家具有创新型的商业思维,并有能力组织实施企业的经营活动,如完成新技术研发全要素、制造新产品雏形或建立新型服务模式,承担相应经济、心理社会风险,将经济资源从生产率较低领域开发出来,从而促进经济体的发展。但创业者通常缺乏足够的资金,尤其在较长时间内支持创业企业的生存发展。他们要求换取可转换债券或企业所有权。在一些先进的创业区域中,众多天使投资人组织团体或网络扩大扮演风险投资人的不同价值协助者,让创业者能获得早期启动资金。在部分经济发展良好的国家中,政府扮演了天使投资人的角色。天使投资人可分为以下三种情况:①支票天使。相对缺乏企业管理经验仅负责出资而且投资额较小,单个投资项目 1 万~2.5 万美元。②增值天使。经验较为丰富,有较强的项目鉴别能力。其中不少人是退休投资银行家与创业投资家。他们选项目时不注重行业而注重机会。与被投资企业间既进行权益性投资也进行债务式融资。这类天使投资人一般都希望在适当时间退出,退出渠道是公司收购公开上市,且投资额较大,单个投资项目 5 万~25 万美元。③超级天使。成功经验企业家对新企业提供独特的支持,每个项目的投资额相对较大,在 10 万美元以上。风险投资家是指具体运作与管理风险资本能力的人,负责评估风险项目的可行性,指定投资决策并实施投资方案。风险投资家与投资项目的成败密切相关,必须具有较为全面的知识和素质,包括工程技术专业基础知识、金融投资实践经验、现代财务会计知识、现代企业管理知识、法律知识等。此外,还需要团队协作精神,在业内有较高的知名度和信誉度、具有敏锐的判断力、高超的组织协调能力,善于把握时机果断决策。风险投资家有相关行业从业背景,对高潜能投资项目有敏锐的观察力和判断力。投资完成后,风险投资家会进入被投资企业董事会为企业提供管理咨询,协助企业成长。天使投资人与风险投资家的比较如表6-2所示。

表6-2 天使投资人与风险投资家的比较

比 较 点	天使投资人	风险投资家
投资动机	以帮助创业者为主要目的,追求投资回收则是其次	追求投资资金的报酬回收
投资规模	单笔投资	单笔金额较高,会区分阶段投资
投资阶段	创业初期	扩张期
投资对象	有较好增长趋势的项目,也可能是与自身相关的项目	具有扩张潜力的项目

(二)风险投资机构的组织形式

风险投资机构在风险投资体系中至关重要,在一定程度上能够为投资者与参与风险投资过程的人规避损失风险,从而获得合理回报。风险投资机构衍生发展,逐渐形成有限合伙制、公司制、信托基金制、内部风险投资机构与小企业投资公司等组织形式,具体内容如下。

有限合伙制是风险投资的典型组织形式。其风险投资机构有2~5个合伙人,大型机构的规模则在5~10人,最多不超过30人。其合伙人分为有限合伙人(LP)与普通合伙人(GP)。有限合伙人通常只提供风险投资所需的主要资金,不负责公司具体经营,只承担有限责任。普通合伙人由专业风险投资人员担任,只提供1%左右的资金,但负责具体项目投资并承担无限责任,在机构收益分配中居于主要地位,可从有限合伙人净收益中按10%~30%的比例提取报酬。从税收角度出发,有限合伙制属于合伙制企业,不用缴纳公司所得税,只需要合伙人缴纳自己的个人所得税,从而起到避免双重纳税的作用。这种吸引风险资金的形式成为风险投资机构的主流模式。

公司制以股份有限公司或有限责任公司形式为代表组织形式。公司制风险投资机构与有限合伙制风险投资机构基本相同,但在内部激励机制与税赋方面处于劣势。在公开市场上,由于证券市场监管要求公司向公众公开经营状况,因此公司制比有限合伙制有更高的透明度,更容易被投资者了解,投资者通过公开市场也更容易撤回投资,募集上更有优势。

信托基金制是实践中常见的风险投资组织形式。与传统信托基金一样,风险投资基金除了投资者、风险投资家,还有基金保管人(由银行等金融机构担任)和第三方当事人。风险投资基金分为公司型与契约型两种,其中公司型与上述公司制几乎相同,主要区别在于契约型。

内部风险投资机构由某大公司或企业集团设立并服务其战略利益,其管理人员大多由公司派遣,一般不参与投资收益分配。其风险投资决策受母公司影响,与独立风险投资机构大相径庭。投资主要有两个方向:一是投资本集团内部风险企业,推动内部技术进步;二是投资与本集团战略利益高度相关的外部风险企业,等后者成长起来再由母公司或集团内其他相关企业将其吞并或控制。对规模与实力相对较小、较弱的公司或企业集团,其内部仅设立风险投资部门,而不是相对完整的风险投资机构。

小企业投资公司(SBIC)是政府参与的准风险投资机构。有政府参与是因为资金中有部分来源于政府优惠贷款,因此受政府相关部门(小企业管理局)的许可监控。因为有偿还政府贷款压力的SBIC对风险承受能力有限,常以提供贷款与购买股票作为投资方式,初创高风险企业并不是重点投资对象,所以它与典型风险投资存在较明显的区别,仅是准风险投资机构。

(三)风险投资的流程

风险投资运作始于风险投资机构筛选风险企业提交的商业计划书,继而完成投资,直至最终风险资本从企业中退出。这个过程中风险投资机构直接参与风险投资的各个环节,是风险投资运作的"黏合剂"。从国际风险投资运作过程来看,风险投资可细分为以下7个流程。

(1) 项目评估。风险投资机构每天都会收到许多项目投资建议书,显然并不是每个项目都会取得最后的成功,因此要求风险投资家对项目进行评估,并从中挑选值得并适合投资的机会。此评估越扎实,后期面临的风险就越小。从实践来看,能成功获得风险资本的企业通常具有更好的专业品质,如具有领先的创新技术产品、具有出色的商业计划书、拥有高素质的风险企业家与强有力的管理队伍、拥有快速成长与高额回报的产业特征等。风险投资家在投放资金时对风险企业的主要要求如表 6-3 所示。

表 6-3　风险投资家投放资金时对风险企业的主要要求

序号	主要要求
1	拥有具备领先优势的技术与产品
2	拥有出色的商业概念与计划
3	拥有高素质的风险企业家与强有力并且十分团结的管理队伍
4	拥有快速成长的前景预期
5	拥有严格的内部运行制度
6	风险投资家认同风险企业家(创业者)对企业的主导权,但要求有对风险与收益进行灵活反映的监督管理机制
7	要求风险企业管理层对股东利益的高度忠诚
8	要求风险企业能够经得起联合投资风险投资家的考察
9	要求风险资本退出机制安排
10	要求拥有优势区位、相关工作经验等该风险投资家认为重要的其他事项,但这些事项因具体的风险投资家不同而各有差异

(2) 项目面谈。风险投资机构如果对创业企业家提出的项目感兴趣,就会直接与企业家接触面谈。通过面谈了解企业的创办情况、管理团队的执行情况。通过面对面沟通可以对投资项目的可行性进行基本判断,从而促进项目进入实质性审查阶段。

(3) 项目审查。风险投资机构将对项目相关材料尽职调查。风险投资家将感兴趣的商业计划书提交至机构投资小组初步审议。初步审议后风险投资机构通常会建立项目评估小组,对项目全面审议,并向申请风险融资的企业要求更全面的企业背景资料,具体包括:注册登记文件、企业章程、董事会与股东资料、董事会纪要、重要的业务合同、法律和财务合同、详细财务报告、资产清单、知识产权方面文件、管理团队背景资料与员工情况、法律诉讼与保险资料、政策法规资料等。项目审议涉及的方面有:行业审议、技术审议、市场审议、财会审议与法律审议。其具体程序包括:与潜在客户接触、向技术专家咨询并与管理队伍举行多轮会谈。

(4) 项目谈判。选定投资项目后,风险投资机构项目评估小组与风险企业进行具体的谈判协商,主要涉及的问题包括:出资额与股权的分配、风险企业组织架构的设计、风险投资机构监督管理权限的安排、风险资本的退出安排,谈判双方对每个问题都有自己的目标。风险投资机构总希望在既定出资额条件下得到更高的回报,并享有更多的监督管理权,而风险企业则希望在更大程度上领导自己的企业,并从自己的创新性劳动中分享更多的收益。如果双方通过协商最终达成一致,风险投资交易基本就确定了。此后还会签订正式协议以保障交易。风险投资协议的具体内容是双方在谈判中达成的一致意见。

(5) 交易完成。谈判完成后便进入签订投资协议阶段。风险投资机构将与被投资企业或创业者签署有关法律文件,文件会对企业的现有章程进行修改,并须报有关部门批准和备案等。

(6) 项目监管。通过相互选择调适后，风险投资机构就拥有了风险企业股份或其他合作方式的监管权力。风险投资是积极权益资本，为降低风险，从资金注入一开始，风险投资机构就对风险企业提供强大的管理支持并严格监督。风险投资机构会全力以赴地协助企业发展，通过进入董事会并影响企业决策、培育企业管理层、跟踪监督风险企业财务与经营状况，保障风险投资获得成功，最大限度地实现资本增值。

(7) 资本退出。退出机制是风险投资运行中的重要组成部分，不仅为风险资本提供了持续流动性，也保证了风险资本持续发展的可能性。

综上所述，风险投资业务运作流程如图 6-2 所示。

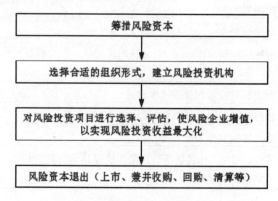

图 6-2　风险投资业务运作流程

课中案例

"双减"政策下线上教育行业直接投资(风险投资)困境

2021 年 7 月 24 日中共中央办公厅、国务院办公厅印发的《关于进一步减轻义务教育阶段学生作业负担和校外培训负担的意见》规定："现有学科类培训机构统一登记为非营利性机构，校外培训机构不得占用国家节假日、休息日及寒暑假组织学科类培训，不得提供'照搜题'，不再审批新的学科类培训机构，不得上市融资。"这对校外培训机构造成了致命的打击，千亿资金困于教育市场中。

2020 年，由于新冠疫情催生了庞大的在线教育需求，也成为智慧教育大规模进入公众视野的重要契机。IT 橘子的数据显示，2020 年创投资本预计在在线教育行业累计投资 1034 亿元，其中国内 K12 赛道的总融资额超过 460 亿元，仅猿辅导和作业帮两家公司的融资额就高达 380 亿元，占行业全年融资总额的七成。但随着教育强监管政策的落地，这两家准独角兽上市受阻，背后的资本也退出无望。

猿辅导创立于 2012 年，截至 2021 年年中共经历了 11 轮融资，总融资额超过 40 亿美元。其中，仅 2020 年的融资就高达 35 亿元。2020 年 12 月 24 日，云峰基金 3 亿美元投资当时站在估值最高点的猿辅导，是当年中国互联网领域单笔最大的融资额度，猿辅导也成为全球教育科技行业估值最高的独角兽。然而，随着监管落地的大框架，猿辅导 80%以上收入比例的业务面临着关停转型，押注其 IPO 的投资机构，在这一轮高位"接盘"之后，也只得无奈折戟。

作业帮成立于2015年。2020年12月28日,作业帮宣布完成E+轮超16亿美元的融资,估值超100亿美元,此轮融资的投资者包括阿里巴巴、Tiger Global、软银愿景基金一期、红杉资本中国基金、方源资本等。目前,作业帮已从软银愿景基金、高盛集团和红杉资本中国等投资者那里至少融资34亿美元。在此之前,有消息称作业帮正在与顾问就潜在的上市事宜进行合作,计划2021年上市。2020年5月,作业帮传出暂停了IPO的消息。对此作业帮作出回应:没有明确的上市计划。在"双减"文件中,明确指出线上培训机构不得提供和传播"拍照搜题"等不良学习方法。在作业帮,学生们可以上传自己的作业问题并搜索答案。对于本就处在舆论旋涡之中的作业帮而言,这无疑是雪上加霜。

对线上教育行业进行直接投资(风险投资)的企业中,早期的投资者可以通过后续的套现退出,但对于后期入局的投资者来讲,退出难度不言而喻,只能落得"接盘"的结局。随着政策的实行,对行业造成了巨大的打击,新的资本将难以进入。已经进入行业的风险投资企业将何去何从,结局难以落定。

(资料来源:界面新闻,https://baijiahao.baidu.com.)

问题分析: 结合案例,分析"双减"政策下线上教育行业直接投资(风险投资)所面临的困境,并分析投资银行在此困境中是如何协同参与直接投资(风险投资)企业,帮助其摆脱困境?

知识窗

知识窗二:

直接投资业务之私募股权投资

风险投资与私募股权投资都隶属于直接投资的范畴,以下主要就私募股权投资相关概念进行概述。

"果农型"投资人私募股权(PE),即私募股权投资,是指投资非上市股权或者上市公司非公开交易股权的一种投资方式。私募股权的投资对象是企业,买的是企业的股权,通过上市、并购或管理层回购等方式出售持股获利。如果各种金融产品像水果,证券投资基金就是贩卖水果的商贩,而私募股权基金就是果农,他要培育果树一直到果子成熟,比如上市被收购,果子培育得越好,价格就卖得越高。所以,私募股权投资是从企业的长期经营和稳定增长中获利,而证券投资是从企业证券的价格变动中获利,它们的投资目的不一样。早在1970—1980年,私募股权投资公司就已成为陷入困境中的公司。从公开市场上筹集资金的流行途径。1990年后,美国私募股权投资进入高速发展阶段,黑石集团、KKR集团、凯雷投资集团、贝恩等顶级私募在资本市场大展身手,随后IDG、软银、红杉资本等风投纷纷涌现。这些机构培育了包括腾讯、阿里巴巴、搜狐、盛大在内的大批明星企业,甚至当时有人笑称,在美国硅谷只有两种人,一种人是IT精英,另一种人就是私募股权投资人。

1. 私募股权投资的关键要点

私募股权投资公司筹集并管理资金,为股东带来可观的回报,通常投资期限为4～7年,投资对象是企业,买的是企业股权。私募股权的优势之一是,企业家和公司创始人可以轻松获得资本,并且季度业绩压力较小。私募股权投资公司主要通过非公开方式,面向少数机构投资者或高净值个人募集资金。

2. 私募股权帮助企业成长

既然是"果农型"股权投资，那就意味着私募股权基金要经历很长的培育期。私募股权基金有4~7年的封闭期，投资人一般不能中途撤资。当私募股权投资公司投资了企业后，企业就能在相当长的时间内获得比较稳定的资金来源，帮助自身成长。就像果子在不同的发育时期有不同的培育措施，私募股权基金对处在不同阶段的企业帮助是不一样的。

换成成熟企业，其私募股权投资方式就完全不一样了。如2008年，因为三鹿奶粉事件，几乎所有的中国奶厂都处在风雨飘摇之中。美国的私募股权机构KKR认为，中国奶牛养殖正处在价值洼地，于是果断砸出数亿美元入股现代牧业，获得40%的股权。KKR帮助现代牧业完善治理结构，如帮助现代牧业对牧民进行专业饲养技能培训，甚至批量给奶农办理商业保险。除此之外，他们还帮助团队提高管理水平，如引进西方完整现代商业流程，重新制定各个部门的KPI，把职员KPI和股权激励挂钩。在资金、管理水平、资本运作多方作用之下，现代牧业两年后在香港顺利上市，5年以后以3倍溢价卖给蒙牛集团。私募股权投资成功的底层逻辑是：准确判断行业周期，在起始阶段或低谷时低价买入股权，通过培育企业，或者改造旧企业的经营方式，增加企业价值并实现成功退出。

（资料来源：未来智库，https://baijiahao.baidu.com.）

二、私募股权投资业务运作

私募股权投资运作涵盖创业风险投资、成长期投资、夹层投资、Pre-IPO投资、PIPT投资、不良资产投资与杠杆收购等，具体内容如下。

(1) 创业风险投资。投资技术创新项目与科技型初创企业，从最初产生想法到形成概念体系再到产品成型，最后将产品推向市场。

(2) 成长期投资。投资已经渡过了初创期，发展至成长期的企业，其经营项目已从研发阶段过渡到市场推广阶段并产生收益。

(3) 夹层投资。夹层投资特指对从成长到扩张阶段尚未盈利，但仍需要大量资金进行扩张的风险投资。例如，黑石曾瞄准EOP(办公物业投资信托公司)，EOP虽持有众多优质写字楼，但因管理不善，导致总体估值不高，属于典型的"价值洼地"。黑石迅速行动，设计出"全额收购+拆分卖出"的交易策略，仅用5天就从美国银行、高盛等机构拿到290亿美元直接借贷和60亿美元夹层融资，买下EOP旗下全部资产。在随后的4个月内，黑石迅速卖掉EOP旗下53栋大楼及567万平方米的物业，回笼资金高达426亿美元。以此计算，此次交易中"债权+夹层投资人"的平均收益率已超过80%，而黑石仅通过分拆出售，就使自己的账面资金翻了一番，还拿到近400平方米的核心区域物业。更为重要的是，由于行动迅速，黑石完美躲过紧随其后的次贷危机。

(4) Pre-IPO投资。投资于企业上市前阶段，预期上市规模与盈利已达到可上市水平的企业，其退出方式一般为上市后从公开资本市场上出售股票。

(5) PIPE投资。投资已上市公司，具体进入形式包括定向增发、协议转让、可转债、可交换债等。PIPE投资分为敌意模式和友好模式。敌意模式案例有："华尔街之狼"伊坎从

2013 年开始持有苹果公司股票，2016 年第一季度卖出。在整个过程中伊坎采用公开信、增持股份、要求公司回购、发表低估观点等方式影响苹果市值。友好模式案例有：3G 资本 2008 年收购百威啤酒，成为百威啤酒最大的股东，并且先后收购亨氏食品、汉堡王、卡夫食品。收购公司后，3G 资本通过提升基本面改善公司市值，使被投资的公司成为全球食品饮料行业的龙头。

(6) 不良资产投资。网络上把以处置不良资产为业的公司称为"秃鹫投资者"。不良资产在一般人看来，是唯恐避之不及的包袱和累赘。但对于专业机构来说，其中不乏沙里淘金的机会。许多项目并不是实际意义上的不良资产，有些只是在资金、管理方面暂时出现问题，造成企业经营困难。这些机构在买进不良后，可以通过诉讼追偿、资产重组置换、破产清偿等方式处理不良资产，进而从中获利。例如，2001 年市场低谷期，黑石建立私募信贷部门开启"秃鹰"投资。专注有发展潜力但暂时陷入困境的公司债务，通过债务重组、调整经营业务等方式改善公司的现金流状况，代表案例有：黑石集团收购阿德菲亚通信公司和查特尔通信的不良债务，通过出售资产、扩建优势业务等手段，在市场回暖时使公司经营回到正轨，获利翻倍。

(7) 杠杆收购。这是最流行的私募股权融资形式，目的是改善其业务和财务状况，并将其转售给利益相关方，或进行 IPO。例如，黑石集团在 1989 年完成第一笔收购交易，与美国钢铁集团出资设立"运输之星"，满足其融资的同时，又保住了核心资产使用权需求。该笔业务为黑石集团树立了"友好收购"的形象，年均 130%的惊人收益率为黑石集团后来的募集资金铺平了道路；更重要的是为交易提供收购杠杆融资的化学银行与黑石集团建立了长期合作同盟，其后化学银行壮大成为摩根大通的收购方之一，可谓双方相互成就。

知识窗

知识窗三：

直接投资业务相关问题

投资基金在投资一家成功上市企业之前，可能有 9 家企业投资失败。《中华人民共和国税法》规定，一家企业成功上市时，获得巨额回报后需按照规定缴纳相应的税费，而投资失败不进行退税处理。风险投资基金合伙企业在设立时，需要在基金业协会进行备案。而此时收益有两种核算方式：一是单一基金核算方式，按照股息利息红利税率的 20%收取税费。二是按年度整体核算收入，按照整体生产经营所得税进行收取，税率为 5%~35%。为维护创业投资者参与经济活动的积极性，国家制定了相关税收优惠政策。《财政部 国家税务总局 关于创业投资企业和天使投资个人有关税收政策的通知》(财税〔2018〕55 号)规定，法人、个人合伙人可以按照对初创科技型企业投资额的 70%抵扣合伙人从合伙创投企业的所得；当年不足抵扣的可以在以后的纳税年度结转抵扣。

投资基金投到产业资金中需要考虑哪些问题？政府引导仅仅是产业投资基金的要素之一，而是否有足够的社会资本参与，才是关系设立基金的目的能否实现的至关重要的环节。产业投资基金收益包括基金本身收益和项目相关收益。基金本身收益即通过所投资项目公司或子基金每年的股权分红及项目公司清算、股权转让、资本市场上市等，获得基金股权投资本金和收益回流。项目相关收益包含：政府授予特定区域内各种经营特许权经营收益，包括城市区域综合开发所得收益、基础设施运营及特色产业发展领域等；将部分基础设施运营和特色产业发展领域股权或资产转让，形成股权或资产转让收益，如加油站、油气管网项目向石油公司转让，污水处理、垃圾回收和处理项目向环保经营公司转让，文化创意、户外广告经营权等向文化公司转让，有线电视运营项目向有线网络提供商转让等；资本市场上市实现收益，选择经营性基础设施和特色产业中的优良资产，进行打包并在资本市场上市，实现资产增值收益；获得地方性税收减免，从而形成收益。产业投资基金常见的退出方式有项目清算、股权回购/转让、资产证券化等，投资者应该根据项目特性选择相应的退出方式，如供水、供热、供电等基础设施一般都不会通过项目清算来退出，而股权回购/转让则要考虑具体回购方(受让方)，如果是政府或平台公司作为回购方(受让方)，在一定程度上将为项目增信，但如果是其他社会资本负责回购(受让方)，相应风险就会提高。此外，对于银行保险等金融机构，在产业投资基金中扮演更多的是资金提供者的角色，其低风险承受能力的特性决定其主要作为有限合伙人参与产业基金和项目运作，在具体投资中关注相关方信用风险和项目可行性，一般建议挑选经济发展水平较好、市场化程度较高区域的产业基金进行投资，对于经济发展水平相对落后、财政收入增速较为缓慢的地区，如果有政府给予强力支持的重点项目产业投资基金，也可考虑适度参与，但是在保障措施和风险溢价方面需要仔细考量。

课后案例

主权财富基金

主权财富基金是从外汇储备资产管理开始。中东石油国出口大量石油，然后换回大量美元，俗称"外汇储备"。由于资产都是美元资产，若美国持续量化宽松，俗称"印票子"，则外汇储备就会贬值，就等于国家财富被流失。

国家主要收入都靠石油，油价一波动就会对国内经济造成特别大的冲击。此时需对国家外汇储备保值增值，即石油国亟须资产管理。在这种背景下，部分外汇储备资产进行管理的"主权财富基金"就诞生了。中国不是石油输出国，但却是出口大国，所以多年贸易顺差后积累了巨额外汇储备。当有巨额外汇储备后就面临着和石油输出国一样的困境。这么多财产，保值和增值都很不容易。国家外汇管理局(中华人民共和国国家外汇管理局)实际上承担"主权财富基金"的职能。中国外管局旗下有四家公司：华新、华欧、华美和华安，它们分别投资新加坡、欧洲、美国和其他地区的金融资产。这四家机构在市场上也被称为中国人民银行旗下的"四朵金花"，因为有这么大的资金体量，就必须保证资金安全。为确保资金安全，这些钱大部分会投在外国国债，其中主要是美国国债。2007年，我国正式成立主权财富基金，即"中投有限责任公司"，它和国家外汇管理局共同做外汇资产投资。但和国家外汇管理局的保守型投资策略不太一样，中投公司投资非常分散，包括股票、债券、大宗商品、房地产，其中有一笔交易特别受世人瞩目：2012年中投投资阿里巴巴10亿美金，获得2.7%的股份，2014年阿里巴巴IPO时这笔投资已增值400%，估值已经达50亿美金。

(资料来源：知乎，https://blog.csdn.net/Wang_Jiankun/article/details/86549451。)

问题分析: 结合案例,分析主权财富基金、产业引导基金与直接投资存在什么关系?并延展搜集资料,分析中国主权财富基金投资的领域及成效?

第三节 金融科技在直接投资业务中的应用

> **课前思考**
>
> 金融科技在投资银行直接投资业务场景中如何应用?如何理解金融科技的哲学基础与科技为民要义?

2005年11月,中华人民共和国国家发展和改革委员会等十部委联合发布《创业投资企业管理暂行办法》来配套税收优惠政策、引导基金政策的实施,多层次资本市场体系逐步建立,形成中国特色直接投资体制的基本框架。受益于直接投资体制与差异化监管的有力支持,中国投资行业得以迅速起步发展,对拓宽直接投资企业融资渠道、促进经济结构调整、产业转型升级与增强经济发展新动能起到积极作用。2016年《国务院关于促进创业投资持续健康发展的若干意见》中提到,中国直接投资快速发展,各类金融工具涌现,如与金融行业发展趋势相结合的互联网股权融资平台、面向个人价值实现提供服务的公益性天使投资人联盟、面向金融机构的投贷联动与并购贷款、支持风险企业及其股东所发行的企业债券、服务于区域产业诉求的市场化运作政府引导基金及引导基金中参股基金、联合投资、融资担保、政府让利等灵活措施。2014年至今,金融科技与人工智能、大数据、区块链、云计算等技术结合,推动投资银行(证券)行业真正进入数字化转型,并重构证券行业金融服务生态。金融科技重构投资银行直接投资业务主要表现在量化投资领域。

课后案例

量化交易,优化直接投资交易模式

1. 量化交易有望提升收益稳健性,成长空间巨大

量化交易是指以先进的数学模型代替人为的主观判断,利用计算机技术从庞大的历史数据中筛选出能带来超额收益的多种"大概率"事件,以制定策略,其优势在于能够降低投资者情绪波动的影响,避免在市场极度狂热或悲观的情况下作出非理性的投资决策,有助于增强投资收益水平的稳定性。量化交易在欧美等成熟资本市场已经发展30多年,是海外对冲基金的常规交易手段,其交易量占全市场交易量的比例过半,而国内量化交易还处于起步阶段,发展空间广阔。

2. 券商推出量化交易平台,丰富机构客户投资策略

不少证券公司已通过自主研发或与数据服务商合作的方式建设量化交易平台,抢占量化交易市场。第一创业证券推出了为专业机构投资者提供全方位服务的"FIRST"量化服务体系,具备"快速"(fast)、"智能"(intelligent)、"可靠"(reliable)、"专属定制"(special)、"团队合作"(teamwork)五大核心特征。公司配置量化投资研究经验丰富的服务团队,通过高效的内部协同和完整的基础设施建设,提供覆盖整个量化机构全生命周期的全流程、多样化、个性化服务方案。在核心交易层面，不断优化交易效率，减少交易摩擦，并通过搭建安全、完备的交易应用，保障交易的安全可靠。同时，公司配备了专业团队和专属系统，可以响应 QFII 跨境交易的需求，并且具备相关机构的服务经验，以满足国际领先的交易及风险控制要求。

3. 极速交易系统满足量化交易中的提速需求

随着创新业务的不断推出，程序化交易模式的快速发展，同时监管和风险控制也更加严格，交易系统的指令、委托延时已经难以满足客户需求。以私募基金、信托计划为代表的机构客户对券商 PB 交易系统的性能和稳定性提出了新的要求。因此，不少券商将 PB 交易系统升级为极速 PB 交易系统。极速 PB 交易系统采用全内存数据库技术，配合全新的数据通信机制和多线程并行技术，实现了所有业务流程处理均可在内存中进行，极大提高了委托确认、成交的效率。

(资料来源：未来智库，https://baijiahao.baidu.com.)

问题分析： 结合案例，分析金融科技在投资银行(券商)直接投资业务场景中的应用，并搜集更多券商在此场景中的金融科技的应用。

财商小剧场

【思考1】机器怎么选股？普通投资者可以完全信任机器选股吗？

【问题解析】机器选股属于量化交易，而量化交易策略随时需要跟踪调试。目前，完全机器化、程序化的技术还不成熟。如美国市场中首只应用人工智能选股基金"阿尔法狗"(AIEQ)，2017 年 10 月，在上市一个月内便大幅跑输标普 500 指数，即美国大盘指数。如果这件事放到中国市场将会如何？中国市场变化快、规律不稳定、小概率事件时常发生，脱离人工监测的机器人选股风险较大。普通投资者可在市场预期相对稳定时选择机器选股量化投资。

【思考2】普通投资者如何避免投资陷阱？

【问题解析】普通投资者避免投资陷阱要把握以下三点。

第一，大量的多年观测数据必不可少。我们判断基金经理或者投资经理的能力时，要观测大量数据，大量不是指一个月、两个月，而是要看多年的数据。不要相信从事投资两三年的明星投资经理，更不要轻易相信没有穿越过周期、没有经历过牛熊市转换的投资经理人。很多基金经理业绩好只是因为牛市时承担更高风险获得更高收益，并不是他提供的策略本身有特别了不起的地方。

第二，承认未来的不确定性。未来是不可知的，当你做投资决策时，要把时间花在可知行业的企业上，而不是轻易把自己的决策建立在未来大盘的预测上，尤其在预测走势上，即使预测正确，也并不意味着有很强的投资能力，可能只是这几次运气比较好而已。

第三，对自己或者其他人成功的经验要时刻保持警惕，并且也要对自己失败的经验保持平常心。很多普通投资者偶尔投资过不好的股票，要么否定自己的能力要么否定策略，其实都是片面的。

总之，决策思考过程的正确性比结果正确性更重要。

【思考3】普通投资者要怎么感知基金被挤兑的程度,从哪些数据可以进行分析?

【问题解析】从理论上说,当基金业绩表现非常差,如货币基金跌破净值,触发平仓线时,基金经理会抛售表现不好的资产而引发持仓市值下降。市值下降会促使基金经理卖出资产,从而形成恶性循环。在这种情况下会引发很多机构投资者和较为敏感的散户投资者感知基金挤兑。但实际上感知基金挤兑很难,尤其对散户而言更难。数据上观测基金级别的直接证据是基金份额发生大幅下降。所以,如果能够看到基金份额发生大幅下降,那就是基金挤兑现象已经发生。但这里有一个很大的问题,基金信息披露时间一般是季度。所以公开数据的更新频率很低,如果真要等到季报数据公布份额再决定是否赎回就晚了。一个比较可行的方法,就是去观察银行间市场和资本市场的表现,如果市场表现很差,负面消息很多,经常出现个股股价闪崩或债券违约,基金投资者就要提高警惕,考虑是不是要提前撤资。

【思考4】在投资银行(券商)开通白天炒股、晚上理财模式的理财基金是否容易发生挤兑?一旦挤兑它们会不会给普通投资者带来额外风险?

【问题解析】从历史数据来看,一般基金挤兑多发生在货币基金中。这是因为货币基金性质和银行存款比较相似,具有极强的流动性,随时可以赎回。对于对价格敏感的大机构而言,只要一发生风吹草动,货币基金就是最好的变现手段。理财类基金反而发生挤兑的可能性比较小。因为普通投资者对这种资产价格变动没有那么敏感,因此流动性也没有那么高。但这也不是绝对的,如果股票价格发生剧烈变动,那么股票型基金也会发生挤兑现象,就像2015年A股股灾中的情形一样。最主要的是,风险取决于基金标的资产价格变动。例如,你买债券基金,如果债券市场不好,那么就有风险。你买理财产品,整个理财产品市场出现问题,那么很可能就有风险。你买股票型基金,如果股票市场出现大的价格波动,那么基金就会有问题。

本章小结

1. 直接投资业务又称股权投资,通常是指证券公司寻找并发现的优质投资项目,以自有或募集资金对非公开发行公司的股权进行投资,并通过企业上市或其他退出方式获取收益的业务。投资银行可以通过发起募集投资基金等方式获得基金管理费收入,并有机会通过中介服务获取报酬。直接投资的两大基本原则:在投资前确保流动性的可实现性;考察大股东的实力与意向。

2. 直接投资业务具体可分为两类,即风险投资与私募股权投资。风险投资是将资本投入与高新技术及其产品的研究开发领域,促使高新技术成果尽快商业化、产业化,以此获得较高的资本收益的一种投资方式。风险投资的五个阶段:种子期、初创期、成长期、扩张期和成熟期,每个阶段都涉及较高的风险。私募股权投资是指通过私募形式对私有企业(非上市企业)进行权益性投资,通过上市、并购或者管理层回购等方式出售股份,以达到获利的目的。风险投资常见的退出机制有:公开上市、股权转让、股权回购、兼并与收购、公司清算及新三板退出。风险投资的阶段性融资主要分为种子期、起步期、扩张期、成熟期。风险投资的特点为:权益投资;无担保、高风险;流动性较小的中长期投资;高专业化和程序化的组合投资；需要投资人积极参与；追求超额回报的财务性投资。风险投资的意义：风险投资可促进企业产业结构升级。风险投资为技术创新提供资金支持。风险投资具有技术创新集聚功能。可以提供就业机会。参与风险投资活动的主要群体有四类：创业企业家、投资者、天使投资人和风险投资家。

3. 风险投资的组织形式有：有限合伙制、公司制、信托基金制、内部风险投资机构和小企业投资公司。风险投资的运作流程有：项目评估、项目面谈、项目审查、项目谈判、交易完成、项目监管、资本退出。私募股权投资运作涵盖创业风险投资、成长期投资、夹层投资、Pre-IPO 投资、PIPT 投资、不良资产投资与杠杆收购等。

4. 2005 年 11 月，中华人民共和国国家发展和改革委员会等十部委联合发布《创业投资企业管理暂行办法》来配套税收优惠政策、引导基金政策实施，多层次资本市场体系逐步建立，形成中国特色直接投资体制的基本框架。受益于直接投资体制与差异化监管的有力支持，中国投资行业得以迅速起步发展，对拓宽直接投资企业融资渠道、促进经济结构调整、产业转型升级与增强经济发展新动能起到积极作用。2016 年《国务院关于促进创业投资持续健康发展的若干意见》中提到，中国直接投资快速发展，各类金融工具涌现，如与金融行业发展趋势相结合的互联网股权融资平台、面向个人价值实现提供服务的公益性天使投资人联盟、面向金融机构的投贷联动与并购贷款、支持风险企业及其股东所发行的企业债券、服务于区域产业诉求的市场化运作政府引导基金及引导基金中参股基金、联合投资、融资担保、政府让利等灵活措施。2014 年至今金融科技与人工智能、大数据、区块链、云计算等技术结合推动投资银行(证券)行业真正进入数字化转型，并重构证券行业金融服务生态。金融科技重构投资银行的直接投资业务主要表现在量化投资领域。

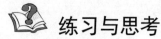

练习与思考

一、名词解释

1. 风险投资
2. 私募股权投资
3. 公开上市
4. 兼并与收购
5. 种子期
6. 天使投资人

二、简答题

1. 直接投资的退出机制有哪几种？
2. 风险投资的阶段性融资主要分为哪几个阶段？

三、单项选择题

1. 关于股权投资基金投资者的主要类型，以下表述正确的是(   )。

   A. 大型企业可以选择不作为投资者，而以自有资金出资并通过子公司的形式直接进

行创业投资业务

B. 公共养老基金是资本市场稳定的机构投资人,而公司养老基金受业绩表现的影响,无法提供长期的资金来源

C. 在国外股权投资市场中,富有的个人或家族通常倾向于作为基金管理人而非基金投资人参与到股权投资基金,以便管理其资产

D. 与美国市场不同,欧洲的商业银行不得作为投资者参与欧洲市场的股权投资基金

2. 关于法律尽职调查,以下表述错误的是( )。

A. 法律尽职调查问题包含历史沿革、主要股东、高级管理人员和重大合同等

B. 法律尽职调查有助于评估目标企业资产和业务的合法性及潜在的法律风险

C. 股权投资基金投资风险较高,为尽可能降低投资风险,法律尽职调查是整个尽职调查工作的核心

D. 法律尽职调查设计核查目标企业是否存在欠税和潜在税务处罚问题业务,目的是了解过去及现在企业创造价值的机制,以及这种机制未来的变化趋势

3. 关于项目退出的主要方式,以下表述正确的是( )。

A. 从退出成本的角度出发,协议转让退出的成本比一般上市转让退出的成本高

B. 从退出效率的角度出发,协议转让退出的时间一般比上市转让退出的时间慢

C. 从退出风险的角度出发,上市转让、协议转让的退出都存在比较大的不确定性

D. 从退出收益的角度出发,协议转让退出的收益一般比上市转让退出的收益高

4. 以下私募股权投资基金投资者中,对私募股权基金承担无限连带责任的是( )。

A. 合伙型基金的普通合伙人　　B. 信托型基金的投资者

C. 合伙型基金的有限合伙人　　D. 公司型基金的投资者

5. 下列哪一类私募股权投资的战略通常是向初创型企业提供资金?( )

A. 风险投资　　B. 并购投资　　C. 成长权益　　D. 危机投资

四、多项选择题

1. 私募股权投资基金的组织形式包括( )。

A. 合伙型基金　　B. 混合型基金　　C. 信托型基金

D. 公司型基金　　E. 股份型基金

2. 以下属于机构投资者的是( )。

A. 财务公司　　B. 基金行业协会

C. 商业银行　　D. 证券公司

3. 关于私募股权投资采取的主要退出机制,以下表述中正确的是( )。

A. 破产清算　　B. 借壳上市　　C. 大宗交易

D. 首次公开发行　　E. 公开上市

4. 从投资后管理角度出发,以下属于股权投资基金需要关注的风险有( )。

A. 被投资企业新技术开发的技术风险

B. 企业家管理团队的尽职风险与道德风险

C. 在管多只基金投资统一企业的利益冲突风险

D. 未能谨慎选择估值方法对被投企业公允价值进行合理计量的风险

微课视频

扫一扫，获取本章相关微课视频。

导言

直接投资业务概述

直接投资业务运作(上)

直接投资业务运作(中)

直接投资业务运作(下)

金融科技应用

构建投行财商

第七章 投资银行金融衍生工具业务

【本章提要】

20世纪70年代后,金融环境发生了很大变化,货币国内外购买力(表现为利率和汇率水平)呈现极不稳定与高度易变的状态,使得金融市场价格风险大增。虽然传统金融工具,如远期外汇交易与证券投资基金等,可在一定程度上控制风险,但金融机构更希望借助先进技术,通过低成本、高效率、高流动性的金融工具实现风险转移。因此,作为新兴风险管理手段,以期货、期权与互换为主体的金融衍生工具已经成为金融业发展的客观要求。本章在着重阐述投资银行金融衍生工具业务基本知识的基础上,还介绍了金融科技在投资银行金融衍生工具业务场景中的应用。

【学习目标】

1. 了解金融衍生工具业务类型与功能。
2. 了解供需定价与无套利定价、无套利定价理论定价金融衍生工具。
3. 了解金融科技在投资银行金融衍生工具业务场景中的应用。
4. 构建逻辑、辩证与批判等科学思维。理解金融科技的哲学基础与金融科技为民要义,树立与时俱进、终身学习的理念。

开篇阅读与思考

诺贝尔奖经济学得主罗伯特·默顿认为衍生品是金融领域最重要的创新。2017年,全球金融衍生品的交易量已是股票交易量的十多倍,其品种覆盖大宗商品、外汇、国债、利率,几乎所有金融机构:银行、投资银行、基金,都要大量使用金融衍生品对冲投资风险。但另一方面金融衍生品仍不被金融圈视作"主流",而且每次金融危机发生时,它都会被推到风口浪尖上。如2003年巴菲特公开宣称"金融衍生工具是金融界的大规模杀伤武器"。2015年,中国发生股灾,首先被拿出来"鞭打"的也是金融衍生品工具股指期货。此外,2017年年初曾引发中国很多大爷大妈追捧的大宗商品期货,其实也是最基础的金融衍生品之一。

日本德川幕府(17—19世纪)时期,大米可用来交税。当时日本全国的大米都会被运往大阪,大阪有一个小镇叫堂岛,水陆交通都特别发达,因此就成了大米集散地。但米价的波动实际上却很大,在春荒时米价就会狂飙,到秋收时米价又会狂跌。不管是米商还是农民,面临着很大的价格波动风险。为锁定价格波动，米商和农民会事先约定在未来某个时间用某个固定价格交易一定数量的大米。如现在1包大米是5两银子，米商和农民约定三个月以后用5两2钱银子1包的价格从农民手里收购10包大米，这份合约就属于远期合约。"5两银子"在这合约里是"现货价格"，也就是现在的价格；"5两2钱银子"是"远期价格"，也就是三个月后的未来价格。"三个月"的期限就是"交割期限"，这份合同的价值会随着什么变化呢？它会随着大米价格的变化而变化。所以大米就是远期合同中的"基础资产"，而这个"远期合约"就是大米的衍生品，这就是衍生品的来历。

签订这份合约对米商和农民双方都有好处——即使未来三个月米价像坐过山车一样起起伏伏，农民和米商也都可按照之前的约定价格来交易，等于避免米价过度波动。换句话说，远期合约通过锁定价格波动，实现了风险的转移和再分配。像跷跷板一样，这份合约会维持两边平衡，不让任何一方因为承受过重的压力而下坠。所以"远期合约"其实就是一种金融衍生品，它解决了价格波动的风险问题。但是另外一个问题又出现了：远期合同是一对一，也就是根据交易双方需求量身定做的，一方面违约风险会比较大，另一方面由于是根据交易双方需求签订的特定合同，因此转手时比较困难，就是这种合同"流动性不好"，所以很难产生较大的二级市场。那怎么解决问题呢？这时就需要把它进行标准化。18世纪时，堂岛大米交易所开始发行"米票"，即标准化远期合同。每张米票会约定在某个时间用某个价格交易一定数量的大米，其中大米等级、包装、重量、交割时间、地点都会被固定。这样每个人拿到的都是统一米票。这种标准化远期合约，就叫"期货"。从那之后，大阪堂岛形成了世界上最早的期货市场。从这两个例子不难看出，不管是远期还是期货，其实都是衍生品，都衍生了大米这一基础资产。而且它们逻辑都类似：它们都是金融合约，就像木耳必须从枯木上衍生出来一样，这个合约价值必须衍生于某种基础资产。在本案例中，基础资产是大米，但除大米外任何有价格波动的商品也都可作为基础资产。古代社会中农产品靠天吃饭，所以价格波动最大。早期期货主要以农产品为主。其实大家很熟悉的比特币也会衍生"比特币期货"。任何可在未来产生价格波动的商品都可对它进行期货交易。

（资料来源：中国新闻网，https://www.chinanews.com/cj/2015/07-20/7415403.shtml.）

问题分析：结合案例，思考投资银行在金融衍生工具中服务个人或机构投资者的具体职能是什么？

第一节　金融衍生工具业务概述

金融衍生工具的起源是什么？分类有哪些？金融衍生工具市场的发展过程是怎样的？

课前案例

香港金融保卫战

1998年，东南亚金融风暴中的香港股票与外汇市场受到以索罗斯为首的美国对冲基金的强烈冲击，股票指数期货交易在其中扮演了重要角色。1998年8月28日，600多万香港市民的目光锁定在了港岛中环香港联交所与香港期交所，这一天是8月香港恒生指数期货合约的结算日，也是香港特别行政区政府打击以对冲基金为主体的国际游资集团操控香港金融市场的第十个交易日。双方经过9个交易日的激烈搏杀后，迎来首次决战。上午10点整开市后，仅5分钟股市成交金额就超过了39亿港元，而在当月14日，香港特区政府仅动用了30亿港元吸纳蓝筹股，就将恒生指数由13日报收的6660点推至7224点。半小时后成交金额突破100亿港元，到上午收市时，成交金额已经达到400亿港元之巨，接近1997年8月29日高峰时创下的460亿港元的日成交量历史最高纪录。下午开市后抛售压力有增无减，成交量一路攀升，但恒指和期指始终维持在7800点以上。随着下午4点整的钟声响起，显示屏不再跳动恒指、期指、成交金额分别在7829点、7851点、790亿港元锁定。1998年8月28日，对于众多国际炒家来说是一个痛心的日子。香港股市在周边股市普遍下跌不利的条件下仍能顶住国际炒家抛售的压力，使炒家们在此战中惨败而归，这是香港特区政府自1998年8月14日入市干预以来的最高潮，也是其针对炒家们惯用汇市、股市、期市的主体性投机策略，即"以其人之道，还治其人之身"所取得的重大胜利。在这10个交易日中，香港特区政府将恒生指数从8月13日收盘的6660点推至28日的7829点报收，迫使炒家们在高价位进行结算，交割8月股指期货并抬高9月股指期货。在此之前炒家们建立了大量8月期指空仓，即使他们转仓成本亦很高，但一旦平仓则巨额亏损将不可避免。截至1998年8月28日，香港特区政府已动用100多亿美元，消耗外汇基金的13%，此举大大超过1993年"英镑保卫战"中英国政府动用77亿美元与国际投机者对垒的规模，堪称一场"不见硝烟的战争"。就此而言，香港特区政府的胜利是有代价的胜利。概括起来，香港采取的主要措施有以下几个。

第一，如数吸纳炒家抛售的港元，并将所吸纳的港元存入香港银行体系，以稳定香港银行同业拆借利率，8月14日突然提高银行隔夜拆借利率，突击投机者以提高投机者拆借成本。

第二，自8月14日开始，大量买入恒生指数成分股(蓝筹股)，抬高恒生指数及8月恒生指数期货合约价格，这就加大了空仓投机者在8月恒生指数期货合约结算日的亏损。

第三，指示香港各公司、基金、银行等机构不要拆借股票现货，减缓了对冲基金股票市场波动。

第四，抬高9月指数期货合约，以加大投机者转仓的成本。

(资料来源：光明网，https://epaper.gmw.cn.)

问题分析：结合案例，延展思考香港特区政府与投资银行如何有效应用股指期货指数，以在香港金融保卫战中获得胜利？

一、金融衍生工具类型

20世纪70年代以来，基于基础性金融工具(如股票债券)的价值变化，派生出了许多创新交易方式。现代金融衍生工具的兴起与迅猛发展是金融领域发生的最引人瞩目的变革，基础性金融工具主要包括货币、外汇、利率工具，如债券、商业票据、存单、股票等。国际互换与衍生品协会(ISDA)对金融衍生工具作出如下描述：衍生品是有关互换现金流量且旨在为交易者转移风险的双边合约。合约到期时，交易者欠对方的金额由基础商品、证券与指数价格决定。其基本特征为：金融衍生工具的价格随基础性金融工具变化而变化，但较基础性金融工具而言，金融衍生工具对价格变动更为敏感、波动较大，金融衍生工具交易具有杠杆效应(根据通行交易规则，参与金融衍生工具交易的投资者只需支付少量保证金，签订远期合约或互换不同金融产品衍生交易合约，就可进行数额巨大的交易，取得以小博大的效果。但杠杆效应也成倍放大了市场风险，因此金融衍生工具有高风险、高效益特征)；金融衍生工具结构复杂(在金融市场上，金融工程师可采用各种现代定价与交易技术，根据客户的需要进行"量身定制"，创造"再衍生工具"，进行多重资产组合，从而"发明"出大量特性各异、纷繁复杂的金融产品)。金融衍生工具分类如下。

一是按交易方法分类。根据交易方法不同，最常见的分类有金融远期、金融期货、金融期权、金融互换等。金融远期是指双方约定，在未来确定时间按协议确定的价格买卖一定数量的某种金融资产合约。金融远期合约规定了将来交换资产的交换日期、交换价格数量等。合约条款因合约双方需要的不同而异。金融远期合约主要有远期利率协议、远期外汇协议、远期股票合约等。金融期货是指协议双方同意在将来某个日期按约定条件(包括价格、交割地点、交割方式)买入或卖出一定数量的某种金融资产的标准化协议。金融期货合约价格以在交易所内公开竞价方式达成。金融期货主要有货币期货、利率期货、股票指数期货等。金融期权是指购买者持有在规定期限内按双方约定的价格，购买或出售一定数量的某种金融资产的权利合约。金融期权包括外汇期权、利率期权、股票期权、股票指数期权等。在期权类金融衍生市场上，既有在交易所上市的标准化期权合约，也有在柜台交易的非标准化期权合约。金融互换是指两个或两个以上当事人按照商定条件，在约定时间内交换一系列现金流的合约。金融互换主要有货币互换、利率互换、股权收益互换等。金融远期、金融期货、金融期权与金融互换如表 7-1 所示。

表 7-1 金融远期、金融期货、金融期权与金融互换一览

类别	交易时间	交易价格	样例
金融远期	未来某一确定时间	协议规定价格	远期利率等
金融期货	将来某个日期	公开竞价	货币期货等
金融期权	规定期限内	双方规定价格	外汇期权等
金融互换	约定时间	约定价格	货币互换等

二是按基础产品种类分类。按照基础工具种类不同可分为股权衍生工具、货币衍生工具、利率衍生工具等。股权衍生工具是指以股票或股票指数为基础工具的金融衍生工具，如股票期货、股票期权、股票指数期货、股票指数期权及上述合约的混合交易。货币衍生工具是指以各种货币为基础的金融衍生工具，如远期外汇合约、货币期货、货币期权、货币互换及上述合约的混合交易。利率衍生工具是指以利率或利率的载体为基础工具的金融衍生工具，如短期利率衍生品(远期利率协议、利率期货、利率期权、利率互换)和长期利率衍生品。股权衍生工具、货币衍生工具与利率衍生工具如表 7-2 所示。

表 7-2 股权衍生工具、货币衍生工具与利率衍生工具一览

类别	基础工具	样例
股权衍生工具	股票或股票指数	股票期货、股权指数期货等
货币衍生工具	各种货币	远期外汇合约、货币期货等
利率衍生工具	利率或利率载体	短期利率衍生品和长期利率衍生品

三是按交易场所分类。根据交易场所不同可分为金融衍生品的场内交易和金融衍生品的场外交易。场内交易又称交易所交易,指所有供求方集中在交易所内,以公开竞价的方式进行交易。交易所事先设计标准化金融合约,并负责审批交易者资格,向交易者收取保证金,负责清算并承担履约担保责任。绝大部分的期货交易与部分期权交易都采取该种交易方式。2007年金融危机前,金融衍生品场内交易市场已维持了数年上升势态,其中金融期货期权增长较快。国际清算银行(BIS)统计,金融期货合约从2000年年底的2537.7万张,增长到2007年第一季度的历史最高峰15671.3万张,增长5.18倍;金融期权合约数从2000年年底的2769.6万张增长到2008年第三季度的历史最高峰16536.1万张,增长4.97倍。金融危机发生后,金融衍生品的场内交易出现萎缩,但下跌幅度比较有限。2009年,随着救市计划的实行与经济金融市场的逐渐复苏,场内交易市场呈现好转态势。场外交易又称柜台交易,是指交易双方直接成为交易对手的交易方式。场外交易是无形市场,交易双方主要通过面对面或电话、电传或通过经纪人中介分散达成交易。因此,场外交易要求参与者具有较高的信用,部分期权交易、互换交易、远期交易以柜台交易为主。场外衍生品由于其交易方式灵活、可满足风险管理的个性化需求等特点,故而备受投资者青睐。2003年至2008年全球金融危机爆发前夕,金融衍生品的场外市场交易增速高于场内市场交易。国际清算银行统计,2007年上半年,金融衍生品场外市场交易名义金额总量达516万亿美元,涨幅为9年来最高水平。2008年,全球金融危机爆发后,金融衍生品场外市场交易下跌幅度远大于金融衍生品场内市场交易。2008年,金融衍生品场外市场交易名义金额总量出现了自1998年以来的首次负增长。随着全球经济逐步复苏,2009年金融衍生品场外市场交易呈现回暖迹象。场内交易、场外交易如表7-3所示。

表7-3 场内交易、场外交易一览

类 别	交易市场	交易方式	有无担保	交易特点
场内交易	交易所内	公开竞价	有,交易所作为担保人	大部分期货合约和部分期权合约都采取这种方式
场外交易	无形市场	协商而定	无,交易者有着极高的信用	交易方式灵活,符合风险管理的个性化要求,受投资者青睐

现代意义上的金融衍生工具是在20世纪70年代固定汇率制解体、国际外汇市场动荡的情况下产生的。1972年5月,美国芝加哥商品交易所(CME)货币市场分部率先创办国际货币市场(IMM),推出英镑、加元、德国马克、日元、瑞士法郎等货币期货合约,标志着第一代金融衍生品诞生。第一代金融衍生品主要是与货币、利率有关的金融期货、期权,它们在各自不同的期权与期货市场内交易。20世纪80年代,金融衍生品市场获得了前所未有的发展。20世纪80年代中期,已有美国、英国、德国、法国、荷兰、加拿大、澳大利亚、新西兰、日本、新加坡、巴西等11个国家的证券交易所进行金融期货交易。20世纪80年代后期,以期权互换为代表的第二代金融衍生品得到大幅发展。期权交易与互换技术相结合衍生出的互换期权得到广泛运用,互换期权场外交易活跃。自20世纪90年代以来,金融衍生品种类大增,市场深度得到迅速提高。在金融自由化浪潮的推动下,更多非金融部门纷纷参与金融活动,外国银行与券商逐步进入本国市场。金融部门间、金融部门与非金融部门间,以及本国金融业与外国银行、证券业间的竞争日趋激烈。创造新金融衍生品是保有并扩大市场份额、提高自身实力的有效手段。金融机构为了强化竞争、创造利润,同时也为了协助企业客户立

足于瞬息万变的金融市场中而推出各类避险的新兴金融产品。据统计,当前国际金融市场上的金融衍生品已超过2000种,全世界共有50多个证券交易所进行金融衍生产交易。

总之,推动金融衍生工具产生与发展的原因有两个。首先,规避金融市场价格风险是金融衍生工具产生的动力。20世纪70年代后,金融环境发生了很大变化,货币国内外购买力(表现为利率与汇率水平)呈现极不稳定与高度易变状态,使金融市场价格风险大增。虽然传统金融工具如远期外汇交易与证券投资基金等可在一定程度上控制风险,但金融界特别是金融机构更希望借助先进技术,通过低成本、高效率、高流动性的金融工具实现风险转移。因此,作为新兴风险管理手段,以期货、期权与互换为主体的金融衍生工具成为金融业发展的客观要求。其次,科技信息技术发展为金融衍生市场发展提供了技术条件。通信技术与电子计算机信息处理能力飞速发展,使国际金融交易信息得以迅速传递,全球不同地区的金融市场被紧密联系成一个整体,使经济情报的集中、处理、分析与存储变得简单低廉。市场参与者可在极短时间内计算并及时选择合适的策略防范风险,这在客观上降低了金融交易成本,提高了金融交易效率的同时也加剧了竞争,迫使金融机构通过金融工具创新来保持竞争优势。伴随着信息技术的广泛运用,新兴金融分析理论与新兴信息处理技术设备将金融理论与实践结合起来,为开发推广金融衍生工具奠定了基础。

二、金融衍生工具业务功能

传统证券投资组合理论以分散非系统性风险为目的,无法应对系统性风险。而金融衍生工具则可以通过套期保值交易将市场风险与信用风险等系统风险进行集中、冲销或重新分配,有效发挥风险转移功能,从而更好地满足了风险偏好不同的投资者的需求。如在利率变动频繁的市场环境中,投资者可运用远期利率协议、利率期货、利率互换等金融衍生工具,在不改变资产负债结构的前提下控制利率风险,同时也能满足流动性、盈利性要求。金融衍生工具交易特别是场内交易会集中众多交易者,交易者在信息搜集与价格分析的基础上,通过公开竞价方式达成买卖协议。协议价格能充分反映交易者对市场价格的预期,也能在一定程度上体现未来的价格走势。同时市场各种形式的套利行为有利于缩小金融资产买卖差价,并修正金融市场的定价偏差。此外,金融衍生工具与基础证券的内在联系提高了金融衍生市场的有效性。金融衍生产品交易一方面为投资者提供了避险手段,另一方面为投资者与金融中介提供了盈利机会。金融衍生工具交易杠杆效应使投机者有可能以较少资金获得较大收益。而金融机构则可凭借其高素质专业人才、先进的技术设备,为投资者提供咨询经纪服务,从中赚取手续费与佣金收入。

知识窗

金融期货市场的组织结构

金融期货合约是指在交易所交易协议的双方,约定在将来某个日期按事先确定的条件(包括交割价格、交割地点和交割方式等)买入或卖出一定标准数量的特定金融工具的标准化合约。从本质上说期货与远期完全相同,都是在当前时刻约定未来各交易要素。期货与远期的重要区别就在于交易机制的差异。与场外交易非标准化远期合约相反,期货是在交易所内交易的标准化合约。金融期货有三个种类:货币期货、利率期货、指数期货。其主要交易场所包括芝加哥期货交易所、芝加哥商业交易所、纽约证券交易所、堪萨斯市期货交易所。这里以芝加哥商业交易所国际货币市场的构成来说明金融期货市场组织结构,具体内容如下。

(1) 交易所。这是会员从事金融期货交易的场所。政府为保证市场秩序和公正交易，也会对市场予以限制与监督，会员经营则按交易所规章进行。

(2) 会员。交易所的组织形式是会员制。在交易所内从事交易是会员的权利。会员可通过高级职员会议参与政策制定交易所的各种管理规章。会员按职能可分为期货代售商与场内经纪人两种，同一会员可兼具两种身份。期货代售商是与非会员顾客进行交易，再把订货转给场内经纪人。后者既可为客户办理交易，也可在自己的账户中做交易。只做自己账户的交易者又被称为场内交易者，它主要包括三种类型：抢帽子者，指从事转手买卖赚取价差的交易员；当日结清的交易员，是指专注于从某营业日的价格变动中赚取差价的经纪人；多空套做者，是指从多种交易商品价格中赚取差价的交易商。场内交易商按是否直接与清算机构交易可分为清算会员和非清算会员，前者能直接与清算机构交易，后者只能在清算会员那里设立交易账户，并通过清算会员进行结算。

(3) 清算机构。这是由清算会员设立并拥有的机构，其职能在于保证交易履行并负责结算。它具体有三个作用。其一，保证履约。即由清算机构对买卖当事人履行合同、提供担保。其二，收取原始保证金。这笔保证金是交易双方当事者委托清算会员交易时所寄存的，并由清算会员将其寄存清算机构里。其三，结算与维持交易保证金。清算机构在每天交易结束时，要用市场价结算尚未结算的合同，并根据结算结果对原始保证金予以调整。即无论怎样保证金必须维持在一定水平上。若保证金降至交易保证金以下，买卖当事人必须追加保证金。

(4) 市场参与者。其主要有两种：商业性交易商，包括证券商、商业银行等金融机构及年金基金会、保险公司和企业等，其目的在于避免利率价格变化产生风险；非商业性交易商，包括期货商、期货市场上的投资信托者、个人投资者，其主要目的在于投机。

(5) 买卖方式。在期货市场上，除价格外，其他交易条件都是标准化或规模化的。交易价格由交易所公开拍卖决定。参与交易者在交易开始前，可自由寻找买卖对象，但交易方式只能采用公开拍卖的方式，否则无效。

金融期货的市场构成及交易流向如图7-1所示。

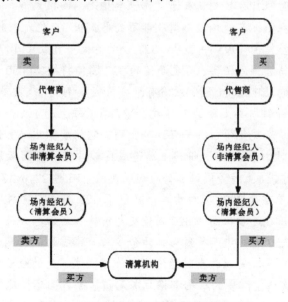

图7-1 金融期货的市场构成及交易流向

课后案例

案例一：

国债期货"327"事件反思

"327"是国债期货合约代号，是指1992年发行的3年期国债，1995年6月到期兑换。该券发行总量为240亿元人民币，到期基础价格已确定为票面价值100元加上3年合计利息28.50元(年息为9.50%)，合计128.50元。影响国债价格走势的主要因素是市场利率水平，1995年2月23日，上海万国证券公司违规交易327合约，最后8分钟内砸出1056万口卖单，面值达2112亿元，亏损16亿元，国债期货因此夭折。英国《金融时报》称这是"中国内地证券史上最黑暗的一天"。

我国国债期货交易于1992年12月28日首次出现在上海证券交易所(以下简称上交所)。1993年10月25日，上交所国债期货交易向社会公众开放，北京商品交易所在期货交易所中率先推出国债期货交易。1992—1994年，我国面临高通货膨胀压力，1994年10月以后，中国人民银行提高了3年期以上的储蓄存款利率和恢复存款保值贴补。为保证国债顺利发行，国家对已经发行的国债也同样实行保值贴补政策，保值贴补率由财政部根据通货膨胀指数每月进行公布。保值贴补率不确定性为炒作国债期货提供了空间，大量的机构投资者由股市转入债市，国债期货市场行情火爆，成交量屡创新高，市场成交规模急速扩大。1994年，全国国债期货市场总成交量达2.8万亿元，占上海证券市场全部证券成交额的74.6%。1995年春节前夕，全国开设国债期货的交易场所陡然增加至14家，成交总额达2.8万亿元，这种态势延续到1995年，与全国股票市场的低迷形成鲜明对照。国债的市场形势看似大好，但问题就出在327国债期货合约上。多空双方对峙的焦点始终围绕在对327国债期货品种到期价格预测上，因此对通货膨胀率及保值贴补率不同于预期，成了327国债期货品种主要的多空分歧。327国债应该在1995年6月到期，届时9.5%的票面利息加上保值补贴率，每百元债券应兑付132元，与当时银行存款利息和通货膨胀率相比，回报太低。上海三大证券公司之一万国证券认为高层正在狠抓宏观调控，财政部不会再掏出16亿元来补贴327国债，于是万国证券开始大规模做空。但1995年2月，327合约价格一直处于147.80～148.30元。23日提高327国债利率的传言得到证实，百元面值的327国债将按148.50元兑付。一直在327品种上与万国联手做空的辽宁国发(集团)股份有限公司突然倒戈，改做多头。327国债在1分钟内竟上涨了2元，10分钟内共上涨了3.77元。327国债每上涨1元，万国证券就要赔进十几亿元，按照它的持仓量和现行价位，一旦到期交割，它将要拿出60亿元资金，毫无疑问万国没有这个实力。同时由于"327"价格上涨造成巨额亏空，万国必须追加巨额保证金。当天下午，为扭转巨额亏损，上海万国证券公司铤而走险，16时22分13秒起大量透支保证金，在327合约上抛出巨量空盘2070万口卖单，相当于327国债期货本品——1992年国库券发行量的3倍之多，使正在逐步推高的327国债交易价格在短短8分钟内出现暴跌行情，价位从151.30元跌到147.50元，进而导致当日开仓多头全线爆仓，以期压低结算价格。这个举动令整个市场都目瞪口呆，若以收盘时的价格来计算，这一天的做多机构，包括像辽宁国发(集团)股份有限公司这样空翻多的机构都将血本无归，而万国不仅能够摆脱危机，还可以赚到42亿元。万国试图以此来减少其已持有巨大空头头寸的亏损，这完全是一种蓄意违规行为。

由于327国债期货交易出现异常,当天夜里23时上海证券交易所正式宣布,2月23日16时22分13秒之后的所有327品种交易无效,该部分不计入当日结算价、成交量和持仓量的范围,经此调整当日国债成交额为5400亿元,当日327品种的收盘价为违规前最后一笔交易的价格为151.30元。5月17日,中国证监会鉴于中国当时不具备开展国债期货交易的基本条件,发布《关于暂停全国范围内国债期货交易试点的紧急通知》,开市仅2年零6个月的国债期货无奈地画上了句号,中国第一个金融期货品种宣告夭折。9月20日,国家监察委员会、中国证监会等部门公布了对"327事件"的调查结果和处理决定,定义"这次事件是一起在国债期货市场发展过快、交易所监管不严和风险控制滞后的情况,由上海万国证券公司、辽宁国发(集团)股份有限公司引起的国债期货风波"。在中国资本市场上曾叱咤风云的老牌投资银行——万国证券,因资不抵债,被当年最强劲的竞争对手申银证券公司合并。万国证券从此成为历史,号称中国"证券之父"的万国证券总裁管某某也因此身败名裂,同年4月25日辞职后被以受贿罪和挪用公款罪判处17年有期徒刑。9月15日,因监管不力,上海证券交易所理事会免去了尉某某常务理事、总经理的职务。"327"风波结束了,但它给我们留下的教训却是深刻的。

第一,从政府监管角度看,作为一种强制性行为,必须有一定的法律、法规作为监管依据。而在新兴证券市场上,市场发展速度很快,法律、法规的制定往往跟不上市场的步伐,从而导致监管体系不可避免地出现漏洞。从"327"风波中就可以看出,中国资本市场缺乏相关的法律、法规监管。1994年11月22日,327国债的利率提高的消息刚公布,上海证券交易所国债期货就出现了振幅为5元的行情,但未引起注意,许多违规行为没有得到及时、公正的处理。"327"事件中万国证券在预期已经造成无法弥补的巨额亏损的情况下,干脆以搅乱市场来收拾残局。事发后第二天,上海证券交易所发布《关于加强国债期货交易监管工作的紧急通知》,中国证监会、财政部颁布《国债期货交易管理暂行办法》,中国终于出台了第一部具有全国性效力的国债期货交易法规,但出台时间太晚。

第二,在市场经济的初级阶段,市场信息不充分,政府获取的信息不可能是完全无误的。同时由于其本身并不接近市场,就更不可能对各种证券市场中的违法违规行为都明察秋毫、了如指掌。

第三,政府用于监管的资源也是有限的,因此政府没有足够的能力来监控一切。事实上监管部门之所以没有及时充分发现关于信息披露的违法违规行为,很大程度上就在于监管部门现有的监管人力和物力相对较为薄弱,很难做到有效监管。尽管中国证监会对监管方式、监管内容进行了较大的调整,但问题并未得到根本解决。

第四,新兴市场的主要特征是金融工具和金融制度创新速度较快,这就使得以法律为主导的监管体制不能满足各种创新的要求,从而制约了新兴市场的快速发展。

第五,从行业自律性管理角度看,也是证券交易所和证券业协会没能充分发挥作用的结果。由于行业内会员一直处于市场发展前沿,最熟悉市场发展趋势,也最了解行业发展动态,因此,在一定程度上应该可以避免问题发生。尽管中国投资银行业成立了自律组织,但一方面自律组织未起到应有的作用,另一方面大家缺乏自律意识,在自律监管方面缺乏合理的制度安排,使之丧失约束力。涨跌停板制度是国际期货界通行的制度,而事发前,上海证券交易所没有采取控制价格波动的基本手段,导致出现了上下差价达4元的交易,同时也没有预警系统。当时我国国债现券流通量很小,国债期货某一品种可持仓量应与现货市场流通量间保持合理的比例关系,并在电脑撮合系统中设置。从327合约在2月23日尾市出现大笔抛单的情况来看,交易所显然对每笔下单缺乏实时监控,导致上千万手的空单在几分钟之内通过计算机撮合系统成交,进而扰乱了市场秩序。中国证券期货交易所以计算机自动撮合为主要交易方式,按"逐日盯市"的方法来控制风险,而不是采用"逐笔盯市"的清算制度,故不能杜绝透支交易。交易所无法用静态保证金和前一日的结算价格来控制当日的动态价格波动,使得空方主力违规抛出千万手合约的"疯狂"行为得以实现。

尽管随着资本市场的发展,我国证券市场在监管方面有所改进,但目前的监管框架仍有缺陷,没有很好地处理政府机构监管和自律监管的关系,这也不利于我国投资银行业的发展,万国证券破产就是典型例子。

(资料来源:知乎,https://zhuanlan.zhihu.com/p/200736079。)

问题分析: 结合案例延展思考,具有新时代价值的《中华人民共和国证券法》(2019年修订)审议通过,在资本市场衍生品业务监管方面是否有新发展?资本市场上是否有关于资本市场衍生品业务的监管事项?投资银行在这些监管新政策下如何更好地服务客户?

案例二:

"互换通"来了

2022年7月4日,中国人民银行、香港证券及期货事务监察委员会(以下简称香港证监会)、香港金融管理局(以下简称香港金管局)发布联合公告,开展香港与内地利率互换市场互联互通合作(以下简称"互换通")。相关负责人在答记者问时表示,"互换通"将在我国金融市场对外开放的整体规划与部署下持续推进,6个月之后项目上线。谈及推出"互换通"的积极意义,相关负责人介绍,其主要有以下重要意义。

第一,有利于境外投资者管理利率风险。"互换通"的推出可方便境外投资者使用利率互换管理风险,减少利率波动对其持有债券价值的影响,平缓资金跨境流动,进一步推动人民币国际化。

第二,有利于推动境内利率衍生品市场发展。推出"互换通"后,境外机构带来差异化需求增加,辅之以高效电子化交易、紧密衔接的交易清算环节等优势,有助于提升市场流动性,推动银行间利率衍生品市场进一步发展,并形成良性循环。

第三,有利于巩固香港作为国际金融中心的地位。作为我国金融衍生品市场对外开放的重要举措,"互换通"的推出是对"十四五"规划关于强化香港国际资产管理中心及风险管理中心功能的具体落实,有利于增强香港作为国际金融中心的吸引力,深化内地与香港金融市场合作。

值得注意的是,在坚持现行银行间衍生品市场发展道路的基础上,"互换通"全面借鉴了债券市场对外开放的成熟经验和整体框架,对接境外衍生品市场的最新发展趋势,以电子化交易、中央对手方清算为核心,优化了现有流程,提高了交易清算效率。在"互换通"政策下,境内外投资者可通过相关电子交易平台的连接开展交易,不改变交易习惯。同时,"互换通"创新了衍生品清算机构互联模式,由两家中央对手方共同为境内外投资者提供人民币利率互换的集中清算服务。境内外投资者可在遵从两地市场法律法规的前提下，便捷地完成人民币利率互换的交易和集中清算。

(资料来源：人民网，http://finance.people.com.cn/n1/2002/0704/c1004-32464934.html.)

问题分析：结合案例，分析"互换通"新政策如何助力投资银行开展金融衍生品工具业务？

案例三：

有序发展金融衍生品　助力实体经济风险管控

"十四五"时期，金融市场和金融体系的对外开放乃大势所趋，构建新发展格局下的风险管理体系刻不容缓。场内金融衍生品补短板、提升大宗商品定价影响力、场内场外融合促进是未来发展的核心要义。

1. 明确我国衍生品的定位

2020年年初，新冠疫情暴发正值国内春节假期，面对外盘股市和大宗商品的异常波动，决策层保持高度战略定力正常开市。2月3日，国内股指期货和大宗商品期货充分释放风险后展现出强有力的韧性，为统筹疫情防控和经济社会发展提供了坚实的信心支持。

与美国衍生品市场高度金融化和交易化不同，我国应明确将衍生品定位为服务实体经济的风险管理工具体系。"十四五"期间，一方面，衍生品市场将在维护产业链安全、资源粮食安全、防范系统性金融风险等方面发挥更大作用；另一方面，全球商品定价中心的构建是新发展格局的必然要求，随着大国竞争和对外开放的深化，我国衍生品市场有望迎来"对标补短板、融合促发展"的跨越式增长契机。

2. 注重培育专业性衍生品经营机构

衍生品业务对不同金融机构来说价值不尽相同，应鼓励更加侧重服务实体经济风险管理的机构加快发展。例如，作为衍生品业务的经营主体，期货公司经过多年的沉淀积累了一定的场内外衍生品风险管理服务经验、专业人才队伍和风险控制体系。在金融衍生品业务的集中化和头部化特征不可避免的背景下，期货公司发展空间已经打开。2019年，两家期货公司成功在A股上市，标志着期货公司登上中国资本市场舞台，步入一个新的阶段。现在，尚有数家期货公司正积极筹备上市，无疑会加快提升国内期货公司资本实力、人才聚集力和市场竞争力。

3. 促进银证期衍生品市场融合

随着国内债券市场、股票市场和期货市场的融合度越来越高，利率、股票和商品价格的联动越来越强，银行、保险等金融机构和实体企业进入场内外衍生品市场的步伐正不断加快。特别是2021年以来，以铜、钢材等为代表的大宗商品价格持续大涨，对实体制造业构成明显冲击，进而影响企业正常经营和银行信贷资金安全，包括宁德时代、格力电器、恒力石化等行业龙头上市公司纷纷发布套期保值公告。大型上市公司既有利率、汇率、大宗商品风险管理需求，又面临投融资过程中资本市场价格波动风险，往往需要多种风险管理工具，而衍生品市场融合发展有利于为其提供综合金融服务。

(资料来源：金融时报，http://www.xinhuanet.com/money/20210719/51f03b4c4ff141a6a450d5e20dfef6cd/c.html.)

问题分析：结合案例，分析如何有序发展金融衍生品以助力实体经济风险管控？

第二节 金融衍生工具定价

课前思考

什么是无套利定价差别？如何通过无套利定价理论为衍生工具定价？

课前案例

中国权证泡沫

近年来，我国国家金融业界和监管层一直在讨论"A股市场应不应该正式启动个股期权"这一问题。支持者认为A股市场一直以来估值过高，所以引入期权就等于引入有效做空的工具，它会解决A股市场估值过高的问题。反对者则认为引入期权会导致市场投机之风盛行引发危机。很多人还存在误解，认为中国从来没有期权市场。其实不是的，我国曾经在1992年和2005年分别发行过权证，权证是特殊股票期权。它不是交易所发行而是公司直接发行，标准化程度要稍低一点。但是和期权一样也可以买入卖出，允许买入的叫作"认购权证"，允许卖出的叫作"认沽权证"。因为卖出不需要持有股票，所以认沽权证就可以看作卖空工具。像深圳宝安集团、五粮液集团都曾经发行过权证。但是在20世纪90年代初到21世纪初，A股市场缺乏基本金融知识，很多散户根本不知道权证、期权是什么东西，就更分不清"认沽"和"认购"的意思，光知道市场上来了一种"可以赚钱的东西"。就像大家现在疯狂去排队买的网红奶茶一样，当时很多散户都挤着拼命去抢购权证，结果发生了很多笑话，如权证价格居然会远高于股票本身价格。股票下跌认购权证价格反而暴涨。还有到期日权证价格本来应该为0，结果市场上发生过到期日权证价格居然暴涨的情况。所以，这些疯狂炒作行为就迫使监管层两次叫停中国权证市场。但是这几年来，越来越多的研究都认为中国A股市场太缺乏做空工具，所以负面消息没有办法及时反映到股价中，导致A股定价过高，就产生像A/H股有价差这些现象。

问题分析： 结合案例，分析中国权证泡沫产生的缘由？思考资本市场发展与若干资本市场新政策落地，权证将会有怎样的发展变化？投资银行又如何借由权证服务客户应对风险？

一、供需定价与无套利定价的差别

一般商品(如苹果)是怎么定价的呢？有些人可能会不假思索地给出答案，即通过供求关系决定，也就是利用对苹果的供求均衡点决定其市场价格。供给需求和一般均衡是经济学里最基本的分析框架，开始时很多学者想用这种方法给衍生品定价，但后来发现很困难。

第一，买苹果手机与卖苹果手机的一般是两拨人。但是证券不一样，在金融市场上买股票的与卖股票的往往是同一拨人。这就导致供给曲线非常模糊，甚至画不出来。

第二，证券是高度可替代的，买苹果公司股票的人只在乎股票的回报与风险，只要有另一个股票能够提供苹果公司一样的风险与收益率，则投资者就特别容易将其取代。但买苹果手机的人就不一样了，他们更看重产品本身，所以这就导致需求曲线也不好画。

传统供求分析在解决金融市场问题时碰到了困难。市场上投资人与经济学家最大的共同点是：他们对虚无缥缈的均衡、效用函数都不是很感兴趣，他们需要非常简单的定价原则来指导自己买入与卖出。比如说什么时候买入？便宜时买入。那怎么确定金融资产是不是便宜呢？为了解决这个问题，一套完全不依靠供求分析框架的"无套利定价"就成为金融学定价的基本原则。无套利定价原理认为两个未来现金流相同，金融产品定价就应该相同，否则就会存在低买高卖的机会，即"无风险套利机会"。给衍生品定价其实就像法官进行民事调解一样，定出来的价格要使买卖双方都感到公平：尽义务一方要有适当补贴，得到权利的一方也得出适当的价格，否则交易无法进行。

二、利用无套利定价理论定价衍生工具

供需定价与无套利是区分一般商品与金融产品定价的关键点。那怎么用无套利定价理论给衍生品定价呢？可以把衍生品想象成果篮，果篮里的苹果、橘子、火龙果，都叫作基础资产。果篮的价格随水果种类与质量而变动。那么，果篮具体价格应该怎么计算呢？应该把各种水果的占比(权重)算出来，然后再加起来，大约就是果篮的价格。如果果篮的价格与果篮里的水果偏差很远，如100元的果篮有大量樱桃、榴梿等高价水果，又或者说100元的果篮里全部是便宜的苹果、梨子，这就意味市场上有套利空间。套利者想方设法将水果制成品拆成原生水果，也就是将衍生品拆解成基础资产组合。1973年，天才学者莫顿、斯科尔斯与布莱克发现用无套利思想可拆解期权。根据无套利定价理论无风险组合会取得无风险收益率，所以期权就可以拆解成股票加上无风险资产组合。从组合出发可以应用比较复杂的数学原理，像伊藤定理推导出期权价格满足微分方程，这是几乎每个金融人士都耳熟能详的微分方程。这个方程的解就是期权价格。这个方程在数学上并不是那么复杂，但是它给出了金融衍生品定价的一般定理。以后每个想给金融衍生品定价的人，只要想办法把衍生品与其他基础资产(股票、债券或任何金融产品)组成无风险组合，就可得到衍生品价格所服从的微分方程，即可利用数学知识给衍生品精确定价。这次突破对金融界影响极为深远，甚至被称为"华尔街的第二次革命"。莫顿与斯科尔斯也因此获得了1997年诺贝尔经济学奖。

衍生品市场真正形成是从衍生品定价开始，而衍生品市场的形成对全球金融格局都有重大影响。一方面衍生品为资产管理行业提供了丰富的风险对冲工具，产生很多金融创新，促进了全球金融深化，也促进了资本的有效配置。但另一方面，因为衍生品定价的高度数字化与工程化，使得金融看上去更加复杂，进而导致了严重的信息不对称。而作为金融创新产品，衍生品具有高杠杆、少监管的特征，这些特征又刺激着人性贪婪的欲望。自20世纪90年代以来，很多次金融危机的发生都与金融衍生品密切相关，这也是很多人对金融衍生品爱恨交织的原因。

课后案例

为什么雷曼兄弟已经买了违约风险的保险还会倒闭

2008年全球金融危机中，AIG通过互换承受了风险转移，一旦基础资产出现问题，发生信用违约，这个将风险互换到自己手里的机构就会遭遇重大损失。而其实雷曼兄弟倒闭的原因比较复杂，不完全跟这个互换有关。

在次贷危机产生之前，由次级贷款衍生的各种金融产品已经蔓延到华尔街的每一个角落。衍生品监管少、杠杆率高、利润高，因此，各大金融机构纷纷增持产品。雷曼兄弟就是

其中比较激进的，尽管它在市场上也做信用违约互换，就是CDS的买方把自己的违约风险转移出去。但是，它同时也做卖方，持有了4000多亿美元的CDS，相当于替市场上很多从事次贷的机构做保险，把它们的风险转移到自己身上，所以在次贷违约潮发生以后，雷曼兄弟就陷入了很大的困境。而且，除了CDS，雷曼还在很多其他次贷相关的衍生品上下重注，所以整个公司业务对次贷产品有很大的依赖性。次贷出现问题后，雷曼的业务最先倒下，继而全线崩塌。

雷曼倒闭的真实原因不是在一个产品上，而是因为整个公司的业务对次贷衍生品的依赖性非常大，所以牵一发而动全身，最终导致了它的最先崩塌。

(资料来源：知乎，https://zhuanlan.zhihu.com/p/205738072.)

问题分析： 结合案例，分析2008年全球金融危机雷曼兄弟投资银行倒闭的缘由？并延展思考对中国投资银行(证券公司)有何借鉴？

知识窗

零和博弈与流动性枯竭

零和博弈(zero-sum game)，也叫零和游戏。其字面意思就是"加起来是零"，即参与博弈过程中，一方受益就必然意味着另一方受到损失，所以博弈双方的受益和损失加起来一定是零。整个社会利益并没有增加。零和游戏就像一块比萨，在两个人中间进行分配，你多吃一块，对方就少吃一块。平时我们打牌、打麻将也是零和博弈，牌桌上并没有产生新价值，有人赚就有人赔。衍生品本质是把风险进行转移和重新分配，所以它没有创造新价值，也就是比萨大小没有变，有人获得就有人失去。当然也正因为如此，很多人认为衍生品的赌博色彩比较浓。但有人说零和游戏意味着"将你的幸福建立在别人的痛苦上"，这个阐述有失偏颇。零和博弈产生的根本原因是什么？是人类社会异质信念，就是说大家对同一个事物的看法千差万别，对于事物的诉求也完全不同，正所谓"彼之蜜糖，吾之砒霜"。如在铁矿石期货交易中，有钢铁厂厂长买了一年以后的铁矿石期货，一年以后铁矿石价格跌了一点，从表面上看，本来可以用更低的价格来进货，所以说亏损，但是从这个厂长的角度来看倒不一定。第一，他节约了这一年的仓储费用；第二，他又锁定了这一年的成本，把不确定性转化为确定性，这对企业的稳健经营有很大好处。所以零和博弈不能仅仅从绝对数字或者看得见的财务损益上看。每个人对事物的观点和诉求不一样，理解这一点才能理解零和博弈。

"流动性枯竭"到底是什么意思？在市场中有做空的人就有做多的人，一个空单一定对应着多单，但是市场上如果空头远远大于多头，那很多空单其实就成交不了，但即使成交不了，它也会给市场造成很大压力，就会有更多人想卖出，为了卖出就会降价，然后把整个市场价格压得更低。而流动性其实是指持有人将自己的证券转化为现金的能力，也就是市场上要有交易，没有交易就不存在流动性。2015年，A股市场出现流动性危机，市场上出现大量卖单，但是很少有买单，而要有交易买单和卖单就必须匹配，但这种情况下匹配概率很小，也就是交易量会很少，所以流动性在下跌。再加上股市还有涨停板限制，到10%时就会锁住交易。所以当时市场上几乎整个交易都被迫停止，也就是像水龙头被关上一样不出水。这就是流动性枯竭。

(资料来源：简书，https://www.jianshu.com/p/3130fb530464.)

第三节 金融科技的应用

课前思考

金融科技在投资银行金融衍生品业务场景中如何应用?如何理解金融科技的哲学基础与科技为民要义?

随着投资银行(证券)行业加大技术资金与人力的投入,大数据、人工智能、区块链技术正被运用到证券公司运营中的方方面面,使机构客户服务以及中后台运营管理模式均得到重塑。机构客户服务方面,金融科技聚焦于业务的线上化、自动化和智慧化,提高业务效率,减少人力、时间成本,并满足专业机构客户较高的极速量化交易系统需求。中后台运营管理方面,金融科技主要运用于质控风控中保障业务的安全。金融科技转型之下或将重塑行业竞争格局。一方面,头部券商资金、客户数据等金融科技转型所需资源较为充足,更有望加速实现金融与业务的深度融合、高效兑现收入,因此金融科技的转型或将强化行业内集中化的趋势。另一方面,对于坚持差异化发展、善于将金融科技重点部署在自身优势领域,并利用金融科技以较低的成本缩小与头部公司差距的券商而言,金融科技也是一种可以用来"扬长避短"的弯道超车的利器。

课后案例

基于区块链的OTC衍生品金融基础设施

2008年全球金融危机爆发后,监管部门高度关注场外衍生品市场的潜在风险,对场外(OTC)衍生品市场进行了一系列改革,主要措施是推动场外衍生品"场内化"交易和清算,并建立了金融基础设施——交易报告库(TR),以提高场外衍生品市场透明度。分析了监管改革后场外衍生品市场的现实痛点,并提出基于区块链技术的解决方案:一是基于区块链的OTC衍生品信息交互平台;二是基于区块链的OTC衍生品交易平台。场外衍生品合约具有条件支付或结算的特点,因此,可将其编写为智能合约,从而发展出"智能衍生品合约"。本案例探讨了智能衍生品合约的具体实现思路和相关法律问题,并提出智能交易报告库的概念。

一、场外衍生品市场的现实痛点

(一)严监管带来的高业务压力

2008年全球金融危机后的场外衍生品监管进行了改革,一方面,有助于提高场外衍生品的市场透明度,防范系统性风险;另一方面,电子化交易、场外衍生品集中清算机制、交易报告库制度等监管要求也使场外衍生品的业务流程愈加复杂,场外衍生品参与者除了要与对手方互动之外,还需要与电子交易平台、中央对手方清算机构、交易报告库、监管部门等实体进行频繁的多方信息交互,开展交易、确认、清算、结算、报告等业务活动。由于运营和合规成本高,导致市场参与者承受了相当大的业务压力,因此其对进一步优化流程、降低成本的需求日趋强烈。

(二)低效率带来的业务自动化需求

场外衍生品的定制化特征较为明显,优点是能较好地满足参与者的个性化需求,缺点是业务效率较低,如交易双方要"一对一"地对合同条款进行谈判和确认,这样不仅耗时长,而且存在大量重复性劳动和文本制作成本;专属定制合同不易转让和替代,故而流动性差;与不同对手方的交易后担保品管理、事件管理、合同管理的工作负担重,要随时追踪和管理不同的合同,仔细关注各项"眼花缭乱"的条款,并不是一件轻松的事。

在一定程度上,已开展的场外衍生品数据、文档、协议、处理流程标准化,能够有效提升场外衍生品的交易效率。比如,ISDA 主协议为场外衍生品交易设立了相对固定、标准化的合同条款,以及较为明确、统一的违约处理机制,方便市场参与者快捷地达成交易,进而降低谈判成本;CPSS-IOSCO 建议建立法律实体识别码(legal entity identifiers,LEI),将其作为场外衍生品数据汇总的机制,并建议以行业为主导开发产品分类标准,将其作为场外衍生品产品分类和描述的共同基础。但这远远不够,正如 ISDA 的 CEO Scott O' Malia 所言:"当前的衍生品市场基础设施成本高昂且效率低下。在整个行业中几乎无法实施大规模自动化的解决方案。因为每个企业和平台都有一套自己的流程和模式,如果要让合约各方获得相同的信息,就需要做大量协调工作。"为了支持高效的交易匹配、确认、执行、清算、事件管理、合同管理,需要在现有的标准化工作的基础上,进一步构建一个可自动化执行的统一、开放、高效、合规、稳健的场外衍生品基础设施平台,从而实现更高的运行效率、更一致的监管合规、更高的数据质量和市场透明度。无疑,这项工作需要市场参与者、监管部门、自律组织等利益相关方的共同努力。

二、基于区块链的 OTC 衍生品信息交互平台与 TR

基于区块链的场外衍生品信息交互平台(以下简称"区块链信息交互平台"),如图 7-2 所示,通过分布式网络,实现市场参与者、电子交易平台、中央对手方清算机构、交易报告库、监管部门等不同主体之间的信息共享与互联互通,避免多头信息交互,从而降低严监管带来的业务压力。

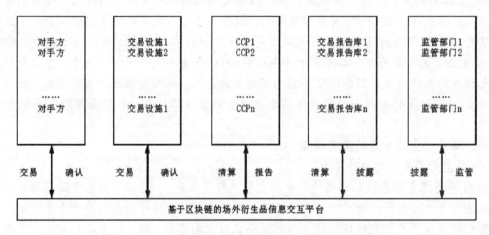

图 7-2　基于区块链的场外衍生品信息交互平台

场外衍生品交易延续现有的业务流程,先由市场参与者一对一协商,或者通过电子交易平台的撮合,签订交易合同,市场参与者与电子交易平台之间的订单信息和交易确认信息可通过区块链信息交互平台中转。然后将链下合同信息上链,与中央对手方清算机构、交易报告库进行信息共享。

中央对手方清算机构根据从区块链信息交互平台接收到的合同信息，进行合同替代和轧差清算，形成新的合同，接着传输至区块链信息交互平台，与市场参与者、交易报告库实时共享。各类交易报告库收集和整理区块链信息交互平台上的衍生品全量信息，按规定向监管部门、市场参与者和社会公众进行信息披露。为了保护交易隐私，可考虑采用安全多方计算、同态加密、零知识证明等隐私保护方案进行合同信息的上链、传输与共享。链下合同信息上链的另一个好处是，可将链下合同的 Hash 指纹存证在链上，利用区块链不可篡改的特性，保障合同的真实性。具体的场内交易和场外交易如图 7-3 所示。

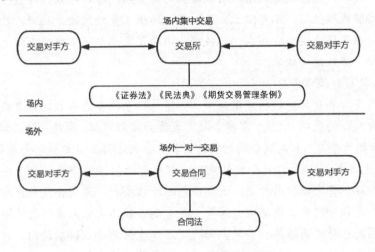

图 7-3　场内交易和场外交易

三、基于区块链的交易报告库

显然，区块链信息交互平台本身就具备场外衍生品交易数据的收集、存储和披露功能，因此可直接发展为交易报告库。不同于中央证券存管机构、中央对手方、交易平台等中心化机构设立的交易报告库，它是一种去中心化的交易报告库，具有难以篡改、多点共享等特点。为了更好地满足监管要求，建议区块链信息交互平台由监管部门牵头建设，对上链数据的格式、标准、模型、分类，以及披露的程序、范围进行统一规范，并开展相关数据治理和管理。

四、基于区块链的 OTC 衍生品交易平台与 TR

除了构建基于区块链的场外衍生品信息交互平台，还可利用智能合约以及"交易即确认""交易即结算""交易即报告"等区块链技术特点，对场外衍生品基础设施进行根本性改造，构建自动化执行的统一、开放的场外衍生品交易平台，实现场外衍生品交易流程、风险管理及监管报告的自动化执行，从而有效提高业务效率，降低运营成本。

区块链的去中心化或非中心化特征与场外衍生品的"一对一"交易天然吻合。智能合约的按需定制亦符合场外衍生品合约的个性化需求。不仅如此，远期合约、期权合约、互换合约、掉期合约等场外衍生品合约具有条件支付或结算特点，比如，基于时点、基础资产价格、事件等条件进行资金支付或资产交割，这是典型的"if then"布尔逻辑，因此可以将其编写为预定义条件执行代码，嵌入区块链，转化为智能合约。目前，国际掉期与衍生品协会(ISDA)、投资银行、金融科技公司等各类机构正在积极探索智能衍生品合约的设计与应用。比如，ISDA 2018 年 6 月第一版数字化衍生品合约通用域模型(CDM)，巴克莱银行于 2016 年公布的基于分布式账本的香草利率互换合约原型交易测试等。

五、智能衍生品合约交易平台

(一)智能合约与自动执行

自动执行并不是智能合约的专属功能。其可在日常银行转账中与商业银行签订自动转账协议，实现资金划拨的自动执行。但自动售货机和自动转账协议不具有强制履约的特点，售货方、银行甚至发起主体可以干预和叫停业务的自动执行。另外，自动转账协议由第三方作为中间人进行操作，存在信用风险和操作风险。而智能合约部署和执行只需交易双方签署认可，无须中间人处理，经区块链网络的共识验证与存储后，难以篡改。即使一方反悔，智能合约也将严格按照代码执行，不可阻止，因此大大降低了履约风险。此外，基于计算机代码的自动触发执行以及区块链的分布式记账技术，消除了交易双方不断交互信息的必要，可大幅简化业务流程，降低运营成本。

(二)操作条款与非操作条款

虽然衍生品是智能合约绝好的应用领域，但场外衍生品合约条款比较复杂，并非所有条款均可编写为智能合约代码。比如，有些条款可表述为布尔逻辑，因此可将其编写为"if then"代码，并称之为操作条款。如互换合约的操作条款，要求在付款日支付的金额等于计算金额、浮动利率(加上或减去差价)和日计分数的乘积；期权合约的操作条款，要求在行权日支付的金额等于行使期权数量乘以执行价差；远期合约的操作条款，要求合同一方向另一方支付相当于结算价格与远期价格之间的差额；等等。而有些条款不太容易表述为纯布尔逻辑，难以编写为代码，因此可称之为非操作条款。如规定在发生任何争议时应适用何种法律的条款；具体说明任何争议可能涉及的管辖权的条款；规定书面法律文件代表双方之间的完整协议的条款等。这些条款使用纯粹的法律自然语言表述，至少在目前仍难以转化为计算机语言。

对某些操作条款，如果触发条件是非客观条件，依赖主观判断也难以通过智能合约自动执行。例如，场外衍生品的瑕疵资产制度，涉及默示违约或潜在违约主观判断易引起争议，其解决方案就是在链上引入公证人，如司法机构、仲裁机构、陪审团等。

(三)智能衍生品合约

根据场外衍生品合约条款的可操作性，可将操作条款上链，编码为智能衍生品合约，剩余的非操作条款则继续以自然法律语言表述。由此，场外衍生品合约分解为两份合约：一是链下基于自然法律语言的衍生品合约；二是链上基于计算机语言的智能衍生品合约。这两份不同的"语言"合约既是互补关系，也是替代关系。互补关系体现为链上、链下两份合约互为补充，共同承载了现行场外衍生品合约的所有功能。替代关系主要体现在当预定条件触发时，链上智能衍生品合约自动执行，强制履约，减少纠纷，也就减少了执行链下法律合约以诉诸法院解决纠纷的需要。触发智能衍生品合约执行条件的数据源，也就是我们常说的"预言机"，至关重要。"预言机"可根据数据需求，通过API形式与数据服务商、物联网传感器、金融机构、政府部门等外部数据源连接，也可调用链上其他智能合约的输出作为数据输入。可信、可靠、准确的"预言机"是应用智能衍生考虑多种举措：一是在可信执行环境运行"预言机"；二是构建去中心化"预言机"避免黑客攻击，防止篡改，保障可靠、准确的数据输入；三是从可信的外部数据源获取数据，并进行数据安全审计。

(四)法律效力

法律是金融的制度基础。每次金融交易均可看作买卖合同的订立与履行。每次场外衍生品交易,双方均要签订合同。交易方意思表示一致,合同成立。合同不违反法律、行政法规、公序良俗即为有效,从而对交易双方的权责和义务产生了约束。场内交易中,虽然无须每一笔交易就签一份合同,但《证券法》《民法典》《期货交易管理条例》等法律、法规事先已经对交易相关主体的权责和义务进行了规定,相当于为各方主体提供了通用的交易合同。这是强制性的规定,进场交易的投资者必须遵守。但通用合同无法适配所有情形,因此难以满足不同投资者的个性化需求。在场外交易中,交易对手方可以根据需求和意愿进行充分的谈判,合同条款可增可减亦可修改。

同样,链上基于计算机语言的智能衍生品合约是否具有充分的法律效力,成为智能衍生品合约有效性的关键要点。若智能衍生品合约未在法律上得到正式认可,即便在链上自动及强制执行,有异议的一方也可以通过司法"回滚"。有一种解决办法就是将智能合约代码一并写入链下法律合同,并写明智能合约执行平台及地址。就像住房抵押贷款,银行与客户在协议中约定,每月定时从约定的客户账户划走按揭还款。银行划账行为的法律效力来自协议,若无协议约定,则银行不能随意从客户账户划走资金。与之相似,若法律不认可智能衍生品合约,其行为合法性必须通过链下合同予以明确,否则视为无效。

从学理角度看,智能衍生品合约符合民法对意思表示的界定,可将其认定为法律行为。一是智能衍生品合约是透明的,交易双方在调用时可完全知晓合约内容,且双方可根据自身意愿对智能衍生品合约进行修改,因此合约是交易双方的意思表示。意思表示可以是口头的,也可以是书面的。智能衍生品合约采用计算机代码的形式表示交易双方的意思,是一种书面形式的意思表示,属于《民法典》规定的数据电文。二是只有经过交易双方数字签名,智能衍生品合约才能自动执行。签名代表交易者认同且愿意执行智能衍生品合约,是一种承诺。承诺一旦作出,合同即成立。

(五)智能交易报告库

监管部门作为智能衍生品合约交易平台的超级节点,可自动实时获取智能衍生品合约信息,也就是"交易即报告"。对于由无法上链的非操作条款形成的链下自然法律衍生品合约,虽然无法编码为计算机语言,但可将其信息上链,与链上的智能衍生品合约信息构成完整的场外衍生品信息,向监管部门自动报送。同时,还可将交易报告库的信息披露规则编码为智能合约,将交易报告库收集到的全局市场信息作为数据输入,通过智能合约向不同访问权限的利益主体、社会公众披露不同颗粒度的交易信息。据此,相当于创建了自动收集和披露场外衍生品交易信息的智能交易报告库。

(资料来源:新浪财经,https://cj.sina.com.cn/articles/view/6311913111/17838269702001726s。)

问题分析: 结合案例,分析金融科技如何赋能投资银行开展零售经纪财富管理业务?2021年1月至今,金融科技在零售经纪财富管理方面的应用有哪些新发展?

财商小剧场

【思考1】普通投资者在金融衍生品交易中要避免哪些误区?

【问题解析】 普通投资者在金融衍生品交易中要避免三个误区。具体内容如下。

误区一：第一个错误是很多散户过于迷信价值分析，这非常危险，往往要付出很大代价。实际上在衍生品交易中是不能没有价值分析的，但是价值分析也不是万能的。例如，你作出严谨分析或者看了大量资料，看空中国宏观经济。这个判断可能是对的，但依据这个判断在衍生品市场上做空可能是错误的，并且会让你亏损。为什么呢？我们来仔细地拆解一下。看空中国宏观经济判断不是那么容易就能判断出来的，为这个判断仔细研究宏观经济数据，看到机械和制造业投资在下行，房地产调控一时不会放松导致房地产投资在下行。接着推断投资相关大宗商品价格会下行，所以对于钢铁、水泥、铁矿石、焦炭的需求都会下降，故而看空"黑色系"，准备做空螺纹钢、铁矿石、焦煤和焦炭。假定判断是对的，但做空"黑色系"能盈利吗？问题关键在于价格是否已经反映此判断？例如，铁矿石5月(2018年4月30日前后)交割价格在450元左右。

那么未来是跌还是涨？看空的话应该是跌。可这两天现货价就在500元左右，现货价格高于期货价格50元，未来是现货跌还是期货涨呢？在回答问题之前，首先补充两条信息：第一，铁矿石期货价格在过去两个月内，已从550元的高位跌了下来，跌了100元左右，还会进一步下跌吗？第二，5月15日合约到期，到时期货价格应等于现货价格，否则就存在套利机会，任何人都可以用低价买入期货交割现货，然后把现货以高价卖出去，从而实现价差以获得利润。所以如果现货价格不下跌，期货价格就可能反弹。这两个分析指向什么可能性呢？第一，对中国宏观经济的悲观判断已反映在现在的价格中，所以现在价格存在超跌反弹的可能性。第二，未来价格趋势可能是继续下跌，但是考虑期货价格已低于现货价格，而且期货很快就会到期，期货进一步下跌可能性存疑。再进一步考虑目前经济下行证据已经比较多了，而且中美的贸易摩擦看起来不是一时半会儿能够解决的。为了防止经济的过快下滑，中央政府有没有可能出台经济刺激政策呢？这种可能性是有的。2018年4月17日中国人民银行就降准了一个点，这是一个相对宽松的信号。在这种背景下如果做空，期货很可能会赔钱。价值分析可能是对的，但是它对期货交易指导性是有限的，需要价值分析找到方向。但是价值分析找不到确定性交易策略。这是为什么呢？因为期货期限性非常强，它的短期波动可能完全是基本面之外的因素决定的，甚至是大户操纵的。因此，对于价值分析的局限性，一个散户要有非常清醒的认识。

当你过度迷信价值分析的时候，即使分析对了，也可能会赔钱。

误区二：散户常犯的第二个错误是仓位控制过于冒进，有时候即使方向判断是正确的，但因为市场随机波动损失惨重，甚至不得不提前止损或者清盘。本来应该赚钱结果却赔钱。假设你看空宏观经济看空铁矿石，而且假设观点在长期来看是对的，中国经济是下行的。但做空铁矿石投入很多资金，做空铁矿石最高杠杆率是10倍。假设加了10倍杠杆，可能发生什么事情呢？假设现在有大户，他和你的观点相反，他大量买入拉高价格，然后随着价格上涨，很多散户就开始跟风跟着买入，然后价格进一步上涨。这时候因为用了10倍杠杆，所以损失非常惨重。损失惨重就会导致账户保证金不够，如果手里没有足够资金来补仓，价格在进一步上涨的过程中甚至可能发生爆仓风险。就是说即使是3个月、5个月后，判断即使被证实是对的也没有用，已经爆仓退出市场。衍生品的好处是提供杠杆机制，但杠杆是双刃剑，它在放大收益的同时也放大了风险。所以这时候仓位控制就尤为重要，激进操作和一夜暴富的心理可能就会让你得不偿失。所以，如果价值分析非常准确，判断也很对，只要仓位非常轻,也能够抵御比较大的波动,也就会实现最终获利。所以这时普通投资者最要防范的就是仓位冒进,最终实现"剩者为王"。谁能在市场波动洗礼中留下来,不被洗涤出去,谁就会是最终的王者。

误区三:用业余时间对抗全职精英。最后也是最严重的错误,参与期货交易的散户一般都比较有经验,投资者一般会认为自己很聪明,所以他们期望用自己的一己之力去对抗机构的集体力量。更严重时,普通投资者大多利用业余时间做衍生品交易,这等于用业余时间去对抗全职专业精英。我为什么用"对抗"这个词语呢?衍生品是零和博弈,做多对应着做空,你挣钱意味着别人赔钱,你赔钱就意味着别人挣钱。所以,如果普通投资者挣钱就意味着做对手机构是赔钱。其实谁投入资源多谁获胜概率就较大。如铁矿石交易,专业机构是怎么做的?他们有专门人去计算海上漂着多少条船,每天有多少条船到岸,每天的销售量及对未来几天的销售量和价格都要去做计算和预期。这是需要团队来做的,普通投资者没有这种能力来做。在这种零和博弈对抗中,散户并不占优势。即使你把趋势看对了,也不一定能挣到钱。普通投资者有什么办法在期货交易中占据先机呢?期货交易和股票交易不太一样,技术分析反而会有所帮助。因为,如果技术分析做得好,可以帮助判断市场买卖双方力量,如果买方力量强就跟着做得多,如果卖方力量强就跟着做空。如果能够把技术分析和基本面的价值分析结合并合理严格控制仓位,普通投资者应该还是有机会在衍生品市场上赚钱的。

【思考2】金融衍生品对整个市场能有多大好处呢?能大过所消耗的资源吗?堂岛市场上的农民,本来只要缴税就行了,现在还要养活一大批靠买卖米票赚钱的人,这些人去当农民不是能生产更多的大米吗?

【问题解析】衍生品交易是零和博弈,就像切比萨一样,一块大另一块必然就小,衍生品交易一方赚钱另一方就必定赔钱。所以它并没有降低或者消除社会风险,它只是将风险在整个社会中进行转移和重新分配,所以即使在美国这样的自由市场中,衍生品遭受批评也是很常见的。但是,如果我们用金融学眼光来看这个事情就会有不同的想法。

为什么这么说呢?因为人类社会是多样的——不同的人风险偏好不同,观点也不一样。所以衍生品所完成的风险转移和风险再分配其实意味着社会整体效用的提高。本章以大米期货为例,大米未来价格是不确定的,倘若农民种米却卖不出去,即便丰收也没有用,反而有可能损失惨重。前几年我国有新闻报道,菜农蔬菜卖不出去,最终全部烂在地里。蔬菜不易储存,只能看着烂掉那真是欲哭无泪。如果在这种情况下用期货对冲,提早在市场上卖出去,虽然交了费用给衍生品交易商,但这其实相当于衍生品交易商为农民分担风险,从而获得一定的风险补偿。换个角度可以把这理解为一种保险。衍生品提供一种将不确定性转化为确定性的工具,把这个风险在整个社会进行转移和重新分配,使得社会整体福利提高。理解衍生品功能后,就会知道未来衍生品是不会消失的。

本章小结

1. 国际互换与衍生品协会(ISDA)对衍生金融工具作出如下描述:衍生品是有关互换现金流量与旨在为交易者转移风险的双边合约。合约到期时交易者所欠对方金额由基础商品、证券与指数价格所决定。其基本特征是:金融衍生工具价格随基础性金融工具变化而变化,但较基础性金融工具而言,金融衍生工具对价格变动更为敏感、波动较大。金融衍生工具交易具有杠杆效应(根据通行交易规则,参与金融衍生工具交易的投资者只需要支付少量保证金,签订远期合约或互换不同金融产品衍生交易合约,就可进行数额巨大的交易,从而取得以小博大的效果。但杠杆效应也成倍放大了市场风险,因此,金融衍生工具有着高风险、高效益的特征);金融衍生工具结构复杂(在金融市场上,金融工程师可采用各种现代定价与交易技术,根据客户的需要进行"量身定造",创造"再衍生工具",进行多重资产组合,从而"发明"出大量特性各异、纷繁复杂的金融产品)。

2. 推动金融衍生工具产生与发展的原因有两个。首先,规避金融市场价格风险是金融衍生工具产生的动力。虽然传统金融工具如远期外汇交易与证券投资基金等可在一定程度上控制风险,但金融界特别是金融机构更希望借助先进技术,通过低成本、高效率、高流动性的金融工具实现风险转移。因此,作为新兴风险管理手段,以期货、期权与互换为主体的金融衍生工具已经成为金融业发展的客观要求。其次,科技信息技术发展为金融衍生市场发展提供了技术条件。通信技术与电子计算机信息处理能力飞速发展,使国际金融交易信息得以迅速传递,全球不同地区的金融市场被紧密联系成整体。经济情报集中、处理、分析与存储变得简单低廉。市场参与者可在极短时间内计算并及时选择合适的策略防范风险,这在客观上降低了金融交易成本,提高金融交易效率的同时,也加剧了竞争,迫使金融机构通过金融工具创新来保持竞争优势。伴随着信息技术的广泛运用,新兴金融分析理论与新兴信息处理技术设备将金融理论与实践结合起来,为开发推广金融衍生工具奠定了基础。

3. 传统证券投资组合理论以分散非系统性风险为目的,无法应对系统性风险。金融衍生工具通过套期保值交易,将市场风险与信用风险等系统风险进行集中、冲销或重新分配,有效发挥风险转移功能,从而更好地满足风险偏好不同的投资者的需求。如在利率变动频繁的市场环境中,投资者可运用远期利率协议、利率期货、利率互换等衍生工具,在不改变资产负债结构的前提下,控制利率风险的同时,满足流动性盈利性要求。金融衍生工具交易特别是场内交易集中众多交易者,这些交易者在信息收集与价格分析的基础上,通过公开竞价方式达成买卖协议。协议价格能充分反映交易者对市场价格的预期,也能在一定程度上体现未来的价格走势。同时市场各种形式套利行为有利于缩小金融资产买卖差价,并修正金融市场定价偏差。此外,金融衍生工具与基础证券内在联系提高了金融衍生市场的有效性。金融衍生产品交易一方面为投资者提供了避险手段,另一方面为投资者与金融中介提供了盈利机会。金融衍生工具交易杠杆效应使投机者有可能以较少资金获得较大收益。而金融机构可凭借其高素质专业人才、先进的技术设备,为投资者提供咨询经纪服务,从中赚取手续费与佣金收入。

4. 随着投资银行(证券)行业加大了技术资金与人力投入,大数据、人工智能、区块链技术正运用到证券公司运营中的方方面面,这有助于重塑机构客户服务和中后台运营管理模式。机构客户服务方面,金融科技聚焦于业务的线上化、自动化和智慧化,提高业务效率,减少人力、时间成本,并满足专业机构客户较高的极速量化交易系统需求。中后台运营管理方面,金融科技主要运用于质控风控中保障业务的安全。金融科技转型之下或将重塑行业竞争格局。一般而言,头部券商资金、客户数据等金融科技转型所需资源较为充足,更有望加速实现金融与业务的深度融合、高效兑现收入,因此金融科技的转型或将强化行业内集中化的趋势。另一方面,对于坚持差异化发展、善于将金融科技重点部署在自身优势领域,并利用金融科技以较低的成本缩小与头部公司差距的券商而言，金融科技也是一种可用来"扬长避短"的弯道超车的利器。

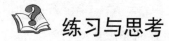

练习与思考

一、名词解释
1. 金融衍生工具
2. 零和博弈
3. 流动性枯竭
4. 无套利定价

二、思考题
1. 金融衍生工具有哪些功能？
2. 金融衍生工具有哪些分类？

三、单项选择题
1. 两个或两个以上的当事人按共同商定的条件，在约定的时间内定期减缓现金流的金融交易是（　　）。
   A. 金融远期合约　　B. 金融互换　　C. 金融期货　　D. 金融期权
2. 场外交易市场的英文缩写是（　　）。
   A. OTC　　B. MMF　　C. CPI　　D. LOF
3. 债券远期交易数额的最小值是（　　）万元，交易单位为债券面额（　　）万元。
   A. 10；2　　B. 8；1　　C. 10；1　　D. 8；2
4. 金融期货交易实行保证金制度和每日结算制度，交易者均以（　　）为交易对手。
   A. 卖方　　　　　　　　　　　　B. 交易所(或期货清算公司)
   C. 期货经纪公司　　　　　　　　D. 买方
5. 下列关于金融期货和金融期权差异的说法，错误的是（　　）。
   A. 现金流转不同　　　　　　　　B. 基础资产不同
   C. 套利的作用和效果不同　　　　D. 履约的保证不同

四、多项选择题
1. 金融衍生工具的基本特征包括（　　）。
   A. 杠杆性　　　　　　　　　　　B. 跨期性
   C. 不确定性或高风险性　　　　　D. 投机性
2. 属于金融期货主要交易制度的有（　　）。
   A. 场外交易制度　　　　　　　　B. 限仓制度
   C. 大户报告制度　　　　　　　　D. 每日价格波动限制及阻断器规则

3. 下列关于金融期货的说法，正确的有( )。
   A. 金融期货交易双方的权利和义务是对称的
   B. 金融期货交易双方的权利和义务是不对称的
   C. 金融期货交易双方均需开立保证金账户
   D. 金融期货交易双方都必须在交易所保有一定的流动性较高的资产
4. 结构化金融产品按照嵌入式衍生品的属性不同，可以分为( )。
   A. 基于利率的结构化产品　　　　　　B. 基于货币的结构化产品
   C. 基于期货的结构化产品　　　　　　D. 基于互换的结构化产品

微课视频

扫一扫，获取本章相关微课视频。

导言

金融衍生工具
业务概述(上)

金融衍生工具
业务概述(中)

金融衍生工具
业务概述(下)

金融衍生工具定价

金融科技应用

构建投行财商

第八章 投资银行内部、外部监管

【本章提要】

投资银行业是高风险行业,其业务主要集中于资本市场。作为金融体系的重要组成部分,资本市场对一国经济发展发挥着日益重要的作用。公平与效率是一般经济学意义上资本市场运作的两大终极目标。市场并不完美,监管存在是为了弥补市场不足以更好地促进公平与效率。传统微观审慎监管在很大程度上转移了个别金融机构风险,但风险并未消除,甚至会形成系统风险累积。2008年全球金融危机的爆发给投资银行内部、外部监管提出了新要求与新标准。2019年年底,《证券法》(2019年修订)审议通过,该法强调加强投资银行内部、外部监管是提高资本市场乃至金融体系运作公平与效率的重要途径。本章在着重阐述投资银行内部、外部监管基本知识的基础上,还介绍了金融科技在投资银行内外部监管场景中的应用。

【学习目标】

1. 了解投资银行的风险管理与风险价值的基本内容。
2. 了解投资银行的内部控制与自律组织的基本内容;了解投资银行的外部监管的基本内容。
3. 了解金融科技在投资银行内部、外部监管场景中的应用。
4. 构建逻辑、辩证与批判等科学思维。理解金融科技的哲学基础与金融科技为民要义,树立与时俱进、终身学习的理念。理解国际化监管背景下命运共同体协同监管的学理内涵。理解法规政策,深刻体会"守好底线,理性交易"的学理内涵。

 开篇阅读与思考

投资银行与商业银行的联系与区别

一、联系

从本质上来说,投资银行和商业银行都是资金盈余者与资金短缺者之间的中介,一方面使资金供给者能够充分利用多余资金以获取收益;另一方面又帮助资金需求者获得所需资金以求发展。从这个意义上来说,二者的功能是相同的。

二、区别

我国投资银行与商业银行的区别如表8-1所示。

表 8-1 我国投资银行与商业银行的区别

项 目	投资银行	商业银行
业务	证券承销发行、兼并收购、风险资产管理、基金管理、资产证券化等	资产业务、负债业务、中间业务
融资手段	直接融资	间接融资
融资服务对象	长期资本市场	短期资金市场
利润构成	佣金、资金运营收入、利息收入	存贷利差、资金运营收入、表外收入
管理原则性	风险性、开拓性、稳健性、智慧密集型	安全性、流动性、收益性、资金密集型
宏观管理	证监会	金融监督管理局
所遵守的保险制度	投资银行的保险制度	存款保险制度

问题分析： 结合案例，延伸思考中国以外的商业银行为什么具有投资银行特质？为什么中国投资银行与商业银行存在较大区别？中国投资银行跨国经营怎样才能与其他命运共同体协同发展？

第一节 投资银行内部监管：风险管理

投资银行风险管理的含义是什么？风险管理基于哪些原则？风险管理的目标是什么？

一、投资银行的风险管理

风险管理是指把风险降至最低的管理，包括风险度量、评估与应变策略。风险管理目标是一连串排好优先次序的过程中，使其中可引致最大损失与最可能发生的事情优先处理，而风险相对较低的事情则随后处理。风险管理包括风险评估(搜集数据、识别并量化风险)、风险控制(根据风险管理方针对各业务进行监督，并为改变风险状况而实施措施)、风险监控(以监控风险为目的的控制制度)与风险政策(将风险管理与企业发展战略结合起来，为企业经营管理提供指导方针)四方面含义。从总体上讲，投资银行风险管理是指对投资银行业务内部、外部不确定因素导致损失的可能性进行分析、规避、控制与消除，并以尽可能小的机会成本保证投资银行处于足够安全的状态，即在投资银行收益确定的前提下追求风险最小化，通过减少风险控制损失的方式来逆向增加投资银行主体利润。风险管理有全面性、独立性、防火墙、适时有效与定性、定量相结合等五个原则。具体内容如下。

风险管理需覆盖投资银行所有相关业务部门与岗位，并渗透到决策、执行、监督与反馈等各项业务过程与业务环节。因此，投资银行倚重各业务部门实施持续风险识别、风险评估与风险控制程序。投资银行应设立风险管理委员会与审计稽核等部门,负责对投资银行管理业务及与内部风险控制制度的执行进行监察稽核。投资银行必须建立防火墙制度以确保业务中投资管理、研究工作、投资决策与交易清算应在空间与制度上严格隔离。对因业务需要知悉内幕信息与穿越防火墙的人员,应制定严格的批准程序与监督处罚措施。在保证所有风险控制措施切实有效的基础上,投资银行业务内部控制制度的制定应具有前瞻性,且必须随公司经营战略、经营方针、经营理念等内部环境与法律法规进行相应的修改与完善。定性与定量相结合的原则要求投资银行兼具完备的制度体系与量化指标体系,同时重视数量分析模型与定性分析应用,以使风险控制更具科学性与可操作性。

二、投资银行的风险价值

风险价值又称风险收益、风险报酬,风险价值是指投资银行由于冒风险进行经营活动或投资,从而获得超过资金时间价值的额外报酬。所承受的风险越大,投资银行对风险报酬率的要求就越高。风险价值有风险报酬额与风险报酬率两种表现形式。风险报酬额是风险价值的绝对数形式,即投资银行由于冒风险进行经营活动或投资而取得的超过正常报酬的额外报酬。风险报酬率是投资风险价值的相对数形式,是指额外报酬占原投资额的比重。投资报酬一般是货币时间价值(利率)与风险投资价值(风险报酬率)之和,即投资报酬率=利率+风险价值率。风险价值是指在一定的持有期与给定的置信水平下,利率与汇率等市场风险要素发生变化时对某项资金条款、资产组合或机构造成的潜在最大损失。风险价值(又称 Var),其含义是在市场正常波动下某金融资产最大可能的损失。它是指一定概率水平(置信度)下某金融资产或证券组合价值在未来特定时期内最大可能的损失。例如,在持有期为 1 天与置信水平为 99%的情况下,若所计算风险价值为 1 万美元,则表明银行资产组合在 1 天中有 99%的可能,损失不会超过 1 万美元。

知识窗

知识窗一:

证券公司信息隔离墙制度

证券公司主要业务部门之间应当建立健全隔离墙制度,确保经纪、自营、受托投资管理、投资银行、研究咨询等业务相互独立;电脑部门、财务部门、监督检查部门与业务部门的人员不得相互兼任,资金清算人员不得由电脑部门人员和交易部门人员兼任。证券公司应当将信息隔离墙制度纳入公司内部控制机制,采取有效措施健全业务管理流程,并加强对工作人员的培训与教育,并对违规泄露和使用敏感信息的行为进行责任追究。证券公司进行业务创新或协同开展业务合作,应当事先评估是否可能存在敏感信息的不当流动和使用的风险,建立或完善信息隔离墙管理措施。证券公司应当采取保密措施,防止敏感信息的不当流动和使用,包括但不限于:与公司工作人员签署保密文件,要求工作人员对工作中获取的敏感信息严格保密;加强对涉及敏感信息的信息系统、通信及办公自动化等信息设施、设备的管理,保障敏感信息安全;对可能知悉敏感信息的工作人员使用公司的信息系统或配发的设备形成的电子邮件、即时通信信息和其他通信信息进行监测;建立内幕信息知情人管理制度。证券公司应当确保保密业务与公开业务之间的办公场所和办公设备封闭且相互独立,信息系统相互独立或实现逻辑隔离。证券公司应当制定跨墙管理制度,明确跨墙的审批程序和跨墙人员的行为规范。证券公司保密侧业务部门需要公开侧业务部门派员跨墙进行业务协作的,应当事先向跨墙人员所属部门和合规部门提出申请,并经其审批同意。跨墙人员在跨墙期间不应泄露或不当使用跨墙后知悉的内幕信息,不应获取与跨墙业务无关的内幕信息。跨墙人员在跨墙活动结束且获取的内幕信息已公开或者不再具有重大影响后,方可回墙。

[资料来源:《证券公司内部控制指引》(证监机构字〔2003〕260号)、
《证券公司信息隔离墙制度指引》(中证协发〔2019〕274号).]

知识窗二:

加密证券监管

近年来,加密资产迅速发展。虽然与传统金融市场相比,加密资产的市场规模仍然较小,正规金融机构持有的加密资产风险敞口也非常有限,但这一新兴领域引起了巴塞尔委员会等国际监管部门的高度关注。2019年3月,巴塞尔委员会发布了一份关于加密资产风险的通信文件,对被授权购买加密资产或者提供相关服务的银行提出简要的最低监管期望。2019年12月,巴塞尔委员会发布了一篇讨论论文,对加密资产的审慎处理提出初步考虑,以征求利益攸关方的意见。在此基础上,巴塞尔委员会于2021年6月又发布了一份咨询文件,提出更加完善的加密资产的审慎处理建议,继续公开征求意见。虽然尚未定型,但巴塞尔委员会对加密资产的监管框架已初具雏形。

1. 对加密资产的定义和分类

巴塞尔委员会沿用金融稳定理事会(FSB)的定义,将加密资产界定为主要依赖密码学和分布式账本或类似技术的私人数字资产。数字资产是价值的数字表示,可用于支付或投资,或用于获取商品或服务。巴塞尔委员会认为加密资产可分为两类:第一类加密资产的价值与传统资产或资产池具有关联,除此之外的加密资产则是第二类加密资产,例如比特币。显然,后一类的加密资产具有链上原生的特征。

2. 对加密资产的审慎监管理念

1) 技术中性理念

巴塞尔委员会认为,作为起点,加密资产的审慎框架应采用"技术中立"的理念,其设计方式不应明确主张或不鼓励使用与加密资产有关的特定技术。可以说,巴塞尔委员会对加密资产的审慎处理充分体现了实质重于形式的监管原则。虽然新技术可能会带来新型风险,但关键在于资产的风险本质是否发生变化。如果加密资产与传统资产相比,功能相同、权利相同、风险相同,那么说明此类加密资产在本质上与传统资产无异,因此应受到同传统资产一样的监管要求。既不能低了,低了存在监管套利;也不能高了,高了则存在监管歧视,从而抑制技术创新。

2) 风险匹配理念

巴塞尔委员会对加密资产的审慎处理秉持了其一贯以来的风险匹配原则。低风险、低要求,高风险、高要求。第一类加密资产的价值与传统资产具有有效联系,而第二类加密资产没有,因此巴塞尔委员会将第二类加密资产视为高风险加密资产,使用1250%的风险权重。与传统资产相比,加密资产可能因应用新技术引发额外风险,比如,DLT平台的额外运营和网络风险，这些风险包括但不限于：加密密钥被盗；登录凭证被破坏；分布式拒绝服务(DDoS)攻击。对此，巴塞尔委员会要求银行应确保持续评估、管理和适当缓解巴塞尔框架中未涉及的风险，比如可归因于操作和网络的风险、归因于基础技术的风险、归因于洗钱和资助恐怖主义的风险等。

3) 简洁谨慎理念

巴塞尔委员会认为，对银行来说，加密资产目前是一个相对较小的资产类别。由于加密资产的市场、技术和相关服务仍在发展中，简单和谨慎的处理作为起点是有好处的。因此，巴塞尔委员会目前对加密资产的审慎处理相对保守和谨慎。委员会规定的对加密资产的任何审慎处理都将构成国际银行的最低标准。如果有必要，各辖区可以自由地适用额外的或更保守的措施。据此，禁止银行对加密资产持有任何风险敞口的司法管辖区也被视为符合全球审慎标准。在现阶段，巴塞尔委员会认为，加密资产不符合合格的高质量流动性资产(HQLA)的条件，包括第一类加密资产，而且不建议在杠杆率、大额风险暴露框架或流动性比率要求下，为加密资产规定任何新的监管待遇。在大额风险暴露方面，加密资产的处理须遵循与其他风险暴露相同的原则。对于流动性覆盖率(LCR)和净稳定资金比率(NSFR)的要求，银行资产负债表上的任何第一类加密资产必须遵循 LCR 和 NSFR 标准中规定的风险处理方式。第二类加密资产必须受制于 LCR 的 0 流入和 100%的 NSFR 系数，加密资产负债必须受制于 100%流出和 0 的 NSFR 系数。

4) 长期发展理念

虽然巴塞尔委员会目前对加密资产的审慎处理相对保守和谨慎，但并不是一成不变的。巴塞尔委员会提出，原则上可以根据加密资产的发展情况在未来重新审视它。比如，调查第一类加密资产中，等同于本身有资格被纳入 HQLA 的传统资产的加密资产，是否可被确认为 HQLA，可根据技术的发展，调整相应操作风险资本计提等。

(资料来源：新浪财经，https://baijiahao.baidu.com.)

风险价值管理是社会组织或者个人用以降低风险的决策过程，包含风险识别、风险评测与风险评价。即选择与优化组合各种风险管理技术，并对风险实施有效控制，以及妥善处理风险所造成的损失后果，从而以最小的成本获取最大的安全保障。其流程由风险识别、风险分析与评估、风险控制与风险决策四个环节构成。具体内容如下。

风险识别是在纷繁复杂的宏观、微观的市场环境中及投资银行经营管理过程中识别出可能给投资银行带来意外损失与额外收益的风险因素。这需要投资银行对宏观、微观经营竞争环境有充分的了解，完备的信息收集系统，还需要丰富的实践经验与深刻敏锐的洞察力。风险分析是指投资银行深入、全面分析导致风险的各种直接间接要素，如影响市场行情的宏观货币政策、投资者的心理预期。风险评估是指管理者具体预计风险因素发生的概率，预测这些风险因素对投资银行可能造成的损失和收益的大小，进而尽可能地确定投资银行的风险程度。风险评估中需用到风险管理质量保证体系，主要适用于可度量风险的识别与评估。该体系分为两个层次，一是反映公司整体情况；二是反映各部门的风险情况。一级指标体系包括安全性指标，如资产负债率、资产权益率等；流动性指标，如流动比率、速动比率、长期投资余额占资本的比例等；风险性指标，如自营证券期末余额与所有者权益比例、风险投资比率、应收账款比率等；盈利性指标，如资产收益率、资本收益率等。二级指标体系分为证券经营部门和投资管理部门监控指标、经纪业务监控指标和承销业务监控指标。风险控制是指对投资银行风险进行防范与补救。它包括风险回避、风险分散、风险转移及风险补偿等方式。风险回避是指资产选择上避免投资高风险的资产，通过对资产期限结构进行比例管理等方式来规避风险；风险分散是指通过资产投资的多样化，选择相关性较弱的甚至是不相关或负相关的资产进行搭配，以实现高风险资产向低风险资产扩散；风险转移是指通过合法的交易方式和业务手段将风险转移到受让人手中；风险补偿是指通过将风险报酬打入价格或订立担保合同进行保险等方式，保障一旦发生风险损失就有补救措施。风险决策是指投资银行管理者在风险分析与评估的基础上作出的决策，这是风险控制的基础。它是指投资银行管理层在综合考虑风险收益的前提下，根据自身风险偏好及对相关业务发展前景进行判断，继而选择风险承担的过程。风险决策首先要依据投资银行的经营目标确定决策目标，然后采用概率论、决策树等方法提供两个或两个以上的方案，并最终确定优选方案。

风险价值管理有风险回避、损失控制、风险转移与风险保留四种基本方法。风险回避是指投资银行有意识地放弃风险行为，以完全避免特定损失风险。它是最消极的风险处理方法。因为投资者放弃风险行为时往往也放弃了潜在的目标收益。一般仅在以下情况下才采用此方法：投资主体对风险极端厌恶，存在可实现同样目标的其他方案且风险更低，投资主体无能力消除或转移风险，投资主体无能力承担该风险或承担风险得不到足够补偿。损失控制是制订计划并采取措施，降低损失可能性或减少实际损失，降低损失程度。控制阶段包括事前、事中与事后三个阶段。事前控制的目的主要是降低未来损失概率，事中控制和事后控制主要是减少实际发生的损失。风险转移是指通过契约将让渡人风险转移给受让人承担的行为。通过风险转移，有时可大大降低经济主体的风险程度。其主要形式是合同与保险。合同转移是指通过签订合同可将部分或全部风险转移给一个或多个其他参与者。保险转移是使用最为广泛的风险转移方式。风险保留即风险承担，如果损失发生，投资银行能够以当时可利用的任何资金进行支付。其包括无计划保留、有计划自我保险。无计划保留是指风险损失发生后从收入中支付，即不是在损失前作出资金安排。当经济主体没有意识到风险，并认为损失不会发生时，或将意识到的与风险有关的最大可能损失显著低估时，就会采用无计划保留方式承担风险。该方法应当谨慎使用，主要是因为如果实际总损失远大于预计损失，将引起资金周转困难。而有计划自我保险是指在损失可能发生前作出各种资金安排，以确保损失出现后能及时获得资金以补偿损失。有计划自我保险主要通过建立风险预留基金方式来实现。

知识窗

知识窗三：

福建将实质性重组作为非金融机构不良资产处置的主要方式

2020年12月3日，福建银保监局发布《进一步规范金融资产管理公司非金融机构不良资产业务的通知》，针对风控机构和风险管理，通知之初，要建立健全风险限额管理机制，加强对前十大客户进行名单制管理，切实防范"垒大户"风险。对同一集团客户发生三次(含)以上收购业务，应建立管理台账，并在项目实施后一个月内将尽职调查报告或涵盖尽职调查内容的项目方案向监管部门报告。严格控制行业集中度，投向单一行业的资产余额有50%的不良资产，应及时向监管部门报告集中度控制措施。

(资料来源：澎湃新闻，https://baijiahao.baidu.com.)

第二节 投资银行内部监管：内部控制

课前思考

> 投资银行内部控制的含义是什么？内部控制的目标和原则是什么？内部控制的内容是什么？自律组织的监管方式是什么？它与政府监管的区别是什么？

一、投资银行的内部控制

内部控制是投资银行自我规范、自我约束与自我完善的自律行为，是投资银行完成既定工作目标与防范风险，对内部各职能部门及其工作人员从事的业务活动进行风险控制、制度管理与相互制约的方法、措施与程序的总称。投资银行内部控制主要包括内部控制机制与内部控制文本制度两部分。内部控制机制是指投资银行内部组织结构及其相互间的制约关系。内部控制文本制度是指投资银行为规范经营行为、防范风险而制定的系列业务操作程序、管理方法与措施等规章的总称。

内部控制首先要确定目标。根据国外相关研究成果与我国《证券公司内部控制指引》等相关文件，投资银行内部控制必须达到目标：保证经营合法合规与内部规章制度贯彻执行、防范经营风险与道德风险，以保障客户与资产安全完整，保证业务记录与财务信息及其他信息可靠完整、及时，提高经营效率效益。投资银行内部控制应贯彻健全(做到事前、事中、事后控制相统一，以覆盖投资银行所有业务、部门与人员，渗透决策、执行、监督、反馈等各环节以确保内部控制不存在空白或漏洞)、合理(应当符合国家有关法律法规与监管机构有关规定，与经营规模、业务范围、风险状况与投资银行所处环境相适应，以合理的成本实现目标)、制衡(投资银行部门与岗位设置应权责分明，并相互牵制，前台业务运作与后台管理支持适当分离)、独立(应当独立于投资银行其他部门)四个原则，以确保内部控制有效。内部控制理论的基础是企业内部控制理论，其发展经历了内部牵制、内部控制制度、内部控制结构与内部控制整体框架四个阶段。内部控制整体框架是对内部控制的全面论述，主要涉及要素有控制环境、风险识别与评估控制活动措施、信息沟通与反馈及监督与评价等。内部控制制度内容主要包括内部控制机制与内部控制文本制度两个方面的内容。内部控制机制是实施内部控制行为主体，只有建立合理而高效的内部控制机制才能增强投资银行的决策能力、执行能力与监控能力，才能有效防范经营风险，而内部控制文本制度是内部控制行为主体的行为规则，没有规则，投资银行运作就会出现混乱甚至陷入无序状态。具体内容如下：

内部控制机制决策系统包括股东大会、董事会与决策机构。其中股东大会、董事会性质及职权与其他行业股份公司基本一样。如股东大会是投资银行最高的权力机构、董事会是投资银行的决策机构等。执行系统包括公司总经理、各职能部门与分支机构等执行机构，具体执行股东大会与董事会的各项决议。其中，总经理不仅组织执行股东大会与董事会的决议，而且还负责投资银行日常经营决策。各职能部门依据本部门职责具体可分为三类：一是业务部门，如证券投资部、投资银行部、资金管理部等；二是管理部门，如分支机构管理部门、财务部门、人事部门、后勤部门等；三是研究开发部。分支机构是投资银行执行系统的重要组成部分，是从事投资银行业务的基层单位。监督系统主要由监事会与稽核部组成。监事会是投资银行最高检查监督机构，其职责是监督投资银行高层决策人员与管理人员的行为，检查财务情况及股东大会与董事会决议的执行情况等。稽核部隶属董事会领导，是投资银行内部监督机构，具有相对独立性，并且拥有不受其他部门制约而独立开展监督工作的权力。其主要工作职责为监督投资银行各职能部门、分支机构是否依法依照银行制度与业务流程等运营以检查各项制度落实情况等。

内部控制文本制度是投资银行规范经营行为、防范风险而制定系列业务操作程序、管理办法与措施等规章总称，是投资银行各职能部门与分支机构经营运作必须遵守的规范，简言之，它是投资银行内部的"游戏规则"。制定内控文本制度须遵循合法性(须符合国家和主管机关所制定的法律法规而不得与之抵触)、可行性(切实可行)、权威性(任何人不得拥有超越制度约束与违反规章的权力)、全面性(贯穿全部业务过程与各操作环节)、稳健性(核心出发点即防范经营中的各项风险)与相互制约(在存在管理人员职责交叉的情况下，要为负责控制人员提供直接向最高管理层报告的渠道)六项原则。其主要内容包括授权管理、岗位职责、监督检查、考核奖惩等各项内部管理制度；对经纪、自营、投资银行、受托投资管理、研究咨询及创新业务等制定统一业务流程与操作规范；建立业务风险识别、评估与控制的风险管理流程与风险化解方法等。

二、投资银行的自律组织

自律就是自我监管。自律组织就是通过制定公约、章程、准则与细则，对各项金融活动进行自我监管的组织。自律组织一般实行的是会员制，符合条件的证券经营机构或其他相关机构都可以申请加入。如中国证券业协会就是投资银行的行业性自律组织，该协会在2002年12月9日专门成立了投资银行业委员会。

自律组织是金融风险管理成败的重要环节。加强行业自律是自律组织非常重要的职能，自律组织通过对会员单位进行自律管理，以强化投资银行的自律约束能力，并防范化解金融风险，以维护本行业共同利益，促进本行业的良性健康发展。自律组织从某种意义上讲，更有利于投资银行良性健康发展。行业内部人士具有信息优势，而其他外部人士包括监管机构都极易受蒙蔽。自律组织通过制定公约、章程、准则与细则对会员的各项金融活动进行自我监管。例如，中国证券业协会部分章程(职责范围部分)规定如下。

(1) 教育和组织会员及其从业人员遵守证券法律、行政法规，组织开展证券行业诚信建设和行业文化建设，督促证券行业履行社会责任。

(2) 依法维护会员的合法权益，向证监会等部门反映会员的建议和要求。

(3) 督促会员开展投资者教育和保护活动，维护投资者合法权益。

(4) 制定和实施证券行业自律规则和业务规范，监督、检查会员及其从业人员行为，对违反法律、行政法规、协会章程、自律规则、业务规范的，按照规定给予纪律处分或者实施其他自律管理措施；组织执业评价，形成声誉激励和约束。

(5) 制定证券从业人员道德品行、专业能力水平标准,开展从业人员执业登记,实施从业人员分类分层自律管理;制定非准入类证券从业人员和董事、监事、高级管理人员专业能力水平评价测试规则并具体组织实施;组织从业人员的业务培训。

(6) 组织会员就证券行业的发展、运作及有关内容进行研究,收集整理、发布证券相关信息,提供会员服务,组织行业交流,引导行业创新发展。

(7) 对会员与会员、会员与客户之间发生的证券业务纠纷进行调解。

(8) 对网下投资者、非公开发行公司债券、场外市场及场外衍生品业务进行自律管理。

(9) 对会员及会员间开展与证券非公开发行、交易的相关业务活动进行自律管理。

(10) 组织开展证券业国际交流与合作,代表中国证券业加入相关国际组织,推动相关资质互认并建立资质互认机制。

(11) 推动会员加强科技和信息化建设,提高信息安全保障能力,对借助信息技术手段从事的证券业务活动或提供的相关服务进行自律管理;经政府有关部门批准,开展行业科学技术奖励。

(12) 法律、行政法规、部门规章、证监会行政规范性文件规定的其他职责。

(13) 其他涉及自律、服务、传导的职责。业务范围中属于法律法规规章规定须经批准的事项,依法经批准后开展。

此外,自律组织对其会员监管有两种方式:一是对会员公司每年进行一次例行检查,包括会员财务状况、业务执行情况与客户服务质量等;二是对会员日常业务活动进行监管,包括对其业务活动进行指导,协调会员间关系,对欺诈客户、操纵市场等违法、违规行为进行调查处理等。

总之,自律组织能够取得有别于政府监管的效果。政府监管由于受人力、财力、技术力量与信息等因素影响,往往偏重宏观与行业整体且具有滞后性。自律组织与政府监管既有区别又有联系,两者之间存在相互补充与相互促进的关系,如表8-2所示。

表8-2 自律组织与政府监管的区别

	自律组织	政府监管
性　质	自律性、自我约束性	他律性、强制性、行政管理
监管依据	法律法规、政策、自律组织章程、业务规则、细则	法律法规、规章、政策
监管范围	协会会员	全国
监管内容	对会员证券公司进行一线监管	制定全国性法规,拟定监管条例,监管自律组织及证券中介,查处重大违规案件
处罚内容	罚款、暂停会员资格、取消会员资格等,情节特别严重的可提请政府主管部门或司法机关处理	采取罚款、警告的处罚,情节严重的可取消其从事某项或所有证券业务的资格

自律组织与政府监管在性质(政府监管带有行政管理性质,属于强制管理即"他律";自律组织监管是自我约束性质)、监管依据(两者都依据国家法律、法规与政策,自律组织还依

据自身制定的章程、业务规则与细则)、监管范围(政府监管负责对全国范围投资银行业务活动监管,而自律组织主要对其会员的投资银行业务活动监管)、监管内容(依托各自监管范围而有差异性监管内容)与处罚内容(政府监管机构可对违法违规投资银行采取罚款、警告处罚,情节严重者可取消其从事某项或所有证券业务的资格;自律组织对其会员投资银行处罚较轻微,包括罚款、暂停会员资格与取消会员资格等,情节特别严重者可提请政府主管部门或司法机关处理。)等五方面存在一定差异。两者的联系体现在以下四方面:监管目的一致(确保国家有关证券市场法律、法规、规章与政策得到贯彻执行,以维护证券市场"三公"原则,并保护投资者合法权益);自律组织在政府监管机构与投资银行间起着桥梁与纽带作用(自律组织为其会员提供相互沟通、交流情况意见的场所,可将会员面临的困难、遇到的问题、对投资银行业发展的意见建议向政府监管机构反映,以维护会员的合法权益。政府监管机构还可通过自律组织对投资银行活动检查监督);自律组织是对政府监管积极的补充(自律组织可配合政府监管机构对其会员进行法律法规政策宣传,使会员能够自觉贯彻执行并对会员进行指导监管);自律组织本身须接受政府监管机构监管(自律组织设立要政府监管机构批准,其日常业务活动要接受政府监管机构检查、监督与指导)。

第三节 投资银行的外部监管

投资银行外部监管的含义是什么?外部监管的原则是什么?中国投资银行的监管内容和监管体制分别是什么?

一、投资银行外部监管的含义及原则

投资银行的外部监管是指监管机构依法对投资银行及其金融活动进行直接限制和约束的一系列行为的总称。其外部监管可分解为投资银行监督与投资银行管理。投资银行监督是指投资银行的监管机关通过对投资银行进行全面的、经常性的检查,以促进其依法稳健经营与健康发展。投资银行监管的目的是实现证券市场的公平、公正和公开,以确保证券市场健康发展。从理论上讲,投资银行外部监管是为防止投资银行发生危机与金融市场失灵。现代投资银行外部监管目标的共性表现在以下四个方面:①保护投资者合法权益。投资者是市场参与者与主要资金供应者,是投资银行服务的对象。只有尊重投资者保护其合法权益,才能使投资者建立起信任与投资信心。②促进投资银行公平竞争。公平的竞争环境促使投资银行不断提高服务质量与服务效率,并防止和打破垄断,促进其健康有序地发展壮大。③维护投资银行业乃至金融体系安全稳定。通过灵活运用各种监管形式,确保投资银行在法定范围内稳健经营,防范与化解风险以提高投资银行业乃至金融体系运行的安全性、稳定性为经济发展服务。④实现投资银行业经营活动与国家金融货币政策的统一。投资银行进行经营活动的根本目的是追求利润的最大化。

投资银行外部监管主要包括以下五个原则。

(1) 依法原则。监管机构执行监管时须依法办事，严肃执法，并要求监管工作人员知法、懂法、守法，坚持执法连续性、一贯性与不可例外性。

(2) "三公"原则。①公开原则要求任何证券发行交易真实、准确且完整地披露与证券发行交易有关的各种重要信息，其包括证券信息初期披露与持续披露两方面。初期披露是指证券发行人在首次公开发行证券时，应完全披露有可能影响投资者作出是否购买证券决策的信息；持续性披露是指证券发行后，发行人应定期向社会公众提供财务与经营状况报告，并且要不定期公告影响公司经营活动的重大事项等。公开原则要求信息披露应及时、完整、真实与准确，是公平公正原则的前提。②公平原则核心要求证券活动的所有参与者都能享有平等法律地位，各自的合法权益都能得到公平保护。证券市场所有参与者不能因为其在市场中职能差异、身份不同、经济实力大小不同，而受到不公平待遇，要按照公平统一的市场规则进行各种活动。③公正原则是实现公开公平原则的保障。证券立法机构应综合考虑资本市场的实际状况，制定出兼顾各方当事人权益的法律规则。证券监管部门应当根据法律授予的权限，公正履行其监管职责，不得越权监管。证券监管人员不得从事证券交易，不得接受不正当利益以保证其公正处理监管事务。

(3) 协调性原则。①不同监管主体间协调，即不同监管主体要统一监管标准与口径并合理划分职责范围，既不能重复监管又不能留有监管空白；②同一监管主体不同职能部门间及上下级间要相互协调，以合理明确划分职责；③外部监管与其他宏观调控协调。

(4) 效率原则。监管机构对投资银行业监管讲究效率，并尽可能减少监管成本，增加净效益。不能妨碍投资银行间的正常竞争，也不能妨碍与其他金融机构的公平竞争。

(5) 监督与自律相结合原则。监管机构对投资银行进行统一强有力的监管时也要充分发挥行业自律性作用，充分发挥其在投资者与政府监管部门间的纽带作用，以使两者相互促进与相互补充，并共同促进投资银行业规范健康发展。

课中案例

案例一：

各国投资银行业监管演变发展

一、英国

20世纪70年代以前，英国金融业按传统范围开展业务，形成了习惯上的分业经营和自律监管。20世纪70年代以后，英国政府放松了银行业竞争限制，导致竞争日趋激烈，金融交易工具不断创新，专业分工界限越来越模糊。20世纪80年代，英国形成了多元化的金融监管体制。英国财政部在名义上负责金融监管，实则是由英格兰银行与其他金融监管机构执行。英格兰银行、证券与投资委员会和英国贸易与工业部有较为明确的分工：英格兰银行负责监管银行部门，证券与投资委员会负责监管证券与投资业务，英国贸易与工业部负责监管保险公司(证券投资委员会也参与)。此外，还有一些自律组织。英国金融监管建立在相互信任的合作基础上，监管谨慎原则与弹性原则并存的非正式监管体系构成了其主要风格。

20世纪80年代以后，金融机构呈现相互融合趋势，使得多元化监管体制明显落后于金融混业经营发展形势，以致发生了"巴林银行事件"。为了使金融监管体制适应金融创新要求,1997年5月,英国提出了金融监管改革方案。英格兰银行的监管职能被分离,投资监管职能并入证券与投资委员会。该委员会在同年10月28日与原有的8家金融监管部门合并成立了金融服务监管局(Financial Services Authority,FSA)。2000年的《金融市场与服务法案》对FSA给予法律确认。FSA享有对银行、投资基金清算机构、保险公司、住房信贷合作社证券公司、期货交易机构等的审批注册、规范、监管和处罚的权力,成为世界上监管范围最广的金融管理者,意味着英国成为统一金融监管的典范。全球金融危机暴露出英国金融监管体制的内在缺陷。前保守党影子财政大臣奥斯本在2000年7月针锋相对地发布了《从危机到信心:稳健银行业的计划》影子白皮书,提出应对金融监管体制进行更为彻底的改革,包括废除三方监管体制,赋予英格兰银行维护金融稳定和对所有银行及其他金融机构进行审慎监管的职责,强化宏观审慎监管;撤销FSA,建立全新的金融消费者保护局负责消费者保护工作。2010年7月,英国新一届政府以此为基础,发布了《金融监管的方法:判断、焦点与稳定》的金融监管改革方案征求意见稿,并启动了公开咨询程序。2011年2月,英国政府发布了新的征求意见稿《金融监管的新方法:建立更强大的系统》(以下简称《2011年方案》),提出了更加详细和具体的改革方案。2011年6月16日,英国政府正式发布了包括《2012年金融服务法草案》在内的《金融监管新方法:改革蓝图》白皮书(以下简称《白皮书》),全面阐述了政府的监管改革设想。2012年1月26日,草案正式提交议会。英国政府的目标是让法案在2012年年底前获得最终批准。新的监管体制于2013年年初开始运作。具体来说,英格兰银行新设以下机构:金融政策委员会(Financial Policy Committee,FPC),作为宏观审慎监管机构,负责监控和应对系统性风险;审慎监管局(Prudential Regulation Authority,PRA),作为英格兰银行的子公司,负责对各类金融机构进行审慎监管;金融行为监管局(Financial Conduct Authority,FCA),负责监管各类金融机构的业务行为,促进金融市场竞争,保护消费者。

二、美国

美国一直实行分业监管体制,其主要监管主体包括:美国联邦储备委员会(Federal Reserve System,FRS),负责监管会员银行和银行持股公司;联邦存款保险公司(Federal Deposit Insurance Corporation,FDIC),负责监督参加保险的非会员银行和已保险的州注册储蓄银行;货币监理署(Office of the Comptroller of the Currency,OCC),负责联邦注册银行的审批和检查;储贷监理署(Office of the Thrift Supervision,OTS),负责监管所有属于储蓄机构保险基金的联邦和州注册的储蓄机构;证券交易委员会(SEC)以及州银行监管者(SIC),分别负责监管证券机构和保险机构。1999年11月,美国通过的《金融服务现代化法案》废止了实施66年之久的《格拉斯-斯蒂格尔法》,结束了银行、证券、保险分业经营的限制。为了适应金融业混业经营的趋势、有效防止出现金融集团化带来的监管真空,美国确立了"伞式"功能监管(umbrella supervision),如图8-1所示。美国联邦储备委员会被指定为主监管人,执行对整个金融控股公司的监管,同时规定按业务种类确定具体监管人。其实,被冠名"伞式"监管模式的美国监管体系,不过是对巴塞尔委员会提出的"单一—追加"监管模式的一种继承与创新。继承,是因为同样存在指定的FRS主监管人,是监管银行证券、保险行业唯一的联邦机构;创新,是因为执行银行业监管的机构不止主监管人一家。采取这种监管模式的还有奥地利、西班牙、瑞士等。

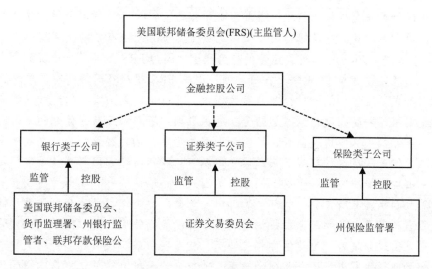

图 8-1 "伞式"功能监管

美国的金融监管体制相当复杂。由于实行国法银行和州法银行的双规银行体制,法律不仅赋予联邦政府监管职能,也授权各州政府行使监管职责。因此,除 OCC 以外,各州政府均设立了银行监管机构。形成了联邦和州政府的双线监管体制。OCC 和州银行监管当局成为美国银行最主要的两个基本监管者,前者负责对国法银行发放营业执照,后者负责对州法银行发放执照。此外,二者还具备以下职能:贯彻执行法律法规,对银行经营活动进行跟踪研究;审批所辖银行设立分行、并购的申请,检查所辖银行;对所辖银行违法违规的非正常金融活动进行处罚;制定、管理银行投资、借贷和其他活动的规章制度。美国的国法银行都是FRS 成员,州法银行可以自主选择,FRS 成员称为会员银行,否则是非会员银行。FRS 对所有成员银行都负有直接监管职能,也是金融控股公司的基本监管者。由于监管对象众多,在实际操作中,FRS 的监管重点主要是大金融机构,如花旗集团每两周与 FRS 调查官员召开一次常规会议。对众多小银行主要从清算和资金循环角度加以监管,业务监管以抽查为主。美国法律规定吸收存款必须加入存款保险,商业银行都是 FDIC 的被保险人。为了保障整个金融体系的安全,FDIC 除了存款保险外,还兼有金融检查、金融预警的职能。在双线多头式监管体制下,即便规模不大的非会员银行,也要接受至少两家监管机构的监管。由于监管机构众多,不同监管机构之间难免出现职能重叠,金融机构也抱怨多头监管效率低下,成本高昂。为了避免重复监管,降低监管成本,提高监管效率,近年来各个监管部门开始注意加强协调合作。对新开业的州法银行,前 3 年的现场检查由相关的监管部门联合进行,3 年后由相关监管部门轮流进行,检查频率为 18 个月一次,检查结果通报各方。除了在现场检查方面进行配合外,非现场检查的标准及对银行报告的要求也日趋一致。

1999 年的《金融服务业现代化法案》(GLB 法案)允许金融控股公司通过设立子公司经营多种金融业务,但是金融控股公司本身并不开展业务,其主要职责是向 DFI 申领执照,对集团公司和子公司进行行政管理。在美国的"伞式"监管模式下,金融控股公司的银行类分支机构和非银行类分支机构分别保持原有的监管模式,前者仍由银行监管机构进行监管,后者中的证券部分由证券交易委员会(SEC)监管,保险部分由州保险监管署(SIC)监管。

SEC 和 SIC 被统称为功能监管者。一般情况下,作为主监管人的 FRS 不能对金融控股公司下属的非银行类分支机构进行检查或要求提供报告，除非 FRS 确定金融控股公司的非银行分支机构出现重大问题，危及银行类子公司的安全，并且无法有效解决问题时，才可以对其进行监管。实践中，FRS 真正实施监管的机会很少，因为 FRS 先要获知出现的问题，才能作出判断，而功能监管者与 FRS 缺乏良好沟通，因此 FRS 很难及时获得有效信息。可见，目前美国的"伞式"监管仍是一种分业监管的模式。可以说，美国实行的这种双线多头式监管体制，是美国联邦制度高度分权、总结金融危机教训、不断修正监管体制的结果。这种纵横交错的立体监管模式从多角度监督、控制和调整着金融机构的经营行为，有效地防范和化解了金融风险。但是，在这种双线多头式监管体制下，联邦监管部门与州监管部门之间在监管过程中难免出现监管冲突。对于这个问题，美国政府也承认联邦和州监管当局在监管目标、监管重点等方面确实有所差别。联邦监管部门注重金融安全，以保障金融体系稳健运行为目标；州监管当局考虑更多的是金融机构对地区经济发展的作用，其倾向于放松监管，提倡创新。双方意见出现分歧时，主要依靠相互协商、相互妥协来解决问题。针对次贷危机，美国对原有的金融监管体制进行了一系列的改革。2008 年，面对次贷危机中暴露出的风险管理的制度性缺陷，美国财政部公布了起草于次贷危机爆发前的《现代金融监管架构改革蓝图》，提出从规则导向监管向目标导向监管，从机构导向监管向业务导向监管，从监管局部性风险向监管金融市场系统性风险的转变。2009 年，为了给参加二十国集团领导人峰会做准备，奥巴马政府领导下的财政部公布了《金融监管改革框架》，该法案采取严格监管的思路，提出对金融监管体系进行全面的整体改革，强调防范系统性风险、保护投资者或消费者的利益，消除监管漏洞，促进金融监管的国际合作。2009 年，美国财政部向国会递交金融监管改革白皮书《金融监管改革：新的基础》，标志着美国正式启动金融监管改革。改革包括四个部分：一是将美国联邦储备委员会打造成"超级监管者"，全面加强对大型金融机构的监管；二是设立新的消费者金融保护署，赋予其超越目前监管机构的权力；三是提高国际金融监管标准，并改进国际合作；四是组建新的监管机构，即执行跨部门协调职能的金融服务监督管理委员会和专门负责银行监管的部门。

三、日本

日本分业金融监管体制以 1948 年美国《有价证券法》为蓝本建立，其制定的《证券交易法》比美国的分业管理更为严格。第二次世界大战后初期，日本国内资金短缺，为了给产业界稳定地提供低成本资金，增强出口竞争力，促进经济增长，日本金融监管体制形成。但是，20 世纪 70 年代中后期，日本经济步入快速发展阶段，由资金短缺转变为资金过剩。20 世纪 80 年代中后期，日本成为世界第一大债权国。虽然日本的经济状况发生了根本性变化，但金融制度却没有进行相应的改革，推动经济高速发展的各项保护性措施和金融法规成为阻碍日本经济发展的桎梏。其主要表现在以下几个方面。

(1) 金融创新开发能力减弱。在严格的分业监管体制下，未经许可，金融机构不得进行新产品开发，金融业务不得相互渗透交叉，极大削弱了金融机构创新的积极性。近年来，证券化、电子金融、电子货币、复合金融产品等金融衍生工具无一出自日本。

(2) 金融机构内部素质弱化。在政府长期实行"保驾护航"的管理体制下，日本的金融机构竞争意识淡化，不思进取的惰性增强，金融机构不劳而获的寄生现象严重。

(3) 迫于欧美国家金融自由化的压力，海外金融机构的据点不是撤离日本就是缩小规模，投资家纷纷将资本投向海外，本应在日本进行的交易也相继转移到纽约、伦敦或新加坡。相比之下，东京金融市场的地位黯然失色。

1992年，日本通过了《金融制度改革法》，放松了严格的金融限制，允许金融机构通过建立子公司的方式参与其他金融业务。在1997年的金融改革中，政府完全解除了金融行业限制。1997年3月，日本政府提出了《金融监督厅设置法案》。1998年6月，金融监督厅开始在总理府的直接管辖下运作，证券委也从大藏省划归金融监督厅管辖。1998年12月，金融再生委员会成立。该委员会由国务大臣任委员长，主要负责管辖金融监督厅。此时，大藏省的监管权力已大大削弱。2000年7月，金融监督厅改名为金融厅。继承了原大藏省的检查、监督和审批备案的全部职能。2001年1月，在全面推行政府机构改革时，大藏省更名为财政省，撤销了金融再生委员会，将金融厅升格为内阁府的外设局，独立负责金融监管业务。这样，财政省与金融厅真正实现两权分立，分别执掌金融行政与金融监管的机构。

日本金融厅下设总务企划局、检查局、监督局三个职能部门。其中总务企划局下设总务课(总协调机构)、政策课(联系与政策)、国际课(国际事务)、企划课(计划和立法)、市场课(金融市场)、信用课(信用系统)和企业公开参事官(合作会计和信息披露)7个课室；检查局下设总务课(检查协调)、审查课(检查机构)和检查监理官(检查评估)3个课室；监督局下设总务课(监督协调)、银行第一课、银行第二课、保险课和证券课5个课室。此外，还另设金融审议会、汽车损害赔偿责任保险审议会、公认会计审议会、企业会计审议会、股票估算委员会、证券监督交易委员会6个专门的委员会。

(资料来源：知乎，https://zhuanlan.zhihu.com/p/412823749.)

问题分析： 结合案例，延伸思考跨国或本国投资银行在英国、美国与日本的监管有何差异？

知识窗

知识窗一：

部分国家的金融经营方式与监管体制对比，如表8-3所示。

表8-3 部分国家的金融经营方式与监管体制对比

国别(地区)	经营方式		监管体制	
	过去	现在	过去	现在
美国	分业经营	混业经营(1999年通过《金融服务现代化法案》，标志着进入综合经营时代)	分业监管	"伞式"监管+功能型监管
英国	分业经营	混业经营(1986年)	分业监管	统一监管
日本	分业经营	混业经营(1996年11月)	分业监管	统一监管
德国	混业经营	混业经营	分业监管	向统一监管转变
法国	分业经营	逐步混业(银行可持非银行公司股份，但不超过20%)	分业监管	分业牵头监管
韩国	分业经营	逐步混业(业务范围不断放开)	分业监管	统一监管

综合各国投资银行外部监管的实践案例来看，监管体制大体可分为集中型监管体制、自

律型监管体制与中间型监管体制,具体内容如下。

集中型监管体制是指国家通过制定系统严密的法律,设立隶属政府或直接隶属立法机关的全国性证券监管机构对投资银行业集中监管,而各种自律性组织如证券业协会等只起协助性作用。这种监管体制以美国、日本、韩国等国为代表,其中尤以美国最为典型,因此该体制也被称为美国模式,我国目前就属于此类型。其以主张国家干预经济理论为基础,以政府对证券市场积极干预及法律对证券活动严密规制为显著特征,已成为国家证券管理法律化的典范。其显著特点是有较为完备的监管投资银行的专门法律法规。例如,美国政府陆续出台一系列专门性法律规范投资银行业务活动,包括《证券法》(1933年)、《证券交易法》(1934年)、《投资公司法》(1940年)、《投资咨询法》(1940年)、《证券投资保护法》(1970年)等。同时,美国各州也制定了本州的证券管理法规。

集中型监管体制的优点主要有:统一证券法律与专门法规,使证券行为与投资银行业务活动有法可依,提高监管权威性;超脱于市场参与者的监管机构,能公平、公正地严格发挥监管作用,以防范市场失灵情况并保护投资者利益。其不足之处主要有:监管者超脱于市场,可使监管脱离实际,缺乏效率,甚至可能会产生对证券市场过多的干预。监管机构与自律组织相比,距离市场相对较远,掌握的信息相对有限,对证券市场发生意外行为反应较慢,因此会降低监管的效率。这就使其如果以严厉执法者或救助者的面目出现,易引发道德风险与逆向选择,并增加监管者的间接成本。

自律型监管体制是指除了必要的国家立法外,较少干预投资银行业,主要通过投资银行业自律组织与投资银行自身的自我管理为主,辅以政府有关职能部门的监督体制。以英国、荷兰、爱尔兰、中国香港特别行政区等国家与地区为代表,其中尤以英国最为典型,因此,这种体制又被称为英国模式。其以自由市场经济理论为基础,政府很少干预证券市场与投资银行,以行业自律与投资银行自身内部控制为显著特征,具体包括:通常不会制定专门规范投资银行业与证券市场管理的法律法规,主要通过间接法律法规来调整与制约投资银行业、证券市场活动,作为自我管理的指导补充。如英国国家没有专门的证券法与证券交易法,在1986年《金融服务法》出台之前,仅有1958年的《反欺诈(投资)法》、1948年与1967年的《公司法》、1973年的《公平交易法》等。这些法律虽然对证券交易行为、股份公司行为、内幕交易行为等方面都作了规定,但都是间接分散的法律法规。英国虽然设立了证券投资委员会,但它既不属于立法机关,也不属于政府机构,没有监管实质,倒是有些部门会承担监管工作,如英格兰银行负责证券部监管等。实际监管工作主要通过以英国证券交易所协会、证券转让与合并专业小组与证券业理事会为核心的自理管理系统进行自我管理。证券交易所协会是英国证券市场最高管理机构,主要依据该协会制定的《证券交易所管理条例和规则》进行自律管理。

自律型监管体制优点主要有:保护投资者利益时能发挥市场创新竞争意识,有利于活跃市场;投资银行更贴近市场,在信息资源方面具有更大优势,因此允许投资银行参与制定证券市场监管规则能使监管更符合实际,也能使制定监管规则(条例)具有更大的灵活性与更高的效率;自律组织直接置身于市场之中,能对市场发生的违规行为作出迅速而有效的反应,对突发事件可更妥善地解决。其不足之处主要有:监管重点通常放在保证市场有效运转与保护自律性组织成员利益这些方面,对投资者利益难以提供充分保障;缺乏专门监管立法,因此对违法行为的约束缺乏强有力的法律效力,进而影响监管权威性;监管手段较弱,监管力度不够，没有统一的监管机构则难以实现全国证券市场协调发展，而监管者非超脱性难以保证监管公正。

中间型监管体制是集中型监管体制与自律型监管体制两者相互渗透、相互结合产生的产物。实行这种体制的国家既设有专门性政府监管机构来进行集中监管，也强调自律组织自律管理，但实践中则各有侧重。因此，这种监管体制又被称为分级监管体制。分级监管体制包括二级监管模式与三级监管模式。二级监管模式是指由中央政府与自律型机构共同行使对投资银行的监管权力；三级监管模式是指由中央政府、地方政府与自律机构共同履行，对投资银行履行监管职责的一种监管体制。这种监管体制以德国、意大利、泰国等国家为代表，其中德国在证券市场管理上，由联邦政府制定与颁布证券法规，各州政府负责实施监管。同时它也非常重视证券业自律管理，通过交易所委员会、证券审批委员会与公职经纪人协会等自律组织自我管理。从理论上讲，证券市场存在多个利益主体，筹资者与投资者、证券机构与客户间都有各自不同的利益，同时也存在种种矛盾和冲突，客观上需要协调不同利益主体间的矛盾并超脱利益主体机构。同时证券市场是高风险市场，影响深度大，波及范围广，需要通过集中型监管规范各市场的主体行为，并维护市场秩序。但由于证券市场参与者众多、运作程序复杂、相关因素广泛，仅靠监管机构监管还不够，须要求证券市场所有利益主体进行相互监督与自我约束。同时自律是市场组织者与参与者自身的利益需要。因此，集中型监管与自律型监管结合相当重要。中间型监管体制有利于集中型监管体制与自律型监管体制各自发挥优势，又能弥补各自的不足之处，同时体现出其他两种体制所不具备的优点。因此，世界上大多数实行集中型监管体制或自律型监管体制的国家都逐渐向中间型监管体制靠拢。如美国开始重视政府监管与证券交易所及证券机构等自律性组织监管相结合；英国 1986 年颁布的《金融服务法》首次以立法形式对证券业进行直接管理，而在 1998 年 6 月 1 日又成立了金融管理局，加强了对投资银行业的集中统一监管。但具体国情不同，因此各个国家监管的侧重点不同，或侧重集中统一监管，或侧重自律监管。

课中案例

案例二：

中国银行业外部监管体制

随着我国投资银行业的发展，我国的投资银行业监管体制经历了由分散、多头监管到集中统一监管的过程，其间大致可分为三个阶段。

(1) 第一阶段(1992 年 5 月以前)：地方分头监管阶段。

该阶段主要由上海、深圳两地的地方政府管理。由于第一阶段的证券市场只是一个区域性市场，证券发行与交易仅限于上海和深圳两市试点，对投资银行的监管没有形成集中统一的管理，是一种多头、分散的管理方式。在中国人民银行和国家经济体制改革委员会等部门的决策下，主要由上海、深圳两地的地方政府管理。中国人民银行上海分行、深圳分行相继出台了一些有关规章制度，对证券发行与交易行为进行规范。针对各地出现的证券发行、交易的不规范行为，各地方政府部门陆续颁布了一些地方性法规，开始对当地的证券市场进行一定程度的管理。如北京市 1986 年 10 月 13 日发布的《北京市企业股票、债权管理试行办法》(京政发〔1986〕136 号)、上海市 1987 年 5 月发布的《上海市股票管理暂行办法》以及深圳市 1986 年实行了《深圳经济特区国营企业股份优化试点暂行规定》等。

(2) 第二阶段(1992年5月至1997年年底)：过渡阶段。

第二阶段是由中央与地方各部门共同参与管理向集中统一管理的过渡阶段。1992年5月，中国人民银行成立证券管理办公室，同年7月，国务院建立国务院证券管理办公会议制度，代表国务院行使对证券业的日常管理职能。1992年10月，国务院决定成立国务院证券委员会及其执行机构——中国证券监督管理委员会(以下简称中国证监会)，作为专门的国家证券监管机构，同时将发行股票的试点由上海、深圳等少数地区推广到全国。同时，国务院赋予中央有关部门部分证券监管的职责，形成了多部门共同监管的局面。如国家计委根据国务院证券委的计划建议编制证券发行计划；中国人民银行负责审批和归口管理证券机构、报国务院证券委备案等。另外，地方政府仍在证券管理中发挥重要作用。如上海、深圳证券交易所由当地政府归口管理，由中国证监会实施监督；地方企业的股份制试点，由省级或计划单列市人民政府授权的部门会同企业主管部门审批。

(3) 第三阶段(1997年年底至今)：集中统一监管。

第三阶段是集中型监管体制定型阶段。1997年8月15日，国务院正式作出决定，沪、深证券交易所划归中国证监会直接管理。1997年11月，根据中央金融工作会议决定，撤销国务院证券委，其监管职能移交中国证监会。1998年4月，中国人民银行行使的对证券市场的监管职能(主要是对证券公司的监管)也移交中国证监会。同时，对地方证券监管体制进行改革，将以前由中国证监会授权、在行政上隶属于各省市政府的地方证券监管机构收归中国证监会领导，同时扩大了中国证监会向地方证券监管机构的授权，增加了其对证券经营机构的设立、变更、分立、合并、增资扩股、撤销、停业、年检及对证券公司高级管理人员的任职资格进行初审(并出具初审意见)与日常监管等内容。证券交易所也由地方政府管理转为中国证监会管理。1999年7月1日，《证券法》开始实施，明确提出了我国实行集中统一的监管体制，中国证监会派出机构正式挂牌。2000年年初，根据《证券法》改组后的中国证券业协会开始运作。2006年1月1日，修订后的正式实施的新《证券法》赋予了中国证监会准司法权。由此，我国的集中型监管体制在实践中逐步定型。

目前我国的投资银行监管体制如下。

我国的投资银行监管体制以中国证监会依法统一的外部监管为主，证券交易所、证券业协会等自律组织管理为辅。

(1) 中国证监会。中国证监会是目前我国对证券市场、证券业进行统一宏观管理的主管机构，同时又是国家对证券市场、证券业实施监管的执行机构。

其主要职责有：起草或制定有关证券业和证券市场交易管理的规定和实施细则，起草证券法规；监督管理有价证券的发行上市、交易；监管上市公司及有关人员执行证券法规的行为；审查上市公司的有关报告；监管上市公司的收购、兼并活动；对境内企业和境外企业发行股票实施监管；会同有关部门进行证券设计，研究分析证券市场形势，并及时向国务院报告工作、提出建议等。

(2) 自律组织。我国当前投资银行的自律组织主要有证券交易所、证券业协会等。证券交易所的主要职能包括：提供证券交易的场所和设施；制定证券交易所的业务规则；接受上市申请，安排证券上市；组织、监督证券交易；对会员、上市公司进行监管；管理和公布市场信息；等等。中国证券业协会的主要职责是：贯彻、执行国家有关方针、政策和法规，对证券经营机构进行自律管理；组织证券从业人员进行岗位培训；推动证券行业的国际交流与合作；代表会员的共同利益，维护会员的合法权益，为会员提供信息和咨询服务，集中反映会员的愿望和要求等。

(资料来源：知乎，https://zhuanlan.zhihu.com/p/624305914.)

问题分析：结合案例延伸思考，在中国监管差异性及监管全球化的背景下，中国投资银行业如何与其他命运同体协同监管？

知识窗

知识窗二：

四部门印发《金融标准化"十四五"发展规划》

近日，中国人民银行会同市场监督管理总局、银保监会、证监会联合印发《金融标准化"十四五"发展规划》(以下简称《规划》)。《规划》依据《中华人民共和国国民经济和社会发展第十四个五年规划和2035年远景目标纲要》《国家标准化发展纲要》制定，明确"十四五"时期统筹推进金融标准化发展的指导思想、基本原则、主要目标、重点任务和保障措施。

《规划》以习近平新时代中国特色社会主义思想为指导，深入贯彻党的十九大和历届全会精神，坚持以人民为中心，坚定不移贯彻新发展理念，以支撑金融业高质量发展为主题，以深化金融供给侧结构性改革为主线，以维护国家金融安全为底线，推动标准化与金融业重点领域深度融合，支持健全现代金融体系，融入和服务以国内大循环为主体、国内国际双循环相互促进的新发展格局。

《规划》提出，到2025年，与现代金融体系相适应的标准体系基本建成，金融标准化的经济效益、社会效益、质量效益和生态效益充分显现，标准化支撑金融业高质量发展的地位和作用更加凸显。展望2035年，科学适用、结构合理、开放兼容、国际接轨的金融标准体系将更加健全，市场驱动、政府引导、企业为主、社会参与、开放融合的金融标准化工作格局将全面形成，标准化成为支撑金融业高质量发展的重要力量。

《规划》明确了七个重点。一是标准化辅助现代金融管理。完善金融风险防控标准，健全金融业综合统计标准，推进金融消费者保护标准建设，加强标准对金融监管的支持。二是标准化助力健全金融市场体系。完善金融基础设施标准，深入推进证券期货标准建设，加大黄金市场标准供给，拓展升级保险市场标准。三是标准化支撑金融产品和服务创新。加快完善绿色金融标准体系，有效推进普惠金融标准建设，加强产业链供应链、金融标准保障。四是标准化引领金融业数字生态建设。稳步推进金融科技标准建设，系统完善金融数据要素标准，健全金融信息基础设施标准，强化金融网络安全标准防护，推进金融业信息化核心技术安全可控标准的建设。五是深化金融标准化高水平开放。加快先进金融国际标准转化应用，积极参与金融国际标准化活动。六是推动金融标准化改革创新。优化金融标准化供给结构，强化金融标准化实施应用，培育金融标准化服务业，推动金融标准化检测认证协同发展。七是夯实金融标准化发展基础。优化金融标准化运行机制，提升金融机构标准化能力，推动金融标准化工作数字化转型，加强金融标准化人才队伍建设。

《规划》提出加强组织领导、完善实施机制、强化宣传交流等保障措施,确保各项目标任务落到实处。

(资料来源:人民网,http://finance.people.com.cn/n1/2022/0209/c1004-32348511.html.)

二、投资银行的监管内容

市场准入监管是对投资银行资格进行监管。投资银行业是高风险行业,为防范风险维护金融体系安全,世界上所有存在资本市场的国家都对投资银行制定了资格标准,各国监管机构都会参与投资银行设立的审批过程。只是由于各国国情不同以及对市场的认识不同,监管机构在参与程度与方式上存在差异。目前各国对市场准入监管大致可分为注册制与特许制两种类型,具体内容如下。

在注册制条件下,监管部门仅限于保证投资银行提供的资料无任何虚假事实,投资银行只要符合法律规定的设立条件,在相应证券监管部门与证券交易部门申请注册后便可设立。目前,该制度以美国为代表。美国《证券交易法》(1934年)规定投资银行须取得证券交易委员会(SEC)注册批准,且成为证券交易所或全国证券业协会会员之后,才能开展经营活动。实质上美国投资银行注册须经过证券交易委员会与证券交易所两道程序才能完成。首先在证券交易委员会登记注册,投资银行须填写注册申请表,内容包括投资的银行注册资本及构成、经营活动区域、经营业务种类、组织管理机构等。接到投资银行注册申请后,证券交易委员会对投资银行进行考察,主要有以下几个方面:投资银行交易设施是否具备,自有资本是否充足,来源是否可靠;投资银行管理人员是否具备资格,尤其是要考虑其是否曾违反证券法规与其他法律;投资银行是否具备从事其所申请的业务的能力。然后在45天内(必要时可延至90天)予以答复。同时投资银行还要向证券交易委员会缴纳注册费。其次在证券交易所登记注册,申请注册程序与在证券交易委员会注册程序类似。投资银行须经过证券交易委员会注册批准之后才能在交易所注册。同时交易所还要考察其是否能够遵守交易所规章制度。投资银行被批准成为证券交易所会员后要按规定缴纳会员费。从美国注册制中可以看出,注册制更多强调市场机制作用,通过市场机制与交易所席位限额来控制投资银行数量,其理论依据是"太阳是最有效的防腐剂,灯光是最有效的警察"。如果市场机制不完善或交易所限额失控将会使进入金融市场的投资银行数量失控,造成金融体系的混乱。因此,实行注册制的前提是要有成熟、完善、有效的金融市场。

特许制条件下,投资银行设立前须向有关监管机构提出申请才能设立。同时监管机构还将根据市场竞争情况、证券业发展目标与投资银行实力等因素,考虑批准经营具体业务,且对投资银行设定最低资格要求。如资本金要求、硬件设施要求与管理人员要求等。该制度以1999年前的日本为典型代表(日本在1998年12月1日通过新《证券交易法》改特许制为注册制)。日本实行特许制时,任何从事证券业的投资银行在经营证券业前须向大藏省提出申请,大藏省在考查其资本金、业务水平、未来盈利性、市场竞争状况与证券业发展目标等因素后,根据不同的业务种类发放不同的许可证。如对经营证券经纪、自营与承销等业务授予综合类业务许可证。日本对投资银行的最低资格要求是拥有足够资本金且资本金来源稳定可靠,如规定从事证券承销业务的投资银行最少要有30亿日元资本金;投资银行的管理人员要有良好的信誉、素质与证券业务水平;投资银行的业务人员须受过良好教育且和管理人员一样,须具有相当的证券业务知识经验;要求投资银行具有比较完备且良好的硬件设施。与注册制相比,特许制对投资银行市场准入要求更严格,行政色彩较浓厚。特许制要求投资银行设立不仅需要自身具备经营实力,而且还要考虑证券市场情况。此制度下政府起着主导作用。此外,对既从事证券经纪业务又做自营买卖的投资银行,各国监管机构通常设立了更高要求。除资格要求外,监管机构对从事自营业务的投资银行规定了更高的资本金,其管理人员与从业人员要具备更高的证券业务水平,并且要通过更严格的考核。

中国投资银行设立采用许可制,投资银行设立须获得中国证监会颁发许可证。2019年12月28日修订的《证券法》第一百一十八条规定:"设立证券公司,应当具备下列条件,并经国务院证券监督管理机构批准:(一)有符合法律、行政法规规定的公司章程;(二)主要股东及公司的实际控制人具有良好的财务状况和诚信记录,最近三年无重大违法违规记录;(三)有符合本法规定的公司注册资本;(四)董事、监事、高级管理人员、从业人员符合本法规定的条件;(五)有完善的风险管理与内部控制制度;(六)有合格的经营场所、业务设施和信息技术系统;(七)法律、行政法规和经国务院批准的国务院证券监督管理机构规定的其他条件。

课中案例

案例三:

SPAC模式对传统IPO模式的挑战

易会满在出席2021年第60届世界交易所联合会会员大会暨年会时表示,近年来,部分境外市场通过SPAC模式的上市融资活动大幅增加,还出现了直接上市等新型上市方式,这给传统的IPO模式带来了颠覆性的挑战。有观点认为,这本质上是一种IPO虚拟化和"脱媒"的现象,在公司治理、信息披露、投资者保护等方面都引发了不少新问题。中国证监会持续在关注,是否在每个市场都具备条件呢?这需要我们进一步跟踪和研究。

SPAC模式

区别于传统的"IPO上市"和"借壳上市",SPAC(特殊目的收购公司)的特点是先完成壳公司的IPO(造壳、募资),再收购目标公司,最终目标公司与壳公司合并,成功实现目标公司的上市。SPAC最早出现于20世纪80年代,很长一段时间都被归入粉单市场,虽然间隔性有"爆点",大多数时间里并没有维持其市场宠儿的地位,募资能力并不突出。自2020年起,在宽松的货币政策之下,大量资金迫切需要寻找投资标的,而传统IPO不确定性较大且耗时更长,SPAC因此提供了一条相对"捷径",再次火爆美国。同年8月,英国金融市场行为监管局进一步放宽SPAC在伦敦的上市条款;9月2日,新交所正式发布SPAC上市规则,"希望透过推出SPAC制度吸引更多优质公司在新交所上市,为投资者提供更多的投资选择和投资机会";9月17日,港交所就SPAC上市机制进行征询。一边是来自市场和监管的多重审视,另一边SPAC热潮仍在各大金融中心继续。从监管层面来说,未来是否会对并购阶段的信息披露逐步提高要求至传统的IPO的水平,是否会规范、约束目标公司关于业务前景的过于乐观的描述,是否会要求中介机构承担更为充分的尽职调查责任,并对各方违规者施以更严厉的惩戒,仍都存在变数,且势必会根据监管目的进行动态调整。而从SPAC本身的运作来说,如何消除对发起人能力的高度依赖,并寻找到真正优秀的被投对象,而不是成为各方试图进行监管套利的工具,也仍亟待市场的检验。

(资料来源:中证网,https://www.cs.com.cn/sylm/jsbd/202109/t20210906_6201962.html.)

问题分析：结合案例分析，SPAC 模式在公司治理、信息披露、投资者保护等方面可能导致哪些新问题出现？应如何加强外部监管以避免这些新问题？

理论界对投资银行的定义尚未达成共识，因此对投资银行业务范围的规定也就不尽相同。一般认为，投资银行的主要业务为证券承销业务、证券经纪业务、证券自营业务、企业并购重组业务、直接投资业务、咨询服务业务、资产管理业务与金融创新业务等。我国《证券法》第一百二十条规定，经国务院证券监督管理机构核准，取得经营证券业务许可证，证券公司可以经营下列部分或者全部证券业务：①证券经纪；②证券投资咨询；③与证券交易、证券投资活动有关的财务顾问；④证券承销与保荐；⑤证券融资融券；⑥证券做市交易；⑦证券自营；⑧其他证券业务。以下具体展示投资银行在证券承销、证券经纪、证券自营、企业并购、投资咨询、金融创新与日常经营活动等七项业务的外部监管。

投资银行在证券承销业务中会掌握大量证券，并且可能会以此来操纵市场获取不正当收益。监管机构对证券承销业务的监管主要在于禁止其在承销活动中获得不合理利润，以及禁止其利用热门股票发行或稳定价格时操纵市场等，包括：禁止投资银行在承销中以任何形式进行欺诈、舞弊、操纵市场内幕交易；投资银行负有信息披露义务，首次披露应完全披露证券发行者与发行证券相关的所有情况，信息持续披露应定期披露证券发行者财务状况与经营状况，禁止投资银行参与或不制止证券发行者在发行公告中弄虚作假、欺骗公众，当投资银行与证券发行者有关联时应当予以公布，以便投资者有充分的心理准备与正确的认识；投资银行应建立一整套行之有效的制度防范承销风险。禁止投资银行在证券承销中过度投机与承销风险超过自身承受范围的证券；禁止投资银行对证券发行者征收过高费用，从而造成发行者筹资成本过高，侵害发行者与投资者利益以影响二级市场运行。大多数国家规定投资银行从事证券承销业务的佣金最高不得超过其交易额的 10%。

投资银行从事证券经纪业务时只是根据客户指令买卖证券，赚取佣金收入。因此，监管机构对证券经纪业务监管的重点在于投资银行职业道德与行为规范等方面以保护投资者利益，包括：投资银行在经营证券经纪业务时须坚持诚信原则，禁止任何欺诈、违法、私自谋利的行为。在向投资者提供信息时，须保证所提供信息的真实性与合法性，同时所提供的信息要语义清楚，不能含有容易让投资者混淆的内容；在接受客户委托方面，多数国家禁止投资银行接受客户全权委托，即投资银行全权代理客户选择证券种类、买卖数量、买卖机构、买卖时机，防止投资银行侵犯客户利益。有些国家虽设置了全权委托账户，但却禁止投资银行作出不必要的买进或卖出，未经委托，投资银行不能自作主张替客户买卖证券；接受委托进行证券买卖后，须将交易记录交付委托人。我国《证券法》第一百三十四条规定："证券公司办理经纪业务，不得接受客户的全权委托而决定证券买卖、选择证券种类、决定买卖数量或者买卖价格。"投资银行不得向客户提供证券价格即将上涨或下跌的肯定性意见；不得劝诱客户参与证券交易；不得利用其经纪商优势地位限制客户的交易行为；不得从事其他对保护投资者利益与公平交易有害的活动或从事有损证券业信誉的活动。我国《证券法》第一百三十五条规定："证券公司不得以对客户证券买卖的收益或者赔偿证券买卖的损失作出承诺。"投资银行应严格按照规定收取佣金。很多国家都对投资银行向客户收取佣金比例范围作出限制。在规定范围内，或如果监管机构没有限制佣金比例，可由投资银行与客户协商决定，但必须遵循诚信原则，不得欺诈投资者。除了接受金融监管机构与国家执法机关调查外，投资银行还有对客户证券交易信息保密的义务，不得以任何方式向第三方泄露。

投资银行从事自营业务时会在利益驱动下忽视风险。另外,由于其自身拥有资金、信息等优势,特别是同时从事经纪业务与自营业务时,更易操纵市场以损害投资者利益。监管机构对证券自营业务的监管主要在于风险防范与经营规范等,包括:限制投资银行承担风险(监管机构要求投资银行在证券交易时按比例提取准备金);对外负债总额不超过其资本净值倍数;流动负债不超过流动资产一定比例,并限制其通过借款买卖证券;严格限制投资银行购买"有问题"的证券,如遇到重大自然灾害或严重财务困难公司的股票、连续暴涨暴跌的股票等。禁止投资银行操纵证券价格。监管机构都会限制投资银行大量买进或卖出某证券,规定投资银行购买证券数量,不得超过发行公司证券总量的一定比例,或规定不能超过公司资产总额的一定比例。要求投资银行自营业务时,须遵守证券市场规则公平竞争。投资银行须标明自营业务内容,不得进行内幕交易与暗箱操作,不得利用资金信息等优势操纵证券价格。要求投资银行自营业务与经纪业务要严格分开。很多国家都规定委托优先与客户优先原则。

企业并购业务在投资银行业务中占比不断增加,由此引发的内幕交易也在不断增加。监管机构对企业并购业务监管的重点放在信息披露等方面,包括上市公司重大购买或出售资产行为、董事会决议等都必须及时披露,持续时间较长的并购须定期连续公告,禁止对重要事实作任何不实陈述,禁止企业并购中的任何欺诈从而使人误解的行为与任何操纵行为等。监管机构规定披露持股比例要求、披露期限及股份变动数额以保护中小股东利益。企业并购会导致公司股价波动,而投资银行会比一般投资者较早、较全面地掌握内部信息,因此,监管机构禁止投资银行利用内幕消息进行证券交易,或向别人泄露内幕消息以使他人利用该信息获利。我国《证券法》第五十三条规定:"证券交易内幕信息的知情人和非法获取内幕信息的人,在内幕信息公开前,不得买卖该公司的证券,或者泄露该信息,或者建议他人买卖该证券。"

投资银行在提供投资咨询服务时,易于为自身利益而罔顾客户利益甚至欺诈客户。因此,监管机构将对投资咨询业务的监管重点放在职业道德与保护客户利益等方面。大多数国家都通过立法对投资咨询业务作出了法律上的规定,中国证监会也相应发布了《证券、期货投资咨询管理暂行办法》,相关内容如下。

投资银行从事证券、期货咨询业务须取得中国证监会许可,否则不得从事各种形式证券、期货投资咨询业务。申请从事证券、期货投资咨询业务的机构,须在资本、设施及从业人员等方面符合法定条件,由地方证管办(证监会)初审后报中国证监会审批方可从业。证券期货投资咨询人员须参加某个证券期货投资咨询机构方可执业,且不得同时在两个或两个以上证券期货投资咨询机构执业。投资银行从事咨询业务时不得代理从事证券期货买卖,不得向投资人承诺投资收益,不得与他人合谋操纵市场或进行内幕交易。向投资人提供投资分析、预测与建议所应用的信息资料应当是真实合法、完整客观与准确的。向投资人就同一问题提供的投资分析、预测与建议应当一致,对不同客户不得区别对待。

投资银行为规避管制、分散转移风险与追求利润等热衷金融创新业务,从而使越来越多的金融衍生品出现,给金融体系带来更大风险。监管机构对金融创新业务的监管重点在风险控制等方面,包括:监管机构要求制定完善的风险管理与咨询收集制度,密切注意资本市场变化,定期向监管机构与投资者公布信息。同时还规定投资银行公开资料会计口径须标准化,以便评估市场风险。

根据投资银行金融创新业务发展,不断扩大监管范围与创新监管手段,以将各种创新业务纳入监管。监管机构不仅要加强与自律组织协调合作，还要加强与其他国家监管机构的协调合作，以确保投资银行规范运作。重视对电子信息系统的安全性管理，要在技术上加强安全防护以避免重大损失。

监管机构还要加强对投资银行业日常经营活动的监管，包括：投资银行须将经营活动按统一格式与内容定期报告给证券监管机构。如美国规定投资银行须向证券交易委员会上交年报、季报与月报三重经营报告。我国《证券公司监督管理条例》(2014年修订)第六十三条规定："证券公司应当自每一会计年度结束之日起4个月内，向国务院证券监督管理机构报送年度报告；自每月结束之日起7个工作日内，报送月度报告。"监管机构都是通过有关法律法规禁止投资银行内幕交易行为、操纵市场行为、制造虚假信息行为与欺诈客户行为。如美国证券交易委员会通过"反垄断条款""反欺诈、假冒条款"与"反内部沟通条款"等来限制投资银行的上述行为。为防范投资银行过度追求风险，监管机构都对投资银行资本充足率作出要求，规定其持有净资本最低限度以保证投资银行在日常经营中保持足够的现金资产。如美国证券交易委员会规定投资银行净资本(由现金与随时可变现自由资本构成)与负债比例最低不得低于1∶15。2020年3月20日我国开始实行的《证券公司风险控制指标管理办法》(2020年修正)第十七条规定，证券公司必须持续符合下列风险控制指标标准：(1)风险覆盖率不得低于100%；(2)资本杠杆率不得低于8%；(3)流动性覆盖率不得低于100%；(4)净稳定资金率不得低于100%。

为控制交易费用，维护投资银行客户利益，各国监管机构都对投资银行业经营证券承销、经纪及咨询等业务进行收费限制。例如，美国投资银行经纪业务佣金额不得超过交易额的5%，其他业务佣金比例不得高于10%，否则按违反刑法论处。投资银行还要按比例向监管机构与证券交易所缴纳管理费用。监管机构与证券交易所把费用集中起来，主要用于对投资银行经营活动检查监督等方面的行政开支。自2003年1月1日起，中国政府对境内登记注册证券公司、基金管理公司、期货经纪公司均收取机构监管费。但按照《财政部 国家发展改革委关于停征免征和调整部分行政事业性收费有关政策的通知》(财税〔2018〕37号)有关规定，对在中国境内登记注册的证券公司、基金管理公司、期货经纪公司收取机构监管费，自2018年1月1日至2020年12月31日暂免征收。

知识窗

知识窗三：

信息披露制度

信息披露制度是指有关行为主体从维护投资者权益和资本市场运行秩序的角度出发，根据法律法规，完整、准确、及时地向社会公众公开披露信息的制度。信息披露制度起源于英国1844年的《合股公司法》，为美国1933年《证券法》所确立，之后逐渐发展成熟和完善，它是美国证券法律的核心与基石。目前，许多国家都通过立法制定了信息披露制度，它已成为金融监管的重要手段。

1. 建立信息披露制度的必要性

(1) 市场竞争的不完全性要求建立信息披露制度。

与商品市场一样，资本市场也无法避免市场失灵带来的影响。资本市场失灵一方面表现为证券价格形成过程中非市场化因素的介入，以及投资者对这些因素反映的差异性，进而表现为价格信号产生过程的不完善,以及价格所反映信息的不完整、不一致,甚至是不真实;另一方面则表现为资本市场效率下降或有效性不足。投资银行的主要业务集中于资本市场,因而也会受到资本市场失灵的影响。为了保护投资者利益,加强对投资银行的监管,就必须建立完整的信息披露制度。

(2) 信息的不对称性要求建立信息披露制度。市场的有效性主要体现在价格对可获得信息的及时和充分反映上。同商品市场一样,证券市场上也存在严重的信息不对称。上市公司及投资银行的有关人员肯定比普通投资者更清楚公司的财务状况、盈利能力和发展潜力等信息。这种信息的不对称性可能导致内幕交易、关联交易和欺诈投资者等情况的出现,造成投资者利益受损,社会资源达不到优化配置。因此,要解决信息不对称,建立完整的信息披露制度是必不可少的。

2. 我国投资银行的信息披露制度

我国《证券法》(2019 年修订)规定,证券市场相关主体承担信息披露的义务,信息披露制度主要包括首次披露、定期报告和临时报告三大部分。具体到对投资银行信息披露的要求,我们以企业并购业务为例加以说明。

(1) 对持股情况需要进行披露的条件。投资者持有一个上市公司已发行的有表决权股份的 5%;当投资者持有一个上市公司已发行的有表决权股份的 5%后,通过证券交易所的证券交易,其所持该上市公司已发行的有表决权股份比例每增加或者减少 5%;投资者持有上市公司已发行的有表决权股份的 5%后,其所持该上市公司已发行的股份比例每增加或者减少 1%。

(2) 披露时间。首次达到 5%时或达到 5%后每增减 5%,应当在该事实发生之日起 3 日内进行报告和公告;达到 5%后每增减 1%,应当在该事实发生的次日通知该上市公司,并予以公告。

(3) 披露的方式及公告。向国务院证券监督管理机构、证券交易所作出书面报告,通知该上市公司,并予以公告。

(4) 披露期间禁止的行为。不得再次买卖该上市公司的股票,但国务院证券监督管理机构规定的情形除外。

课后案例

证监会出手,某控股公司遭立案调查

2021 年 7 月 13 日因涉嫌信息披露违法违规,某控股公司遭证监会立案调查。

受此消息影响,2021 年 7 月 15 日早盘,某控股公司开盘即一字跌停,截至当天发稿时,股价仍封跌停,报 9.47 元/股,市值 53 亿元。另外,昨晚该公司公告,上半年预计亏损 700 万~1400 万元。

过去一年多的时间,某控股公司股价连续暴涨暴跌,是一只名副其实的"妖股"。截至 2021 年第一季度,仍有股东 13 万余户。

2021 年 7 月 14 日晚,某控股公司发布公告称,公司收到证监会的调查通知书,因公司涉嫌信息披露违法违规,中国证监会决定对公司进行立案调查。对于此次立案调查,某控股公司公告表示,立案调查期间,公司将积极配合中国证监会的各项工作,严格按照规定履行信息披露义务。

2021 年 7 月 9 日中国证监会例行新闻发布会上,中国证监会稽查局副局长陈捷表示,将

密切关注市场动态、密切关注账户联动、密切关注异常交易，依法依规严肃查处操纵市场和内幕交易等行为。操纵市场、内幕交易的主要表现之一，就是通过连续交易等手段操纵流通市值较小的股票，恶意"炒小、炒差、炒新"，造成相关股票价格在短时间内暴涨或暴跌。

其中，中国证监会点名某控股公司，指出"如私募基金实际控制人景某滥用杠杆交易操纵某控股公司，该股价格连续上涨后'闪崩'跌停"。2021年5月14日，中国证监会下发的《行政处罚事先告知书送达公告》显示，著名"牛散"景某因涉嫌操纵某控股公司，被处以500万元的罚款。

早在2021年3月，"妖股"某控股公司就被监管层重点关注。同年3月5日、3月19日，深圳证券交易所两次表示，对前期涨幅异常的股票持续进行重点监控，并及时采取监管措施。

（资料来源：中证网，https://www.capwhale.com.）

问题分析： 结合案例，分析中国证监会主要就某控股公司的哪些违规行为进行立案调查？延伸思考资本市场其他金融机构如投资银行，应如何理解"敬畏法规政策、守好底线理性交易"？

第四节 金融科技在投资银行监管中的应用

课前思考

金融科技在投资银行内、外监管场景中如何应用？如何理解金融科技的哲学基础与科技为民要义？

投资银行业是高风险行业，其业务主要集中于资本市场。作为金融体系的重要组成部分，资本市场对一国经济的发展发挥着日益重要的作用。但投资银行领域的违法犯罪严重扰乱了国家资本的市场秩序，并给国家经济社会的发展与人民对美好生活的向往带来极大危害。随着数字化投资银行时代的到来，加快数字投资银行科技监管体系创新，以提升其监管治理能力，防范并化解其风险，对保持中国资本市场的健康发展有着重要意义。人工智能、云计算、大数据与区块链等技术迅速发展过程中投资银行业务数据化的趋势越来越明显。基于新技术新型金融基础设施可行(详见知识窗)则监管应更加精准：实时监控不法投资银行与违规投资银行活动的野蛮生长，及时监督投资银行系统内部腐败与违纪违规行为的蔓延。这一举动推动着"投资银行服务+区块链+人工智能"与"投资银行监管+云计算+大数据"等技术迅速发展，构建投资银行内部、外部安全体系需重视监管技术创新。这不仅能帮助监管部门防范化解金融风险，而且能避免金融风险积聚，引领投资银行合规发展更智能化与合规流程更完善，帮助投资银行实现自动化筛查目标客户并帮助企业个人降低投资风险。具体包括：投资银行监管创新有助于建立更全面更清晰的投资银行数据安全责任主体认定体系，构建智能投资银行业务事前、事中、事后全链条闭环监管，形成智能投资银行领域风险评级机制，以加强法律保护与规范智能投资银行经营者获取数据的途径方式，还可以借此化解其潜在的社会风险。

知识窗

基于区块链的新型金融基础设施构想

尽管基于区块链的新型金融基础设施已经引起证券业的广泛关注,如澳大利亚、瑞士、美国、德国等国家对区块链的新型金融基础设施进行了探索,但与如火如荼的全球数字货币浪潮相比,证券业对区块链技术的应用与探索还是略显冷清。换句话说,在证券业基于区块链的新型金融基础设施探索才刚刚开始,有很多问题还模糊不清。为此,需要一个系统、完整的理论框架指导基于区块链的新型金融基础设施的实践探索。

各级监管机构明确要求充分发挥金融科技赋能作用。自2016年国务院颁布《十三五国家科技创新规划》,提出要"促进科技金融产品和服务创新,建设国家科技金融创新中心"以来,证券行业监管对金融科技的重视程度日益提升,以促进金融信息基础设施建设达到国际领先水平。具体内容如下。

2018年12月,中国证监会发布《证券基金经营机构信息技术管理办法》(以下简称《管理办法》),允许经营机构设立信息技术专业子公司,经营机构母公司、子公司共享信息技术基础设施,为券商设立金融科技子公司提供政策契机。《管理办法》要求"证券基金经营机构应当指定一名熟悉证券、基金业务,具有信息技术相关专业背景、任职经历、履职能力的高级管理人员为首席信息官,由其负责信息技术管理工作",为加强证券基金经营机构信息技术管理、促进金融科技深度转型、保障证券行业信息系统的合规高效奠定了良好基础。同时,将证券公司信息系统建设投入情况纳入年度证券公司经营业绩考评,能够促使证券公司加大对信息建设的投入力度。2019年8月政策红利再度加码金融科技,中国人民银行印发《金融科技(FinTech)发展规划(2019—2021年)》,确定了六方面的重点任务:一是加强金融科技战略部署;二是强化金融科技合理应用;三是赋能金融服务提质增效;四是增强金融风险技防能力;五是强化金融科技监管;六是夯实金融科技基础支撑。这进一步强化了金融科技的合理应用,赋能金融服务提质增效。2020年8月,中国证券业协会发布《关于推进证券行业数字化转型发展的研究报告》,提出要加快出台行业标准,促进金融科技应用融合。逐步建立完善的人工智能、区块链、云计算、大数据等数字技术在证券行业的应用标准和技术规范,完善人工智能技术在投资顾问业务领域的应用条件及合规要求。鼓励证券公司在人工智能、区块链、云计算、大数据等领域加大投入,促进信息技术与证券业务深度融合,推动业务及管理模式数字化应用水平提升。

2020年11月,中国证监会就《证券基金经营机构董事、监事、高级管理人员及从业人员监督管理办法》公开征求意见并提议"针对金融科技等领域专业人才,适度放宽工作经历限制,取消学历要求及推荐人制度。"在监管的引导和支持下,推进数字化转型和高质量创新发展成为行业共识。从政策导向看,中国证监会提出鼓励证券公司加大信息技术和科技创新投入,"在确保信息系统安全可靠的基础上,加大金融科技领域研究,探索人工智能、大数据、云计算等技术应用,提高金融科技开发和应用水平",多家券商将金融科技纳入公司可持续发展战略与核心竞争力,头部券商纷纷加大金融科技领域的人才招聘与资金投入。

(资料来源:新浪财经,https://finance.sina.com.cn/stock/s/2021-07-15/doc-ikqciyzk5598124.shtml.)

课后案例

中后台管理——质控风控数字化与保障业务安全

随着投资银行(证券公司)前台业务转型升级,中后台业务的数字化转型已是大势所趋,从而能够与前台业务的节奏与模式相匹配,提供有效的支持。

1. 信息化、全流程的投资银行项目管理

线上项目管理平台,覆盖业务流程全部环节。招商证券的"智能大投行"平台是运用大数据、人工智能等金融科技手段的信息化平台。覆盖股权业务、债券业务及 ABS 业务等多个业务链条,实现各链条营销、承揽、承做、审核、发行及后督的全过程,实现业务、数据、质量和风险的统一信息化管控。在项目管理方面,该平台将项目文档变成结构化信息,形成可视化、可穿透化的项目全景档案,并通过将项目流程片段化,每一个要点对应一个标签,使每一位员工都可以专注于自己负责的标签内容。对于证券公司而言,投资银行业务中项目流程的信息化和标准化不仅能提高各环节员工的工作效率,也使项目流程中的各个环节与操作人员一一对应,从而减少流程中的错漏。这样的平台有助于提升证券公司客户营销服务、投资银行业务拓展及项目质量管控能力,助力投资银行业务转型。项目管理信息化,激活管理模式的创新优化。项目全过程信息化管理为招商证券的进一步优化带来契机:一是任务驱动,所有业务流程和工作事项全都采用任务驱动模式进行实现,以目标清晰、责任明确的任务驱动项目人员开展工作,并通过移动消息实时提醒,提升工作效率;二是采用向导式项目指引,将业务规范直接固化到系统中,清晰引导项目人员逐步开展工作。

注册制对投资银行尽调质量提出了更高要求,金融科技助力把关。注册制真正落实以信息披露为中心的理念,意味着证券公司作为保荐机构的专业把关责任被严格压实,需要更加勤勉尽责、审慎执业、把控项目质量。而金融科技在投资银行的项目质量把关方面,也大有助益,这里以招商证券"智能大投行"为例,在投资银行业务流程中的三个环节严格把控。

(1) 现场尽调记录留痕。现场尽调中使用 LBS 位置应用功能,保证尽调有轨迹、有留痕可回溯,调研收获的成果都有据可查,这极大程度上预防了投资银行员工本身的失职甚至造假。

(2) 关联方图谱核查模型。关联方分析是投资银行业务中的关注重点,在企业的股权关系、业务往来非常复杂的情况下,清晰梳理关联方尤为重要。招商证券借助大数据技术建立企业股权关系图谱和关联方核查模型,实现企业实际控制人穿透、关联方及关联关系挖掘、企业间关联交易及可疑利益输送的行为识别,帮助业务人员及时、尽早发现项目风险。

(3) 申报材料自动化审核。企业的银行流水分析、申报材料审核等工作相当烦琐枯燥,易出疏漏。为此,招商证券按照不同的使用场景开发训练了多个人工智能机器人,能在短时间内完成大量的业务流水、文稿审核等工作,初步找出可能存在的问题,再由人工进行进一步的分析挖掘,减少工作中无心的疏漏和擅自修改问询等不尽责行为。

2. 实时、精确的风险管理

金融科技全面升级风险管理。在证券公司的风险管理过程中,大数据、云计算、人工智能与区块链技术的综合运用可助力数据库的建设,以升级风险管理的系统架构;制定更加科学的风控指标,提升风控指标的效能;强化动态监控和预警能力,保障证券公司业务的平稳运行。具体内容如下。

1) 在数据库和风控系统架构的建设方面

(1) 获取并存储海量数据，提高数据覆盖的全面性。证券公司可依靠云平台，有效扩展数据库的计算和储存能力，并通过大数据技术实现海量数据的灵活获取、大量存储、精细归类，构建更为全面庞大、质量更高的数据库，以便后续的提取和计算分析。

(2) 构建统一数据库和风控系统，减少数据和功能的重叠。通过搭建统一的云平台，证券公司可将各个业务线条的风险管理系统和数据库进行整合，一是可将不同模块间的重叠功能和数据库间的重复数据进行消除，提高效率；二是可以在符合监管要求的前提下实现跨业务、跨部门的信息共享，使证券公司、金融集团内的业务协同更加畅通。

2) 在风险管理指标的设计和计算方面

(1) 针对业务特殊性提取特征数据，提高风控指标的精确度。拥有全面、系统的数据库可使证券公司从数据库中根据不同业务的特点，有针对性地提取特征数据进行后续的统计计算，将数据端和业务端精准匹配，让风险管理更加贴近业务场景，从而提高风控指标的精准度。

(2) 深度挖掘数据逻辑和风险模式，提高风险识别和预警准确率。依靠人工智能技术，证券公司可从多种类别的数据中深入挖掘出人工无法识别的数据间的逻辑关系和具备潜在风险的行为模式，构建不同的风险控制模型，通过机器学习优化和迭代模型，帮助风险管理部门制定更为精准的风控指标，从而提高风险识别和预警的准确率。

3) 在风险管理的操作方面

(1) 实时跟踪数据并能够实时反馈，提高风控实时性。借助大数据和云计算技术，证券公司得以实时跟踪金融工具高频交易数据，提高风控指标的实时性，满足风险管控的时效性。另外，大数据等技术能够将风险管理流程中重复、零散的工作智能化，解放更多的人力资源，也能使风险管理流程各环节的处理时间大幅降低。

(2) 实现风险管理系统的远程操控和运维。新冠疫情的暴发催化了投资银行等业务线上化的同时，也实现了风险管理系统的远程操控和运维。证券公司通过 VPN 等工具远程访问风险管理系统，动态监控及预警风险，支持风控工作高效开展。

（资料来源：新浪财经，https://finance.sina.com.cn/stock/stockzmt/2021-01-16/doc-ikftssan7085291.shtml。）

问题分析： 结合案例，分析金融科技在投资银行(券商)内部监管多场景的应用，并搜集更多券商在此应用场景中金融科技的应用。

财商小剧场

【思考 1】什么是投资银行(证券机构)投资者基的本权利呢？

【问题解析】证券机构投资者在证券公司开展投资活动时要自觉增强投资者自我保护意识，具体有如下八项基本权利。

(1) 财产安全权。证券机构应依法保障消费者在购买证券产品和接受证券机构服务过程中的财产安全。证券机构应严格区分机构自身资产与客户资产，不得挪用、占用客户资金。

(2) 知情权。证券机构应以通俗易懂的语言，及时、真实、准确、全面地向证券消费者披露可能影响其决策的信息，充分提示风险。不得发布夸大产品收益、掩饰产品风险等欺诈信息，不得作虚假或引人误解的宣传。

(3) 自主选择权。证券机构应充分尊重投资者的意愿，由投资者自主选择、自行决定是否购买证券产品或接受证券机构服务。不得强买强卖，不得违背证券投资者意愿搭售产品和服务，不得采用引人误解的手段诱使证券投资者购买其他产品。

(4) 公平交易权。证券机构不得设置违反公平原则的交易条件，在格式合同中不得加重投资者责任、限制或排除投资者的合法权利，不得限制投资者寻求法律救济途经。

(5) 依法求偿权。证券机构应切实履行投资者投诉处理主体责任，在机构内部建立多层级投诉处理机制，完善投诉处理程序，建立投诉办理情况查询系统。

(6) 受教育权。证券机构应进一步强化对证券投资者的教育，积极组织或参与证券知识普及活动，开展广泛、持续的日常证券投资者教育，帮助证券投资者提高对证券产品和服务的认知能力和自我保护能力，提升投资者的证券素养和诚实守信意识。

(7) 受尊重权。证券机构应尊重证券投资者的人格尊严和民族风俗习惯，不得因消费者性别、年龄、种族、民族和国籍等不同，对其歧视性差别对待。

(8) 信息安全权。证券机构应采取有效措施加强对第三方合作机构的管理，明确双方权利、义务关系，严格防范证券投资者信息泄露的风险，保障证券投资者的信息安全。

【思考2】人工智能与大数据对于普通投资者投资行为会产生什么影响？

大数据时代，机器可以不知疲倦地工作，从数据里挖掘机会，而且机器没有情绪。所以一方面机器能够吸取人类的智慧，另一方面它又克服了人类的恐惧和贪婪，这样比普通投资者自己投资要好很多。那实际上用机器做交易有没有问题呢？这些问题可以改进吗？

【问题解析】骑士资本公司成立于1995年，它开发了最早的线上交易系统，是全球最早的程序化交易企业，早期经营确实非常成功。但是2012年，有一个程序员在给服务器升级时出现失误，遗漏了一个服务器。结果第二天交易时这台服务器出现问题。就是这么一个小错误，导致骑士资本损失4.6亿美元，濒临破产，最后被另一家公司收购。总体来说，骑士资本成也程序化，败也程序化。从这个故事里我们可以看出，程序化交易对稳定性要求特别高，一旦出错，后果不堪设想。

什么叫程序化交易？程序化交易是根据以往数据挖掘出规律，然后进行稳健性检验，确认稳健后，形成交易程序放到计算机上自动运行。关键在于自动运行。等到第二天开盘时新数据被自动装载到计算机，程序运行发现交易信号就开始进行交易。此程序不需要人为控制，因此，如果程序出错，后果会很严重。骑士资本就是在程序上出现错误，最后导致破产的命运。可能你认为这些错误太愚蠢，小心一点不就行了吗？其实计算机系统远远没有你想的那么稳定，这里面至少有两类错误在短期内很难避免。

一类错误叫程序性错误。即使用计算机时大多数情况没问题，但有时候会死机，那就是里面蕴含的错误被触发了。任何程序正确并不代表未来不出错。因为这只是里面蕴含的错误在过去运行中没有被触发，但那不代表未来不会被触发。就像小行星撞地球，过去没发生，不代表未来不会发生。另一类错误叫稳定性错误。即数据挖掘交易规律，过去可能是对的，但未来不一定对。因为金融市场规律是变化甚至是自我毁灭。比如，你发现了一个新规律，买A股票卖B股票会盈利，反复检验后开始交易。结果发现它失败了，你知道这是为什么吗？因为这样的交易是自我毁灭式的。什么叫自我毁灭呢？就是因为这种规律会被越来越多的人发现，越来越多的人就会进行这样的交易，然后就把A股买高，B股卖低了，这个策略就不盈利了，这就叫自我毁灭。这类稳定性错误其实经常发生，翻看历史，每次发生金融危机时都是量化基金特别容易破产，1998年、2000年、2008年都是如此。为什么呢？就是因为它们特别依赖历史规律，历史规律只要有一点变化，则所有策略都失败。

总之，程序化交易对稳定性要求特别高，但很多程序化交易无法保持稳定性。这是因为投资是关于未来走势分析，你要对未来作出判断，而未来充满不确定性，不是过去的简单重复。基于大数据的人工智能不可能完全预判出未来的价格规律，因为再大的数据也是历史数据，规律都是历史规律，不包含未来新规律，而投资的核心是对未来进行判断。因此，人工智能所做的事情其实就很有限了。投资还需要投资者对未来进行分析预测，而这种分析预测没有固定规律可循。与其把它看作科学，不如把它看作艺术，所以大数据和人工智能在这个方面作用十分有限。

综上所述，可得以下结论：第一，人工智能、大数据对投资有重要作用，但也有局限性；第二，以人工智能为基础的程序化交易对于稳定性的要求太高；第三，大数据与人工智能对于处理未来不确定性作用有限，并不是"包治百病的良药"。

本章小结

1. 投资银行的风险是指由于种种不确定的因素使得投资银行的实际收益与预期收益发生偏离，从而蒙受损失或减少获取收益的可能性。投资银行的风险可以分为三个层次。第一层次的风险是导致投资银行产生风险最直接的因素，包括投资银行的流动性风险和资本风险；第二层次的风险包括经营风险和制度风险；第三层次的风险是利润风险。

2. 投资银行风险可以分为系统性风险和非系统性风险。系统性风险又称为宏观风险，是指整体政治、经济、社会等环境因素对投资银行业所造成的影响，是波及整个投资银行业的风险。系统性风险的基本特点是造成的后果具有普遍性，即对整个投资银行经营的证券市场或绝大多数证券普遍会产生不利影响。系统性风险主要是由政治、经济及社会环境等宏观因素造成的，包括政策风险、经济周期性波动风险、利率风险、购买力风险、市场风险、政治风险等。非系统性风险又称非市场风险或可分散风险，是指投资银行在经营过程中，由于决策失误、经营管理不善、违规操作、违约等，导致金融资产损失的可能性。非系统性风险属于个别风险，是个别人、个别企业或个别行业等可控因素带来的，因此，投资银行可通过投资的多样化来化解非系统风险。非系统性风险的基本类型包括金融风险、经营风险、流动性风险、操作性风险、信用风险、道德风险、法律风险和体系风险等。

3. 投资银行的风险管理是指投资银行能够识别风险、衡量风险、分析风险，进而有效地控制风险，以尽量避免风险损失和争取风险收益。风险管理是投资银行经营活动的一项重要内容。投资银行风险管理的原则主要有全面性原则、独立性原则、防火墙原则、适时有效原则和定性与定量相结合原则。

4. 风险价值又称风险收益、风险报酬，投资银行风险价值是指投资银行由于冒风险进行经营活动或投资从而获得超过资金时间价值的额外报酬。风险价值有风险报酬额和风险报酬率两种表现形式。风险报酬额是风险价值的绝对数形式，是指投资银行由于冒风险进行经营活动或投资而取得的超过正常报酬的额外报酬。风险报酬率是投资的风险价值的相对数形式,是指额外报酬占原投资额的比重。投资报酬一般是货币时间价值(利率)与风险投资价值(风险报酬率)之和,即投资报酬率=利率+风险价值率。风险价值其含义是在市场正常波动下,某一金融资产或证券组合的最大可能损失。Var 按字面的解释就是处于风险状态的价值,即在一定置信水平和一定持有期内,某一金融工具或其组合在未来资产价格波动下所面临的最大损失额。Var 模型可衡量市场风险和信用风险的大小,不仅有利于金融机构进行风险管理,而且有助于监管部门有效监管。

5. 投资银行的内部控制是投资银行自我规范、自我约束和自我完善的一种自律行为,是投资银行为完成既定的工作目标和防范风险,对内部各职能部门及其工作人员从事的业务活动进行风险控制、制度管理和相互制约的方法、措施和程序的总称。投资银行的内部控制主要包括内部控制机制和内部控制文本制度两个部分。投资银行内部控制机制是指投资银行的组织结构及其相互之间的制约关系。建立合理、健全的内部控制机制,是投资银行各项经营活动得以正常开展、实现有效管理、防范经营风险的重要保证。各投资银行内部组织结构的设立,必须体现相互独立、相互制约的原则。投资银行内部控制文本制度是投资银行内部控制制度的重要组成部分,它是投资银行为规范经营行为、防范风险而制定的一系列业务操作程序、管理办法和措施等规章的总称,是投资银行各职能部门和分支机构经营运作必须遵守的规范。

6. 自律组织就是通过制定公约、章程、准则、细则,对各项金融活动进行自我监管的组织。自律组织一般实行的是会员制,符合条件的证券经营机构或者其他相关机构,都可以申请加入。

7. 投资银行的外部监管是指监管机构依法对投资银行及其金融活动进行直接限制和约束的一系列行为的总称。投资银行的外部监管可以分解成投资银行的监督和投资银行的管理。投资银行的监督是指投资银行的监管机关通过对投资银行进行全面的、经常性的检查,以促使其依法稳健经营,健康发展;投资银行的管理是指国家根据有关法律授权有关部门制定和颁布有关投资银行的组织机构、业务活动的特殊规定或条例。投资银行监管的目的是实现证券市场的公平、公正和公开,从而确保证券市场健康发展。

8. 各国对投资银行外部监管的体制可以分为集中型、自律型和综合型三种类型。我国属于集中型。监管的内容大致可以分为市场准入监管、日常业务监管、信息披露制度等。

9. 投资银行业是高风险行业,其业务主要集中于资本市场。作为金融体系的重要组成部分,资本市场对一国经济的发展发挥着日益重要的作用。但投资银行领域违法犯罪严重扰乱了国家资本市场秩序,并给国家经济社会的发展与人民对美好生活的向往造成极大危害。随着数字化投资银行时代的到来,加快数字投资银行科技监管体系创新,以提升其监管治理能力水平,并防范化解其风险,对保持中国资本市场的健康发展有着重要意义。人工智能、云计算、大数据与区块链等技术迅速发展过程中投资银行业务数据化趋势越来越明显。基于新技术新型金融基础设施可行则监管应更加精准:实时监控不法投资银行与违规投资银行活动野蛮生长,及时监督投资银行系统内部腐败与违纪违规行为蔓延。这创新的监管技术推动着"投行服务+区块链+人工智能"与"投行监管+云计算+大数据"等技术迅速发展,构建投资银行内、外部安全体系需重视监管技术创新。这创新的监管技术可以促进监管部门防范金融风险,避免金融风险集聚,引领投资银行合规发展更智能化与合规流程更完善,帮助投资银行实现自动化筛查目标客户与帮助企业个人降低投资风险。具体包括：投资银行监管创新有助建立更全面更清晰的投资银行数据安全责任主体认定体系，构建智能投资银行业务事前、事中、事后全链条闭环监管，形成智能投资银行领域风险评级机制，以加强法律保护，并规范智能投资银行经营者获取数据的途径方式，借此化解其潜在的社会风险。

练习与思考

一、名词解释

1. 风险管理
2. 系统性风险
3. 非系统性风险
4. 风险价值
5. Var
6. 内部控制
7. 自律组织
8. 外部监管

二、简答题

1. 风险管理的原则是什么？
2. 风险管理的流程是什么？
3. 风险价值管理的方法有哪些？
4. 什么是投资银行的自律组织？
5. 投资银行外部监管的内容有哪些？

三、单项选择题

1. 经济单位和个人对所面临的以及潜在的风险加以判断、归类整理，并对风险的性质进行鉴定的过程是(　　)。
    A. 风险评价　　　　　　　　B. 风险估测
    C. 风险识别　　　　　　　　D. 风险管理效果评估
2. 当前中国证监会的职责不包括(　　)。
    A. 依法对证券期货违法违规行为进行调查、处罚
    B. 监管境内企业直接或间接到境外发行股票、上市
    C. 监督管理证券期货交易所
    D. 监督管理银行间债券市场
3. 证券公司内部控制的目标不包括(　　)。
    A. 保证经营的合法合规及证券公司内部规章制度的贯彻执行
    B. 防范经营风险和道德风险
    C. 保证客户及证券公司资产的最低获利水平
    D. 保证证券公司业务记录、财务信息和其他信息的可靠、完整、及时

4. 根据《证券从业人员执业行为准则》，对证券从业人员的执业行为进行自律管理的主体是( )。
    A. 证券交易所　　　　　　B. 中国证监会派出机构
    C. 中国证券业协会　　　　D. 证券业从业人员所在机构

5. 下列关于风险管理的说法中，错误的是( )。
    A. 风险管理是以最小成本争取获得收益最大化保证的管理方法
    B. 良好的风险管理有助于降低决策错误概率
    C. 良好的风险管理有助于避免损失发生
    D. 良好的风险管理有助于以相对提高经济主体本身的附加价值

四、多项选择题

1. 我国证券市场经过多年发展，逐步形成了自己的监管体系和自律管理体系，其中监管和自律机构包括( )。
    A. 国务院证券监督管理机构及其派出机构　　B. 中央登记结算有限公司
    C. 行业协会和证券投资者保护基金公司　　　D. 证券交易所

2. 下列关于我国金融市场运行影响因素的说法中，正确的有( )。
    A. 国际经济环境因素包括经济全球化、汇率和国际资本流动、放松管制两种经济哲学的交替以及世界货币制度的影响等
    B. 信息技术的广泛应用促使全球金融市场形成的同时，更体现了国际金融与国内金融之间的界限划分
    C. 经济因素主要包括了经济增长、经济周期波动这种纯粹的经济因素以及政府宏观经济政策及特定的财政金融行为等混合因素，还包括国际经济环境因素
    D. 完备的金融法律制度和高效的执法效率是金融市场平稳运行的根本保障

3. 国务院证券监督管理机构依法履行职责，有权采取的措施有( )。
    A. 进入涉嫌违法行为发生场所取证
    B. 询问当事人和与被调查事件有关的单位和个人，要求其对与被调查事件有关的事项作出说明
    C. 教育和组织证券业协会会员遵守证券法律、行政法规
    D. 查阅、复制与被调查事件有关的财产权登记、通信记录等文件和资料

4. 证券公司内部控制应当遵循的原则包括( )。
    A. 健全　　　B. 合理　　　C. 制衡　　　D. 独立

5. 信用风险指因融资方、交易对手或发行人等违约导致损失的风险。按照业务分类，包括( )。
    A. 股票质押式回购交易、约定购回式证券交易、融资融券等融资类业务
    B. 互换、场外期权、远期、信用衍生品等场外衍生品业务
    C. 债券投资交易
    D. 非标准化债权资产投资

6. 股票发行监管制度主要有( )。
    A. 审批制　　　B. 核准制　　　C. 审核制　　　D. 注册制

投资银行内部、外部监管 第八章

 微课视频

扫一扫，获取本章相关微课视频。

导言

投资银行内部监管：
风险管理(上)

投资银行内部监管：
风险管理(下)

投资银行内部监管：
内部控制

投资银行外部监管(上)

投资银行外部监管(中)

投资银行外部监管(下)

金融科技应用

构建投行财商

附录　练习与思考答案

第一章　导　言

一、名词解释

1. 投资银行是经营包括资本市场一切活动的投资银行业务的金融机构。投资银行是美国和欧洲部分国家所用的名词，而在英国、澳大利亚等英联邦国家称此类公司为商人银行，在中国和日本则是指证券公司。

2. 混业经营是指银行、证券公司、保险公司等机构的业务互相渗透、交叉，而不仅仅局限于自身分营业务的范围。分业经营则是指金融机构仅从事一项业务。

3. 20世纪30年代经济大危机后的美国立法，将投资银行业务和商业银行业务严格地划分开，保证商业银行避免证券业的风险。该法案禁止银行包销和经营公司证券，只能购买由美联储批准的债券。

4. 发行和买卖股票和债券的场所，分为有组织的交易所市场和无组织的柜台市场。

5. 在国民经济中，投资银行主要有四个基本功能，即媒介资金供需、证券市场构造、资源配置优化、产业整合促进。其中主要是通过证券承销、基金管理、企业并购和风险投资这四项业务来进行社会资源的优化配置。

6. 融资双方并不直接发生债权债务关系，而是通过商业银行间接发生债权债务关系。

7. 在现代金融混业经营的趋势下，以控股公司形式组建的金融控股集团，它是金融业实现全能化的一种组织制度。

二、简答题

1. 在经济全球化与竞争日益激烈的市场环境下，投资银行完全跳出了早期发展阶段传统证券承销与证券经纪狭窄的业务框架，开始呈现国际化、混业化、专业化与集中化的发展趋势。具体表现为以下几点：其一是业务的混业化趋势，即投资银行业务全面化；其二是业务的国际化趋势，它是指市场全球化，分支机构全球化和业务全球化；其三是业务的专业化趋势，这是社会化大生产的必然要求，各大投资银行在业务拓展多样化的同时也各有所长；其四是业务的集中化趋势。

2. 投资银行的基本功能主要有四个：媒介资金供需、构造证券市场、优化资源配置、促进产业整合。

(1) 媒介资金供需：一方面，投资银行可以帮助投资方降低投资风险、增强投资信心、促进资金获取收益；另一方面，投资银行可以帮助投资方开通融资渠道、降低融资成本、保持金融稳定。

(2) 构造证券市场：作为金融市场的核心，投资银行在证券市场中有承上启下、穿针引线，联系不同主体，辅助构造整个证券市场并维持证券市场秩序的作用。在一定程度上成为投资者与证券发行者沟通的重要中间环节。

(3) 优化资源配置：实现社会资源的优化配置，提高社会生产力的效率，加快经济增长。

(4) 促进产业整合：投资银行凭借其专业优势和广泛的信息网络，帮助优势企业并购劣势企业，这种资源移动导致产业资源的集中与经济效率的提高。

3. 投资银行和商业银行的区别主要有以下几点。

(1) 从融资体系来看：投资银行行使的是直接融资职能，商业银行行使的是间接融资职能。

(2) 从业务来看：投资银行以证券承销和交易为核心，商业银行以存贷款业务为核心。

(3) 从利润构成来看：投资银行的利润主要来源于佣金，而商业银行主要来源于存贷款利差。

(4) 从经营重心来看：投资银行的经营重心是控制风险、强调开拓，商业银行的经营重心则是稳健管理、安全优先。

(5) 从监管体系和保险制度来看：投资银行受中国证监会的监控管理，所遵守的保险制度是证监会颁布的投资银行保险制度；商业银行受中国银监会的监控管理，所遵守的保险制度是存款保险制度。

4. 在投资银行300年的发展历程中，其组织形式经历了长期演变，由早期的合伙制演变为现代股份公司制，进而成为银行控股公司。不同的组织形式具有不同的特点，不同组织形式的选择是由当时的经济发展、法律制度和经营特点所决定的。

(1) 合伙制：合伙人共享企业经营所得，并对经营亏损共同承担无限责任；它可以由所有合伙人共同参与经营，也可以由部分合伙人经营，其他合伙人仅出资并自负盈亏；合伙人的组成规模可大可小。

(2) 混合公司制：规模庞大，同时涉足多个没有直接联系的业务领域。

(3) 现代股份公司制：强大的筹资功能；科学的企业管理；完善的公司治理；合理的资源配置；高效的运作效率；独立的法人地位。

(4) 金融控股公司制：集团控股，联合经营；法人分业，规避风险。

三、单项选择题

1.【B】解析：证券公司是证券市场上重要的中介机构，它是证券市场投融资服务的提供者，为证券发行人和投资者提供专业化的中介服务；同时证券公司也是证券市场上重要的机构投资者。

2.【C】解析：在分业监管体制下，相较于银行业和证券业，信托业务的融资活动更具灵活性。

3.【B】解析：证券自营业务是指证券公司以自己的名义，以自有资金或者依法筹集资金，为本公司买卖在境内证券交易所上市的证券，在境内银行间市场交易的政府债券、国际开发机构人民币债券、中国人民银行票据、金融债券、短期融资券、公司债券、中期票据和企业债券,以及经证监会批准或者备案发行并在境内金融机构柜台交易的证券,以获取营利的行为。

4.【A】解析:国务院证券管理委员会和中国证监会的成立标志着中国资本市场开始逐步纳入全国统一监管框架,全国性市场由此形成并初步发展。

5.【A】解析:1864 年美国的《美国银行法》禁止国民银行进入证券市场。

6.【B】解析:略。

7.【D】解析:略。

8.【C】解析:报价驱动中最为重要的角色就是做市商,因此,报价驱动市场也被称为做市商制度。

四、多项选择题

1.【ABD】解析:证券业协会的设立是为了加强证券业之间的联系、协调、合作和自我控制,以利于证券市场的健康发展。

2.【ABCD】解析:证券服务机构是指依法设立的从事证券服务业务的法人机构。证券服务机构包括投资咨询机构、财务顾问机构、资信评级机构、资产评估机构、证券金融公司、会计师事务所、律师事务所等从事证券服务业务的机构。

3.【AD】解析:证券公司信息公开披露制度要求所有证券公司实行基本信息公示和财务信息公开披露。

4.【ABCD】解析:我国证券市场监管机构是国务院证券监督管理机构。国务院证券监督管理机构依法对证券市场实行监督管理,维护证券市场秩序,保障其合法运行。国务院证券监督管理机构由中国证监会及其派出机构组成。中国证监会是国务院直属机构,是全国证券、期货市场的主管部门,按照国务院授权履行行政管理职能,依照相关法律、行政法规对全国证券、期货市场实行集中统一监管,维护证券市场秩序,保障其合法运行。

第二章 投资银行核心业务:证券发行与承销

一、名词解释

1. 首次公开募股是指一家企业第一次将它的股份向公众出售。通常,上市公司的股份是根据相应证监会出具的招股书或登记声明中约定的条款通过经纪商或做市商进行销售。一般来说,一旦首次公开上市完成后,这家公司就可以申请到证券交易所或报价系统挂牌交易。有限责任公司在申请 IPO 之前,应先变更为股份有限公司。

2. 路演是股票承销商帮助发行人安排的发行前的调研并对可能的投资者进行的巡回推介活动。一般来讲,承销商先选择一些可能销出股票的地点,并选择一些可投资者进行的巡回推介活动,同时先选择一些可能的投资者,主要是机构投资者。然后,带领新股发行公司的董事长、总经理、财务负责人、董事会秘书和主承销商的项目负责人逐个地点去召开会议,介绍发行人的情况,了解投资人的投资意向。通过路演,承销商和发行人可以比较客观地决定发行量、发行价及发行时机,表明发行证券价值,加深投资者的认知程度,并从中了解投资人的投资意向,发现需求和价值定位,从而确保证券的成功发行。路演可分为巡回路演和网上路演。中国证监会要求新股发行公司在新股发行前,必须通过互联网采用网上直播方式向投资者进行公司推介。

3. 选择债券发行条件时，企业应根据债券发行条件具体内容综合考虑十个因素：发行额、面值、期限、偿还方式、票面利率、付息方式、发行价格、发行方式、是否记名、担保情况、债券选择权情况、发行费用。

二、简答题

1. 有价证券具有产权性、收益性、流通性和风险性的特征。

证券的产权性是指有价证券记载着权利人的财产权内容，代表着一定的财产所有权，拥有证券就意味着享有财产的占有、使用、收益和处置的权利。在现代经济社会里，财产权利和证券已密不可分，财产权利与证券两者融为一体，证券已成为财产权利的一般形式。虽然证券持有人并不实际占有财产，但可以通过持有证券，拥有有关财产的所有权或债权。

证券的收益性是指持有证券本身可以获得一定数额的收益，这是投资者转让资本使用权的回报。证券代表的是对一定数额的某种特定资产的所有权，而资产是一种特殊的价值，它要在社会经济运行中不断运动、不断增值，最终形成高于原始投入价值的价值。由于这种资产的所有权属于证券投资者，投资者持有证券也就同时拥有取得这部分资产增值收益的权利，因此，证券本身具有收益性。有价证券的收益表现为利息收入、红利收入和买卖证券的差价。收益的多少通常取决于该资产增值数额的多少和证券市场的供求状况。

证券的流通性又称变现性，是指证券持有人可按自己的需要灵活地转让证券以换取现金。流通性是证券的生命力所在。流通性不仅可以使证券持有人随时把证券转变为现金，而且还使持有人根据自己的偏好选择持有证券的种类。证券的流通是通过承兑、贴现、交易实现的。

证券的风险性是指证券持有者面临着预期投资收益不能实现，甚至使本金也遭受损失的可能。这是由未来经济状况的不确定性所致。在现有的社会生产条件下，未来经济的发展变化有些是投资者可以预测的，而有些则无法预测。因此，投资者难以确定他所持有的证券将来能否取得收益和能获得多少收益，从而就使持有证券具有风险性。

2. 企业首次公开发行股票流程(表述详见教材对应内容)如下。

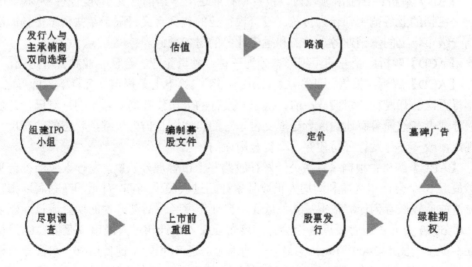

三、单项选择题

1. 【C】解析：所谓核准制，是指发行人申请发行证券，不仅要公开披露与发行证券有关的信息，符合《公司法》和《证券法》中规定的条件，而且要求发行人将发行申请报请证券监管部门决定的审核制度。

2. 【A】解析：中国证监会对保荐机构和保荐代表人实行注册登记管理。

3. 【B】解析：根据《公司法》规定，股份有限公司经理的人事权包括：①提请聘任或者解聘公司副经理、财务负责人；②决定聘任或者解聘除应由董事会决定聘任或者解聘以外的负责管理人员。

4. 【A】解析：根据规定，在主板上市公司首次公开发行股票的发行人，在财务和会计方面应当符合下列条件：①最近3个会计年度净利润均为正数且累计超过3000万元，净利润以扣除非经常性损益前后较低者为计算依据；②最近3个会计年度经营活动产生的现金流量净额累计超过5000万元；或者最近3个会计年度营业收入累计超过人民币3亿元；③发行前股本总额不少于3000万元；④最近一期末无形资产(扣除土地使用权、水面养殖权和采矿权等后)占净资产的比例不高于20%；⑤最近一期末不存在未弥补亏损。

5. 【C】解析：如果上市公司及相关当事人发生以下情形时，深圳证券交易所除要求保荐代表人(如有)参加致歉活动外，鼓励上市公司及时重新聘请保荐机构进行持续督导：①上市公司或其实际控制人、董事、监事、高级管理人员受到中国证监会公开批评或者交易所公开谴责的；②最近两年经深圳证券交易所考评信息披露不合格的；③深圳证券交易所认定的其他情形。另外，上市公司实际控制人发生变化的，深圳证券交易所也鼓励上市公司重新聘请保荐机构进行持续督导，持续督导的期间为实际控制人发生变更当年剩余时间及其后3个完整的会计年度。

6. 【C】解析：股票波动率是影响期权价值的一个重要因素，股票波动率越大，期权的价值越高，可转换公司债券的价值越高。

四、多项选择题

1. 【AD】解析：在金融领域内，投资银行业这一术语的含义十分宽泛：从狭义的角度来看，它包括的业务范围则较为传统。投资银行业的狭义含义只限于某些资本市场的活动，着重指一级市场上的承销业务、并购和融资业务的财务顾问。

2. 【ACD】解析：企业的组织形态分为三种：独资企业、合伙企业和公司企业。

3. 【ACD】解析：根据《证券法》(2019年修订)第十七条规定，凡有下列情形之一的，公司不得再次公开发行公司债券：前一次公开发行的公司债券尚未募足的；对已公开发行的公司债券或者其他债务有违约或者延迟支付本息的事实，且仍处于继续状态的；违反《证券法》规定，改变公开发行公司债券所募资金用途的。

4. 【ABC】解析：根据《首次公开发行股票并上市管理办法》，发行人应当符合下列条件：①最近3个会计年度净利润均为正数且累计超过人民币3000万元，净利润以扣除非经常性损益前后较低者为计算依据；②最近3个会计年度经营活动产生的现金流量净额累计超过人民币5000万元；或者最近3个会计年度营业收入累计超过人民币3亿元；③发行前股本总额不少于人民币3000万元；④最近一期末无形资产(扣除土地使用权、水面养殖权和采矿权等后)占净资产的比例不高于20%；⑤最近一期末不存在未弥补亏损。D项不符合条件。

5. 【AC】解析：公开发行可转换公司债券应当提供担保，但最近 1 期没有经过审计的净资产不低于人民币 15 亿元的公司除外。提供担保的，应当为全额担保，担保范围包括债券的本金及利息、违约金、损害赔偿金和实现债权的费用。以保证方式提供担保的，应当为连带责任担保，且保证人最近 1 期经审计的净资产额应不低于其累计对外担保的金额。发行人应依法与担保人签订担保合同。担保应采取全额担保；担保方式可采取保证、抵押和质押。

6. 【ACD】解析：上市公司发行新股的申请程序：①聘请保荐机构(主承销商)；②董事会作出决议；③股东大会批准；④编制和提交申请文件；⑤重大事项的持续关注。

7. 【ABCD】解析：上市公司申请发行新股时，股东大会须就本次发行证券的种类和数量、发行方式、发行对象及向原股东配售的安排、定价方式或价格区间、募集资金用途、决议的有效期、对董事会办理本次发行具体事宜的授权、其他必须明确的事项进行逐项表决。

第三章　投资银行核心业务：企业并购

一、名词解释

1. 企业并购是指在现代企业制度下，一家企业通过取得其他企业的部分或全部产权，从而实现对该企业的控制或影响的一种投资行为。

2. 横向并购又称为水平并购，是指为了提高规模效益和市场占有率，生产或经营同类或相似产品的企业发生的并购行为。

3. 纵向并购又称为垂直并购，是指为了业务的前向或后向的扩展而在产业链中生产或经营的各个相互衔接和密切联系的公司之间发生的并购行为。

4. 混合并购是指对处于不同产业领域、产品属于不同市场，且与其产品部门之间不存在特别生产技术联系的企业进行的并购。

5. 管理协同效应是指由于两家公司的管理效率不同，具有管理优势的公司兼并管理差的公司，可以取得 1+1>2 的效果。

6. 经营协同效应主要是指实现协同后的企业生产经营活动在效率方面带来的变化及效率提升所产生的效益。

7. 财务协同效应是指通过并购在财务方面产生协同而给公司带来收益，具体包括财务资源互补和财务成本降低。

8. 反收购是指目标公司管理层为了防止公司控制权转移而采取的，旨在防止或延迟被恶意收购的事前措施。

9. 杠杆收购的实质是举债收购，即以收购方以目标公司的资产作为抵押，运用财务杠杆加大负债比例，用较少的股本投入融得数倍的资金，现金开支较低，待收购成功，使其产生较高的盈利能力，再伺机出售的一种资本运作方式。

10. 管理层收购是指公司的经理层利用借贷所融资本或股权交易收购本公司的一种行为。

二、简答题

1. 并购按行业相关性可以划分为横向并购、纵向并购和混合并购三种；按出资方式不同可以划分为现金支付方式并购、股权并购和综合并购；按交易协作态度不同可以划分为善意并购、恶意并购；按交易条件不同可以划分为资产置换式并购、承担债务式并购和杠杆并购；

按收购手段不同可以划分为要约收购、协议收购、管理层收购和间接收购。

2. 企业并购的正面效应是指协同效应，协同效应包括管理协同、经营协同、财务协同；企业并购的负面效应是指收购成本大、对目标企业评估难以准确、整合难度高、附属业务需要企业承担大量责任。

3. 反收购措施中的防御性反收购包括：驱鲨剂、鲨鱼观察者、降落伞计划、"毒丸"计划、双重资本重组、建立合理的持股结构；主动性反收购包括：白衣骑士、焦土战术、股份回购、帕克门策略、进行法律诉讼。

4. 杠杆收购的特点：①具有特殊的资本结构； ②具有很强的投机性；③高负债、高风险、高收益。

5. 管理层收购的方式有资产收购、股票收购、综合证券收购。

三、单项选择题

1. 【D】解析：财务顾问从事上市公司并购重组财务顾问业务，应当履行以下职责。

(1) 接受并购重组当事人的委托，对上市公司并购重组活动进行尽职调查，全面评估相关活动所涉及的风险。

(2) 就上市公司并购重组活动向委托人提供专业服务，帮助委托人分析并购重组相关活动所涉及的法律、财务、经营风险，提出对策和建议，设计并购重组方案，并指导委托人按照上市公司并购重组的相关规定制作申报文件。

(3) 对委托人进行证券市场规范化运作的辅导，使其熟悉有关法律、行政法规和中国证监会的规定，充分了解其应承担的义务和责任，督促其依法履行报告、公告和其他法定义务。

(4) 在对上市公司并购重组活动及申报文件的真实性、准确性、完整性进行充分核查和验证的基础上，依据中国证监会的规定和监管要求，客观、公正地发表专业意见。

(5) 接受委托人的委托，向中国证监会报送有关上市公司并购重组的申报材料，并根据中国证监会的审核意见，组织和协调委托人及其他专业机构进行答复。

(6) 根据中国证监会的相关规定，持续督导委托人依法履行相关义务。

(7) 中国证监会要求的其他事项。

2. 【B】解析：《上市公司收购管理办法》规定，收购人可以通过取得股份的方式成为一个上市公司的控股股东，可以通过投资关系、协议、其他安排的途径成为一个上市公司的实际控制人，也可以同时采取上述方式和途径取得上市公司控制权。

3. 【D】解析：采取要约收购方式的，收购人在收购期限内，不得卖出被收购公司的股票。也不得采取要约规定以外的形式和超出要约的条件买入被收购公司的股票。

4. 【B】解析：在上市公司收购中，收购人持有的被收购上市公司的股票，在收购行为完成后的 18 个月内不得转让。

5. 【D】解析：《证券法》(2019 年修订)第六十六条规定：发出收购要约，收购人必须公告上市公司收购报告书，并载明下列事项：(1)收购人的名称、住所；(2)收购人关于收购的决定；(3)被收购的上市公司名称；(4)收购目的；(5)收购股份的详细名称和预定收购的股份数额；(6)收购期限、收购价格；(7)收购所需资金额及资金保证；(8)公告上市公司收购报告书时持有被收购公司股份数占该公司已发行的股份总数的比例。

6. 【C】解析：金降落伞策略是指目标公司的董事会提前作出如下决议："一旦目标公司被收购，而且董事、高层管理者都被解职时，这些被解职者可领到巨额退休金，以提高收购成本。"银降落伞策略针对的是董事以下高级管理人员可领到的解聘补偿金。

四、多项选择题

1.【BCD】解析：采取要约收购方式的，收购人在收购期限内，不得卖出被收购公司的股票，也不得采取要约规定以外的形式和超出要约的条件买入被收购公司的股票。采取协议收购方式的，收购人可以依照法律、行政法规的规定同被收购公司的股东以协议方式进行股份转让。以协议方式收购上市公司时，达成协议后，收购人必须在三日内将该收购协议向国务院证券监督管理机构及证券交易所作出书面报告，并予公告。在公告前不得履行收购协议采取协议收购方式的，协议双方可以临时委托证券登记结算机构保管协议转让的股票，并将资金存放于指定的银行。

2.【ABD】解析：公司合并，应当由合并各方签订合并协议，并编制资产负债表及财产清单。

3.【ABD】解析：《中华人民共和国证券法》规定的上市公司收购方式包括要约收购、协议收购和其他合法收购方式。竞价收购又名集中竞价收购，不属于《中华人民共和国证券法》规定的收购方式。

4.【ACD】解析：中国证监会依法对上市公司的收购及相关股份权益活动进行监督管理；证券交易所监督上市公司的收购及相关股份权益变动活动的信息披露义务人切实履行信息披露义务。证券登记结算机构和财务顾问主要是为收购活动提供服务。

第四章 投资银行核心业务：资产证券化

一、名词解释

1. 资产证券化是以资产所产生的现金流为支撑，在资本市场上发行证券工具，从而对资产的收益和风险进行分离重组的一种技术过程。

2. 抵押贷款支持证券是最早的资产证券化品种。最早产生于20世纪60年代的美国，它主要由美国住房专业银行及储蓄机构利用其贷出的住房抵押贷款发行的一种资产证券化商品。

3. 资产支持证券是由受托机构发行的、代表特定目的信托的信托受益权份额。受托机构以信托财产为限，向投资机构承担支付资产支持证券收益的义务。其支付基本来源于支持证券的资产池产生的现金流。

4. 信用增级是对各种用于提供信用保护的技术的全称，信用增级的程度、方法和数量反映了资产池在交易期内的预期损失大小。

5. 信用风险也称为违约风险，产生于资产证券化这一融资方式的信用链结构。

6. 特别目的机构是专门为发行证券而设立的一个特殊实体，它是资产证券化运作的关键性主体，在法律上具有独立地位，通常由信托公司或专门成立的资产管理公司担任。

二、简答题

1. 资产证券化的特征可以概括为以下几种。

(1) 资产证券化是一种表外融资方式。

(2) 资产证券化是一种只依赖于资产信用的融资方式。

(3) 资产证券化是一种低风险的融资方式。

(4) 资产证券化是一种资产融资与分散借贷相结合的双重信用工具。

2. 资产证券化是通过构建一个严谨、有效的交易结构来保证证券发行和融资的成功。随着被证券化金融资产种类的增多，资产证券化的组织结构也越来越复杂。按照不同的标准，资产证券化可被划分为不同类型。

(1) 根据基础资产的不同，分为抵押贷款支持证券(MBS)和资产支持证券(ABS)。

(2) 根据现金流处理和偿付结构的不同，分为过手证券和转付证券。

(3) 根据基础资产卖方人数，分为单一借款人证券化和多借款人证券化。

(4) 根据基础资产的销售结构，分为单宗销售证券化和多宗销售证券化。

(5) 根据发起人与SPV的关系及由此引起的资产销售次数，分为单层销售证券化和双层销售证券化。

(6) 根据贷款发起人与交易发起人的关系，分为发起型证券化和载体型证券化。

(7) 根据证券化载体在性质上的差异，分为政府信用型证券化和私人信用型证券化。

(8) 根据证券产生的过程和层次，分为基础证券和衍生证券。

(9) 根据基础资产是否从发起人资产负债表中剥离，分为表内证券化和表外证券化。

(10) 根据基础资产质量分为不良资产证券化与正常资产证券化。

3. 资产证券化的基本流程可简单概括为：发起人将证券化资产出售给一家特殊目的机构(Special Purpose Vehicle，SPV)，或者由已成立的SPV主动购买可证券化的资产，然后将这些资产汇集成资产池，再以该资产池所产生的现金流为支撑在金融市场上发行有价证券，最后用资产池产生的现金流来清偿所发行的证券。

4. 资产证券化的风险有以下几个。

(1) 交易结构风险。

(2) 信用风险。

(3) 提前偿还条款风险。

(4) 利率风险。

(5) 资产池的质量与价格风险。

三、不定项选择题

1.【D】解析：资产证券化的特征可以概括为：①资产证券化是一种结构型的融资方式；②资产证券化是一种流动性风险管理方式；③资产证券化是一种表外融资方式；④资产证券化是一种只依赖于资产信用的融资方式；⑤资产证券化是一种低风险的融资方式；⑥资产证券化是一种资产融资与分散借贷相结合的双重信用工具。

2.【C】解析：资产证券化的风险有以下几点。

(1) 交易结构风险。

(2) 信用风险。

(3) 提前偿还条款风险。

(4) 利率风险。

(5) 资产池的质量与价格风险。

3.【A】解析：根据证券化的基础资产不同，可以将资产证券化分为不动产证券化、应收账款证券化、信贷资产证券化、未来收益证券化(如高速公路收费)、债券组合证券化等类别。

4.【ABCD】解析：资产证券化的主要参与主体包括发起人、特殊目的机构、信用增级机构、信用评级机构、投资银行、专门服务机构、托管人。

第五章 投资银行零售经纪业务

一、名词解释

1. 证券经纪业务是指具有证券经纪商资格的投资银行通过其设立的证券营业部接受客户委托，按照客户的要求代理客户买卖有价证券及相关的业务。

2. 集合竞价是指所有的交易订单并不是在收到指令后立刻撮合，而是由交易中心将不同时间点收到的订单进行积累，在同一时刻按照一定的原则进行高低排序，以最大成交量为原则生成竞价结果。

3. 证券投资基金是指通过发售基金份额募集资金形成独立的基金财产，由基金管理人管理、基金托管人托管，以资产组合方式进行证券投资，基金份额持有人按其所持份额享受收益和承担风险的投资工具。

4. 开放型基金是指基金份额总额不固定，基金份额可以在基金合同约定的时间和场所进行申购或者赎回的一种基金运作方式。

5. 交易所交易基金(ETF)是指在交易所上市交易的、基金份额可变的一种基金运作方式。上海证券交易所将其定名为"交易性开放式指数基金"。

二、简答题

1. 证券经纪业务是指具有证券经纪商资格的投资银行通过其设立的证券营业部接受客户委托，按照客户的要求代理客户买卖有价证券及相关的业务。一般证券经纪业务有以下四个特点。

(1) 业务对象的广泛性。所有在证券交易所上市的股票债券和证券投资基金都是证券经纪业务的对象。

(2) 业务性质的中介性。经纪商不以自己的资金进行证券交易，不承担其中风险，只是充当买卖双方的代理人。

(3) 客户指令的权威性。经纪商必须严格按照客户的要求包括指定证券、价格、数量、交易时间等去买卖证券，不能自作主张，擅自改变委托人的意愿，即使情况发生了变化，为了维护委托人的权益而不得不变更委托，也必须征得委托人的同意。

(4) 客户资料的保密性。经纪商有义务去保护客户的资料，包括股东账户和资金账户、客户委托指令的信息、客户库存证券的种类和数量、资金账户中的资金余额等。

2. 证券投资基金的特征如下。
(1) 集合理财，专业管理。
(2) 组合投资，分散风险。
(3) 收益共享，风险共担。
(4) 监管严格，信息透明。
(5) 独立托管，保障安全。

3. 证券经纪商是证券市场的中坚力量，其作用主要有以下两个方面。一是充当买卖中介，只有经纪商才可以进入交易所完成交易，作为买卖双方的代理人，经纪商充当金融中介，即沟通买卖双方，并按一定要求迅速、准确地执行指令和代办手续，提高了证券市场的流动性和效率。二是提供咨询服务，与客户建立长期合作关系，为其提供投资咨询服务，这些咨询服务包括上市公司的详细资料、公司和行业的研究报告、经济前景的预测分析和展望研究、有关股票市场的近期变动态势和商情报告、有关资产组合的评价和推荐等。

三、单项选择题

1. 【B】解析：实践中，对于证券公司与客户之间的证券清算交收，是委托中国结算公司根据成交记录按照业务规则代为办理。

2. 【A】解析：清算结束后，需要完成证券由卖方向买方转移和对应的资金由买方向卖方转移，这一过程属于交收。清算与交收是证券结算的两个方面。

3. 【D】解析：我国证券交易所采用经纪制交易方式，投资者必须委托具有会员资格的证券经纪商在交易所内代理买卖证券，经纪商通过公开竞价形成证券价格，达成交易。场外交易市场的交易制度通常采用做市商制度。

4. 【C】解析：按照上海证券交易所和深圳证券交易所的有关规定，在无撤单的情况下，委托当日有效。

5. 【C】解析：在报价驱动市场中，做市商是市场流动性的主要提供者和维持者，而在指令驱动市场中，市场流动性是由投资者的买卖指令提供的，经纪人只是执行这些指令。

6. 【A】解析：经纪人是为买卖双方介绍交易以获取佣金的中间商人。经纪人可以根据自己客户的指令来寻找相应的交易者，也可以依靠自身的信息资源来寻觅买家和卖家，以此促成交易，赚取佣金。

7. 【C】解析：指令驱动的成交原则如下：①时间优先原则；②价格优先原则；③在某些特定情况下，还有其他优先原则可以遵循，如成交量最大原则等。

8. 【B】解析：债券基金的投资对象主要有国债、可转债、企业债等。

9. 【A】解析：目前，我国股票基金大部分按照1.5%的比例计提基金管理费，债券基金的管理费率一般低于1%，货币市场基金的管理费率不高于0.33%。

10. 【D】解析：目前，我国证券投资基金的交易费用主要包括印花税、交易佣金过户费、经手费、证管费。

11. 【A】解析：混合基金的风险低于股票基金，预期收益则要高于债券基金。

12. 【B】解析：股票反映的是所有权关系，债券反映的是债权债务关系，而基金反映的是信托关系，但公司型基金除外。

13. 【C】解析：基金托管人是基金持有人权益的代表，通常由有实力的商业银行或信托投资公司担任。

14. 【D】解析：股票基金应有80%以上的资产投资于股票。

15. 【A】解析：投资基金的出现与世界经济的发展有着密切的关系，世界上第一只公认的证券投资基金——"海外及殖民地政府信托"诞生于1868年的英国。

16. 【C】解析：证券投资基金依据法律形式的不同，可分为契约型基金与公司型基金。目前，我国的证券投资基金均为契约型基金，公司型基金则以美国的投资公司为代表。

17. 【B】解析：净认购金额=认购金额/(1+认购费率)=2 000 000/(1+1.5%)=1 970 443.35(元)。认购份额=(净认购金额+认购利息)/基金份额面值=(1 970 443.35+60)/1=1 970 503.35(份)。

18. 【C】解析：按照基金的投资理念划分，可将证券投资基金划分为主动型基金和被动型基金。

四、多项选择题

1.【ABCD】解析：证券公司接受证券买卖的委托，应当根据委托书载明的证券名称、买卖数量、出价方式、价格幅度等，按照交易规则代理买卖证券，如实进行交易记录；买卖成交后，应当按照规定制作买卖成交报告单交付客户。证券交易中确认交易行为及其交易结果的对账单必须真实，并由交易经办人员以外的审核人员逐笔审核，保证账面证券余额与实际持有的证券相一致。

2.【ABCD】解析：证券投资基金的费用除了基金管理费之外，还包括基金托管费、基金交易费、基金运作费和基金销售服务费。

3.【BCD】解析：契约型基金和公司型基金的区别主要在于法律主体资格、投资者的地位和基金组织方式和运营依据的不同。

4.【ABD】解析：契约型基金是依据基金合同设立的一类基金。基金合同是规定基金当事人之间权利义务的基本法律文件。在我国，契约型基金依据基金管理人、基金托管人之间所签署的基金合同设立；基金投资者自取得基金份额后即成为基金份额持有人和基金合同的当事人，依法享受权利并承担义务。

5.【ACBD】解析：申请募集基金应提交的主要文件包括基金募集申请报告、招募说明书草案、基金合同草案、基金托管协议草案、律师事务所出具的法律意见书及中国证监会规定提交的其他文件等。

第六章　投资银行直接投资业务

一、名词解释

1. 风险投资也称为创业投资，是金融体系中较为活跃的一类资本，具有高风险、高潜在收益特征的投资。狭义的风险投资则是指以高新技术为基础，将资本投入到高新技术及其产品的研究开发领域，促使高新技术成果商品化、产业化，以获得高资本收益的投资。风险投资的五个阶段：种子期、初创期、成长期、扩张期和成熟期，每个阶段都涉及较高的风险。

2. 私募股权投资是指通过私募形式对私有企业即非上市企业进行权益性投资，在交易实施过程中附带退出机制，即通过上市、并购或者管理层回购等方式出售股份，以达到获利的目的。

3. 公开上市通过风险企业挂牌上市使风险资本退出。风险投资的股份通过资本市场第一次向公众发行，从而实现投资回收和资本增值。采用首次公开上市的退出方式，对于风险企业而言，不仅可以保持其独立性，而且还可以获得在证券市场上持续融资的渠道，是目前投资者首选的直接投资退出方式。

4. 兼并与收购是在市场机制作用下，企业为获得其他企业的控制权而进行的产权交易行为。企业并购是市场竞争的结果，更是企业在激烈竞争中实现优势互补、扩大生产经营规模、实现战略性产业结构调整等一系列重要措施的手段。并购退出的优点在于不受IPO诸多条件的限制，具有复杂性较低、花费时间较少的特点，同时可选择灵活多样的并购方式，适合于创业企业业绩逐步上升，但尚不能满足上市的条件或不想经历漫长的等待期，而创业资本又打算撤离的情况,同时,被兼并的企业之间还可以相互共享对方的资源与渠道,以提升企业的运转效率。

5. 种子期是指技术的酝酿和开发阶段,此时风险企业所面临的风险最主要是技术风险。风险企业刚刚成立,新的概念正在形成,新的产品或服务的运作模式还在研发。此时资金的需求量较少,主要用于产品研发、市场调查、招募创业团队人员等。主要出资人大多是一些资源资助人以及天使投资人。由于项目尚未进入市场,其可行性和发展前景不明确,风险较大,因此风险投资机构在种子期的投资占全部风险投资额的比例较小,通常不超过10%,其投资损失概率为60%。

6. 天使投资人提供给创业者少许的创业资金,并且基本上不会要求换取可转换债券或企业所有权。在一些先进的创业区域中,众多天使投资人组织的团体或网络不断扩大,正扮演着与风险投资人不同价值的协助者,让创业者能获得早期的启动资金。在部分经济发展良好的国家中,政府也扮演了天使投资人的角色。

二、简答题

1. 目前,直接投资常见的退出机制有以下几种:公开上市、股权转让、股权回购、兼并与收购、公司清算以及新三板退出。

(1) 公开上市,通过风险企业挂牌上市使风险资本退出,风险投资的股份通过资本市场第一次向公众发行,从而实现投资回收和资本增值。采用首次公开上市这种退出方式,对于风险企业而言,是目前投资者首选的投资退出方式。

(2) 股权转让是指将受资企业的全部或部分股权依法有偿转让给他人,然后套现退出的一种方式。常见的有私下协议转让、在区域股权交易中心(即四板)公开挂牌转让等。随着国家的发展,股权转让交易的需求提升使得股权市场逐步走上快速发展的道路。

(3) 股权回购,通常是指由风险企业出资购买风险投资机构所持有的股份,一般来说,当投资期满,风险企业发展成为一个颇具发展潜力的中小型企业,仍无法通过首次公开上市或私下转让方式实现投资退出,或者企业为了避免因创业资本的退出对企业运营造成大的震动,同时保持公司的独立性,企业赎回该企业的股份。可以细分为管理层收购和全体员工收购。

(4) 兼并与收购,是在市场机制作用下,企业为了获得其他企业的控制权而进行的产权交易行为。企业并购是市场竞争的结果,更是企业在激烈竞争中实现优势互补、扩大生产经营规模、实现战略性产业结构调整等一系列重要措施的手段。

(5) 公司清算是指当投资的风险项目发展前景不明或投资失利时常采用的一种止损措施,通过尽早采用清算方式退回尽可能多的残留资本。它是一种不成功的退出方式,也是一种迫不得已却又不失明智的退出手段。高风险常常伴随着高失败率,当风险投资者遇到风险企业发展缓慢而不能取得预期的投资收益或风险投资企业经营陷入严重困难时,采取清算的方式撤出往往是减少风险企业损失的最佳办法。其操作方式可以分为亏损清偿和亏损注销两种。

(6) 新三板退出,新三板全称"全国中小企业股份转让系统",是我国多层次资本市场的一个重要组成部分,是继上海证券交易所、深圳证券交易所之后第三家全国性证券交易场所。目前，新三板的转让方式有协议转让和做市转让两种。协议转让是指在股转系统主持下，买卖双方通过洽谈协商，达成股权交易；而做市转让则是在买卖双方之间再添加一个居间者"做市商"。

2. 风险投资的阶段性融资主要分为以下 4 个阶段。

(1) 种子期。它是指技术酝酿和开发阶段，此时风险企业所面临的风险最主要的是技术风险。风险企业刚成立新概念正形成新产品或服务运作模式还在研发。此时资金需求量较少主要用于产品研发、市场调查、招募创业团队人员等。主要出资人多是资源资助人及天使投资人。项目尚未进入市场其可行性和发展前景不明确风险较大，因此风险投资机构在种子期投资占全部风险投资额比例较小，通常不超过 10%其投资损失概率为 60%。

(2) 起步期。起步期是指技术创新和产品试销阶段，这阶段完成企业规划与市场分析，产品在测试中需企业制造少量产品并解决技术问题排除技术风险。企业已拥有核心管理团队，经营活动开始正规化，企业管理机构已组成。这阶段资金投入显著增加，是创业投资的重要阶段。这阶段为风险企业提供资金支持，多为从事相关阶段的风险投资机构及产业投资基金等。如果风险投资机构觉得被投对象具有相当存活率则将 15%～20%的投资组合资金投入这阶段的风险企业，这时的投资损失主要是技术风险、市场风险和管理风险，风险损失概率为 50%。

(3) 扩张期。扩张期是指技术发展和生产扩大阶段。这阶段产品已被市场接受。管理机构已逐步建立完善，产品开始批量生产的企业进行下一代产品或服务的研发。此时，企业所需的主要是营运资金，用以应对随着供给增加而需扩充的生产销售能力，包括满足应收账款和存货占款需求。其资金主要依靠风险投资公司追加投资或市场筹措。此时企业已有明朗的发展前景，风险投资机构觉得企业有相当大成长机会，一般会将 25%～30%的投资组合资金投入扩张阶段的风险企业。这阶段风险相较前两个阶段而言已降低，主要存市场风险和管理风险，投资损失概率为 35%。同时这阶段风险投资机构在帮助增加企业价值的过程中也在着手准备退出。

(4) 成熟期。成熟期是指技术成熟和产品进入大规模生产阶段。企业已经具备较强的市场竞争能力，不断完善和改进产品或服务，管理架构和资本运作日益规范，经营活动已经能够创造较大的净现金流。企业融资意愿主要在于充分改善财务结构，为股票公开上市发行作准备，是公开发行前最后融资期。对风险投资机构来说，此时各种风险大幅度降低，利润率也已降低，对风险投资不再具有足够吸引力。如果投资机构认为企业能在上市后获得合理报酬，则会以 15%～25%的投资组合基金投入成熟阶段的风险企业。这阶段投资损失概率最低为 15%。这阶段是风险投资收获阶段同时也是风险投资的撤出阶段。

三、单项选择题

1.【A】解析：A 项正确，有资金实力的大型企业通常采取两种方式参与股权投资。一是自己出资，以子公司的形式进行创业投资或并购投资业务；二是作为投资者，参与专业基金管理人发起设立的股权投资基金。B 项错误，养老基金包括公司养老基金和公共养老基金，是资本市场稳定的机构投资者，可以提供长期的资金来源。C 项错误，富有的个人或家族在进行资产配置时，通常也会考虑将一定比例的可投资资金配置到股权投资基金这一资产类别当中。富有的个人和家族一般作为基金投资者，而不是管理人参与到股权投资基金中。D项错误，在西方国家，参与股权投资基金的金融机构主要包括商业银行和投资银行。金融机构投资于股权投资基金主要有两种方式：一是作为基金投资者投资于股权投资基金；二是作为基金管理人发起成立基金，直接参与股权投资。

2.【C】解析：业务尽职调查是整个尽职调查工作的核心，目的是了解过去及现在企业创造价值的机制，以及这种机制未来的变化趋势。

3.【C】解析：A项错误，从退出成本的角度来看，首发上市需要支付给承销商及其他市场服务机构相对较高的费用。协议转让交易不需要支付高额的保荐、承销等费用，只需并购方与被并购方双方达成协议，协议转让即可完成。故协议转让退出的成本一般比上市转让退出的成本低。B项错误，从退出效率的角度来看，如果选择上市的话，从券商进场确定股改基准日算起，完成首发上市，一般需要2年甚至更长时间，上市成功后一般还有相当期限的限售期，实现最终退出耗时较长。对协议转让而言，收购方和被收购方确定交易价格和条件后，就可以进行交割，并且交易后不存在限售期问题，股权投资基金通过协议转让退出的方式可以更快地收回现金，实现快速退出。故协议转让退出的时间一般比上市转让退出的时间快。C项正确，从退出风险的角度来看，全球主要股票市场均设置了限售期的要求，股权投资基金，通常需在企业上市一段时间后，才可以将所持上市企业的股票卖出，锁定期内的股票价格波动会影响到股权投资基金的退出收益；在我国，目前股票市场首发上市准入实行核准制，因此企业上市申请能否获得核准仍然存在相当大的不确定性。协议转让的风险主要表现为信息不对称引起的价格不能充分反映被投资企业实际价值的不确定性。故上市转让、协议转让的退出都存在比较大的不确定性。D项错误，从退出收益的角度来看，上市转让退出的收益一般要比协议转让退出的收益高。

4.【A】解析：在有限合伙制中，普通合伙人主要代表整个私募股权基金对外行使各种权利，对私募股权基金承担无限连带责任，收入来源是基金管理费和盈利分红。

5.【A】解析：风险投资一般采用股权形式将资金投入提供具有创新性的专门产品或服务的初创型公司。

四、多项选择题

1.【ACD】解析：私募股权投资基金通常可分为公司型、合伙型和信托型三种。

2.【ACD】解析：在我国，机构投资者主要包括商业银行、保险公司、保险资产管理公司、公募基金公司、证券公司、证券公司下属资产管理子公司、私募基金公司、全国社会保障基金、企业年金基金、财务公司、QFII(合格境外机构投资者)等。基金业协会是自律性组织，而非机构投资者。

3.【ABDE】解析：私募股权基金在完成投资项目后，采取的主要退出机制有：首次公开发行、买壳或借壳上市、管理层回购、二次出售、破产清算等，不包括大宗交易。

4.【AB】解析：投资后的项目跟踪与监控有利于及时了解被投资企业经营运作情况，并根据不同情况及时采取必要措施，保障资金安全并促进投资收益。当前，股权投资的项目以新兴产业居多，投资机构不仅要承担被投资企业新技术开发的技术风险和市场开拓的商业风险，还要承担由信息不对称带来的委托代理风险与企业家管理团队的尽责风险与道德风险。因此，投资机构往往通过持续的投资管理来识别并防范各类风险，防止风险的恶性化与扩大化，保障股权投资的资金安全，并为远期的退出创造有利条件。

第七章 投资银行金融衍生工具业务

一、名词解释

1. 国际互换与衍生品协会(ISDA)对金融衍生工具作如下描述：衍生品是有关互换现金流量且旨在为交易者转移风险的双边合约。合约到期时，交易者所欠对方金额由基础商品、证券与指数价格决定。

2. 零和博弈(zero-sum game)，也叫零和游戏，字面意思就是"加起来是零"，即参与博弈过程中，一方受益就必然意味着另一方受到损失，所以博弈双方的受益和损失加起来一定是零。整个社会利益并没有增加。

3. 流动性枯竭是指在市场中有做空的人就有做多的人，一个空单一定对应着多单，但是市场上如果空头远远大于多头，那很多空单其实就是成交不了，但即使成交不了，它也会给市场造成很大压力，就会有更多人想卖出，为了想卖出就会降价，然后把整个市场价格压得更低，而流动性其实是指证券持有人将自己的证券转化为现金的能力，也就是市场上要有交易，没有交易就不存在流动性。

4. 无套利定价原理认为两个未来现金流相同，金融产品定价就应该相同，否则就会存在低买高卖的机会，即"无风险套利机会"。这种"白吃的午餐"在市场上一定会被人发现，然后迅速进行套利直到套利机会消失。无套利定价理论是一套基于"天下没有白吃的午餐"的原则定价的方法，给衍生品定价其实就像法官进行民事调解一样，定出来的价格要使买卖双方都感到公平：尽义务的一方要有适当补贴，得到权利的一方也得出适当的价格，否则交易无法进行。

二、简答题

1. 金融衍生工具业务有规避风险、价格发现、获取收益等功能。金融衍生工具提供新风险管理手段。传统证券投资组合理论以分散非系统性风险为目的，无法分散系统性风险。金融衍生工具通过套期保值交易将市场风险与信用风险等系统风险进行集中、冲销或重新分配，有效发挥风险转移功能从而更好地满足风险偏好不同的投资者的需求。例如，在利率变动频繁的市场环境中，投资者可运用远期利率协议、利率期货、利率互换等衍生工具，在不改变资产负债的前提下控制利率风险、同时满足流动性、盈利性要求。金融衍生工具交易特别是场内交易集中众多交易者，交易者在信息搜集与价格分析的基础上，通过公开竞价方式达成买卖协议。协议价格能充分反映交易者对市场价格预期，也能在相当程度上体现未来价格走势。同时，市场各种形式的套利行为有利于缩小金融资产买卖差价并修正金融市场定价偏差。此外，金融衍生工具与基础证券的内在联系能提高金融衍生市场的有效性。金融衍生工具交易一方面为投资者提供避险手段，另一方面为投资者与金融中介提供盈利机会。金融衍生工具交易杠杆效应使投资者可以用较少的资金获得较大的收益。而金融机构可凭借其高素质的专业人才、先进技术设备，为投资者提高咨询经纪服务，从中赚取手续费与佣金来增加收益。

2. 金融衍生工具分类如下。一是按交易方法分类。根据交易方法不同，金融衍生工具最常见的分类有金融远期、金融期货、金融期权、金融互换等。金融远期是指双方约定在未来确定的时间按协议确定的价格买卖一定数量的某种金融资产的合约。金融远期合约规定了将来交换资产的交换日期、交换价格数量等。合约条款因合约双方需要的不同而异。金融远期合约主要有远期利率协议、远期外汇协议、远期股票合约等。金融期货是指协议双方同意在将来某个日期，按约定条件(包括价格、交割地点、交割方式)买入或卖出一定数量某种金融资产的标准化协议。金融期货合约价格是以在交易所内公开竞价方式达成。金融期货主要有货币期货、利率期货、股票指数期货等。金融期权是指购买者持有在规定期限内按双方约定的价格，购买或出售一定数量的某种金融资产的权利合约。金融期权包括外汇期权、利率期权、股票期权、股票指数期权等。在期权类金融衍生市场上，既有在交易所上市的标准化期权合约，也有在柜台交易的非标准化期权合约。金融互换是指两个或两个以上当事人按照商定条件在约定时间内交换一系列现金流合约。金融互换主要有货币互换、利率互换、股权收益互换等。

二是按基础产品种类分类。按照基础工具种类不同可分为股权衍生工具、货币衍生工具、利率衍生工具等。股权衍生工具是指以股票或股票指数为基础工具的金融衍生工具，如股票期货、股票期权、股票指数期货、股票指数期权及上述合约的混合交易。货币衍生工具是指以各种货币为基础工具的金融衍生工具，如远期外汇合约、货币期货、货币期权、货币互换及上述合约的混合交易。利率衍生工具是指以利率或利率的载体为基础工具的金融衍生工具，如短期利率衍生品(远期利率协议、利率期货、利率期权、利率互换和长期利率衍生品)和长期利率衍生品。

三是按交易场所分类。根据交易场所不同可分为金融衍生品的场内交易和金融衍生品的场外交易。场内交易，又称交易所交易，是指所有供求方集中在交易所内以公开竞价的方式进行交易。交易所事先设计标准化金融合约，并负责审批交易者资格，向交易者收取保证金，负责清算并承担履约担保责任。绝大部分期货交易与部分期权交易都采取该种交易方式。

三、单项选择题

1. 【B】解析：金融互换是指两个或两个以上的当事人按照共同商定的条件，在约定的时间内交换现金流的金融交易。
2. 【A】解析：A项是金融交易市场的英文缩写，B项是货币市场基金的英文缩写，C项是消费者物价指数的英文缩写，D项是上市开放式基金的英文缩写。
3. 【C】解析：债券远期交易数额最小债券面额为10万元，交易单位债券面额为1万元。
4. 【B】解析：保证金制度和每日结算制度导致违约风险不同。金融期货交易实行保证金制度和每日结算制度，交易者均以交易所(或期货清算公司)为交易对手，基本不用担心交易违约。而远期交易通常不存在上述安排，而是存在一定的交易对手违约风险。
5. 【C】解析：金融期货和金融期权的区别：基础资产不同，交易者权利与义务的对称性不同，履约保证不同，现金流转不同，盈亏特点不同，套期保值的作用与效果不同。

四、多项选择题

1. 【ABC】解析：由金融衍生工具的定义可以看出，它们具有以下四大显著特征：跨期性、杠杆性、联动性、不确定性或高风险性。
2. 【BCD】解析：金融期货的主要交易制度：集中交易制度；标准化的期货合约和对冲机制；保证金制度；结算所和无负债结算制度；限仓制度；大户报告制度；每日价格波动限

制及断路器制度；强行平仓制度；强行减仓制度。

3.【ACD】解析：金融期货交易双方的权利与义务对称，即对任何一方而言，既有要求对方履约的权利，又有自己对对方履约的义务。而金融期货交易双方的权利和义务存在着明显的不对称性，期权的买方只有权利没有义务，而期权的卖方只有义务没有权利。

金融期货交易双方均需开立保证金账户，并按规定缴纳履约保证金。而在金融期权交易中，只有期权出售者，尤其是无担保的出售者才须开立保证金账户，并按规定缴纳保证金，以保证其履约的义务。至于期权的购买者，因期权合约未规定其义务，无须开立保证金账户，也无须缴纳保证金。

金融期货交易双方在成交时不发生现金收付关系，但在成交后，由于实行逐日结算制度，交易双方将因价格的变动发生现金流转，即盈利一方的保证金账户余额将增加，而亏损一方的保证金账户余额将减少。当亏损方保证金账户余额低于规定的维持保证金时，亏损方必须按规定及时缴纳追加保证金。因此，金融期货交易双方必须确保有一定的流动性较高的资产，以备不时之需。

4.【CD】解析：按照嵌入式衍生产品的属性不同，可以分为基于互换的结构化产品、基于期权的结构化产品等类别。

第八章 投资银行内部、外部监管

一、名词解释

1. 风险管理是社会组织或者个人用以降低风险的决策过程，通过风险识别、风险估测、风险评价，并在此基础上选择与优化组合各种风险管理技术，对风险实施有效控制和妥善处理风险所造成的损失后果，从而以最小的成本收获最大的安全保障。

2. 系统性风险主要是由政治、经济及社会环境等宏观因素造成的，包括政策风险、经济周期性波动风险、利率风险、购买力风险、市场风险、政治风险等。

3. 非系统性风险又称非市场风险或可分散风险，是指投资银行在经营过程中，由于决策失误、经营管理不善、违规操作、违约等，导致金融资产损失的可能性。

4. 风险价值又称风险收益、风险报酬，投资银行风险价值是指投资银行由于冒风险进行经营活动或投资而获得超过资金时间价值的额外报酬。

5. 投资银行的风险价值其含义是指在市场正常波动下，某一金融资产或证券组合的最大可能损失。Var按字面的解释就是处于风险状态的价值，即在一定置信水平和一定持有期内，某一金融工具或其组合，在未来资产价格波动下所面临的最大损失额。

6. 投资银行的内部控制是投资银行自我规范、自我约束和自我完善的一种自律行为，是投资银行为完成既定的工作目标和防范风险，对内部各职能部门及其工作人员从事的业务活动进行风险控制、制度管理和相互制约的方法、措施和程序的总称。

7. 自律组织就是通过制定公约、章程、准则和细则，对各项金融活动进行自我监管的组织。

8. 投资银行的外部监管是指监管机构依法对投资银行及其金融活动进行直接限制和约束的一系列行为的总称。

二、简答题

1. 风险管理的原则主要有以下几个。

(1) 全面性原则。风险管理必须覆盖投资银行的所有相关业务部门和岗位，并渗透到决策、执行、监督及反馈等各项业务过程和业务环节。因此，投资银行倚重各业务部门去实施持续的风险识别、风险评估和风险控制程序。

(2) 独立性原则。投资银行应设立风险管理委员会、审计稽核等部门，部门内部设立风险管理小组，上述各风险管理机构和人员应保持高度的独立性和权威性，负责对投资银行管理业务及 内部风险控制制度的执行进行监察和稽核。

(3) 防火墙原则。投资银行必须建立防火墙制度，业务中的投资管理业务、研究工作、投资决策和交易清算应在空间和制度上严格隔离。对因业务需要知悉内幕信息和穿越防火墙的人员，应制定严格的批准程序和监督处罚措施。

(4) 适时有效原则。在保证所有风险控制措施切实有效的基础上，投资银行业务内部控制制度的制定应具有前瞻性，并且必须随着公司经营战略、经营方针、经营理念等内部环境和法律法规、市场变化等外部环境的改变及时进行相应的修改和完善。

(5) 定性与定量相结合原则。定性与定量相结合原则要求投资银行兼具完备的制度体系和量化指标体系，采用定性分析和定量分析相结合的方法，同时重视数量分析模型和定性分析的应用，使风险控制更具科学性和可操作性。

2. 风险管理有以下几个流程。

(1) 风险识别。风险识别就是在纷繁复杂的宏观、微观的市场环境中及对投资银行经营管理过程中识别出可能给投资银行带来意外损失和额外收益的风险因素。风险识别需要投资银行对宏观、微观经营竞争环境有充分的了解，有完备的信息收集系统，还需要丰富的实践经验和深刻敏锐的洞察力。

(2) 风险分析与评估。风险分析是指投资银行深入全面地分析导致风险的各种直接要素和间接要素，如影响市场行情的宏观货币政策、投资者的心理预期。风险评估是指管理者具体预计风险因素发生的概率，预测这些风险因素对投资银行可能造成的损失和收益的大小，进而尽可能地确定投资银行的风险程度。

风险评估中需要用到风险管理质保体系，主要适用于可度量风险的识别和评估。该体系分为两个层次，一是反映公司整体风险情况，二是反映各部门风险情况。一级指标体系中包括安全性指标，如资本负债率、资产权益率等；流动性指标，如流动比率、速动比率、长期投资余额占资本的比例等；风险性指标，如自营证券期末余额与所有者权益比例、风险投资比率、应收账款比率等；营利性指标，如资产收益率、资本收益率等。二级指标体系分为证券经营部门和投资管理部门监控指标、经纪业务监控指标和承销业务指标。

(3) 风险控制。风险控制就是指对投资银行的风险进行防范和补救。它包括风险回避、风险分散、风险转移及风险补偿等方式。风险回避是指资产选择上避免投资于高风险的资产，通过对资产期限结构进行比例管理等方式来规避风险；风险分散是指通过资产投资的多样化，选择相关性较弱的甚至是不相关或负相关的资产进行搭配，以实现高风险资产向低风险资产扩散；风险转移是指通过合法的交易方式和业务手段将风险转移到受让人的手中；风险补偿是指通过将风险报酬打入价格或订立担保合同进行保险等方式保证一旦发生风险损失就可以有补救措施。

(4) 风险决策。风险决策是指投资银行管理者在风险分析和评估的基础上作出的决策，这是风险控制的基础。它是指投资银行的管理层在综合考虑风险和收益的前提下，根据自身的风险偏好及对相关业务的发展前景的一种判断，选择风险承担的过程。风险决策首先要依据投资银行的经营目标确定决策目标，然后采用概率论、决策树等方法提供两个或两个以上的方案，最后确定优选方案。

3. 投资银行风险价值管理有四种基本方法：风险回避、损失控制、风险转移和分析保留。

(1) 风险回避。风险回避是指投资银行有意识地放弃风险的行为，完全避免特定的损失风险。简单的风险回避是一种最消极的风险处理方法，因为投资者在放弃风险行为的同时，往往也放弃了潜在的目标收益。所以一般只有在以下情况下才会采用这种方法，如：投资主体对风险极端厌恶；存在可实现同样目标的其他方案，其风险更低；投资主体无能力消除或转移风险；投资主体无能力承担该风险，或承担风险得不到足够的补偿。

(2) 损失控制。损失控制是制订计划和采取措施降低损失的可能性或者是减少实际损失，降低损失程度。控制的阶段包括事前、事中和事后三个阶段。事前控制的目的主要是未来降低损失的概率，事中和事后的控制主要是为了减少实际发生的损失。

(3) 风险转移。风险转移是指通过契约，将让渡人的风险转移给受让人承担的行为。通过风险转移，有时可大大降低经济主体的风险程度。风险转移的主要形式是合同和保险。合同转移是指通过签订合同，可以将部分或全部风险转移给一个或多个其他参与者。保险转移是使用最为广泛的风险转移方式。

(4) 风险保留。风险保留即风险承担，也就是说，如果损失发生，投资银行将以当时可利用的任何资金进行支付。风险保留包括无计划保留、有计划自我保险。

无计划保留是指风险损失发生后从收入中支付，即不是在损失前做出资金安排。当经济主体没有意识到风险并认为损失不会发生时，或将意识到的与风险有关的最大可能损失显著低估时，就会采用无计划保留方式承担风险。一般来说，无计划保留应当谨慎使用，因为如果实际总损失远远大于预计损失，将引起资金周转困难。而有计划自我保险是指可能的损失发生前，做出各种资金安排，以确保损失出现后能及时获得资金以补偿损失。有计划自我保险主要通过建立风险预留基金的方式来实现。

4. 自律就是自我监管。自律组织就是通过制定公约、章程、准则与细则，对各项金融活动进行自我监管的组织。自律组织一般实行的是会员制，符合条件的证券经营机构或者其他相关机构都可以申请加入。如中国证券业协会就是一个投资银行的行业性自律组织，该协会还在 2002 年 12 月 9 日专门成立了投资银行业委员会。

5. 投资银行的外部监管是指监管机构依法对投资银行及其金融活动进行直接限制和约束的一系列行为的总称。投资银行的外部监管可以分解为投资银行监督和投资银行管理。投资银行监督是指投资银行的监管机关通过对投资银行进行全面的、经常性的检查，以促使其依法稳健经营与健康发展；投资银行的管理是指国家根据有关法律授权有关部门制定和颁布有关投资银行的组织机构、业务活动的特殊规定或条例。投资银行监管的目的是实现证券市场的公平、公正和公开，确保证券市场健康发展。

三、单项选择题

1. 【C】解析：风险的识别指经济单位和个人对所面临的以及潜在的风险加以判断、归类整理并对风险的性质进行鉴定的过程。

2. 【D】解析：选项 D 属于中国人民银行的职责。

3. 【C】解析：证券公司有效的内部控制应为实现下述目标提供合理保证：①保证经营的合法合规及证券公司内部规章制度的贯彻执行；②防范经营风险和道德风险；③保障客户及证券公司资产的安全、完整；④保证证券公司业务记录、财务信息和其他信息的可靠、完整、及时；⑤提高证券公司经营效率和效果。

4. 【C】解析：从业人员应自觉遵守法律、行政法规，接受并配合中国证监会的监督与管理，接受并配合协会的自律管理，遵守交易场所有关规则、所在机构的规章制度以及行业公认的职业道德和行为准则。

5. 【A】解析：风险管理是指经济主体针对持有或准备持有的风险资产将其风险减至最低或可承受范围的管理过程，通过对风险的识别、计量和评估，选择最有效的方式，主动地、有目的地、有计划地处理风险，以最小的成本争取获得最大的安全保证的管理方法。

四、多项选择题

1. 【ACD】解析：我国证券市场经过多年发展，逐步形成了以国务院证券监督管理机构、国务院证券监督管理机构派出机构、证券交易所、行业协会和债券投资者保护基金公司为一体的监管体系和自律管理体系。

2. 【CD】解析：A 项错误，汇率和国际资本流动属于宏观经济因素。B 项错误，信息技术的广泛应用促使全球统一金融市场的形成，国际金融与国内金融的界限日益模糊。

3. 【ABD】解析：国务院证券监督管理机构依法履行职责，有权采取下列措施：①对证券发行人、证券公司、证券服务机构、证券交易场所、证券登记结算机构进行现场检查；②进入涉嫌违法行为发生场所调查取证；③询问当事人和与被调查事件有关的单位和个人，要求其对与被调查事件有关的事项作出说明；或者要求其按照指定的方式报送与被调查事件有关的文件和资料；④查阅、复制与被调查事件有关的财产权登记、通信记录等文件和资料；⑤查阅、复制当事人和与被调查事件有关的单位和个人的证券交易记录、登记过户记录、财务会计资料及其他相关文件和资料；对可能被转移、隐匿或者毁损的文件和资料，可以予以封存、扣押；⑥查询当事人和与被调查事件有关的单位和个人的资金账户、证券账户、银行账户以及其他具有支付、托管、结算等功能的账户信息，可以对有关文件和资料进行复制；对有证据证明已经或者可能转移或者隐匿违法资金、证券等涉案财产或者隐匿、伪造、毁损重要证据的，经国务院证券监督管理机构主要负责人或者其授权的其他负责人批准，可以冻结或者查封，期限为六个月；因特殊原因需要延长的，每次延长期限不得超过三个月，冻结、查封期限最长不得超过二年；⑦在调查操纵证券市场、内幕交易等重大证券违法行为时，经国务院证券监督管理机构主要负责人或者其授权的其他负责人批准，可以限制被调查的当事人的证券买卖，但限制的期限不得超过三个月；案情复杂的，可以延长三个月；⑧通知出境入境管理机关依法阻止涉嫌违法人员、涉嫌违法单位的主管人员和其他直接责任人员出境。

4. 【ABCD】解析：证券公司内部控制应当贯彻健全、合理、制衡、独立的原则，确保内部控制有效。

5. 【ABCD】解析：信用风险指因融资方、交易对手或发行人等违约导致损失的风险。按照业务类型分类，包括但不限于以下几类：①股票质押式回购交易、约定购回式证券交易、融资融券等融资类业务；②互换、场外期权、远期、信用衍生品等场外衍生品业务；③债券投资交易(包括债券现券交易、债券回购交易、债券远期交易、债券借贷业务等债券相关交易业务)，债券包括但不限于国债、地方债、金融债、政府支持机构债、企业债、非金融企业债务融资工具、公司债、资产支持证券、同业存单；④非标准化债权资产投资；⑤其他涉及信用风险的自有资金出资业务。

6. 【ABD】解析：股票发行制度主要有三种，即审批制、核准制和注册制，每一种发行监管制度都对应一定的市场发展状况。

参 考 文 献

[1] 中国证券业协会. 证券市场基础知识[M]. 北京：中国金融出版社，2012.

[2] 中国证券业协会. 证券交易[M]. 北京：中国金融出版社，2012.

[3] 中国证券业协会. 证券发行与承销[M]. 北京：中国金融出版社，2012.

[4] 中国证券业协会. 证券投资分析[M]. 北京：中国金融出版社，2012.

[5] 中国证券业协会. 证券投资基金[M]. 北京：中国金融出版社，2012.

[6] 杨丽萍，沈双生. 投资银行理论与实务[M]. 北京：高等教育出版社，2021.

[7] 栾华. 投资银行学[M]. 2 版. 北京：高等教育出版社，2019.

[8] 任淮秀. 投资银行业务与经营[M]. 5 版. 北京：中国人民大学出版社，2019.

[9] 周莉. 投资银行学[M]. 3 版. 北京：高等教育出版社，2004.

[10] 李子白. 投资银行学[M]. 北京：清华大学出版社，2005.

[11] 南方 PLUS. A 股全面注册制来了！中央经济工作会议定调，注册制将带来哪些影响？[EB/OL]. https://new.qq.com/rain/a/20211211A06QXA00，2021-12-11.

[12] 新浪财经. 证券行业 2021 年度策略：金融科技重塑券业[EB/OL]. https://finance.sina.com.cn/stock/stockzmt/2021-01-16/doc-ikftssan7085291.shtml，2021-1-16.

[13] 中国人民银行网站. 《金融标准化"十四五"发展规划》[EB/OL]. http://www.gov.cn/xinwen/2022-02/09/content_5672688.htm，2022-2-9.

[14] 经济日报. 《金融科技发展规划(2022—2025 年)》印发——金融与科技加快深度融合[EB/OL]. http://www.gov.cn/xinwen/2022-01/07/content_5666817.htm，2022-1-7.

[15] 中国证监会《证券公司内部控制指引》(2003)[EB/OL]. https://www.scxsls.com/knowledge/detail?id=154251，2021-4-7.

[16] 互金观察站. 2022 年金融科技：从"科技赋能"到"科技引领"[EB/OL]. https://new.qq.com/rain/a/20220309A08FXB00，2022-3-9.

[17] 全国中小企业股份转让系统有限责任公司. 关于发布《全国中小企业股份转让系统挂牌公司申请股票终止挂牌及撤回终止挂牌业务指南》的公告[EB/OL]. http://www.neeq.com.cn/important_news/200010147.html，2021-5-28.

[18] 新浪财经. 证券行业 2021 年度策略：金融科技重塑券业[EB/OL]. https://finance.sina.com.cn/stock/stockzmt/2021-01-16/doc-ikftssan7085291.shtml，2021-1-16.

[19] Manju Puri. Commercial Banks as Underwriters: Implications for the Going Public Process[J]. Journal of Financial Economics, 1999, 8: 54.

[20] Rajan. R. G. The Entry of Commercial Banks into the Securities Business: A Selective Survey of Theories and Evidence[M]. Irwin: I.Walter and A.Saunders Chicago, 1996: 282-302.

[21] Jordi Canals. Universal Banking: International Comparisons and Theoretical Perspectives[M]. Clarendon Press, 1997.

[22] Merton,R.C., and Y.M.Braunstein.A Composite Cost Function for Multiproduction Firms with an Application to Economics of Scope in Banking[J]. The Reviews of Economics and Statistics, 1996: 221-230.

[23] Allen N.Berger, The Integration of the Financial Services Industry:Where are the Efficiencies?[J]. North American Actuarial Journal, 200: 4.